本书系国家社会科学基金项目 "看守所法立法研究" （18BFX078）研究成果

看守所法立法重点问题研究

高一飞 等 ◎ 著

湖南师范大学出版社
·长沙·

图书在版编目（CIP）数据

看守所法立法重点问题研究／高一飞等著. --长沙：湖南师范大学出版社，
2024. 10 --ISBN 978 – 7 – 5648 – 5488 – 1

Ⅰ. D631. 7

中国国家版本馆 CIP 数据核字第 2024K24L81 号

看守所法立法重点问题研究

高一飞　等 著

◇出 版 人：吴真文
◇责任编辑：孙雪姣
◇责任校对：谢兰梅
◇出版发行：湖南师范大学出版社
　　　　　　地址／长沙市岳麓区　邮编／410081
　　　　　　电话／0731 – 88873071　88873070
　　　　　　网址／https：//press. hunnu. edu. cn
◇经销：新华书店
◇印刷：长沙印通印刷有限公司
◇开本：787 mm × 1092 mm　1/16
◇印张：18. 75
◇字数：360 千字
◇版次：2024 年 10 月第 1 版
◇印次：2024 年 10 月第 1 次印刷
◇书号：ISBN 978 – 7 – 5648 – 5488 – 1
◇定价：78. 00 元

凡购本书，如有缺页、倒页、脱页，由本社发行部调换。

序　言

　　由于从事兼职律师工作，会见在押犯罪嫌疑人、被告人需要在看守所进行，我对看守所的关注由来已久，但我真正开始从学术上关注看守所始于 2009 年云南"躲猫猫"事件。2009 年 2 月 8 日，云南昆明市晋宁县看守所一在押人员李荞明突发意外受伤昏迷，后经抢救无效死亡。媒体报道警方"李荞明因在监室里躲猫猫致死"的解释后，引发了强烈的社会反响，网友纷纷质疑。云南省委宣传部组织了由 4 名政法界人士、3 名媒体记者代表和 8 名网友代表组成的云南"躲猫猫"事件调查委员会，于 2009 年 2 月 20 日上午 8 点 30 分乘车前往晋宁县调查"躲猫猫"事件，21 日凌晨，云南"躲猫猫"事件调查委员会调查报告出炉。这一事件发生时，我正在写作《媒体与司法关系研究》一书（2010 年由中国人民公安大学出版社出版），我认为云南"躲猫猫"事件调查委员会是处理媒体与司法关系的重大创新，"躲猫猫"事件中的"调查委员会"是媒体监督司法的一种特殊方式，是司法机关诚恳、主动接受媒体监督的典范。

　　"躲猫猫"事件引发了 2009 年开始由公安部主导的全面、深入的看守所改革，也有学者开始提出应当制定"看守所法"，作为剥夺人身自由的羁押场所，看守所的执法依据却只有 1990 年由公安部颁布实施的《看守所条例》（这一文件至今有效），这不符合《立法法》的要求。作为一个刑事诉讼法学者，看守所是我专业领域的研究对象，我研究看守所的角度也从媒体与司法关系转向了刑事司法改革。2012 年，我申报了西南政法大学校级重大课题"看守所制度研究"并获得立项，我很快组织团队跟随时任重庆市人民检察院第一分院监所处处长蒋瑶到该分院的派驻看守所检察室进行了长达 2 个多月的调研。检察官巡视看守所内"三大现场"、听取看守所干警汇报、询问在押人员、阅读看守所和驻所检察室的文件资料，我的研究团队则跟随观察他们的工作。经过近两年的努力，2015 年 3 月，中国民主法制出版社出版了我们的成果《看守所观察与研究》，该书成为我国第一本对看守所进行实证研究的学术著作。

随着 2012 年《刑事诉讼法》第二次修改的完成，"看守所法"立法的进程加快。2015 年 4 月 1 日下午，《看守所法（送审稿）》专家研讨会在中国法学会召开，我受邀参与论证，并发表了论证意见。2015 年 6 月，我动员西南政法大学刑事诉讼法方向博士生陈苏豪和我一起研究看守所，他同意将博士论文选题确定为"在押未决犯的会见交流权"（他已于 2018 年 12 月获得博士学位），他于 2016 年 8 月至 2017 年 8 月在美国圣路易斯华盛顿大学法学院留学期间，实地考察了美国的看守所，并经常解答我关于美国看守所的问题。2017 年 6 月 15 日，公安部正式发布《看守所法（公开征求意见稿）》。2018 年 6 月 25 日，我申报的"看守所法立法研究"获得 2018 年度国家社会科学基金课题立项，陈苏豪博士是我申报这一课题时的主要成员，也是主要完成人。在该课题完成期间，我于 2020 年调到广西大学，广西壮族自治区人民检察院第五检察部罗尚志副主任参与了这一课题的写作。2022 年 3 月 30 日，"看守所法立法研究"顺利结项。

本书是"看守所法立法研究"的结题成果，也是我带领团队对看守所进行近 15 年调查研究的主要成果，期待此书为正在起草的"看守所法"提供参考。在研究过程中，我们得到了重庆市人民检察院蒋瑶副巡视员、何涛处长、吴倩检察官的支持，还得到过公安部监所管理局原局长赵春光同志的指导，我指导的博士研究生、硕士研究生直接参与了调研与写作，我在此对他们表示衷心的感谢。

本书的具体分工如下：第一章（高一飞）；第二章（高一飞、赵珊）；第三章（高一飞、陈俊芳）；第四章（高一飞、张露、罗尚志）；第五章（高一飞）；第六章（高一飞、李慧）；第七章（高一飞、赵一恋）；第八章（王帅文、罗尚志）；第九章（高一飞、张绍松）；第十章（高一飞、朱倩）；第十一章（陈苏豪）；第十二章（陈苏豪）；第十三章（高一飞、涂月）；附录一（高一飞）；附录二（高一飞、尹治湘）。

高一飞

2024 年 9 月 4 日

目录

第一章
看守所在押人员人权保障的立法评估

现行的《中华人民共和国看守所条例》① 已运行二十多年，其间未进行过修订，已经严重滞后，不能适应看守所工作的实际需求。"中华人民共和国看守所法"（以下简称看守所法）已先后纳入十二届全国人大常委会、十三届全国人大常委会第二类立法规划。2017 年 6 月 15 日，公安部发布《中华人民共和国看守所法（公开征求意见稿）》（以下简称《看守所法（公开征求意见稿）》），向全社会公开征求意见，看守所法立法正在有序推进。

在世界人权规则中，所有经国家权力批准被羁押的人统称为"囚犯"。涉及囚犯人权标准的国际公约有《公民权利和政治权利国际公约》（联合国大会 1966 年 12 月 16 日决议通过，1976 年 3 月 23 日生效，中国于 1998 年 10 月 5 日签署，但尚未批准）、《经济、社会、文化权利国际公约》（联合国大会 1966 年 12 月 16 日决议通过，1976 年 1 月 3 日生效。中国于 1997 年 10 月 27 日签署；2001 年 2 月 28 日第九届全国人大常委会第二十次会议批准加入）。另外，没有法律拘束力的联合国文件有《联合国囚犯待遇最低限度标准规则》（联合国大会 1955 年 12 月 17 日第70/175 号决议通过；2015 年经第 70 届联合国大会修订后也被称为《纳尔逊·曼德拉规则》，简称《曼德拉规则》）、《保护所有遭受任何形式拘留或监禁的人的原则》（联合国大会 1988 年 12 月 9 日第 43/173 号决议通过）、《关于律师作用的基本原则》（1990 年 8 月 27 日至 9 月 7 日联合国第八届联合国预防犯罪和罪犯待遇大会通过）。《曼德拉规则》序言指出："鉴于世界各国的法律、社会、经济和地理情况差异极大，并非全部规则都能被普遍适用，也不是什么时候都适用，这是显而易见的。""中央监狱管理部门若依照这种精神而授权变通各项规则，总是合理的。"联合国大会看到了国际规则并非处处适用、时时适用的特点，其允许世界各

---

① 以下简称《看守所条例》，本书涉及的法律，没有特殊说明情况下，均采用简称。

国参照该标准时，因地、因时变通。我国在法治建设过程中，"司法体制改革必须同我国根本政治制度、基本政治制度和经济社会发展水平相适应，保持我们自己的特色和优势。我们要借鉴国外法治有益成果，但不能照搬照抄国外司法制度"①。党的十九届六中全会通过的《中共中央关于党的百年奋斗重大成就和历史经验的决议》指出："弘扬和平、发展、公平、正义、民主、自由的全人类共同价值，引领人类进步潮流。"弘扬人类共同价值观，借鉴国外法治有益成果，这是对待人类文明成果的应有态度，但是，"决不能把改革变成'对标'西方法治体系、'追捧'西方法治实践"②。我们可以在制订"看守所法"的过程中"吸收外来"，参照和借鉴国际规则的合理内容。

在《看守所法（公开征求意见稿）》发布 7 年之际，本书将根据我国加入或者签署的国际公约的要求，参照和参考其他国际文件的倡议，对我国看守所在押人员（以下简称"在押人员"）人权保护的立法和实施情况进行考察与总结；将从人权保障的角度对看守所立法过程、取得的伟大成绩进行回顾，为看守所保障人权的关键措施和"看守所法"立法策略提出建议。

一、看守所在押人员人权保障立法的沿革

中华人民共和国成立后，1949 年 12 月 20 日通过的《中央人民政府司法部试行组织条例》规定，司法部"主持全国司法行政事宜"，承担"犯人改造"职责。此时，公安机关和人民法院都设立看守所，关押各类已决犯和未决犯。③ 1950 年 11 月 30 日，根据《中央司法部、公安部关于监狱、看守所和劳动改造队移转公安部门领导的指示》，看守所交由同级公安部门接收。④ 根据 1954 年《劳动改造条例》第三条，看守所关押未决犯和被处二年以下徒刑、不便送往劳改队执行的罪犯。1962 年 12 月 4 日，公安部制定《看守所工作制度》，首次具体明确了看守所的性质、任务、工作原则和管理制度。"文化大革命"期间，在"砸烂公检法"的背景下，公安机关看守所于 1967 年 1 月起相继被军管，1973 年后陆续撤销军管恢复公安机关对看守所的管理权。⑤

1979 年，《看守所工作条例》制定颁布。1990 年《看守所条例》颁布。1991

① 习近平：《习近平谈治国理政（第二卷）》，外文出版社 2017 年版，第 131 – 132 页。
② 习近平：《习近平谈治国理政（第四卷）》，外文出版社 2022 年版，第 303 页。
③ 赵春光：《中国特色社会主义公安监管工作规律初探》，《公安研究》2010 年第 1 期，第 12 页。
④ 王志亮：《中国监狱史》，广西师范大学出版社 2009 年版，第 307 页。
⑤ 赵春光：《中国特色社会主义公安监管工作规律初探》，《公安研究》2010 年第 1 期，第 12 页。

年 10 月 5 日，《看守所条例实施办法（试行）》正式出台，该文件发布时公安部指出："本实施办法暂在内部试行，待试行一年后由公安部修订发布。"因此，现在《看守所工作条例》的主要实施文件为 1992 年 10 月 5 日发布的《看守所条例实施办法》。1990 年《看守所条例》和 1992 年《看守所条例实施办法》已运行二十多年，尚未经过修订，依旧有效。在新的法律中，"人犯"早已被废弃，但现行有效的《看守所条例》52 个条文中，"人犯"一词使用 71 次；《看守所条例实施办法》仅 63 个条文，"人犯"一词共使用了 150 次。这与《刑事诉讼法》《律师法》等新修订的法律存在冲突。

以上两个文件没有修订并不等于看守所管理制度都没有变化，我国已经通过《刑事诉讼法》《律师法》和大量行政法规及部门规章对看守所管理和看守所在押人员人权保障进行了全面改革。《刑事诉讼法》和其他重要立法对看守所在押人员诉讼权利的保障逐步完善。

1979 年《刑事诉讼法》只有一处提到"看守所"，即第一百六十四条规定了人民检察院对看守所监管活动实行监督。1996 年《刑事诉讼法》也只有一处提到看守所。[①] 2012 年《刑事诉讼法》对看守所在刑事诉讼中的功能进行了全面规定，共有 7 个条文提到了"看守所"，分别规定了以下内容：律师会见权及会见时的不被监听权；拘留后 24 小时将被拘留人送看守所羁押；逮捕后应当立即将被逮捕人送看守所羁押；侦查人员对被送交看守所羁押的在押人员进行讯问，应当在看守所内进行；看守所对三个月以下短期徒刑的执行权；看守所有权提出暂予监外执行的书面意见；暂予监外执行罪犯死亡的，执行机关应当及时通知看守所。2018 年《刑事诉讼法》第三十六、三十九、八十五、九十三、一百一十八、二百六十四、二百六十五、二百六十六、二百六十八共 9 个条文出现了"看守所"一词，在 2012 年《刑事诉讼法》的基础上增加了"法律援助机构可以在看守所设置值班律师"的规定。

《刑事诉讼法》是基本法，每次修订后，《律师法》[②] 也进行修订并体现了

---

① 1996 年《刑事诉讼法》第二百一十三条规定："对于被判处有期徒刑的罪犯，在被交付执行刑罚前，剩余刑期在一年以下的，由看守所代为执行。对于被判处拘役的罪犯，由公安机关执行。"其中，"由公安机关执行"也是指由公安机关的看守所执行。

② 《中华人民共和国律师法》于 1996 年 5 月 15 日第八届全国人民代表大会常务委员会第十九次会议通过，自 1997 年 1 月 1 日起施行。2007 年修订的《律师法》自 2008 年 6 月 1 日起施行。2017 年 9 月 1 日修订的《律师法》2018 年 1 月 1 日起施行。

《刑事诉讼法》中涉及看守所的内容。另外，我国各个时期的《人民检察院组织法》①都规定了人民检察院对看守所的监督权。《刑事诉讼法》《律师法》《人民检察院组织法》涉及看守所条款的内容体现为司法权力的配合与制约机制、保障看守所在押人员的诉讼权利。

看守所在押人员人权保障的具体规范主要体现在行政法规和部门规章之中。公安部 2020 年 7 月 2 日发布的《现行有效及废止规范性文件目录》对现行的部门规章（截至 2020 年 4 月）和规范性文件（截至 2020 年 2 月）进行了清理，有关监所管理的现行有效文件达 80 余件。这些文件对看守所执法主体、执法标准、执法程序和对看守所执法的检察监督和社会监督进行了全面规定。

在看守所非正常死亡事件并起公安部重视、社会关注的背景下，2009 年以后公安部密集出台了一系列文件推动看守所改革。如 2009 年财政部、公安部发布《关于进一步加强看守所经费保障工作的通知》（财行〔2009〕132 号）；2009 年 5 月，公安部监所管理局印发《看守所防范和打击"牢头狱霸"十条规定》（公安部监管局公监管〔2009〕113 号），要求严格防范、严厉打击"牢头狱霸"；2009 年 5 月 14 日，公安部《关于对看守所女性在押人员实行集中关押管理的通知》，要求女性与男性在押人员分押分管；2009 年 6 月 19 日，公安部监管局发布《关于禁止看守所使用留所服刑罪犯从事工勤工作的通知》（公监管〔2009〕175 号），禁止看守所使用留所服刑罪犯从事工勤工作；2009 年 7 月 20 日，公安部《关于进一步加强和改进公安监管工作的意见》要求"切实保障被监管人员合法权益"，这是指导我国看守所重大改革的纲领性文献；2009 年 8 月 25 日，公安部监所管理局出台《关于修订看守所等级评定标准的通知》，对前述看守所等级评定标准进行了修订；2009 年 9 月 23 日，公安部监管局印发了《关于禁止看守所为在押人员自费加餐的通知》（公监管〔2009〕271 号），其中规定"各地自重新核定看守所在押人员伙食金额标准之日起，一律禁止为在押人员自费加餐"；2010 年 3 月 12 日，中央社会治安综合治理委员会办公室、公安部、最高人民法院等九部门联合发布《关于综合治理看守所安全管理工作的意见》（综治办〔2010〕34 号）要求综合治理看守所安全管理工作，建立看守所安全管理工作长效机制；2010 年 5 月 10 日，

---

① 《中华人民共和国人民检察院组织法》最早于 1954 年 9 月 21 日由全国人民代表大会颁布，后根据 1987 年 11 月 24 日全国人民代表大会常务委员会发布的《全国人民代表大会常务委员会关于批准法制工作委员会关于对一九八七年底以前颁布的法律进行清理情况和意见报告的决定》，被宣布废止。1979 年 7 月 1 日第五届全国人民代表大会第二次会议通过《人民检察院组织法》，1983 年 9 月 2 日、1986 年 12 月 2 日、2018 年 10 月 26 日全国人民代表大会常务委员会先后对其进行了三次修订。

公安部发布《关于规范和加强看守所管理确保在押人员身体健康的通知》，要求规范和加强看守所在押人员入所健康检查；2010 年 7 月 7 日，公安部监所管理局颁布《看守所执法细则》（后经 2013 年、2018 年修订），该文件是指导看守所民警严格执法的规范性文件。多起看守所内非正常死亡事件的发生，使 2009 年成了看守所制度改革转折点。① 公安部针对看守所推出了一系列重大的改革措施，2009 年以后看守所秩序趋向平稳，在押人员的伤亡事件逐年下降。②

在推进看守所具体改革措施的同时，全面完善看守所立法工作也在有序推进。早在 2000 年前后，公安部就着手研究《看守所条例》修改。此后，陆续有人大代表和政协委员提出完善看守所立法的议案和建议。2008 年《中央政法委员会关于深化司法体制和工作机制改革若干问题的意见》提出"完善看守所相关立法"，2009 年 4 月发布的《国家人权行动计划（2009—2010 年）》重申了这一要求。2011 年，公安部起草《看守所条例》修订草案送国务院法制办审议，但修改方案最终未通过。原因是全国人大常委会法工委考虑到，《立法法》规定限制人身自由的措施只能通过制定法律进行规范，准备起草并通过立法代替行政法规和部门规章。③ 因此，《看守所条例》修订已经没有必要。

随着 2012 年《刑事诉讼法》第二次大规模修改的完成，"看守所法"立法的进程加快。2013 年初，《第十二届全国人民代表大会常务委员会立法规划》将"看守所法"纳入立法规划中的第二类——"需要抓紧工作、条件成熟时提请审议的法律草案"。④ 2017 年 11 月 4 日，全国人大内司委建议看守所法列入十三届全国人大常委会立法规划。2018 年 9 月 7 日发布的《十三届全国人大常委会立法规划》将"看守所法"作为第二类"需要抓紧工作、条件成熟时提请审议的法律草案"，并确立为国务院为提请审议机关或牵头起草单位。⑤ 2016 年 6 月，《国家人权行动计划（2016—2020 年）》明确提出国家将制定"看守所法"，2017 年 6 月 15 日，公安部正式发布《看守所法（公开征求意见稿）》。

由于《第十二届全国人民代表大会常务委员会立法规划》和《十三届全国人大常委会立法规划》都将"看守所法"草案归属于"条件成熟时提请审议的法律

---

① 《近年看守所非正常死亡事件》，《中国改革》2010 年第 4 期，第 76 – 77 页。

② 公安部监所管理局：《依法保障被羁押者权利》，《人民公安报》2011 年 8 月 13 日，第 2 版。

③ 徐霄桐：《看守所法能否终结"躲猫猫死"》，《中国青年报》2014 年 5 月 14 日，第 3 版。

④ 《第十二届全国人民代表大会常务委员会立法规划》，《中华人民共和国全国人民代表大会常务委员会公报》，2013 年第 6 期，第 877 – 878 页。

⑤ 《十三届全国人大常委会立法规划》，《中华人民共和国全国人民代表大会常务委员会公报》，2018 年第 5 期，第 679 – 681 页。

草案"，而不是第一类"条件比较成熟、任期内拟提请审议的法律草案"。因此，十三届全国人大常委会什么时候对"看守所法"草案进行审议，仍需进一步观察。

二、看守所在押人员人权保障立法的伟大成就

虽然《看守所条例》没有被直接修订，"看守所法"也并没有出台，但很多看守所规范已经修改，看守所人权保障的很多具体目标已经实质上达到。《〈国家人权行动计划（2016—2020 年）〉实施情况评估报告》对与看守所羁押相关的几个指标的评价如下：在 2016—2020 年期间，完善了羁押必要性审查程序，在侦查、审判阶段受理羁押必要性审查案件 34324 件，经审查对有关单位提出变更强制措施或释放建议 24198 件；落实了看守所的各项规章制度、在押人员投诉处理机制和权利救济机制；加强对看守所的检察监督，接收被羁押人及其近亲属控告申述 2293 件，能回尽回 2238 件；对监狱、看守所等监管违法行为进行监督纠正，纠正率达 98.6%。2021 年 9 月发的《国家人权行动计划（2021—2025 年）》再次提出要"完善看守所管理制度"。我国看守所人权保障立法取得了伟大成就。

（一）构建了比较完备的看守所在押人员人权保障体系

《曼德拉规则》的内容共 122 条，可以分为一般适用规则和分别针对服刑中的囚犯、有精神残疾和（或）健康问题的囚犯、在押或等候审讯的囚犯、民事囚犯、未经指控而被逮捕或拘留的人的特殊规则。针对所有囚犯都适用的一般适用规则共有 22 项，对于未决囚犯当然也适用。专门针对"在押或等候审讯的囚犯"的 10 条特殊规则（规则 111—120），其内容为无罪推定、分押分管、应当保障单独就寝、有权自己购买食物、与已决犯囚服不同、给予工作机会、可购买消遣用品、可接受私人医疗、有权自己委托法律顾问、有权获得具体的律师帮助。

我国《刑事诉讼法》《律师法》《人民检察院组织法》《看守所条例》《看守所条例实施办法》从看守所在押人员生活、卫生、会见、通信、诉讼权利、检察监督等各方面全面规定了看守所在押人员的基本人权。对照《曼德拉规则》中涉及的囚犯权利，除宗教信仰、无罪推定、保障单独就寝、自费购买食物、自费消遣用品、自费接受私人医疗外，都进行了全面规定。以上问题中，有些还通过后来的行政法规和部门规章进行了补充，如《关于进一步加强和改进公安监管工作的意见》（公通字〔2009〕36 号）要求尊重外籍、少数民族等被监管人员的宗教信仰自由和民族生活习惯，保障了囚犯的宗教信仰权。一系列的行政法规和部门规章文件，对囚犯权利进行了及时增补和细化。

对照《曼德拉规则》的囚犯权利内容，目前我国没有规定的看守所在押人员

权利只有无罪推定、保障单独房间内单独就寝、自费购买食物、自费消遣用品、自费接受私人医疗五项内容。按照我国的国情，这五项内容不宜规定为在押人员权利。对无罪推定原则，我国采取了扬弃的态度，"我们反对有罪推定，也不是西方国家的那种无罪推定"①。后四项权利是基于无罪推定而产生的权利，不利于看守所安全和在押人员的平等待遇，自然不应当规定这些在押人员权利。

另外，我国建立了警戒、押解与看管分离的监管制度，从监管安全入手保障看守所在押人员的生命健康权。《看守所条例》第七条规定了警戒和押解的主体，"看守所对人犯的武装警戒和押解由中国人民武装警察部队（以下简称武警）担任，看守所对执行任务的武警实行业务指导"。《看守所法（公开征求意见稿）》第六十六条至第七十三条全面规定了警戒与看守的分工，并明确了看守所与武警的关系。其中，第六十六条规定"看守所对驻看守所人民武装警察部队实行执勤业务指导"，第六十八条规定"看守所应当与驻看守所人民武装警察部队建立联防制度"。警戒、押解与看管分离能够全面保障在押人员的绝对安全和监管秩序的绝对稳固，也形成了看守所管理权力的分开与制约，防止滥用权力侵犯在押人员人权；严格的警戒与看守也避免了在押人员之间的互相伤害和自伤自残，从制度上保护了在押人员的生命权和健康权。

（二）实现了对在押人员的分押分管

看守所分押分管制度是指对在押人员分别关押、分别管理的制度。1966 年 12 月 16 日，联合国大会通过的《公民权利和政治权利国际公约》（1976 年 3 月 23 日生效）第十条中，也有上述类似规定，要求对不同类型的囚犯"应给予适合其年龄及法律地位的待遇"。早在 1955 年通过的《联合国囚犯待遇最低限度标准规则》中的按类隔离第八条就要求：不同类的囚犯应按照性别、年龄、犯罪记录、被拘留的法定原因，分别送入不同的狱所或监所的不同部分。在分别关押的对象上，该《规则》将其分为如下几类：（1）男性与女性；（2）已决人员与未决人员；（3）民事因犯与刑事因犯；（4）成年人与未成年人。《曼德拉规则》第十一条重申了修订前的分押分管规则，并详细规定了男女分开、已决犯与未决犯分开、民事因犯与刑事因犯分开、青少年因犯与成年因犯分开的具体标准和不同待遇。

《看守所条例》第十四条要求将男性和女性在押人员、成年与未成年在押人员、同案在押人员作为分别羁押的对象。《看守所条例实施办法》第八条将分押类型分为男性与女性、成年人与未成年人、同案人员，新增"对初犯与累犯，有条

---

① 顾昂然：《1996 年 1 月 15 日在刑事诉讼法座谈会上的发言》，《法制日报》1996 年 2 月 3 日，第 3 版。

件的也应当分别关押"的规定；第三十一条要求对患有传染病的在押人员应隔离进行治疗。

2010年7月7日，公安部监所管理局发布的《看守所执法细则》将分别关押的类型增设到6种：未决和已决，男性和女性，成年人和未成年人，共同犯罪的犯罪嫌疑人、被告人等实行分别关押和管理；对患有传染病处于传染期的在押人员，应当隔离关押；对不同类型犯罪的在押人员，视情分别关押和管理；新收押人员一般不得单独关押；看守所应当设置老弱病残监室，对老弱病残人员集中关押；按照风险评估情况，对不同风险等级的在押人员实行分别关押。

《看守所执法细则》对分押分管的规定，是以往关于分押分管改革和发展成果之集大成，也与国际规则的分押分管要求一致。《看守所法（公开征求意见稿）》第七十四条至第七十九条全部吸纳了现有的立法成果，全面规定了强制性分押分管、对未成年人和女性的管理原则、母婴保护、参考性分押分管、关押过渡期的特殊管理、分押分管的风险评估等内容。

（三）实现了看守所医疗卫生社会化

《曼德拉规则》指出，囚犯应当享有《经济、社会、文化权利国际公约》等国际公约所规定的经济、社会、文化权利。《曼德拉规则》第五条规定："监狱制度应设法减少狱中生活同自由生活的差别，以免降低囚犯的责任感，或囚犯基于人的尊严所应得的尊重。"第二十四条规定："为囚犯提供医疗保健是国家的责任。囚犯应享有的医疗保健标准应与在社区中能够享有的相同……"[1] 欧洲人权法院判例认为，《欧洲人权公约》第二条不仅要求成各国不得故意和非法夺取他人生命，而且规定各国有积极义务采取措施，以保障在其管辖范围内的所有人的生命。而囚犯本身处于弱势地位，执法机关有责任保证他们的生命安全。[2] "保护囚犯生命"要求执法机关为他们提供必要的医疗措施。[3] 欧洲人权法院判例虽然也提出看守所医疗社会化的要求，但要求"监狱内的医疗设施必须合理适当，即与一国政府向全民提供的医疗水平相当。但这并不意味着每个囚犯获得的治疗保证与监狱设施外最好的医疗机构的医疗水平相同"[4]。看守所囚犯同样应当享受社会公众普遍享有的医疗卫生权。国际规则并没有要求实现看守所医疗社会化，但我国公安部创造性地提出了解决这一问题的中国方案，即通过看守所医疗社会化从根本上解决

---

① Jasinskis v. Latvia, 2010, §60.
② Mustafayev v. Azerbaijan, 2017, §53.
③ Jasinskis v. Latvia, 2010, §60.
④ Blokhin v. Russia [GC], 2016, §137; Cara-Damiani v. Italy, 2012, §66.

看守所在押人员与社会公众享受平等医疗权的问题，实现"医疗保健标准应与在社区中能够享有的相同"的目标。

我国看守所医疗社会化改革于 2009 年开始萌芽。2009 年 12 月，由公安部、卫生部联合出台的《关于切实加强和改进公安监管场所医疗卫生工作的通知》首次要求看守所探索医疗卫生工作社会化，并对看守所医疗机构和医疗人员的标准作了明确规定。2010 年 5 月，颁布了《公安部关于规范和加强看守所管理确保在押人员身体健康的通知》；2011 年公安部和卫生部出台的《看守所医疗机构设置基本标准》标志着医疗卫生社会化在全国启动。① 国务院新闻办公室颁布了《国家人权行动计划（2012—2015 年）》提出"推动看守所医疗工作社会化"的基本要求。国务院新闻办公室发表的《2013 年中国人权事业的进展》认为"深入推行看守所医疗卫生社会化"是我国司法人权事业的重大进展。

我国看守所医疗社会化改革经历了三个阶段：2009 年的最初建立、2009 年到2010 年的个别地区试点、2011 年至今的全国各地区全面确立阶段。看守所医疗社会化的模式分为三种：一是在社会医院设置在押人员治疗的"绿色通道"模式；二是在社区医院建立看守所医疗卫生站模式；三是在看守所内设立社会医院分支机构或专门医院模式。② 从安全管理角度考虑，只有第三种不需要将在押人员带出看守所，有利于监所安全保障。从实践来看，在 2020 年对广西壮族自治区某市检察院 6 个看守所的调研中，各看守所全部实现了医疗社会化，且均没有出现非正常死亡的情况。

《看守所法（公开征求意见稿）》第二十一条③肯定了看守所医疗社会化的成果，确立了医疗社会化的原则，明确了社会医疗机构与监区医院分担看守所医疗社会化任务的二元并行模式。

（四）建立了具有中国特色的看守所检察制度

《曼德拉规则》第八十三条要求："应有一种双重系统，定期对监狱和惩教院所进行检查：（a）中央监狱管理部门进行的内部检查或行政检查；（b）独立于监狱管理部门的机构（可包括国际或区域主管机构）进行的外部检查。"以"实现惩教和感化院所的目的，并使囚犯权利得到保护"。国际规则要求，除了监狱内部监

---

① 赵春光：《中国特色社会主义看守所管理之创新发展》，《公安研究》2013 年第 5 期，第 5 - 16 页。

② 高一飞、张绍松：《中国看守所的医疗社会化改革》，《云南大学学报（法学版）》2014 年第 6 期，第 85 页。

③ 《看守所法（公开征求意见稿）》第二十一条："犯罪嫌疑人、被告人和罪犯的医疗卫生工作应当列入当地疾病预防控制工作计划，当地公立医院或者社会医疗机构应当在看守所设立卫生所和医院分院承担医疗工作。每个地、市、州、盟应当依托看守所建设监区医院……"

督机制以外，应当有独立于监狱管理部门的外部检查机制。我国建立了社会巡视、检察监督并行的看守所外部监督机制，而其中的检察监督制度是看守所外部监督的中国特色方案。《看守所条例》第八条规定："看守所的监管活动受人民检察院的法律监督。"《看守所法（公开征求意见稿）》第一百一十一条至第一百一十四条分别规定了检察监督、普通社会监督、执法监督员巡查、代表委员监督等外部监督体系，而检察监督是具有中国特色的看守所外部监督机制。

监所检察制度先后出现了三种制度形式——派驻检察、巡回检察和巡视检察①，分别产生于新中国成立初期、2001 年和 2012 年。派驻检察在 1949 年予以确立，1979 年《人民检察院组织法》重新确立我国监狱检察制度。② 同年，最高人民检察院要求在劳动改造、劳动教养场所、看守所设驻所检察员。③ 此后各个时期的《人民检察院组织法》都确立了派驻检察制度，至今仍然是检察监督的重要方式。巡回检察确立于 2001 年 9 月 3 日发布的《关于监所检察工作若干问题的规定》（现已失效），2007 年 3 月《最高人民检察院关于加强和改进监所检察工作的决定》、2015 年 12 月《最高人民检察院关于全面加强和规范刑事执行检察工作的决定》对巡回检察内容进行了重申和补充。2012 年最高人民检察院发布的《关于上级人民检察院监所检察部门开展巡视检察工作的意见》确立了巡视检察制度，2015 年 12 月《最高人民检察院关于全面加强和规范刑事执行检察工作的决定》再次予以确认，随着巡回检察改革的推进，巡回检察逐渐代替了巡视检察。④ 2018 年以来，最高人民检察院对三种监所检察进行了改革。2018 年 5 月 28 日，最高人民检察院发布《检察机关对监狱实行巡回检察试点工作方案》，开始在部分地区试点；2018 年 11 月 30 日，最高人民检察院发布《人民检察院监狱巡回检察规定》，确立了"派驻 + 巡回"的监狱检察改革方案。2018 年 10 月 26 日修订的《人民检察院组织法》第十七条，从法律上确立了对羁押场所采用派驻检察与巡回检察相结合的监督方式。2021 年 12 月 8 日，最高人民检察院出台《人民检察院巡回检察工作规定》（以下简称 2021 年《规定》）替代了运行三年多的《人民检察院监狱巡回检察规定》。2021 年《规定》确立的巡回检察对象包括监狱、看守所监管工作和其他刑事执行活动。2021 年《规定》对派驻检察制度进行了重申和修改，第十

---

① 袁其国：《我国刑事执行检察的回顾与展望》，《人民检察》2016 年第 Z1 期，第 98 页。
② 1979 年《人民检察院组织法》第五条："各级人民检察院行使下列职权：……（五）对于刑事案件判决、裁定的执行和监狱、看守所、劳动改造机关的活动是否合法，实行监督。"
③ 袁其国：《我国刑事执行检察的回顾与展望》，《人民检察》2016 年第 Z1 期，第 98 页。
④ 高一飞：《监所检察制度的系统化改革》，《广西大学学报（哲学社会科学版）》2022 年第 1 期，第 164 – 165 页。

六条规定对检察机关派驻检察工作进行内部"检查"。《看守所法（公开征求意见稿）》第一百一十一条①也重申了《人民检察院组织法》的规定。

通过"派驻＋巡回"的方式对看守所进行检察监督，这是任何其他国家都没有的看守所监督模式，对于促进监督执法和保障人权具有特殊意义。特别是派驻检察制度，是"行得通、真管用、有效率"的中国特色监所检察制度。看守所环境封闭，对其执法进行外部监督存在较大的困难。与西方国家的社会监督、政府监督相比，现场、同步、专业的派驻检察监督具有特殊的优势，是加强对看守所的监督、防止执法权侵犯在押人员人权的中国方案。

三、对看守所在押人员人权保障关键措施的立法建议

在看守所人权保障体系基本确立的前提下，看守所人权保障立法要积极回应实践中的问题，存在什么问题就要解决什么问题，特别是要敢啃硬骨头、解决关键性难题。

（一）确立看守所监室及床位设计标准

《曼德拉规则》第十二条规定了囚犯的居住面积要求："如就寝安排为单个囚室或单间，囚犯晚上应单独占用一间囚室或房间。除了由于特别原因，例如临时人多拥挤，中央监狱管理部门不得不对本项规则破例处理外，不宜让两名囚犯占用一间囚室或房间。"第二十一条规定了"一人一床"的要求："应当按照当地或国家的标准，供给每一位囚犯一张床，分别附有充足的被褥，发给时应是清洁的，并应保持整洁且常常更换，以确保清洁。"欧洲人权法院判例法支持"一位囚犯一张床"的原则。在许多案例中，囚犯没有个人睡觉的地方，不得不轮流睡觉，法院对此裁定为违反了《欧洲人权公约》第三条。②法院强调，每个被拘留者必须在牢房中有个人睡觉的地方，并且保证床上用品的卫生。睡觉、休息要有床，这是保障囚犯社会权利的基本要求。

《看守所条例》没有直接规定监室面积要求，而是在第二十二条简单规定，"被羁押人犯的居住面积，应当不影响其日常生活"，并没有涉及床位的具体要求。《看守所条例实施办法》第二十七条规定，"人犯居住的监室面积平均每人不得少

---

① 《看守所法（公开征求意见稿）》第一百一十一条："看守所对于人民检察院提出的纠正意见，应当在五个工作日之内予以纠正并告知人民检察院纠正结果；对于人民检察院提出的纠正意见有异议的，应当在二个工作日内向人民检察院书面提出复议，人民检察院应当在二个工作日内进行复议，并将复议结果书面通知看守所。看守所对于人民检察院的复议结果仍然有异议的，可以向上一级人民检察院申请复核。上一级人民检察院应当及时复核，并书面下达复核意见。看守所应当按照人民检察院的复核意见办理。"

② Ananyev and Others v. Russia, nos. 42525/07 and 60800/08, 10 January 2012.

于二平方米"，同样没有提出"一位囚犯一张床"的标准。二平方米意味着，100平方的地方要居住50个人，而100平方米的房子里安放50张床是难以想象的，不合理的监室面积必然导致看守所在押人员只能拥挤在"一块板"（通铺制，俗称"一块板"）上。

2000年《看守所建筑设计规范》（建标〔2000〕165号）、2013年《看守所建设标准》、2021年《看守所建筑设计标准》（GB 51400—2020）逐步提高了看守所建设标准，特别是监室标准。后两个文件还要求床位设计符合《看守所床具》标准。① 国际规则不可能不顾国情而直接规定具体的人均使用面积，但我国新的监室面积标准为7平方米，已经基本达到"实行一人一床的住宿标准"所要求的面积，也明确了《看守所床具》标准。（参见表1-1）

表1-1　不同时期看守所监室建设标准主要指标对照表

实施时间	文件依据	监室关押人数	人均使用面积	单人监室特殊标准	床位要求
1992年	《看守所条例实施办法》	无要求	2平方米	无要求	无要求
2000年	《看守所建筑设计规范》	8~15人	2.6平方米	不得大于6平方米	含铺位面积1.5平方米
2013年	《看守所建设标准》	8~16人	7平方米（8人监室）；5平方米（9~16人监室）	7~8平方米	符合《看守所床具》标准
2021年	《看守所建筑设计标准》	16~22人	7~8平方米	开间或进深的净尺寸不应小于2.2米	符合《看守所床具》标准

表1-2　看守所床具尺寸要求（单位：毫米）

床长L	床宽B	床高H	床箱宽L1	床箱高H1	床箱深B1	下横梁高H3
2000	800~1000	440	800~1000	310~340	500	100~130

从监室面积来看，30年内出台了4个标准，人均使用面积不断增加，人均7~8平方米的监室面积也足以安放一张床或者两人共用一张双人床铺。以上床位标准和监室面积标准如果能够达到，看守所在押人员的居住环境是非常人道的，达到了社会上普通人日常生活最低标准。从床具标准看，长2米、宽1米的大小也达到

① 《看守所床具》是2012年11月28日实施的一项行业标准。（标准号：GA1010—2012；发布日期：2012-11-28；技术归口：公安部特种警用装备标准化技术委员会）

了普通人生活中的单人床标准。（表 1 - 2）《看守所法（公开征求意见稿）》第十四条①吸收了上述改革成果。

遗憾的是，床位制在实践中并没有得到全面推行。2010 年 4 月，公安部发布《关于在看守所监室内全面推进床位制的通知》，同年 6 月，深圳在全国最早实行床位制改革；② 2010 年 6 月 26 日，公安部监管局局长赵春光要求新建的看守所改"通铺制"为床位制。③ 2012 年，北京市西城区看守所开始试点看守所床位制。接着，上海、南宁、佳木斯等地也纷纷开始试点。但直到 2014 年，上海只有 4 家看守所实行了床位制。④ 此后，各地均没有再报道关于看守所床位制改革的情况，更没有将实施情况的统计结果公开。从笔者在广西调研的情况来看，2013 年标准下发以后，新建的看守所大多能以设计关押量为依据设置床位，但 2013 年以前建设的看守所没有设置实行床位制。同时，实践中很多看守所都是超量关押，特别是市一级的看守所和人口较多的县级看守所（例如玉林市、贵港市的几个大县）超量关押严重，导致了超量关押的人员必然无法享受到"一人一床"。通铺制极容易出现"牢头狱霸"，在押人员独处、休息、身体完整的多项社会权利得不到保障，从立法上确立床位制强制标准势在必行。

（二）分级设立律师会见监管标准

联合国人权事务委员会通过的一般性意见《第十三号一般性意见：第十四条（司法）》［第二十一届会议（1984 年）］对《公民权利及政治权利国际公约》的解释之九指出"律师应可在充分守秘的情况下与被告联络"，学者将其称为律师秘密会见。⑤《保护所有遭受任何形式拘留或监禁的人的原则》第十八条、《关于律师作用的基本原则》第九条、《曼德拉规则》规则六十一对律师会见监督都采用了保护人权、可以监视、不能监听的标准。《欧洲保障人权和基本自由公约》（以下简称《欧洲人权公约》）对律师与被追诉人的会见交流不受干扰的权利并未明确规定，欧洲理事会部长委员会在 1973 年通过的《在押犯待遇最低标准》第九十三条所规定的以"看得见但听不见"的方式进行监控并未成为一项绝对的规则。在上述案件确立"看得见但听不见"原则之后，争议焦点已不是是否允许监听，而是

---

① 《看守所法（公开征求意见稿）》第十四条："看守所的建设标准由国务院住房和城乡建设部门、发展改革部门会同公安部门制定。"
② 马彦、陈善标：《新建看守所将实行床位制》，《深圳特区报》2010 年 6 月 28 日，第 A02 版。
③ 马彦、陈善标：《新建看守所将实行床位制》，《深圳特区报》2010 年 6 月 28 日，第 A02 版。
④ 朱诗瑶：《上海：全面推广看守所指挥室工作模式》，http://www.chinapeace.gov.cn/chinapeace/c28515/2014-06/12/content_12109404.shtml，访问日期：2020 年 6 月 12 日。
⑤ 陈学权：《侦查期间合理限制律师会见权研究》，《现代法学》2011 年第 5 期，第 56 - 65 页。

监听的容许例外情形。在 2015 年 R. E. 诉英国①一案中，《欧洲人权公约》和欧洲人权法院对监听规则的立场是：一般情况下，律师有秘密会见权，但在特定情况下，律师会见可以受到监听。国际规则针对律师会见的不同情况规定了不同的监管规则。

在刑事诉讼的侦查阶段，我国仍然存在律师会见难的问题。我国 2007 年修订的《律师法》第三十三条首次明确规定："律师会见犯罪嫌疑人、被告人，不被监听。"2012 年《刑事诉讼法》重申了律师会见"不被监听"规则。1996 年《刑事诉讼法》规定，只有"危害国家安全犯罪、恐怖活动犯罪、特别重大贿赂犯罪案件"的律师会见应当经侦查机关许可，取消了办案机关对各类"涉及国家秘密的案件"律师会见的许可权。2018 年《刑事诉讼法》将侦查期间许可会见的案件从三类修改为两类，即"危害国家安全犯罪、恐怖活动犯罪案件"，这是因为贿赂犯罪案件由监委调查，而监委调查过程中律师不能参与辩护。

律师会见不被监视监听权是为了保障律师与在押人员的秘密交流权。我国法律对于允许的律师会见，执法机关不能对会见进行监视、监听；侦查机关可以对两类案件不许可会见。这一规则的弊端是：缺少了在被监视（或者同时被监听）情况下进行律师会见的中间状态。对涉嫌"危害国家安全犯罪、恐怖活动犯罪案件"的在押人员，家属经常会提出可以接受律师会见被监视（或者同时被监听），只要给予律师会见机会，因为这比完全不许可会见要好。但根据现行法律规定，上述请求没有获批的法律依据，犯罪嫌疑人只能得到"要么全有、要么全无"的结果。《看守所法（公开征求意见稿）》第五十条②规定了律师会见的两级监督机制：不被监听监视，可以监视不得监听。

参照国际准则和域外规则，我国目前对律师会见权的规定过于简单、绝对。我国应当分四级设置律师会见监督机制：一般禁止执法机关对律师会见监视监听；必要时，执法机关可以对律师会见进行监视；特殊情况下，执法机关可以对律师会见进行监视监听；保留两种案件的许可会见制度。分级监督机制增加了对律师会见的限制，也增加了律师会见的可能性，在维护诉讼秩序和保障律师会见权之间取得了平衡。

（三）规定亲属与在押人员会见常态化规则

《曼德拉规则》第五十八条规定："囚犯应准在必要监督之下，通过以下方式

---

① ECHR 27 October 2015, R. E. v. The United Kingdom, No. 62498/11.

② 《看守所法（公开征求意见稿）》第五十条规定："辩护人会见犯罪嫌疑人、被告人时不被监听，办案机关和看守所不得派员在场。为保证人员安全，看守所可以采取适当措施对辩护人会见情况进行必要监视，但以不能获悉会见谈话内容为限。"

经常同亲属和朋友联络：（a）书面通信，以及使用电信、电子、数字和其他方式的通信（如有的话）；（b）接受探监。"第六十条规定"在探监者同意被搜查后，视条件准许其进入监狱设施"，并规定了搜查的限度和程序。我国将在押人员接受探监权表述为与亲属的会见权。欧洲人权法院在 2019 年查尔达耶夫诉俄罗斯案件①中，法院审查了国内监狱和审前羁押监狱探监条例的巨大差异，法院认为，从尊重个人和家庭生活的权利的角度来看，这类被拘留者的地位与监狱中的被拘留者相似。同时，国内的相关立法自动限制了这类探视，缺乏合理性，毕竟此类被拘留者尚未被最终定罪。因此，法院裁定这种做法违反了第十四条和第八条。② 在 2013 年瓦纳斯诉立陶宛案件③判决书第一百一十六至一百二十二节中，法院认为，在配偶申请探视时，未定罪在押犯与被定罪犯人的待遇不同，这不符合《欧洲人权公约》第十四条的立法宗旨。在该案中，申诉人妻子申请探视，客观上不存在任何与犯罪家庭有关的安全顾虑，国内机关未能提供合理和客观的证据，证明对于审前羁押犯与已定罪犯人的待遇差别具有合理性。④ 亲属与在押人员会见权是国际规则规定的基本权利。

《看守所条例》第二十八条规定："人犯在羁押期间，经办案机关同意并经公安机关批准，可以与近亲属通信、会见。"《看守所条例实施办法》和 2013 年的《看守所执法细则》也作了类似规定。《看守所条例实施办法》第三十五条还规定了会见频率与监管措施："会见人犯，每月不许超过一次，每次不得超过半小时，每次会见的近亲属不得超过三人。会见时，应当有办案人员和看守干警在场监视。"可见，我国立法对亲属与在押人员的会见权总体上持肯定态度。

存在的问题是，亲属会见须公安机关批准，公安机关自由裁量权过大，存在看守所在押人员亲属会见难的问题。从调研的情况来看，除非遇到家庭重大变故或者重大事件，公安机关一般不予批准亲属会见。亲属会见确实会带来通过语言、动作传递案件信息，甚至于促成或者直接妨害证据的可能性，应当严格控制、严加监管，但亲属探视权不容剥夺。亲属会见的主要目的是了解亲属的身体情况、通过相见满足情感需要。因此，完全可以通过适当的措施在亲属会见和诉讼秩序之间取得平衡，在允许亲属会见的前提下达到防止信息传递的目的，具体办法是允许会见、严格监督，优先使用视频会见形式，严密防范会见过程中的信息传递

---

① Chaldayev v. Russia, 2019, §§76-83.
② Laduna v. Slovakia, 2011.
③ Varnas v. Lithuania, 2013, §§116-122.
④ Costel Gaciu v. Romania, 2015, §§56-62.

发生。

根据《看守所法（公开征求意见稿）》第九十一条的规定①，侦查阶段以外的亲属会见不需要主管机关许可；侦查阶段的亲属会见需要主管机关许可，案件主管机关视情况派员在场；在会见的形式上，可以通过视频进行。以上规定如果能成为正式立法，将能从制度上保障在押人员的亲属会见权；通过选择视频会见并派员在场，也完全可以解决侦查阶段亲属会见可能妨害诉讼秩序、监管安全的问题。

（四）确立看守所信息分类分级公开规则

《保护所有遭受任何形式拘留或监禁的人的原则》指出："由于信息发挥的基本社会和政治作用，人人接受信息和各种观念的权利也必须得到适当的保护。"《曼德拉规则》第八十五条规定了内部和外部检查的书面报告与监狱的反馈意见向社会公开的要求："应适当考虑将外部检查报告公之于众，但不包括关于囚犯的任何个人信息，除非其明确同意公开这些信息。"第六十八条规定了看守所信息向囚犯特定关系人公开的要求："所有囚犯均应有权并应得到能力和手段立刻将自己被收监、被移送至另一监所以及任何严重疾病或受伤之事告知自己的家人或被指定为联系人的任何其他人。"规则第六十九条规定，如果囚犯死亡，"监狱长应立即告知囚犯的至亲或紧急联系人"。囚犯在监狱的信息向社会和特定对象公开是现代政府信息公开的一部分，是法治政府的应有之义。

早在1979年《刑事诉讼法》第五十条第二款中就规定了："逮捕后，除有碍侦查或者无法通知的情形外，应当把逮捕的原因和羁押的场所，在二十四小时以内通知被逮捕人的近亲属或者其所在单位。"2012年《刑事诉讼法》删除了"有碍侦查"的限制性规定，2018年《刑事诉讼法》第九十三条延续了这一规定。《国家人权行动计划（2009—2010年）》要求"完善监管执法公开制度，将被羁押者权利以及监所有关执法标准、程序向被羁押者公开"。

2015年4月1日，司法部发布实施的《关于进一步深化狱务公开的意见》确立了针对不同对象的分级公开机制，对罪犯、罪犯亲属、社会公众公开的信息作出了不同的规定与要求，避免了信息公开规则中的短板效应，这是我国监狱信息公开的重大创新。《看守所法（公开征求意见稿）》第一百一十二条、第一百一十

---

① 《看守所法（公开征求意见稿）》第九十一条规定："犯罪嫌疑人、被告人可以与近亲属、监护人会见、通信。会见可以当面进行，也可以通过视频进行。案件在侦查阶段的犯罪嫌疑人与近亲属、监护人会见、通信，以及外国籍、少数民族或者聋哑犯罪嫌疑人会见时需要翻译人员在场的，应当经案件主管机关许可，案件主管机关视情况派员在场。"

三条、第一百一十四条规定了看守所向社会、执法监督员和人大代表、政协委员公开信息的机制，但是并没有采纳对罪犯、罪犯亲属、社会公众分级分类公开信息的机制，看守所信息公开标准不科学、不规范。看守所属于广义监狱的范围，"看守所法"完全可以参照狱务公开规范，将看守所信息公开对象分为在押人员、在押人员近亲属、社会公众，对三种对象公开的内容依次由多到少。

看守所是为刑事诉讼侦查、起诉、审判、辩护服务的特殊机构，看守所关押的在押人员可能妨害诉讼、逃跑、再犯罪，公开刑事执法信息不能为违法犯罪活动提供信息方便。看守所信息公开应根据不同对象确定公开信息的范围，实现最大限度的公开。

四、对看守所在押人员人权保障立法策略的建议

实现看守所人权保障的科学立法，需要从看守所人权标准和归属单位、看守所执法的保障体制、"看守所法"的立法定位各方面全面调整立法策略。

（一）实现看守所与监狱人权标准一元化

《曼德拉规则》第一百二十二条规定了"人权标准一元化"的要求，规定"未经指控而被逮捕或被监禁的人应享有本套规则第一部分和第二部分 C 节所给予的同样保护。如适用规则第二部分 A 节的有关规定可有利于这一特定群组的被拘押人，则这些规定应同样适用"。该规则要求，审前羁押的囚犯适用关于囚犯人权的一般规则，另外还规定审前羁押的囚犯应当具有更多的特殊人权，即"不得采取任何意味着他们必须接受再教育或改造的措施"。《曼德拉规则》第一百一十一至一百二十条关于"在押或等候审讯的囚犯"确立了 10 个方面特殊规则，基本内容体现为特别权利和特殊处遇。特别权利体现的是无罪推定权利中产生的、优于已决囚犯的私人生活权和诉讼权利；特殊处遇体现的是羁押个别化的权利，并没有少于已决囚犯的权利。未决囚犯人权规范是所有囚犯人权规范中的特别规范。

我国看守所与监狱分属两个机构管理，依据不同的法律依据进行执法，看守所在押人员人权标准低于监狱在押人员人权标准。但这样的做法却没有任何逻辑上的依据，因为看守所在押人员并没有定罪，还不是确定的罪犯，更应当保障其作为在押人员的基本权利。

看守所在押人员人权标准低于监狱在押人员人权标准表现为：看守所在押人员的住宿、生活、劳动等标准低于监狱；监狱的亲属会见权能得到保障，而看守所存在亲属会见难的问题。将来，实现看守所与监狱人权标准一元化是在押人员人权保障的根本性要求，应当确立为"看守所法"的立法原则。

（二） 实现看守所管理归属的中立化

看守所隶属关系的设定影响着司法公正的实现。我国《看守所条例》第五条规定："看守所以县级以上的行政区域为单位设置，由本级公安机关管辖。"《看守所法（公开征求意见稿）》第六条①仍然规定看守所隶属于公安机关。这种"侦押合一"的做法长期以来受到学界和人大代表、政协委员的批评，必须加以改革。

首先，侦押分离是保障人权的需要。公安机关管理看守所不具备中立性，侦查部门与看守所是同一个公安机关的"同事"，公安机关集侦查与羁押权力于一身，"既当裁判员，又当运动员"；②公安机关侦查部门与看守所互行方便，容易导致为了实现侦查目的而侵犯在押人员人权的后果。

其次，侦押分离是羁押职能专门化的需要。《看守所条例》第三条规定，看守所的任务之一是"保障侦查、起诉和审判工作的顺利进行"，看守所并非仅仅为侦查服务。因此，未决羁押职能隶属于侦、控、审的任何一方都存在利害冲突、都不公正，只能隶属于三者之外的中立机构。

看守所隶属于司法行政部门的改革方案是可行的。首先，司法行政机关具有超然地位和中立性。司法行政部门参与刑事诉讼的侦查、起诉、审判，不存在诉讼利益需求，可以平等对待侦、控、审各方。其次，司法行政机关具有管理在押人员的经验。监狱由司法行政机关管理，对于在押人员的管理具有实践经验，其监管条件可以适用看守所监管。③司法行政机关管理看守所具有合理性与可行性，将来的"看守所法"应当规定："看守所以县级以上的行政区域为单位设置，由本级司法行政机关管辖。"

（三） 实现看守所人财物省级统管

保障看守所在押人员人权，需要优化看守所硬件、软件设施配置，这需要政府财政支持。长期以来，作为公安机关的内设机构，依照《中华人民共和国中央人民政府组织法》以及《中华人民共和国地方各级人民代表大会和地方各级人民政府组织法》的规定，我国看守所的人财物理所当然由各级人民政府承担。因此，《看守所条例》没有也无必要对看守所人财物管理进行规定。《看守所法（公开征求意见稿）》第九条仍然规定"各级人民政府承担看守所的建设和保障工作"，这

---

① 《看守所法（公开征求意见稿）》第六条规定："国务院公安部门主管全国看守所工作。县级以上地方人民政府公安机关主管本行政区域看守所工作。"

② 李梁：《2009年"两会"十大言者——真话高官段正坤　四问"躲猫猫"》，《南方周末》2009年3月19日。

③ 袁红：《我国未决羁押制度研究》，中国政法大学出版社2018年版，第182页。

导致了各地看守所建设和保障工作的巨大差异，有些地方的看守所条件长期得不到改善，不能达到公安部要求的建设标准。要改变这一情况，我国应当由中央委托省级政府对看守所人财物进行统一管理。

人财物统一管理制度目前适用于省级以下法院和检察院。2013 年 11 月 15 日，中共十八届三中全会召开，发布了《中共中央关于全面深化改革若干重大问题的决定》，提出要"改革司法管理体制，推动省以下地方法院、检察院人财物统一管理"。在法院、检察院系统，人财物统管是指将省以下法院、检察院人、财、物统一上收到省级管理[①]，司法经费保障主要纳入省级预算，国家财政预算补充。这包括两方面的内容———一是人员的省级统一管理，二是财物的省级统一管理，其理由是司法权是中央事权。[②] 省以下法院、检察院人财物统一管理对于减少地方干预，保证审判权和检察权依法独立行使具有重要作用。

人财物由中央委托省级政府实行人财物统管目前适用于省级以下法院和检察院，其原因在于法院和检察院属于中央事权。[③] 但是，根据《国务院关于推进中央与地方财政事权和支出责任划分改革的指导意见》（国发〔2016〕49 号），中央事权和地方事权的划分是相对的。这一文件在中央与地方财政事权的"划分原则"中指出，要"体现国家主权、维护统一市场以及受益范围覆盖全国的基本公共服务由中央负责"。在具体方案上指出，要"加强中央在保障国家安全……方面的财政事权""要逐步将国防、外交、国家安全……基本公共服务确定或上划为中央的财政事权"。可见，财政由中央负责最终由"划分原则"中的实质性标准来决定。看守所管理事关国家安全，需要中央统一管理；看守所财物统管能够避免人权保障的地区差异，实现司法人权保障的平等待遇。应当将监狱、看守所管理逐步划为中央的财政事权，同理，人事事权也应当划归中央。具体方案上，看守所可以如法院、检察院一样，由中央委托省级政府实行人财物统管。

（四）将"看守所法"定位为《监狱法》的特别法

看守所也是监狱的一种，这是国际社会的通行观念，是中国民众的常规认识，在我国监狱史上也有例可循。《曼德拉规则》序言部分规定："本套规则第一部分规定监狱的一般管理，适用于各类囚犯，无论刑事犯或民事犯，未经审讯或已经判罪，包括法官下令采取'保安措施'或改造措施的囚犯。"即明确了各类囚犯都

---

① 石静君：《我国地方检察机关人财物省级统管改革问题研究》，河南大学 2018 年硕士学位论文，第 9 页。
② 孟建柱：《深化司法体制改革》，《人民日报》2013 年 11 月 25 日，第 6 版。
③ 谢小剑：《省以下地方法院、检察院人财物统一管理制度研究》，《理论与改革》2015 年第 1 期，第 153 页。

应当适用一般规则。

欧洲人权法院认为关押囚犯的机构都称为监狱。欧洲人权法院判例指出："'囚犯'一词主要是指被司法机关羁押候审的或在定罪后被剥夺自由的人，也可指因任何其他原因被拘留在监狱的人。"① 此外，应当指出，这些与囚犯权利有关的原则可适用于短期被关押在等候室或类似于等候室（例如警察局、精神病院和移民拘留所）② 的场所。域外国家将监狱划分为未决监与已决监，未决监狱称为看守所与拘留所，已决监狱仍称监狱。③ 在美国，未决监狱通常被称为"看守所"或者"拘留所"（detention facility）④；加拿大⑤、英国⑥、丹麦⑦的未决监狱都被称为"地方监狱"（local prison）或"地方看守所"（local gaol）。域外的羁押场所，从名称来看可以称为未决监狱；从管理主体来看，除日本的"代用监狱"从属于警察机构⑧外，都由中央监狱管理部门或者地方监狱管理部门统管。

在中国民间，无论哪一种由国家权力机关决定羁押人的人员，都被认为是在"坐牢"的人，人们通常不会有意区分哪一种羁押的类型。历史上，我国对已决在押人员和未决在押人员适用同一管理规范，都规定于 1954 年 9 月颁布实施的《劳动改造条例》中，可见，广义的监狱是所有关押场所的统称。

综上所述，看守所管理规则一般情况下应当适用监狱管理规则，同时进行分押分管，规定一部分只适用于看守所的特殊规则，"看守所法"可以定位为《监狱法》的特别法。《监狱法》规定的一般管理规则，适用于各类在押人员，"看守所法"对未决在押人员的特别规定，适用"看守所法"。

结语

在押人员羁押，本质上是对人身自由的剥夺。我国 2023 年修订的《立法法》

① ECHR, Guide on the case-law of the European Convention on Human Rights—Prisoners' rights, https：//www. echr. coe. int/Documents/Guide_ Prisoners_ rights_ ENG. pdf.

② Muršic'v. Croatia［GC］, 2016, § 92; see, for instance, Georgia v. Russia（I）［GC］, 2014, § § 192 – 205; Khlaifia and Others v. Italy［GC］, 2016, § § 163 – 167; Sakir v. Greece, 2016, § § 50 – 53.

③ 姚伟章、于树斌主编：《监所管理执法须知》，群众出版社 2003 年版，第 26 页。

④ Harry E. Allen, Corrections in America：An introduction, New Jersey：Prentice-Hall, 2001, p. 158.

⑤ John W. Ekstedt, Corrections in Canada：Policy and Practice, Toronto：Butterworths, 1988, pp. 22 – 23.

⑥ Rod Morgan, "England and Wales," in Dirk van Zyl Smit and Frieder Dunkel, eds. , Imprisonment today and tomorrow, Deventer：Kluwer Law and Taxation Publishers, 1991, p. 166.

⑦ Jorgen Jepsen, "Denmark," in Dirk van Zyl Smit and Frieder Dunkel, eds. , Imprisonment today and tomorrow, Deventer：Kluwer Law and Taxation Publishers, 1991, p. 116.

⑧ 高一飞、尹治湘：《日本代用监狱制度的考察与反思》，《国外社会科学前沿》2021 年第 2 期，第 16 – 28 页。

第十二条规定："本法第十一条规定的事项尚未制定法律的，全国人民代表大会及其常务委员会有权作出决定，授权国务院可以根据实际需要，对其中的部分事项先制定行政法规，但是有关犯罪和刑罚、对公民政治权利的剥夺和限制人身自由的强制措施和处罚、司法制度等事项除外。"看守所执法的内容是剥夺公民人身自由，由公安部行政法规和部门规章来调整看守所执法违背了《立法法》的规定。同时，现有规范性文件内容过时、法律位阶低、体系混乱、立法粗陋，其实质内容和立法技术都不能适应时代需要，制定"看守所法"成为社会共识。中国的法治建设已经进入了新时代。我们期待将来出台的"看守所法"能体现十八届四中全会"国家尊重和保障人权""优化司法职权配置"的目标，成为一部尊重和保障人权的法。

第二章
看守所隶属关系的中立化改革

　　未决犯是指尚在等待最终裁判的犯罪嫌疑人、被告人，未决羁押是指对判决确定以前犯罪嫌疑人和被告人的羁押。根据《刑事诉讼法》和《看守所条例》的规定，对于未决犯的羁押除了拘留决定之前的传讯阶段是关押在侦查机关审讯室以外，其余时间是在看守所内进行；看守所由相应的公安机关进行管辖。公安机关是我国刑事案件的主要侦查机关，承担了绝大部分刑事案件的侦查任务。① 看守所的功能是对未决犯进行羁押管理，以保障刑事诉讼活动的顺利进行、保护被羁押的未决犯的人身安全和合法权利。但羁押机关与刑事案件的侦查机关隶属于同一机关管理，由此出现了看守所的立法实践与立法初衷相悖的现象——看守所的功能异化成了主要为侦查服务，甚至于为非法侦查提供方便，司法的权威与公正遭受各方质疑。

　　早在看守所立法提上议事日程之初，笔者就提出了看守所中立化的建议。② 十余年来，看守所中立化的呼声并没有停止，而且，看守所隶属关系之争已经成了"看守所法"及时出台的主要障碍。为此，本书将结合近年来看守所隶属关系的争论焦点，对看守所中立化改革提出个人见解。

一、我国看守所隶属关系的历史沿革

　　中华人民共和国成立以来，我国羁押场所的设置与变迁经过了一个"波浪式"前进的发展过程。本书以 1954 年《中华人民共和国劳动改造条例》（以下简称《劳动改造条例》）、1990 年《中华人民共和国看守所条例》（以下简称《看守所条

---

　　① 我国的侦查机关还有国家安全机关、检察机关和监狱的狱内侦查机构等，我们在后面不再一一说明，为了表述的方便，后文的"侦押合一"等论述并不否认在公安机关以外的机关担任侦查机关的情况下，侦与押是分开的。

　　② 高一飞、陈琳：《我国看守所的中立化改革》，《中国刑事法杂志》2012 年第 9 期，第 98 页。

例》)、2009 年看守所变革这三个时间点为界,将看守所的发展分成三个阶段来进行论述。

(一)探索阶段:1954—1990 年

新中国成立以后,我国开始探索社会主义法律体系的构建。在近四十年的时间里,羁押场所的发展重点时间段分别为新中国成立初期、"文革"时期、《看守所条例》颁布实施前夕。

新中国成立初期,原本隶属于司法行政部门的监狱、劳动改造管教队、看守所等已决犯与未决犯羁押场所,转隶为公安部门实行统一管理;1954 年 9 月颁布实施的《劳动改造条例》更是将公安机关对劳动改造机关的管理权以法条的形式予以明确。其中,已决犯根据其犯罪性质的严重程度,分别由监狱和劳动改造管教队进行监管;看守所主要羁押未决犯,同时也可以监管判处徒刑两年以下、但不便于送往劳动改造管教队予以改造教育的罪犯。此外,少年犯管教所专门关押少年犯。至此,"侦押合一"模式初步形成。

1966—1976 年,我国的立法工作陷入停滞不前的局面,看守所制度的构建与完善被迫中止。"文革"期间,看守所接受军管,直到 1973 年才陆续被撤销军管。"文革"结束改革开放后,我国的法制工作才逐渐步入正轨。1979 年,《中华人民共和国刑法》与《中华人民共和国刑事诉讼法》先后颁布施行,我国刑事案件的诉讼程序正式确立,为看守所制度的恢复与完善提供了坚实的法律基础。

1983 年,中共中央通过了《关于严厉打击刑事犯罪的决定》,决定以三年为期,秉持"从重从快"的精神,对刑事犯罪分子予以严厉的打击。"严打"时期的公安机关任务繁重,已经恢复建立的司法行政部门开始负责原本由公安机关领导管理的劳动改造、劳动教养工作,监狱和劳动改造部门也随之转隶由司法行政部门管理。为了便利"严打",同时又考虑到刚刚恢复建立的司法行政部门能力有限,司法工作正常运行与看守所监管不能两全,看守所仍然由公安机关予以管理,这种体制一直持续至今。

(二)稳定阶段:1990—2009 年

1979 年《刑事诉讼法》仍然未涉及看守所制度的完善。1990 年 3 月,《看守所条例》颁布施行,首次用行政法规详细规定了看守所运行的具体制度,是内容最为全面的一部看守所立法,衔接与完善了 1979 年《刑事诉讼法》对诉讼程序中审前羁押制度的规定,与当时的法治现状发展相适应。在 1994 年 12 月 29 日第八届全国人民代表大会常务委员会第十一次会议通过《监狱法》之前,《劳动改造条例》与《看守所条例》中涉及看守所管理规定的内容相冲突之处,均以《看守条例》为准。

"侦押合一"的体制有利于对羁押中的被羁押人员进一步进行侦查、讯问，有助于侦破案件事实、深挖余罪。但是，《劳动改造条例》明确规定"劳动改造机关不得妨碍、应当服从侦查工作的进行"，体现出羁押对侦查、审判活动的附属性；《看守所条例》的用词则更加谨慎，一定程度上体现了侦查与羁押措施应有界限。此外，《看守所条例》新增了对于提讯被羁押人员的规定，公安机关、国安机关、法院以及检察院具备相应的法律文书才能提讯被羁押人员；提讯完毕应当立即将被羁押人员送交看守人员收押管理。由此，在"侦押合一"的传统格局之下，侦查、起诉、审判与羁押分离的特点也逐渐显露。

1996 年，刑事诉讼法进行了第一次大规模修改，但仍然没有对看守所执行强制措施相应内容的明确规定。2000 年 12 月，第九届全国人大常委会第十九次会议对刑事诉讼法执法状况进行报告。报告指出，从对部分地区的检查情况来看，贯彻实施刑事诉讼法的工作取得了一定的成绩，但是刑事诉讼法的执行过程面临三个不容忽视的执法难题——看守所超期羁押、律师会见在押人员难、刑讯逼供，这三大难题都与看守所的隶属关系与制度完善密不可分。据有关学者的介绍，早在 2000 年前后，公安部门就已开始着手研究修改《看守所条例》，但后来一直没有结果。①

在 1990 年《看守所条例》发布之后的 30 年里，看守所的立法工作一直没有进展，一些与当前法治环境明显不匹配的用词也未能得到修正，如《看守所条例》中将犯罪嫌疑人与被告人统称为"人犯"。总体来说，随着社会的发展，《看守所条例》的有关规定已不能与社会的发展相适应。

（三）改革阶段：2009 年至今

2009 年是看守所制度发展的重要转折点，多起发生在看守所内非正常死亡事件引起了全社会关注。② 看守所制度改革与完善也终于被提上了日程。

2009 年 5 月，公安部发布了《看守所防范和打击"牢头狱霸"十条规定》，同年 7 月，公安部发布了《关于进一步加强和改进公安监管工作的意见》。据官方统计，自 2009 年以后，上述各项管理措施被落实到地方后，看守所的秩序趋向平稳，在押人员的伤害死亡事件逐年下降。③

2012 年 3 月，《刑事诉讼法》迎来第二次大规模的修改。在此次修法活动中，看守所终于在《刑事诉讼法》中得到足够的重视，要求羁押犯罪嫌疑人、被告人

---

① 孙皓：《看守所规范化研究》，中国人民大学出版社 2016 年版，第 16 页。
② 《近年看守所非正常死亡事件》，《中国改革》2010 年第 4 期，第 76 – 77 页。
③ 陈菲：《我国推进看守所管理机制创新　安全责任事故下降》，http://www.gov.cn/jrzg/2011 – 12/17/content_ 2022977. htm，访问日期：2020 年 2 月 15 日。

后应当及时送交看守所，对被羁押人员的讯问只能在看守所内进行。2016 年 6 月，《国家人权行动计划（2016—2020 年）》中明确提出，制定看守所法，提升被羁押人权利保障的立法层级，完善配套法律法规和规章制度；严格落实监管场所的各项规章制度；完善被羁押人投诉处理机制，畅通被羁押人权利救济渠道；加强监管场所检察信息化建设，实现对监管场所的动态监督。

在此次修法过程中，立法者已经认识到"侦押合一"模式给法治社会的发展与建成带来了阻碍，"侦押分离"的思想逐渐在相关法律规范中以法条的形式体现出来，"侦押分离"模式的呼声越来越高。但是，《看守所法（公开征求意见稿）》却与这一发展大势背道而驰。

《看守所法（公开征求意见稿）》通过完善看守所内管理制度加大了对人权的保障。与此同时，《看守所法（公开征求意见稿）》对看守所的隶属也进行了明确——看守所仍然隶属于公安机关，由公安部门主管看守所的各项工作。这也说明，公安部仍然认为侦查与羁押分离可以在由公安机关领导的前提下实现，我们可以称之为"内分模式"。"侦押合一"运行模式与完善社会主义法治要求相悖，严重影响司法公正，"外分模式"下的"侦押分离"势在必行。

二、域外审前羁押场所隶属模式及其借鉴意义

西方将监狱划分为未决监与已决监，未决监狱称为看守所与拘留所等，羁押待审未决的刑事被告人；已决监狱仍称监狱，羁押徒刑犯。这便是近代意义的看守所和监狱。[1] 在美国，未决监狱通常被称为看守所（detention center 或 house of detention），有时候也被称为拘留所（detention facility）[2]；在加拿大，未决监狱被称为地方看守所（local gaol）[3]；在英国，未决人员关押在地方监狱（local prison）[4]；在荷兰，未决监狱称为押候所（remand house）[5]；在西班牙，未决监狱叫作审前拘留监狱（prison for pretrial detention）[6]；在丹麦，等待审判的押候人员被关押在地方看守所（local gaol）[7]。域外的审前羁押与我国的规定大有不同，几

---

① 姚伟章、于树斌主编：《监所管理执法须知》，群众出版社 2003 年版，第 26 页。

② Harry E. Allen, Corrections in America: An introduction, New Jersey: Prentice-Hall, 2001, p. 158.

③ John W. Ekstedt, Corrections in Canada: Policy and Practice, Toronto: Butterworths, 1988, pp. 22 – 23.

④ Rod Morgan, "England and Wales," in Dirk van Zyl Smit and Frieder Dunkel, eds., Imprisonment today and tomorrow, Deventer: Kluwer Law and Taxation Publishers, 1991, p. 166.

⑤ Peter J. P. Tak, Essays on Dutch criminal policy, The Netherlands: Wolf Legal Productions, 2002, pp. 150 – 151.

⑥ Esther Gimenez-Salinas i Colomer, "Spain," in Dirk van Zyl Smit and Frieder Dunkel, eds., Imprisonment today and tomorrow, Deventer: Kluwer Law and Taxation Publishers, 1991, p. 575.

⑦ Jorgen Jepsen, "Denmark," in Dirk van Zyl Smit and Frieder Dunkel, eds., Imprisonment today and tomorrow, Deventer: Kluwer Law and Taxation Publishers, 1991, p. 116.

乎在具有代表性的域外法国家，逮捕与羁押在适用程序方面都是明显分离的。[①] 对于部分域外国家而言，逮捕仅仅是短期羁押，一般不得超过 48 小时；逮捕之后，经过一定程序，再确定执行审前羁押。

（一）英美法系国家审前羁押场所的隶属关系

从英国的情况来看。审前羁押场所分为起诉前的羁押场所和起诉后的羁押场所。嫌疑人被逮捕后，应当及时送至警察局的拘留所，由羁押官决定是否予以羁押；在经过审查官的复核无误后，对被逮捕者执行羁押。所以，起诉前的审前羁押场所通常是警察局内的各个拘留室，羁押期限累计不得超过 96 个小时；但羁押官与审查官均独立于侦查部门，不介入案件侦查活动中，侦查活动的成功与否与其无关。而看护中心、拘留中心以及监狱等作为起诉后的审前羁押场所，都独立于警察机关与检察机关，由专门的司法行政机构管理。[②] 以上羁押机构具有鲜明的中立性，执行羁押时无须考虑侦查机关的目的实现与否，与案件处理结果无直接利害关系，保障了羁押的公正。

在美国，逮捕并不必然导致羁押。在逮捕之后，要对逮捕的记录进行登记，之后嫌疑人再在治安法官面前接受初次聆讯，治安法官有权经过初次聆讯后决定是否羁押被告人。依照大多数州的规定，被捕人员在 48 小时的时限内，必须在治安法官面前接受聆讯。也就是说，在逮捕后至接受初次聆讯之前，最长 48 小时，被逮捕者由警察局予以关押。初次聆讯后仍然需要羁押的，羁押于监狱。由于美国 50 个州与联邦各自存在独立的司法体系，联邦监狱与州监狱各自独立，联邦监狱隶属于监狱局。州监狱包括州监狱和地方监狱，隶属于本州的司法行政机关。[③] 由于美国法律体系的不同，羁押场所的隶属关系有多元化的特点。但是正式羁押场所均不隶属于侦查机构，实现了侦押分离。

另外，也许有人会疑惑，在中国，侦查机构自己设立的审讯室，用于拘传，这里羁押的时间最长可以是 24 小时，往往是审讯犯罪嫌疑人的黄金时间。[④] 那么，在英美国家也存在 48 小时的警察局时间，这段时间是否也是审讯的黄金时间？这段时间审讯的正当程序如何保障？对这两个问题，我们通过邮件请教了美国看守

[①] 陈瑞华：《刑事诉讼中的问题与主义》，中国人民大学出版社 2011 年版，第 168 页。

[②] 陈瑞华：《审前羁押的法律控制——比较法角度的分析》，《政法论坛》2001 年第 4 期，第 107 - 108 页。

[③] 孙亚赛：《看守所体制改革研究》，中国人民公安大学 2019 年博士学位论文，第 52 页。

[④] 中国的审讯室是一个特殊机构，已经引起公安部门自己的重视。2008 年公安部实施了《关于大力加强公安机关执法规范化建设的指导意见》（公通字〔2008〕49 号）。按照公安部 2010 年 10 月 25 日实施的《公安机关执法办案场所设置规范》要求，各地公安机关以派出所为重点，全面推进、限时完成执法办案场所的办案区、办公区、接待区和生活区的功能分区改造工作。

所专家唐纳德·李奇（Donald L. Leach）博士[1]。他说："关于警察局临时拘留室，见诸文字的论著是没有的，但有习惯的做法。小的警察局中，警察很少利用自己的羁押室进行审讯。他们一般会将嫌疑人运送到警察局总部，那里设有同步录音录像等审讯设施。在送到总部之前，警察对嫌疑人只会进行简单问话，目的是确保嫌疑人认罪。在总部的供述会在囚犯及其律师在场的参与下发生。"所以，美国警察局的临时性拘留所一般不会用来审讯，在总部的专门审讯场所进行审讯时，通过律师在场权来保障程序正当。可见，美国审前羁押的实质性场所还是在监狱，而监狱是隶属于独立于警察机构的监狱署的。

（二）大陆法系国家审前羁押场所的隶属关系

法国的审前羁押又被称为临时羁押。根据法国《刑事诉讼法典》第七百一十四条的规定，对犯罪嫌疑人、被告人进行临时羁押的场所是看守所；每一个大审法院、上诉法院、重罪法院都附设一个看守所；若是法律指定成立的法院设立看守所，则羁押犯罪嫌疑人、被告人的看守所应当由法令予以确定。[2] 由此可见，作为临时羁押场所，看守所附设于各级法院，并由法院来加以管理和控制，作为追诉方的警察及检察官，无权施加不当影响，这有利于保障被羁押人的合法权益。[3]综上，法国的审前羁押场所是看守所，看守所隶属于法院。

在德国，只要是犯罪嫌疑人、被告人没有被最终判决确定有罪之前所进行的羁押，都叫审前羁押。在德国，审前羁押的场所是监狱和精神病院、戒瘾所等特殊机构。监狱和特殊关押机构由司法部予以管理，警察机构由内政部进行管理。因此，执行待审羁押的机构与进行侦查活动的警察机构各自独立，彼此并无隶属关系。

（三）混合法系国家审前羁押场所的隶属关系

在意大利，未决羁押又称预防性羁押。意大利的未决羁押场所依照适用情形的不同而不同，包括看守所和被告人住地。其中，住地主要包括被告人私人所有的住所及其居住的住所，医院或者福利院等提供公共医疗服务的场所或者社会场所也包括在内。此外，对于精神状态存在缺陷以及不能自由支配其意志的人员，执行未决羁押的场所可以是相应的精神病治疗机构。除了前述两种特殊的未决羁

---

[1]　唐纳德·李奇（Donald L. Leach）博士是盐湖城的一个看守所专家，犯罪学博士，有20多年看守所从业经历，经常作为专家证人出庭（涉及权利诉讼）。

[2]　孙本鹏：《比较法视野中的未决羁押场所设置》，《人民司法》2004年第7期，第72 - 73页。

[3]　房国宾：《审前羁押与保释》，法律出版社2011年版，第136 - 137、139页。

押，意大利的未决羁押场所为看守所。意大利的看守所由司法行政机关管辖。① 可见，意大利的未决羁押场所并不附属于侦查机关。

在日本，执行羁押的场所包括拘留所、看守所和监狱。② 其中，拘留所、看守所与监狱之间最大的区别在于隶属关系。拘留所隶属于警察署，看守所由检察部门管辖，检察部门隶属于司法部，③ 监狱由司法部管辖。立法根据起诉与否，将审前羁押区分为起诉前的羁押与起诉后的羁押。日本《刑事诉讼法》规定，对未决犯进行关押由看守所进行，分设在全国各地的看守所由日本法务省管辖。也正是基于此种隶属关系，看守所因而能够独立于警察机构，防止司法警察利用其羁押被告人的权力而滥用侦查权。

由于客观条件的限制，看守所数量与被羁押人数不成合理比例，不足以容纳所有被羁押人。1908 年制定《监狱法》时，在充分考虑社会现状后予以规定，特定的情况下，可以在警察机构内部留置所予以羁押。④ 这被称为代用监狱制度。被逮捕和拘留的案件中，98% 以上的人员被送到拘留所。由于拘留所在警方的管辖范围内，警方可以在就近的管理下继续对嫌疑人进行羁押，对被羁押人进行讯问也十分便利。日本警察不正当拘禁犯罪嫌疑人的情况常有出现。日本学界对代用监狱制度一直存在着争论。日本律师界主张废止代用监狱。⑤ 法学界的主流观点认为，应当尽量避免适用代用监狱，逐渐废止代用监狱。时至今日，日本的代用监狱制度仍然在争议中保留下来。

（四）域外审前羁押场所隶属关系的特点与启示

上述域外国家，未决羁押的执行场所主要有以下几种类型。第一种以美国、英国、德国、意大利为代表，主要由监狱这一司法行政机关执行未决羁押，监狱与警察机构间相互独立。第二种以法国为代表，执行未决羁押的场所为看守所，看守所隶属于法院。第三种以日本为代表，以留置所和拘置所为主要未决羁押场所，其中留置所由警察机构领导，拘置所由中立的法务省管辖。警察机构下设的留置所成了代用监狱制度，但是"代用监狱"一词本身说明了制度设计者认为羁押机构设在警察机构之下是临时的、不合理的，因而是"代用"的。

---

① 白俊华：《看守所论：以刑事诉讼为视角》，中国政法大学出版社 2015 年版，第 83 页。

② 日本刑事诉讼制度中，拘留所写作"留置所"，看守所写作"拘置所"，监狱写作"刑务所"。为了行文顺畅，后续将用拘留所、看守所、监狱代替"留置所""拘置所""刑务所"。

③ 在日本刑事诉讼法中，法务省相当于我国的司法部，为了行文顺畅，后续将用司法部代替"法务省"。

④ 宋英辉、孙长永、朴宗根等：《外国刑事诉讼法》，北京大学出版社 2011 年版，第 467 页。

⑤ ［日］日本律师联合会：《代用监狱的废止——代用监狱问题的新阶段》，株式会社高千穗印刷所 2008 年版，第 4 - 5 页。

除日本外，域外国家羁押场所与侦查机关相分离，具有鲜明的司法中立性。代用监狱制度在日本理论界也争议不断。可以说，日本代用监狱适用的争议很大程度上类似于我国对未决羁押场所设置的争议。

但应当注意的是，日本这个例外并没有得到国际社会的认可。2007 年 5 月、2008 年 9 月，联合国禁止酷刑委员会和人权理事会也对日本的代用监狱制度发出劝告和建议，特别是禁止酷刑委员会对代用监狱制度提出了 11 项担忧和 7 个方面①的优先事项。总的要求可概括为：（1）必须修改法律，确保侦查和羁押的完全分离；（2）警察羁押犯罪嫌疑人需符合国际最低标准，受最长期限的限制，禁止超期羁押；（3）逮捕时对全部的被羁押者需提供法律援助，讯问时辩护人在场；（4）为诉讼防御的准备，起诉后警察记录的全部资料能够被检索；（5）设立留置设施视察委员会，委员须有律师成员，确保外部审查的独立性；（6）建立独立的被羁押者不服申请制度；（7）考虑审判前采用保释等非羁押措施；（8）加强代用监狱的医疗保障，停止使用防声设备。

日本的改革教训显示，只要留存侦查机关继续代管的体制，就会遭受不必要的非议，至少侦押分离的外观效果有所折损，甚至影响实质正义。这是日本学界、律师界以及国际人权组织共同担心的问题。虽然内部改革可以实现职责分工和管理方式上的中立化，但是基于打击犯罪、统一行动的需要，羁押部门与侦查部门都必须接受行政首长的指挥。这种体制往往导致羁押部门对侦查部门配合有余、监督不足，从而造成后续程序上的一系列问题，不利于看守所开放性和透明性的提升以及犯罪嫌疑人、被告人诉讼权利的落实。我们也进行了内部体制改革方向的尝试，看守所的中立性确实逐渐增强，但是根本问题仍没有解决，已经到了改革的瓶颈期。未来，羁押机构转隶于侦查机构以外的机构，以实现彻底中立化，是法治国家的必然选择。

三、看守所隶属中立化的理由和方案

看守所是正义的试验场，② 看守所隶属关系的设定影响着司法公正的实现。《看守所法（公开征求意见稿）》引起理论界争议最大的莫过于对看守所隶属关系的界定，学界对此质疑之声不断。

---

① ［日］滕佐元治：《联合国禁止酷刑委员会最终意见的意义及对代用监狱犯罪嫌疑人讯问改革的展望》，《都留文科大学研究纪要》2008 年第 67 期，第 138 – 139 页。

② 连春亮编著：《监狱学新视点》，群众出版社 2015 年版，第 90 页。

（一）看守所隶属关系改革的学界方案

对于看守所管辖的设置与隶属，学界主要有以下几种观点。

第一种观点，也是占大多数意见的观点，认为看守所由司法行政部门管辖，公安机关的拘留和逮捕都由看守所来执行。全国政协委员、天津财经大学近现代法研究中心主任侯欣一教授指出，现行的实际情况是把已决犯与未决犯归为司法部和公安部分别管理；如果把未决犯也移交司法部看管，可以把国家的刑事审判权配置得更加合理。① 上述观点认为，司法行政部门基于对本身职责的履行和司法公正的维护，更有效地遏制讯问过程中刑讯逼供等非法取证行为的发生，随意羁押和超期羁押的现象也会因为适用情形审查的严格性与中立性而得到纠正。

第二种观点认为，公安机关的拘留由公安机关的看守所执行，而受到逮捕或者正式羁押的犯罪嫌疑人由司法行政机关监狱执行。在此观点之下，看守所的隶属关系无须进行变更，对于因拘留、逮捕而导致的羁押分别在看守所、监狱予以执行即可。

第三种观点认为，看守所的隶属关系应当进行变更，若是要在侦查机关以外找寻担当对犯罪嫌疑人实施关押和监管的机关，除了考虑司法行政部门，还可以由人大常委会下设的一个专门机构对看守所进行监管。② 这种观点认为，在人大常委会下设机构主管看守所的情况下，刑事诉讼过程中侦查权与羁押权由于行使主体不同源而形成一种有效的制约。

第四种观点认为，在加大公安内部制约的力度下，公安部主管全国的看守所工作，看守所内的人力物力财力统一由省级管辖。这样，市级、区县级的公安机关对看守所并不具有管辖权，省级公安机关垂直统管全省范围内的看守所，这使得市、区县级看守所在各方面独立于同级公安机关，也能加强对刑事案件侦查的制约。③

前述第二种观点的问题在于，我国拘留并非西方国家通常在 48 小时以下的短期羁押。我国拘留期间一般可以是 14 天，最长可以达 37 天，而这段时间才是侵犯人权的关键时间。所以，这段时间的关押场所更应当与侦查机关分离。在拘留期限过长的情况下，区分拘留与逮捕羁押场所并不能减少对被羁押人合法权益侵犯的可能性。所以，这一种观点不具有现实意义和针对性。

---

① 刘瑜：《看守所改革：十年呼吁"侦羁分离"——访全国政协委员、天津财经大学近现代法研究中心主任侯欣一》，《民主与法制》2017 年第 15 期，第 8－11 页。

② 胡建淼、金承东：《论司法刑事侦查权与关押权的分离——阻却刑讯逼供的有效制度》，《浙江学刊》2001 年第 2 期，第 167 页。

③ 闵丰锦：《省级统管：看守所改革的第三条道路》，《中国刑警学院学报》2019 年第 5 期，第 27 页。

前述第三种观点的优势在于，不参与刑事诉讼活动的国家权力机关的下设机构对羁押活动进行管理能够确保羁押的中立性；但不容忽视的是，国家权力机关的下设机关并不适合直接执行羁押。人大常委会既是国家权力机关，同时也是立法机关，应当与法律实施机关分离。立法机关不应当直接参与执法，让立法机关作为羁押机关进行执法，违背了我国的基本政治体制。

第四种观点的问题是"换汤不换药"。因为公安机关的体制是一体化的，体现为上下一体、左右联动，上下级是领导与被领导的关系，上级机关为了督办案件或者为了促成下级机关尽快有效追诉，由上级管理的看守所完全可能配合下级侦查机关的违法侦查；何况，当省级公安机关自己侦办案件时，原有体制的问题仍然没有解决。因而，这一方案并不能从根本上解决问题。

要想解决看守所超期羁押、刑讯逼供等问题，只能釜底抽薪，变更现行看守所隶属关系。在具体方案上，我们同意第一种观点，由中立的司法行政部门管辖、领导看守所。

（二）看守所隶属中立化的意义

侦押合一必须进行改革的根本原因在于，诉讼过程中，看守所由承担侦查职能的公安机关管辖，履行职能的中立性无法实现。目前，"侦押合一"的现行模式弊端不断显现，"侦押合一"向"侦押分离"的改革势在必行。

首先，侦押分离是保障人权的需要。看守所作为未决羁押的执行场所，与被羁押人基本权利的保障息息相关。依据《刑事诉讼法》的相关规定，对于被采取刑事拘留的犯罪嫌疑人、被告人，在特定的情形之下最长羁押期限可达37天；对于被采取逮捕的犯罪嫌疑人、被告人，在一般情况下，羁押不得超过两个月，但是，如果存在法定情形，羁押最长期限可达七个月。但是，在司法实务中，侦查部门可能滥用羁押决定权，利用法条规定内容的抽象性与可解释性，不当延长羁押期限，实践中审前羁押时间长达两年以上的情况并不鲜见。

负责查清犯罪事实的侦查部门与看守所是同属一个公安机关领导的"同事"，在同一的领导体制下，公安机关"自助一体式"的取证、抓捕与羁押，与现代"分权制衡理论"完全背离，"公安部门不能既当裁判员，又当运动员。应当把羁押权放在一个没有直接利害关系的第三方机构中"[①]。在公安机关自己人既当关押管理者又当侦查者的时候，侦查部门与看守所互行方便，侦查人员在看守所内违法

---

① 李梁：《2009年"两会"十大言者——真话高官段正坤　四问"躲猫猫"》，《南方周末》2009年3月19日。

侦查、超期羁押等行为便得不到羁押机构的有效监督，被羁押人的人权容易被侵犯。

其次，侦押分离是羁押职能专门化的需要。未决羁押职能同时为侦查、起诉、审判、辩护提供平等的服务，其目的是保障整个诉讼的顺利进行，而不是仅仅为了案件侦破的顺利进行、为侦查一方提供服务。因此，未决羁押职能隶属于侦控审辩的任何一方都不具有逻辑上的合理性，只能隶属于这四者之外的中立机构。

最后，侦押分离是推动羁押场所改革的需要。侦押合一体制之下，看守所管理改革中有利于保护人权的内容往往难以推动。"通铺制"向"床位制"的改革就是显著的例子。2000 年《看守所建筑设计规范》中规定，普通监室内实行通铺制，一个监室关押人数为 8~15 人。通铺之下，监室内极容易引发"牢头狱霸"现象，也不利于维护被羁押人独处、休息、身体完整的多项权利。①"通铺制"向"床位制"的改革势在必行。公安部早在 2010 年 4 月发布《关于在看守所监室内全面推进床位制的通知》，同年 6 月，深圳率先宣布实行床位制改革。② 但很遗憾的是，这一改革在各地无疾而终，难以推动，原因就在于，公安机关缺乏改善看守所环境的内在需要。相反，看守所条件不好成了促使被羁押人供述的压力。只有在看守所隶属中立的状态之下，才能为"床位制"改革提供充足的动力。可见，侦押不分已经成了阻碍看守所内部管理改革的重要原因。

（三）看守所隶属司法行政机关的理由

如前所述，我们同意看守所隶属于司法行政部门的方案，具体理由如下：

第一，看守所隶属司法行政机关的经验原因在于其具有历史的延续性。20 世纪 80 年代，监狱、劳动改造队等刑罚执行机关从公安机关分离出来，隶属为司法部统一管理。看守所也可以效仿监狱等从公安部门分离出来的做法。在 20 世纪 80 年代重新设立司法部开始，也有过将看守所连同监狱、劳动改造队一并转入司法部"麾下"，由司法部统一进行管理的考虑。但是因为当时经历过"十年内乱"的司法部刚刚复建，若是将看守所也一并转由司法部管理，对于司法部正常运行的恢复存在相当大的难度。在"严打"时期，为方便看守所为严打提供条件，看守所还是继续由公安机关管理。现在，中国的法治进程不断推进，随着司法部运行正常化，改革现行侦押合一体制刻不容缓，看守所重新回归和隶属于司法行政部门管理的时机已经成熟。

第二，看守所隶属司法行政机关的根本原因在于司法行政机关具有中立性。

---

① 程雷：《看守所被羁押者的人权保障》，《人权》2015 年第 2 期，第 44 页。

② 马彦、陈善标：《新建看守所将实行床位制》，《深圳特区报》2010 年 6 月 28 日，第 A02 版。

对于"侦押合一"存在的问题，绝大部分的原因都是看守所的中立性得不到保障，使得应当客观中立的羁押执行机关直接承担了侦查犯罪的任务。反观司法行政部门，不具有侦查犯罪的职能，并不直接参与到刑事诉讼的侦查、起诉、审判、辩护活动之中，作为利益无关方更能公正地对待与管理被羁押的犯罪嫌疑人、被告人，也避免了程序上公检法三机关介入羁押活动的随意性，增强了司法权威，提升了司法公信力。

第三，看守所隶属司法行政机关的重要原因在于司法行政机关具有管理被羁押人的成熟经验与制度。在应当实行侦押分离的前提下，相比于其他机构，监狱对于囚犯的管理已经累积几十年的实践经验，逐渐形成了一套有成熟经验、适应社会发展的管理运行模式与规范。看守所在中立的司法行政部门领导下，其现有羁押环境也能得到提升与完善。司法行政部门成熟、丰富的羁押经验可以有效地缓解看守所的监管顾虑，其设备、配套的监管设施可以有效地替代看守所局促的羁押环境。① 司法行政机关管理看守所，具有制度上的合理性与司法实务上的可行性。

从现行司法局的内设机构组成情况来看，现有的科室中并没有能够承担起对看守所运行状态的监督，为此，司法行政机关需要新增看守所监督管理部门，其工作职能是负责监督看守所运行状况。可以通过公务人员考试统一录用看守所监督管理门市部工作人员，也可以考虑从其他机关中调用相应人员。

四、看守所隶属司法行政机关后的配套措施

看守所隶属司法行政机关后，还要实现实质上的中立化，但是，不能简单地将已决犯与未决犯合并关押在监狱，既要体现人权标准的一元化，又要认识到两种审前羁押和审后关押的目的不同，体现管理模式的适当差异化。

审前羁押，是将具有潜在社会危险性的未决犯羁押于看守所内，对其人身自由予以限制，其本质是执行诉讼保障措施；而对于监狱而言，狱内羁押的均是经法院依法审判认定有罪并判处相应有期徒刑的已决犯，其本质是实施刑罚。相比已决犯因有罪身份的确定状态，看守所内羁押的未决犯因未经依法审判确定有罪，存在为了防止自己被定罪而逃避侦查、妨害诉讼的可能性。

尽管看守所与监狱应当实现一元化的人权标准，但是，二者的管理模式应当有适当的差异。

其一，对人身控制措施而言：由于看守所内被羁押的绝大多数是未决犯，趋

---

① 袁红：《我国未决羁押制度研究》，中国政法大学出版社 2018 年版，第 182 页。

利避害是每个人的本能。看守所内被羁押的未决犯为了给自己脱罪，被羁押人之间可能串供、毁灭伪造证据、妨害证人作证，看守所对人身自由的限制应当在合理限度内严于监狱的标准。

其二，对场所的其他功能而言：不论是已决犯还是未决犯，对其进行基本法律宣传教育都是羁押场所具有的重要功能之一。然而，看守所在对未决犯进行教育时，不应当包括矫正思想。矫正思想体现了对被羁押人的有罪推定，看守所对未决犯进行法治宣传教育主要是以教育、警示为出发点，维护看守所内部管理的有序性。为此，在场所的设置上，看守所的设施应当有利于等候审讯和审理，而监狱要有利于对已决犯在政治、监管、教育、文化以及劳动五个方面的改造，监狱的内部陈设应当符合五大改造的要求。

结语

法律规范应当随着社会进步而更新，看守所的相关立法工作也是如此。自2009年以来，看守所羁押未决犯的弊端日益显露，现行侦押合一体制与法治社会的要求相悖，侦押分离的呼声日益增高。2017年，关于看守所的第一份系统性的法律草案予以公布。本以为《看守所法（公开征求意见稿）》的公布能够加快"看守所法"的出台，但是，由于意见稿起草主体不适当，侦押合一体制并没有得到相应的修改，《看守所法（公开征求意见稿）》因此引起社会各界强烈的批评和质疑，"看守所法"的出台也随之被搁置。

同监狱有《监狱法》可以遵循一样，看守所也应当有"看守所法"作为执法依据。现行侦押合一体制之下，看守所执行羁押的公正性备受质疑。为了保障被羁押人的基本人权，实现审前羁押确保刑事诉讼顺利进行的目的，看守所隶属中立化刻不容缓。我们期待立法机关重视看守所隶属关系的争议，采纳将看守所转隶司法行政机关的建议，尽快通过一部符合人权保障理念、体现看守所设置目的、具有中国特色的"看守所法"。

长期以来，看守所是否应该脱离公安部门管辖，进而划归司法行政部门管理，一直备受关注。在看守所隶属关系上，《看守所法（公开征求意见稿）》第六条保留了现行条例规定："国务院公安部门主管全国看守所工作。县级以上地方人民政府公安机关主管本行政区域看守所工作。"因此，我们建议《看守所法（公开征求意见稿）》第六条修改为：

国务院司法行政部门主管全国看守所工作。县级以上地方人民政府司法行政机关主管本行政区域看守所工作。

第三章
看守所分押分管制度的评估与建议

看守所分押分管制度是指对囚犯分别关押、分别管理的制度。早在 1955 年 8 月 30 日，在日内瓦举行的第一届联合国防止犯罪和罪犯待遇大会上通过的《联合国囚犯待遇最低限度标准规则》第八条就要求：不同种类的囚犯应按照性别、年龄、犯罪记录、被拘留的法定原因和必需施以的待遇，分别送入不同的狱所或监所的不同部分。在分别关押的对象上，该规则将其分为如下几类：（1）男性与女性；（2）已决人员与未决人员；（3）民事囚犯与刑事囚犯；（4）成年人与未成年人。

1966 年 12 月 16 日，联合国大会通过《公民权利和政治权利国际公约》，并于 1976 年 3 月 23 日正式生效。该公约第十条要求：被控告的人应与被判罪的人隔离开、被控告的少年应与成年人分隔开、少年罪犯应与成年人隔离开，并应给予适合其年龄及法律地位的待遇。

2015 年 12 月 17 日，联合国大会对《联合国囚犯待遇最低限度标准规则》进行了修订，并且批准将其称为"纳尔逊·曼德拉规则"（简称《曼德拉规则》）。《曼德拉规则》重申了修订前的分押分管规则，同时，该规则第二十九条中规定允许儿童在监狱与被羁押的父母同住，并在监所内设置育儿所，除由父母照顾的时间外，儿童安置在育儿所由合格的工作人员进行照顾。

2019 年 12 月 31 日，欧洲委员会发布了《〈欧洲人权公约〉判例法指南》[①]，通过条约与相关案例的对照，为以后类似案件的判决提供指导性建议，并再次强调了囚犯权利的保障。欧洲人权法院对老弱病残囚犯、女性囚犯、外国囚犯和少数民族囚犯的分别关押、分别处遇给出了指导性意见。

---

① Council of Europe, Guide on the case-law of the European Convention on Human Rights—Prisoners' rights, Updated on 31 December 2019, pp. 49 – 56.

可见，对囚犯分押分管是囚犯人权保障的重要内容。本书将对中国看守所分押分管的立法和执法实践进行评估，并提出我们对看守所分押分管制度的完善建议。

一、我国看守所分押分管制度的意义和历程

（一）我国看守所分押分管制度的意义

对看守所在押人员实行分押分管具有重要意义：

第一，保证诉讼程序的顺利进行。"看守所目前作为公安机关的一个业务部门，是限制人身自由的场所，为刑事诉讼中的侦查、起诉、审判等工作服务。"① 看守所对未决人员实行分押分管，可以防止同案犯罪嫌疑人、被告人与有关联的在押人员之间串供、隐匿伪造证据，或者以其他方式妨害证据，有助于保证刑事诉讼程序顺利进行。此外，将患有传染病的在押人员与其他身体状况正常的在押人员分别关押，并进行隔离治疗，可以有效防止疾病的传染和蔓延。犯罪嫌疑人的身体健康得不到保障，也将对诉讼活动的有效开展产生影响。② 因而，分押分管的实施对于顺利推进诉讼程序具有重要意义。

第二，保障被羁押人的司法人权。温斯顿·丘吉尔曾提出一个著名的原则，即国家的文明程度可以根据其监狱的状况来判断。③ 看守所通过对在押人员的生理、心理和特殊需要等方面予以考虑，在管理中实行处遇的个别化，保障了看守所内不同群体的在押人员享有与其身份适合的合法权利和待遇，突出了保障司法人权的作用。

第三，确保看守所监管安全和秩序。将在押人员根据年龄、性质等不同类型和情况分类羁押并进行分类处遇，有利于监所民警进行管理，从而保证看守所的稳定运行。如初犯与累犯分别关押，是因为惯犯和累犯在看守所内羁押时间较长而对看守所内的环境都较为熟悉，可能会利用各种手段对同监室内的其他在押人员进行犯罪方法传授。④ 此外，在看守所在押人员的分押分管上，我国一直坚持将未决与已决在押人员分别关押。由于留所服刑罪犯在看守所的时间较长，已经相对熟悉了监所的环境，如果将未决人员与已决的留所服刑罪犯关押在同一监室，

---

① 高一飞、聂子龙：《论我国看守所立法》，《时代法学》2012 年第 2 期，第 45 页。
② 高一飞等：《看守所观察与研究》，中国民主法制出版社 2015 年版，第 10 页。
③ ［英］麦高伟、杰弗里·威尔逊主编：《英国刑事司法程序》，姚永吉等译，法律出版社 2003 年版，第 8 页。
④ 高一飞等：《看守所观察与研究》，中国民主法制出版社 2015 年版，第 10 页。

极易出现已决罪犯欺压新入所在押人员的不良现象，影响看守所的安全和秩序。

（二）我国看守所分押分管的历程

我国看守所的分押分管主要规定在行政法规、部门规章和其他规范性文件中。其中，《劳动改造条例》《看守所条例》《看守所条例实施办法（试行）》成为分押分管规定的主要法律依据。

1954 年 9 月 7 日，政务院颁布并实施《劳动改造条例》，成为新中国成立以来对罪犯进行劳动改造的首部重要法律依据。对该条例中看守所分押分管的对象进行归纳，可以分为三类：第一，对已决与未决在押人员分押分管；第二，将同案在押人员分押分管；第三，根据案情重大程度将未决在押人员分押分管。虽然《劳动改造条例》的规定整体上较为简单粗浅，但该条例作为新中国成立后首部监所管理行政法规，为今后看守所中分押分管提供了法律依据，奠定了细化完善的基础。

1990 年 3 月 17 日，国务院令第 52 号发布并实施了新中国成立后第一部专门规范看守所工作的法律——《看守所条例》。该条例再次将分押分管纳入收押工作中。其第十四条将男性和女性在押人员、成年与未成年在押人员、同案在押人员作为分别羁押的对象。

1991 年 10 月 5 日，公安部颁布并实施《看守所条例实施办法（试行）》，作为条例的实施细则对实践中看守所工作进行指导。该办法第八条遵循原有规定，将分押类型分为男性与女性、成年人与未成年人、同案人员，新增"对初犯与累犯，有条件的也应当分别关押"的规定。对于患病的在押人员，第三十一条要求应及时进行治疗，患有传染病的应隔离进行治疗，病情严重的，可以住院治疗。应当注意的是，这个文件首次在分别关押的基础上增加了对患传染病的在押人员要立即隔离治疗的规定。隔离是比分押更高的要求，在分别关押的基础上，还要达到防治传染病的隔离标准。在看守所分管上，该试行办法专设第七章"教育人犯"，第四十、四十一条强调对在押人员的管理应当因人施教，看守所应当根据实际情况有计划、有目的、有针对性地开展法治教育、道德教育和监规教育工作，尤其是对女性在押人员的谈话教育，应由女干警或者两名以上干警进行，有效弥补了《看守所条例》对在押人员分别管理、分别教育上的空缺。

除了以上法律规范外，为了进一步推进看守所工作的规范化和制度化，中央各单位和部门下发了诸多规范性法律文件，笔者就其中比较重要的部分进行如下梳理：

1991 年 6 月 1 日，最高人民法院、最高人民检察院、公安部、司法部下发

《关于办理少年刑事案件建立互相配套工作体系的通知》，要求将未成年人与成年人分押分管，同时规定暂不具备条件时，应尽量将未成年人与累犯、惯犯、主观恶性较大的人分别关押，以降低"交叉感染"的可能性。

1993 年 5 月 10 日，最高人民检察院监所检察厅、公安部十三局在发布的《关于印发〈看守所活动中轻微违法和严重违法标准（试行）〉的通知》中，规定将同案在押人员、未成年与成年在押人员分押分管。

1998 年 3 月 26 日，公安部发布《关于开展"严格执法，文明管理"看守所创建活动的通知》，要求执法工作必须做到"对犯罪嫌疑人、被告人和罪犯，成年人和未成年人，同案人员等分别关押、分别管理。女性在押人员由女民警看管"。在教育上，看守所应有计划地开展教育工作，注重对在押未成年人的教育挽救。

2003 年 3 月 26 日，公安部修改 1997 年《看守所等级评定办法》，新的办法第七条将"对男性和女性在押人员，犯罪嫌疑人员、被告人和罪犯，成年和未成年在押人员，同案犯罪嫌疑人、被告人等分开关押、分别管理"作为看守所评定的必备条件。此外，其第十二条规定根据案件性质、情节以及羁押期间的表现，对在押人员采取不同的管理方式；在对女性和未成年在押人员的管理，采取适合其心理、生理特点的方式。

2008 年 2 月 14 日，公安部通过《看守所留所执行刑罚罪犯管理办法》，再次强调将未决与已决在押人员分押分管。其第六十三条规定，"对少数民族罪犯，应当尊重其生活、饮食习惯。罪犯患病治疗期间，看守所应当适当提高伙食标准"，体现了对少数民族和患病在押人员的分管措施。

2009 年 5 月 14 日，公安部下发《关于对看守所女性在押人员实行集中关押管理的通知》，首次以独立"通知"的形式专门针对看守所女性在押人员的分押分管问题进行了规定，在分别关押上，要求将女性监区与男性监区相对隔离；在分别管理上，要求女性在押人员由女民警进行管理。

2009 年 7 月 20 日，公安部发布《关于进一步加强和改进公安监管工作的意见》，重申了对女性和未成年在押人员的分押分管，特别是强调了在处遇上的特殊要求，即"对女性和未成年被监管人员，要充分照顾其特殊生理和心理需要"。在对待外籍和少数民族在押人员时，要求"尊重并保障其宗教信仰自由和民族生活习惯"，在生活上给予其特殊照顾。

2010 年 7 月 7 日，公安部监所管理局颁布并执行《看守所执法细则》，其将分别关押的类型增设到 6 种：

（1）未决和已决，男性和女性，成年人和未成年人，共同犯罪的犯罪嫌疑人、被告人等实行分别关押和管理。

（2）对患有传染病处于传染期的在押人员，应当隔离关押。

（3）对暴力犯罪和非暴力犯罪，故意犯罪和过失犯罪，性犯罪和其他类型犯罪的犯罪嫌疑人、被告人和罪犯，视情分别关押和管理。

（4）新收押人员一般不得单独关押。

（5）看守所应当设置老弱病残监室，对老弱病残人员集中关押。

（6）按照风险评估情况，对不同风险等级的在押人员实行分别关押。

《看守所执法细则》对分押分管的规定，是关于分押分管改革和发展成果之集大成，也与国际规则的分押分管要求基本一致，是一个非常重要的文件。其中"对不同风险等级的在押人员实行分别关押"可以包括《看守所条例实施办法（试行）》"对初犯与累犯，有条件的也应当分别关押"的内容。

这一文件不仅规定了分别关押，而且用大量的篇幅细致规定了分别管理的内容，要求"看守所可以根据在押人员涉案的性质以及本人性格特征、心理状况、健康状况、现实危险性等情况，对其进行综合评估，制定相应的管理方式"。

如对女性和未成年在押人员的管理，就要求：

（1）女性在押人员应当集中关押。地市级以上城市根据女性在押人员的数量，设置关押女性在押人员的看守所或者监区。女子监区应当与男子监区相对封闭隔离，监区内设置女民警值班室、监控室、谈话室等。县级看守所女性在押人员数量较多的，可以设置女子监区；女性在押人员数量较少、无法设置女子监区的，由所属地市级设置女子看守所或者女性监区集中关押。

（2）女性在押人员由女性民警管理。关押女性在押人员的看守所，应当配备满足工作需要的女民警。收押时对女性在押人员的人身检查、女子监室的主协管工作、女子监区的巡视和监控等由女民警承担。男民警因工作需要进入女子监区时，应当有女民警陪同。

（3）看守所应当设置专门监室集中关押未成年人。未成年人数量较少或者因有同案人员不宜集中关押等原因，应当将未成年人与案情较轻、恶习不深、无暴力倾向的在押人员同室关押。

（4）对女性和未成年人在押人员，应当采取适合其心理、生理特点的管理方式。

而对留所服刑罪犯的管理则要求：

（1）看守所应当设置专门监区或者监室关押留所服刑罪犯。留所服刑罪犯监区或者监室设在看守所警戒围墙内。

（2）看守所应当根据罪犯的犯罪类型、刑罚种类、性格特征、心理状况、健康状况、改造表现等，对罪犯分别实行宽严有别的分级处遇管理，对罪犯的通信、会见、探亲、减刑、假释等权利实行不同的待遇。

（3）对各个处遇级别的罪犯，看守所应当通过计分考核定期评比，根据罪犯的动态改造表现定期调整。

在对在押人员死亡问题的处理上，规定"少数民族在押人员死亡的，应当尊重其民族习惯"，体现了少数民族在押人员的特殊处遇。

以上已决犯与未决犯分押分管，对女性、未成年人和少数民族的分押分管，体现了管理上的安全与秩序，也体现了对特殊人员的人道与人权。对留所服刑人员还"对罪犯分别实行宽严有别的分级处遇管理"，体现了对罪犯的个别化改造。

2011 年 2 月 17 日，公安部监所管理局下发《关于推进看守所管理机制创新的通知》，更加强调看守所中风险等级评估和分类管理的重要性，尤其是根据在押人员的犯罪类型、身体和心理状况等进行等级确定，实行分别管理，创新管理机制。此外，心理干预机制的建立是创新看守所管理机制的一个内容，要求对存在严重心理问题的在押人员进行心理辅导，将心理干预融入日常管理。

2013 年 10 月 23 日，公安部发布新修订的《看守所留所执行刑罚罪犯管理办法》，并自 2013 年 11 月 23 日起施行。该办法重申了 2008 年《看守所留所执行刑罚罪犯管理办法》中已决与未决在押人员分押分管的规定。

2010 年《看守所执法细则》是在 2009 年以后整顿和改革看守所管理制度制订的一个重要文件，虽然立法的性质上只是部门规章，位阶不高，但是，实际上成为一部符合科学管理要求、法治文明程度很高、注重司法人权保障、内容完备详细的看守所立法。在这个文件中，我国也从规范上确立了科学、文明、人道、完备的看守所分押分管制度。

从国际规则要求来看，在规定分别关押的同时，还强调了不同处遇，如对女性、未成年人、老弱病残人员，就应当在分别关押和监管的同时，给予特别的照顾。我国看守所规范在强调管理安全和秩序的同时，同时强调和细化了对特殊在押人员的人道处遇措施、对留所服刑罪犯的监管和改造措施，比如对女性和未成年被监管人员，要充分照顾其特殊生理和心理需要；对外籍、少数民族等被监管人员，要尊重并保障其宗教信仰自由和民族生活习惯。分押分管措施是比较完备的，在法律规范确定的人权保障要求上完全达到甚至超过了国际人权规则的标准。

二、我国看守所分押分管制度的现状与问题

如前所述，我国看守所分押分管的法律规范是比较完善的，各地也在看守所管理中积极实践分押分管制度。本书主要以重庆市的看守所为调研样本进行论述。

2002 年 3 月 11 日，重庆市公安局监管总队发布《关于进一步规范看守所执法和管理活动的通知》，在留所服刑罪犯的管理上，严禁留所服刑罪犯擅自出入未决在押人员监区，要求留所服刑罪犯与未决在押人员分押分管。

2004 年 6 月 9 日，为了贯彻落实 2003 年公安部颁发的《看守所等级评定办法》，重庆市公安局制定《看守所等级评定办法实施细则》，要求将男性与女性、成年人与未成年人、同案在押人员分押分管，并依据案件性质、情节和羁押期限的现实表现，进行分类管理、分级处遇。其第十五条对特殊人员的处遇作出了规定："尊重少数民族和外国籍在押人员的饮食习惯；对生病在押人员（特别是重病在押人员）应设立病号餐，适当提高伙食标准。"该规定体现了人道主义精神。

2004 年 8 月 25 日，重庆市公安局监管总队出台《公安监管场所易发性流行性疾病预防控制方案》，提出"早隔离、早治疗"的口号，设立传染病单独关押房间或隔离区域，将患传染病的在押人员与其他在押人员隔离关押。对病情严重的在押人员应带到就近的医院（或重庆市的监狱医院）住院治疗。

2004 年 10 月 26 日，重庆市公安局下发《关于加强监管场所艾滋病病毒感染者和病人的羁押监管工作的通知》，对看守所内艾滋病人的分押分管进行了确定："关押在看守所、治安拘留所、收容教育所、强制戒毒所内的艾滋病病毒感染者和病人，应设立专区关押，艾滋病病人单独关押，严密监控。没有条件设立专区的，必须安排专门的监（病）室实行隔离关押。"在管理教育上，将艾滋病患者纳入重点关注范围：一是各监所对艾滋病感染者和病人要指定民警实行专人管理；二是将艾滋病感染者和病人列为重点人员，加强日常谈话教育和管理。

2011 年 8 月 10 日，重庆市公安局监管总队颁发新修订的《全市看守所在押人员安全风险评估管控办法》，将在押人员分为重大和一般安全风险，并实行分级基础上的分押分管。其中第二十一条把重大风险人员划分为现实表现类、案件性质类、生理状况类，并规定了分别或单独关押以及不同的管控措施。比如生理状况类，其规定设立老弱病残监室或监区，实行集中关押管理，集中巡诊治疗，在饮食、生活等方面予以适当照顾。该类人员包括患有严重疾病、吸毒、精神抑郁或

焦虑、智力低下、身体残疾、两性、年龄 70 岁以上的在押人员。该办法在原有根据风险情况对在押人员实行分押分管的基础上，将原则性规定具体化，细化了每类风险人员的具体管理措施。

2012 年 3 月 9 日，重庆市公安局监管总队发布《关于进一步加强监所危重病被监管人员清理排查工作切实防止被监管人员因病死亡的通知》，提出设立老弱病残监室，集中关押、重点管控危重病被监管人员。各监所应当设立单独监室，对具有重大安全风险的危重病被监管人员相对集中关押，通过重点监控、巡视，加强巡诊治疗，强化生活保障等措施，加大管控力度，有效预防被监管人员因病死亡。

可见，重庆市公安局的文件认真落实《看守所条例》及其实施的解释性文件，还在艾滋病人隔离关押、在押人员安全风险评估与分级分类管理、老弱病残集中关押管理、危重病人员的巡诊治疗与生活保障等方面，创造性地提出了一些管理措施。

下文中，笔者将以重庆为主要样本，对看守所落实分押分管法规规范、创新分押分管实施机制进行描述和分析。

（一）已决与未决在押人员的分押分管

将看守所内的已决与未决在押人员分开是分押分管制度的根本要求之一。对于已决罪犯而言，在判决前已被羁押，且交付执行前剩余刑期在三个月以下的在押人员应从之前关押的监室转移到已决犯监室或监区。然而在实践中，我们发现了如下问题：一方面由于已决犯在判决生效前一直关押在未决监室，其已经熟悉了监室环境，再加上有些看守所已决监室数量有限，因而看守所也自然而然形成一种默契，将已决犯继续关押在之前的未决监室；另一方面，部分看守所缺乏留所服刑罪犯换押的意识，往往因为疏忽而未能及时将已决犯转移至已决监室羁押，因而造成已决犯仍然关押在未决监室或监区的情况。

在重庆市某 C 区看守所内，年均羁押总量一般在 300 人次左右。其中留所服刑人数一般占比 1/6 至 1/4。看守所分为男子监区和女子监区，共有 23 个监室。其中，男监室有 20 间，女监室有 3 间；男监区中现设有已决监室 2 间，女监区中并未设置未决监室。据笔者调研，除去男子监区的 2 间已决监室外，18 间未决监室中有 14 间监室将未决与已决在押人员关押在一起，仅有 4 间监室符合分别关押的要求。在仅有的 3 间女监室中，并未严格区分已决监与未决监，其中存在 2 间监室将未决与已决在押人员混押的情形。（见表 3 - 1）

表 3 – 1　重庆市某 C 区看守所已决与未决在押人员分押分管的基本情况

监区	总监室量	未决监室	分押监室	混押监室
男子监区	20	18	4	14
女子监区	3	0	1	2

实践中，已决与未决在押人员未能完全分开的现象普遍存在，看守所未能严格落实分押分管要求，造成的结果便是混管混押问题突出。可见，法律虽明确了已决与未决在押人员应当分押分管的要求，实践中未能全部遵守。

（二）成年与未成年在押人员的分押分管

成年人与未成年人的分押分管是我国立法和实践一直强调的基本要求，亦是国际准则和各国规则确定的分押分管原则之一。《预防未成年人犯罪法》第四十六条规定，"对被拘留、逮捕和执行刑罚的未成年人与成年人应当分别关押、分别管理、分别教育"，将成年与未成年在押人员的分押分管细化为：已决成年与未成年在押人员的分押分管、未决成年与未成年在押人员的分押分管。

我国未成年犯刑罚执行的场所主要有两个，即未成年犯管教所和看守所。未成年犯管教所是监狱的一种类型，是国家的刑罚执行机关。1999 年 12 月 18 日，司法部通过并实施《未成年犯管教所管理规定》，其第二条规定对被判处有期徒刑、无期徒刑未满十八周岁的罪犯在未成年犯管教所执行刑罚、接受教育改造。2013 年《看守所留所执行刑罚罪犯管理办法》将两种留所服刑罪犯纳入看守所执行刑罚范围，分别是"有期徒刑剩余刑期在三个月以下的成年和未成年罪犯"和"被判处拘役的成年和未成年罪犯"。

从重庆市辖区的情况来看，不同地区的看守所对于已决成年人与未成年人的分押有不同的做法。有些看守所在内部设立已决成年罪犯监室与已决未成年犯监室，以此将二者隔离开来；而有些看守所并未设有已决未成年犯的专门监室，而是将该批未成年罪犯集中关押至另一看守所，由另一看守所的未成年人羁押专区进行管理，从而实现与已决成年犯的分开。

目前，在重庆市的看守所中，已决成年犯与未成年犯在押人员已实现完全分开，而未决成年与未成年在押人员还未完全落实分押。在重庆市某 C 区看守所中，一般不对未成年人进行收押，而是将未成年犯罪嫌疑人、被告人和留所服刑的未成年犯集中关押至另一看守所，因而该看守所内的未成年人屈指可数。

笔者在对 C 区看守所进行调研时发现，该看守所收押的 300 多名在押人员中，未成年在押人员仅有 1 人，且属于未决女性未成年在押人员；看守所的 3 间女性监室均关押有在押人员，因而看守所将该未决未成年人与成年人关押在同一监室内。

询问监管民警，其理由是监室数量有限，看守所并没有多余的监室可以供未决未成年人关押，而且看守所内羁押的未决未成年数量较少，单独安排监室会造成资源的一定浪费，且出于安全和管理的考虑也不便将该未成年人单独关押。

虽然将看守所的未决成年人与未成年在押人员分别关押是我国看守所监管活动规范中的硬性规定，但在现实中，看守所未决成年与未成年在押人员混管混押现象时有发生，依然未能实行完全分押。

（三）男性和女性在押人员的分押分管

基于性别差异，将男女在押人员分开成为最容易实现，也是最早落实的分押分管类型。综观全国各地实践，男女在押人员的完全分开成为看守所管理的基本做法。现行对女性在押人员的分押分管主要有以下两种模式：

模式一，监区模式。目前各地看守所普遍采用此种模式。看守所在监所内专门开辟出女子监区，将未决女性与有期徒刑剩余刑期在三个月的女性罪犯集中关押至女子监区，与男子监区分开。深圳市第三看守所采取的正是该种模式，其通过开辟专区，成立女子监区的形式，将所有市属看守所的女在押人员全部集中到市第三看守所关押。在女子监区内，女在押人员的收押、提审、管教和巡视等工作全部由女民警专职管理。① 再比如扬州市看守所、北京市公安局朝阳分局看守所也是采取女子监区模式将男性在押人员予以分开。

模式二，女子看守所模式。该种模式通过在区域内设立专门的女子看守所，将区域内所属的所有女性犯罪嫌疑人、被告人、罪犯集中关押在看守所内，由女性民警进行集中管理。目前许多省市都有专设女子看守所，武汉市第一看守所作为全国第一个女子看守所，是采取该种模式的典型。该所 62 名民警，其中 59 名为女民警，从所长、副所长到管教、看所，绝大部分为女性。② 此外，长沙市第四看守所、青岛市第二看守所、苏州市第四看守所、哈尔滨市第二看守所、长春市第四看守所等都直接以女子看守所命名。

目前，重庆市的看守所在男性与女性的分押上采取了上述两种模式，通过设立女子监区或女子看守所集中关押女性在押人员，实现与男性在押人员的分押。

不论实践中采取何种模式对女性在押人员进行羁押，都实现了将男女在押人员完全分押的目的，这也是我国目前贯彻分押制度最彻底、最成功的类型。男性

---

① 林清榕：《深圳市级看守所成立女子监区，女在押人员集中由女民警管理》，http://sz.people.com.cn/n/2014/0311/c202846-20747860.html，访问日期：2019 年 11 月 27 日。

② 梁爽：《女子看守所内是怎样的世界》，http://news.ifeng.com/c/7fbhRrpMJgf，访问日期：2019 年 11 月 27 日。

与女性在押人员的分别关押已成功落实，二者存在的问题不在于羁押问题上，而在于差异化管理问题。

在对重庆市辖区调研的过程中，我们发现重庆市看守所实现了由女民警对女性在押人员进行管理，但在管理方式上，其并未充分尊重女性在押人员的心理特点。正如马斯洛提出的需求层次理论，人的需求按照从低到高的层次划分为生理、安全、情感和归属、尊重、自我实现。① 重庆市看守所多以满足生理和安全需求为主要，普遍忽略了女性在押人员对情感和归属的需要。

（四）对危重病人在特殊医院关押

在看守所实行医疗社会化以前，新入所人员的健康检查和疾病治疗一般由看守所自立医疗机构负责。自立医疗机构具有封闭、简单、专业性弱的特点②，因而自立医疗机构对在押人员的一般疾病尚且还能解决，但对于突发疾病的在押人员和危重病人的治疗，显然超出了自立机构的承受范围。以在押人员死亡事件频发为契机，2009 年我国开始正式走上看守所医疗社会化改革道路。目前我国看守所医疗社会化主要存在五种模式。

第一种模式是院所协作模式。该种模式的运行方式主要通过看守所与医院达成协议，由该医院对看守所在押人员进行健康检查、疾病治疗，绿色通道是该模式的典型表现形式。比如重庆市某区看守所就与该区第二人民医院建立起了协作机制，作为定点医院，在押人员到医院进行入所前体检或者诊疗疾病，均可通过绿色通道。③

第二种模式是社区卫生站模式。这种模式的特殊性在于社区卫生站既是看守所在押人员的诊疗场所，亦是周围居民的诊疗医院，江苏省丹阳市看守所采取的正是建立"阳光社区"卫生站的模式。④

第三种模式是驻所医疗室模式。合作医院通过派驻医务人员至看守所提供的专门医疗场地，实现对看守所在押人员的诊疗。天津市西青区在其看守所内建立了门诊部，成为外部医疗成功引入看守所内的典范。⑤

第四种模式是看守所内小型医院模式。该种模式一般适用于大型看守所，比如厦门市第一看守所建立起全国首家"犯人医院"，由厦门大学附属中山医院的医

---

① ［美］马斯洛：《马斯洛人本哲学》，成明编译，九州出版社 2003 年版，第 53 – 61 页。
② 高一飞：《人权保障视野下的看守所立法建议》，《中国法律评论》2014 年第 4 期，第 231 页。
③ 高一飞等：《看守所观察与研究》，中国民主法制出版社 2015 年版，第 54 页。
④ 赵家新：《丹阳看守所医疗社会化年均节约 40 万元》，《人民公安报》2010 年 5 月 5 日，第 2 版。
⑤ 朱诗瑶：《天津西青区看守所推进医疗社会化改革》，《法制日报》2013 年 5 月 27 日，第 3 版。

务人员实行 24 小时班内坐诊、班外值班和定期轮换制度。[①]

第五种模式是看守所外的监狱医院模式，即与监狱共用专门的监狱医院对看守所危重病人进行治疗与羁押。有些地方的监狱医院除了收治监狱罪犯外，还将看守所内关押的危重病人纳入监狱医院的收治范围。

监狱医院属于看守所危重病人特殊医院关押的一种特殊形式。除了我国，西方也有监狱为被羁押者提供社会化医疗服务的实践。比如在美国，为了给有特殊需要的被羁押者提供特别的保健治疗，联邦监狱局系统专门设立了几个联邦医疗中心，专门用来治疗有特殊医疗需要的被羁押人员。[②] 监狱医院具有双重属性。一方面，其必须遵守监狱相关管理法规，具有"监狱"属性；另一方面，又要依照医院业务规定严格运行，具有"医院"属性。危重病人在监狱医院中会受到严格监管。2016 年 1 月，河北省衡水公安监管医院正式投入运行，该医院负责收治看守所内的危重病人。在对病人的监管方面，衡水公安监管医院一次性入驻民警 7 名、警务辅助人员 16 名、医护人员 30 名，严格执行"四班三运转"勤务模式。此外，监管医院实行监控室、AB 门分岗控制，安装人像识别门禁系统；医院外围及各病房均安装铁制安全窗，病房均设内外两道门锁；实行监管民警与医护人员捆绑工作制，医护人员与被监管人员接触均有监管民警现场警戒，确保监管医院安全管理"层层落锁、步步安全"。[③]

2001 年 2 月 25 日，重庆市监狱管理局出台了《监狱医院收治管理患有严重疾病犯罪嫌疑人、被告人暂行办法》，将监狱医院的性质界定为"本市监狱医院是对本监在押罪犯开展医疗工作的机构，必须在保证本监罪犯疾病治疗的前提下，力所能及地开展接收看守所委托治疗的患有严重疾病的犯罪嫌疑人、被告人"。同时，其在监狱医院中也强调分押分管。该暂行办法第十四条规定："监狱医院应按监管安全要求，设立犯罪嫌疑人、被告人及罪犯专门病区，严禁将犯罪嫌疑人、被告人、罪犯同本监在押病犯混关治疗。女性与男性犯罪嫌疑人、被告人及罪犯应分别关押治疗。女性犯罪嫌疑人、被告人及罪犯必须由女性护理、管理干警管理。严禁男性医护人员担任女性犯罪嫌疑人、被告人及罪犯的医护工作。"该暂行办法要求将看守所的危重病人关押至监狱医院，实现与一般在押人员的分押，并

---

① 蔡立荣：《在押人员看病，不用再出高墙》，http：//wmf. fjsen. com/cjtd/2009 – 09/15/content _ 1824201. htm，访问日期：2019 年 12 月 1 日。

② U. S. Department of Justice Federal Bureau of Prisons, A judicial guide to the Federal Bureau of Prisons, 1995, pp. 23 – 25.

③ 张建林：《建起三道防火墙，开通就医绿色通道》，http：//news. cpd. com. cn/n3559/c32459333/ content. html？from = singlemessage，访问日期：2020 年 6 月 7 日。

通过分类设置监区，实现医院内未决与已决、男性与女性患者的分押分管。

监狱医院既是医疗服务机构，又是刑罚执行机构。因而，危重病人在治疗期间，仍然要接受管理教育。在会见通信方面，该暂行办法第二十一条规定，重庆市监狱医院对收治的患有严重疾病的犯罪嫌疑人、被告人及罪犯，一律实行封闭式管理，禁止家属和亲友会见；禁止与外界打电话，来往信件都须经监狱审查。在教育方面，重庆市监狱医院对患者要定期进行监规纪律教育。对于思想不稳定或者案情重大的患者，针对性地进行个别教育；对危险程度较高的患者，要求做好思想教育工作，促使其遵守监规。对于看守所的危重病人而言，其并未因生病而免除羁押或刑罚执行，他们依然需要在诊疗的医院内接受监管和教育。因而可以说，身患重症的在押人员不过是从常规看守所换至另一"看守所"进行关押罢了。

除监狱医院外，由于监狱医院的治疗能力和在押人员疾病治疗的特殊需要，还有可能让危重病人到其他普通医院治疗，这属于前述第一种模式即院所协作模式。危重病人在普通医院治疗的过程中，看守所民警亦须对其进行看管，因而构成了危重病人特殊医院关押制度的重要部分。

在重庆市某 C 区看守所的合作医院中，专门为看守所的病人建立了监管病房。在安全设置上，由两名以上民警对危重病人进行看管；病房安装了铁制安全窗；民警主要通过监控、手铐和电子脚镣对危重病人进行管控，一旦该病人脱离民警 5 米的监管范围，电子终端将会发出警报。在管理措施上，重庆市某 C 区看守所采取的是贴身监管模式，危重病人上厕所也置于民警的看管之下，该类病人在医院关押期间的活动范围仅限于病房，并没有任何外出机会。此外，看守所并不允许亲属在危重病人治疗期间进行探望，除非医院下发病危通知书，否则并不会获得探望的机会。

对于危重病人特殊医院关押制度，目前看守所主要依据的法律是《看守所条例》和《看守所条例实施办法》。其中，《看守所条例》第二十六条规定："人犯患病，应当给予及时治疗；需要到医院治疗的，当地医院应当负责治疗。"《看守所条例实施办法》第三十一条第三款也规定："人犯需要住院治疗的，须经看守所所长批准，并派看守干警值班看管，严防发生人犯脱逃、自杀等意外情况。不准使用人犯或者雇人看护住院的病犯。"从上述法律规定可以看出，我国看守所立法仅对危重病人在医院进行治疗，并由看守所进行监管作出了规定，但在医院中具体怎样关押和管理，现行法律对具体制度的构建并没有明确、统一的立法规定。[①]

---

① 高一飞、张绍松：《中国看守所的医疗社会化改革》，《云南大学学报（法学版）》2014 年第 6 期，第 92 页。

因而，由于缺乏统一的危重病人特殊医院关押制度的详细设计，各地在对危重病人关押的运行程序、监管措施和程度等方面都有不同的规范和做法，形成实践中样式不一的局面。

简言之，看守所危重病人的治疗与保外就医不同，其仍然置于看守所民警的监管之下。对于该类病人，我国现行立法对危重病人特殊医院关押制度缺乏统一具体的配套规定和操作程序，危重病人特殊医院关押制度仍然具有完善空间，重庆看守所对危重病人的创造性管理方式值得全国推广。

（五）对传染病人在看守所内分押分管

《看守所条例》第十条规定了三类不予收押的情形，分别是：（1）患有精神病或急性传染病的；（2）患有其他严重疾病，在羁押中可能发生生命危险或者生活不能自理的，但是罪大恶极不羁押对社会有危险性的除外；（3）怀孕或者哺乳自己不满一周岁的婴儿的妇女。这一条规定存在严重的立法缺陷，因为实践中确实存在以上（1）（3）中的人员严重犯罪或者具有极大的社会危险性，通过取保候审、监视居住都不能保障诉讼顺利进行，必须对其羁押的情况。在调研中我们了解到，上述条款导致了三个问题：一是应当羁押的人得不到羁押，严重妨害诉讼进行；二是对上述人员进行了羁押，但又违背了《看守所条例》第十条的规定，看守所内部执法困难（在这个问题上，侦查机关和看守所经常发生冲突）；三是对上述三类人员不予收押，部分罪犯在判处实刑后仍未交付执行，损害了司法的权威和刑罚执行的公平正义，尤其是犯有严重罪行和具有较大社会危险性的罪犯，对社会的安全和稳定造成了重大隐患。

最高人民法院、最高人民检察院、公安部、司法部也意识到了上述问题，为了解决普遍存在的审前未羁押判实刑罪犯未交付执行、病孕残等罪犯"收押难""送监难"问题，"两高两部"在 2016 年 3 月 31 日下发《关于开展集中清理判处实刑罪犯未执行刑罚专项活动的通知》，要求各级人民法院、人民检察院、公安机关、司法行政机关对 2016 年 3 月底审前未羁押判处实刑罪犯未交付执行刑罚的情况进行全面清理，及时予以清理纠正。重庆市人民检察院在推进 2016 年专项活动后续清理纠正的工作中，于 2018 年 5 月 18 日发布了《全市检察机关开展深化推进判处实刑罪犯未执行刑罚检察监督活动方案》，要求各级检察院对核查摸底和清理纠正情况总结报告。根据我们对重庆市检察院核查清理情况的调研，在 2016 年专项活动中，辖区 10 个基层院核查发现审前未羁押判实刑未执行刑罚罪犯 115 人，2018 年年底前已纠正 79 人；2016 年 4 月至 2018 年 4 月底，辖区 10 个基层院共有 173 人，已纠正 106 人；2018 年 5 月至 2019 年 12 月 13 日，辖区 10 个基层院共有

145 人，已纠正 81 人。

重庆市检察院在清查纠正活动中取得了不错的成绩。璧山区人民检察院在专项活动开展中成功监督收监两名患有精神病和毒品犯罪的审前未羁押判实刑未交付执行刑罚的罪犯；潼南区人民检察院在结合本区刑罚交付执行实际情况的基础上，制定了《关于审前未羁押判实刑罪犯交付执行的协作意见（试行）》，为本区域内专项活动的开展提供了可行依据；渝北区人民检察院在 2016 年 7 月已完成第一阶段的核查摸底工作，共清理出审前未羁押判处实刑未执行刑罚罪犯 14 人，其中因患严重疾病看守所拒收的 2 人，患病或哺乳自己不满 1 周岁婴儿等其他原因未执行刑罚的共 5 人；永川区人民检察院通过定期排查梳理，持续跟踪监督，共清理排查出审前未羁押判实刑未交付执行罪犯共 71 人，纠正 60 人，监督实效明显。通过专项活动的开展，重庆市各级检察院纠正了立法中三类情形不予收押的问题。因而，正确的做法是，对上述人员也应当予以收押，但是在收押后应当对其进行分押分管。

在三类特殊人员的收押问题解决以后，如何分押分管是收押后要解决的问题。在以上三类人员中，我们专门调研了传染病人在看守所内分押分管的情况。

《看守所条例实施办法（试行）》第三十一条及《看守所执法细则》要求"对患有传染病处于传染期的在押人员，应当隔离关押"。对于急性传染病患者，在医院内进行隔离治疗，同时适用医院关押的规则。看守所作为羁押机关，亦需高度重视传染病毒管控，防止在押人员发生集体性感染，2020 年新冠病毒引发的监狱感染事件也从侧面反映了对于患传染病者隔离关押治疗的必要性。

对于非急性传染病，在看守所内隔离关押。非急性传染病患者虽然也具有一定的特殊性，但是法律并未一概规定不予收押。比如艾滋病患者，其传播途径非常有限，只有母婴传播、性传播、血液传播三种途径，一般日常生活接触根本不会传染。并且，艾滋病毒感染者只要接受正规治疗，可以和健康人一样生活，将艾滋病犯罪嫌疑人在看守所内关押，并不存在法律上的障碍。① 从全国的情况来看，早就有专门设立特殊监区独立关押特殊病人的实践。深圳市第四看守所作为艾滋病患者的羁押场所，将艾滋病患者与普通在押人员隔离开来；武汉市设置了特殊病患的专门羁押点，对该类人员进行单独关押，并设置了监管人员医疗培训制度；苏州市和北海市看守所也将被羁押的患传染病的特殊病患利用专区进行

---

① 杨涛：《可考虑设置关押艾滋病犯罪嫌疑人专门场所》，《检察日报》2011 年 11 月 9 日，第 6 版。

分押。[①]

对于在看守所收押的传染病人，重庆市的要求是：如果是属于急性传染病人，适用危重病人监狱医院关押的规定；如果是非急性传染病人并在看守所关押，应将其与其他被监管人员分开，设立专区关押至隔离区域，进行单独关押；没有条件设立专区的，关押至专门的监室或者单独的房间，实行隔离关押。[②]

针对特殊病人在看守所内的关押问题，我国在制度设计上对一般性传染病人规定了专门的羁押形式，即隔离关押；实践中部分地方也通过设置单独监室、专门监区，实现对看守所特殊病人的单独关押。但对于小规模看守所而言，受制于场地、人力、设施等条件不足的客观情况，专门的看守所或特殊监区的模式显然不可能得以适用；而且就单独监室模式，也不是所有看守所都予以了采纳并进行严格独立关押，实践中仍存在部分看守所对特殊病人未予分押或隔离的情况。在笔者调研的重庆市某 C 区看守所中，由于羁押总量较小，并不会集中出现特殊病在押人员，出于节约资源和便于管理的考虑，看守所内仅设置了已决与未决监室，并未建立单独监室羁押特殊病人，该类患有一般性传染病的在押人员仍与其他被监管人员关押在一起，适用无差别的生活起居标准。因而，实践中看守所内羁押的特殊病人并未能完全实现独立和隔离关押。

（六）等待执行的死刑犯独立关押

被告人在一审被判处死刑立即执行后，需要经过如下程序：第一，死刑复核程序。一审判处死刑立即执行的，应当报最高人民法院核准，由最高人民法院作出核准或者不予核准死刑的裁定。第二，最高人民法院核准死刑立即执行的，由最高人民法院院长签发死刑执行命令；在人民法院将罪犯交付执行刑罚的时候，应当将有关的法律文书送达执行机关。

2011 年 8 月 10 日重庆《全市看守所在押人员安全风险评估管控办法》第八条规定：可能判处及已判处无期徒刑、死刑的，为重大安全风险的表现之一，在分押分管的具体措施上要求：可能判处及已判处无期徒刑、死刑的：（1）已判死刑的，使用械具约束；（2）2 名以上安全耳目 24 小时包夹控制；（3）睡位、座位落实耳目包夹；（4）2 名民警贴身提押、押解；（5）教育疏导，心理干预，稳定情绪。已经判处死刑的，通过民警和安全耳目共同进行控制。

在核准死刑以后，等待执行死刑的人是经过裁决确定的罪犯，这段时间罪犯

---

① 王馨：《特殊病患犯罪嫌疑人羁押问题研究》，西南政法大学 2018 年硕士学位论文，第 8 - 9 页。
② 参见重庆市公安局监管总队：《重庆市公安监管场所易发生性流行性疾病预防控制方案》（2004 年 8 月 25 日）。

的情绪波动是最大的，如果采取和其他在押人员关押在一起的形式，极易出现行凶等报复行为、逃避执行的情况。实践中，往往在死刑核准的当天或者第二天死刑犯就被执行死刑，目的也是避免关押中出现意外。从这方面进行考虑，在这段短暂的等待时间中，应当对死刑犯单独关押。

等待执行的死刑犯一般是看守所重点监管的对象。在实践中，部分看守所一方面会采取加强谈话、尽可能满足其合法要求形式来安抚其心理；另一方面，为了防止其自杀、自残，有些看守所会在等待死刑执行期间近距离进行看管。比如在昆明市中院把最高人民法院的死刑复核裁定送达给糯康 4 人后，云南省看守所将每个死刑犯单独关押，并考虑到罪犯得知执行死刑后，可能会有心理波动和过激行为，因而在执行的前夜安排民警整夜近距离看护。[1] 对等待执行的死刑犯独立关押是看守所羁押实践的常见做法。

由于我国现行法律并未规定等待执行的死刑犯应当独立关押，各地看守所虽已有独立关押的实践，但也存在混合关押的情况。比如我们调研的某看守所，为了防止死刑罪犯因自暴自弃而采取自杀等手段，对于等待执行死刑的罪犯往往与其他在押人员羁押在一起，同一监室的人员辅助性地发挥看护作用，随时将死刑罪犯的不良反应和状态向监管民警报告。这样看来，对死刑犯单独关押还是混合关押各有利弊，重庆市规定的五条措施和实践中利用同监室人员协助监管的做法同样值得推广。

（七）分押分管后在押人员的处遇个别化

处遇个别化源于分类处遇，即在针对在押人员不同的实际情况进行分别关押的基础之上，给予分别的处遇待遇。处遇，是现代监狱学中的一个基本概念，它是指在监狱行刑过程中，对服刑罪犯的处置及其所受的待遇。[2] 实际上，处遇制度在看守所内同样适用。

如前所述，我国法律规范已经要求对女性、未成年人、老弱病残、外国籍和少数民族、已决与未决这几类在押人员实行处遇个别化，从我们的实践情况来看，上述处遇已经基本落实，只有少数处遇没有完全落实到位。

其一，在女性在押人员的分类处遇上，我国规定要充分考虑其生理和心理需要，包括管理、教育、生活卫生和劳动等方面。重庆市在女性的人道处遇措施上，规定得更为细化，比如要求为女性在押人员增加热水供应。在我们调研的重庆市

---

① 《糯康死前最后一夜单独关押 8 警员看守》，载 http://news. sina. com. cn/o/2013 – 03 – 01/071926393733. shtml，访问日期：2019 年 11 月 27 日。

② 赵运恒：《罪犯权利保障论》，法律出版社 2008 年版，第 168 页。

看守所中，在女性的处遇上确实做到了由女民警对女性在押人员进行管理，为女性专门提供热水，并针对外地女性在押人员加强谈话。但就心理需要而言，看守所仅停留在表层，缺乏基于心理特点的深层次性处遇措施，比如女性对家人、对亲情的寄托以及与子女的联系。

其二，在未成年人在押人员的分类处遇上，现行规定是根据未成年人生理和心理特点在学习、生活等方面给予特殊照顾。在教育工作上，要求对未成年在押人员开展法治、道德、文化知识、生理及心理健康等方面的教育。但我们在调研过程中发现，重庆市某 C 区看守所对其羁押的未成年在管教制度上并未区别于成年在押人员，也并未对其进行文化知识、心理及生理健康方面的教育。出于对未成年人身心特点的人性关怀，我国司法实践中开始发展未成年在押人员亲属会见制度。但遗憾的是，我国未成年在押人员亲属会见制度并没有常态化，允许会见只是个例。① 实践中未决成年人与未成年人混管混押的现象时有发生，其分押分管后的处遇个别化更没有引起重视。

其三，在老弱病残在押人员的分类处遇上，我国要求给予特殊照顾，在日常医疗、伙食、生活上予以特殊安排。在对待老弱病残时，重庆市分门别类规定了各自的管理和处遇措施：对于生病的在押人员，应设立病号餐，重点巡诊，密切掌握病情变化；对于智力严重低下、身体残疾或者生活不能自理的在押人员，安排专人帮助其在监室内的生活，禁止在押人员嘲笑、欺侮、凌辱；对中度以上抑郁、焦虑人员和两性人，进行心理疏导；对老年在押人员，定期检查身体健康状况，安排专人看护，观察身体状况。在调研的看守所中，生病的在押人员在日常医疗上得到了保障，但并未在伙食上特殊化；对老年在押人员也没有定期进行身体健康检查。因而，针对老弱病残在押人员的处遇措施并没有完全实现。

其四，在外国籍和少数民族在押人员的分类处遇上。我国的要求是要尊重并保障其饮食习惯和宗教信仰自由。实践中，"饮食习惯"的特殊照顾确实得到了落实，比如我们调研的重庆市看守所就专为少数民族在押人员安排特殊伙食，提供牛肉、羊肉等清真食品。对于宗教信仰而言，看守所并没有且无权禁止在押人员的信仰自由，但宗教活动的自由，比如举行宗教仪式、集体礼拜等，在处遇中并没有得到体现。

其五，在已决与未决在押人员的分类处遇上。分押分管的法律规范要求将已

① 高一飞、张绍松：《被打折的权利——未决在押人员亲属会见权现状与反思》，《昆明理工大学学报（社会科学版）》2014 年第 5 期，第 41－42 页。

决与未决区分开，实施不同的管理制度。但我国实践中还未完全实现已决与未决的完全分开，看守所也多将未决在押人员视作罪犯对待，实施与已决在押人员基本相同的待遇，未给予未决人员尚未定罪身份应有的处遇待遇。比如重庆市某 C 区看守所，其在对待未决在押人员与已决在押人员上，无论是教育还是心理关注方面，二者并无实质差别，采取的都是同一套管理制度。

针对已决在押人员处遇，我国的规定是根据罪犯的犯罪类型、性格特征、改造表现等，对罪犯实行宽严有别的分级处遇，在罪犯的通信、会见、探亲、减刑、假释等权利上实行不同的待遇。在实践中，探亲、减刑、假释等权利上的处遇个别化确实得到了体现，但在分级处遇方面，看守所对已决在押人员往往"一视同仁"，处遇基本相同，并未划定层级。

综上所述，在对看守所在押人员实行处遇个别化的问题上，对女性、老弱病残、外国籍和少数民族的处遇个别化比较成功，但对未成年人特殊处遇、已决与未决在押人员的不同处遇没有能够完全实现。

我国看守所管理已建立起比较完备的人权司法保障制度。通过以上分析可以看出，我国在看守所分押分管制度上，已经形成科学、完备的规范。在实践中，实现了已决与未决在押人员分押分管；已决成年人与未成年人完全分押分管；男女在押人员完全分押分管；危重病人在特殊医院关押和管理；特殊病人部分独立关押和管理；等待执行的死刑犯大部分实现独立关押和管理。

在看守所分押分管实践中存在的问题是：已决与未决在押人员没有完全分押分管；未决成年人与未决的未成年人没有能够分押分管；男性与女性在押人员管理未能完全实现处遇差异化；危重病人特殊医院关押制度上没有实现统一化、实践中出现多样化；传染病人没有完全分押分管；等待执行的死刑犯没有要求分押分管，并在实践中出现了两种模式。在看守所在押人员处遇个别化方面，基本落实了法律规范的要求，但对未成年人和未决犯的处遇的个别化没有能够落实。另外，我国看守所的分类处遇措施已经比较完备，但因为看守所条例拒收"怀孕或者哺乳自己不满一周岁的婴儿的妇女"（简称"孕妇和哺乳期妇女"），当然就没有关于这类妇女的分押分管规定，需要完善。看守所分押分管制度存在的以上问题，亟须解决。

三、看守所分押分管制度的实施建议

分押分管存在问题的原因是：在法律上，我国目前对看守所的立法多为行政法规和部门规章，立法凌乱使得分押分管制度涉及的内容较为分散，现行适用标

准并未与看守所的规模联系起来；在资源配置上，看守所人力、物力、财力的匮乏，使得分押分管往往不能实施到位。分押分管的落实，需要进行立法完善，也需要进行机制性、保障性措施的改革，具体来说包括以下几个方面：

（一）在应收尽收基础上分级设立分押分管标准

看守所不能拒收不便于关押的人，理由很简单，任何主体都有可能构成犯罪，成为犯罪嫌疑人。将来，"看守所法"应当删除《看守所条例》第十条对三类人员不予收押的规定。因为无论是精神病或急性传染病人及患有其他严重疾病的人，还是怀孕或者哺乳自己不满 1 周岁的婴儿的妇女，都有可能是杀人、贩毒、实施恐怖活动等严重犯罪情况的犯罪嫌疑人，必须要有相应的审前羁押措施，这个任务只能由看守所来承担，收押以后具体分押在什么地点，是看守所内还是看守所外，则是另外的实施方案的问题。但《看守所条例》第十条这种"不予收押"、拒之门外的做法显然是不科学的。

对看守所分押分管的适用对象和标准进行清晰的分级设立，能更有效地运用于不同规模大小的看守所中，促进分押分管的落实执行。在《看守所执法细则》的"3-02 分押分管"的规范基础之上，对分押分管的适用对象和标准可以进行如下分级设置：

第一，设定强制性分押分管标准。具体而言，男性与女性在押人员、成年和未成年在押人员、未决与已决在押人员、共同犯罪与关联犯罪人员的分别关押、危重病人的特殊医院关押以及患传染病的特殊病人的隔离关押应当纳入"强制性分押分管"的标准之下。

第二，设定参考性分押分管标准。"对暴力犯罪和非暴力犯罪、故意犯罪和过失犯罪、初犯和累犯、性犯罪和其他类型犯罪的犯罪嫌疑人、被告人和罪犯，可以实行分别关押和管理"属于参考性分押分管的其中一项。不同风险等级在押人员的分押分管也应作为参考性的分押分管标准：通过引入风险评估机制，根据在押人员的涉案性质、性格特征、心理状况、健康状况、现实危险性等进行评估，酌情实行分押分管。老弱病残在押人员即可根据其年龄和身体特殊化的程度，作为酌定分押分管的类型。

对于分类羁押原则的贯彻应当充分考虑本地的资源条件，不宜采取"一刀切"的方式。① 因此，针对看守所的规格和大小，强制性分押分管标准毋庸置疑应适用于所有看守所；参考性分押分管标准只适用于中小型看守所；对于大型及以上看

① 孙皓：《看守所规范化研究》，中国人民大学出版社 2016 年版，第 101 页。

守所而言，其完全具备警力、资源等严格执行分押分管的能力和条件，因而参考性分押分管标准应当作为强制性要求来实施。

　　将孕妇和哺乳期妇女纳入收押对象后，要在国际规则的基础上，结合我国对危重病人的分押分管经验，将其在监狱医院进行收押。这样做的理由是，从我国的过往实践来看，没有在看守所关押怀孕或者哺乳期妇女的先例，体现了我国司法机关的人道主义精神和中华民族的仁慈悲悯传统。虽然我们无法向立法者证实，但是，在调研中，看守所管理人反映：当时对这类人的拒收规定很大一部分也基于"仁慈悲悯传统"这个原因；还有一位从事看守所监督工作的老检察官说，只有国民党时期才会关押"小萝卜头"。现在，在实现对这类人员收押后，再将其关押到看守所，不符合我国长期以来的经验和传统，也不符合中国保障人权的要求，反之，将其收押在看守所后，参照前述危重病人的管理方式在监狱医院分押，是科学而人道的。同时，在监狱医院的孕妇和哺乳期妇女，还应当按照国际准则的要求，有受到特殊照顾的处遇，具体内容为："应对怀孕、分娩和处于哺乳期的妇女提供必需的产前、产后照顾及治疗。在饮食上应注重营养，给予特殊安排""应允许婴幼儿在羁押地点与被羁押的母亲同住，并提供必要的育儿条件"。

　　（二）优化看守所资源配置

　　看守所资源的合理配置是落实分押分管制度的关键条件。《国家人权报告》（2013—2018年）指出："中国持续改善羁押和监管条件，保障被羁押人、服刑人人身安全不受侵犯。"但是，"持续"一词表明，这是一个长期的过程，我们需要对看守所的设施进行进一步的改善。看守所资源的优化配置，也成为完善分押分管制度的保障性措施。

　　看守所的保障性条件成了实施分押分管的重要障碍。作为主要依据的《看守所条例》和其他规范性文件对分押分管的类型作了明确规定，但是实践中却很难严格执行分押分管要求。究其原因，主要在于部分看守所目前还不完全具备严格执行分押分管的条件。因此，首先就需要对看守所的警力、监室和场地等资源进行优化配置。尤其是随着分押分管适用对象的细化以及处遇个别化的要求，对我国看守所设施条件的要求也越来越高，优化看守所硬件配置成为落实执行的第一步。

　　在警力配置上，应当根据分押分管具体要求进一步充实监管场所警力，保障分押分管在实施时拥有必配警力。在监室和场地等资源的配置上，应适当增加监室数量并扩展场地，尤其是特殊病室的设立。我国《看守所建设标准》第三条规定，看守所新建、改建和扩建工程应适用该建设标准，但依据分押分管要求，该标准只针对普通监室和单独监室，对特殊监区的设置需要按照《公安监管场所特殊监区建设标准》执行。根据《公安监管特殊监区建设标准》的规定，特殊监区就是羁押艾滋病患者或者其他传染病患者的专门场所，建设规模应以 20 张床位为起点，并根据实际数量适当增加床位数量；特殊监区由病室、医务用房、配套用房、生活保障用房和附属用房等组成，其中，病室包括普通病室和隔离病室。特殊监区的设立最终需要满足单独管理教育和治疗的需要。

针对目前未决成年人与未成年人混管混押和部分看守所在押传染病患者较少的情况，在资源配置上可以考虑推广建设专门的看守所，将某一区域内所有的未成年在押人员和患传染病犯罪嫌疑人、被告人以及罪犯分别集中关押至未成年人看守所和传染病看守所，彻底实现成年人与未成年人、传染病患者与其他在押人员的隔离。通过羁押场所和看管民警的不同分配，也更能有针对性地对未成年和患传染病在押人员进行管理和教育，更易于实现处遇的个别化。

优化看守所人工智能设施配置，应当推进看守所信息化进程，发挥智慧司法在分押分管实施中的应有作用。信息化已成为国家治理体系和治理能力现代化的重要手段。根据 2018 年 7 月 20 日最高人民检察院印发的《全国检察机关智慧检务行动指南（2018—2020 年)》，我们可以借鉴构建智慧看守所数据层生态，通过加快建立数据资源体系和切实加强数据资源管理，科学开展大数据分析应用，实现工作开展与数据录入同步启动、同步完成。此外，我们可以吸收现在监狱系统的成功经验，建立一套适用于看守所整个运行过程的云系统，着力优化在押人员的分配和管理。该系统从收押、教育、改造等纵向管理链，以及在押人员犯罪事实、人生经历等横向社会链中产生的大量信息，通过大数据、云计算技术把系统内和各相关管理元素进行录入、核实和管理，构建完整的在押人员信息智能分析系统[①]，从而实现看守所软件设施的优化配置。

优化看守所人工智能设施配置，应当实现公检法数据的互联互通，尤其是全面实现检察机关和看守所数据的共享。早在 2002 年，最高人民检察院、公安部就发布了《关于加快看守所监管信息系统与驻所检察管理信息系统联网建设推行监所网络化管理和动态监督工作的通知》，但我们在调研时发现，有的看守所信息化系统建设滞后，并未完全实现与检察机关监管信息的互联互通，比如监区监控系统的构建。而湖北省在推进公安信息化进程中，按照公安部关于视频监控建设的

---

① 梁春雷、李建森：《"五大改造"新格局下持续推进智慧监狱建设的思考》，《中国司法》2019 年第 7 期，第 45 页。

总体部署，在 2017 年推动全省视频监控建设应用提速升级，已构建起完备的平台互联互通、图像共享共用的全省视频图像应用技术体系，其做法值得推广。在实现公检法数据的互联互通时，应注意数据的隔离，通过专有系统、开放系统、涉密系统既能实现信息共享，又能保障信息安全、防止泄密。

（三）确立看守所人财物省级统管制度

优化看守所硬件软件设施配置需要财政的大力支持。在财力配置上，应当改变看守所由同级财政提供经费的现状，由省级政府对人财物进行统一管理，为各看守所落实分押分管提供经济保障。

人财物统一管理制度目前适用于省级以下法院和检察院。2013 年 11 月 15 日，中共中央十八届三中全会召开，发布了《中共中央关于全面深化改革若干重大问题的决定》，其中提出："改革司法管理体制，推动省以下地方法院、检察院人财物统一管理。"省以下地方法院、检察院人财物统一管理制度正式纳入司法体制改革进程中。2014 年 6 月 6 日，中央深改组第三次全体会议审议通过《关于司法体制改革试点若干问题的框架意见》，就推动人财物统一管理提出政策导向，在对财物的统一管理上，建立省以下地方法院、检察院经费由省级政府财政部门统一管理机制。2015 年 12 月 9 日，中央深改组第十九次全体会议提出省以下地方法院、检察院人财物统一管理全面推开试点，人财物省级统管成为司法体制改革的基础性措施。

在法院、检察院系统，人财物统管是指将省以下法院、检察院人、财、物统一上收到省级管理，① 司法经费保障主要纳入省级预算，国家财政预算补充。② 其主要包括两方面的内容：一是人员的省级统一管理，二是财物的省级统一管理。其理由是司法权是中央事权。③ 中央事权，顾名思义，指中央政府在基本公共事务和服务中应承担的职责；省以下法院、检察院人财物统一管理对于减少地方干预，保证审判权和检察权依法独立行使具有重要作用。看守所作为羁押和刑罚执行机关，涉及人权司法保障问题，具有中央事权的性质，也应当由中央委托省级实行人财物统管；同时，人财物统管能够避免人权保障的地区差异，实现司法人权保障的平等待遇。

（四）落实执法质量考评中的分押分管指标

分押分管的实施程度应当作为衡量看守所执法质量的指标。一直以来，看守

_____

① 石静君：《我国地方检察机关人财物省级统管改革问题研究》，河南大学 2018 年硕士学位论文，第 9 页。

② 谢小剑：《省以下地方法院、检察院人财物统一管理制度研究》，《理论与改革》2015 年第 1 期，第 153 页。

③ 孟建柱：《深化司法体制改革》，《人民日报》2013 年 11 月 25 日，第 6 版。

所对在押人员的分押分管执行不到位，原因之一在于看守所民警并未重视分押分管的实施，未能认识到分押分管制度对于看守所体系的重要性。因而，把分押分管的实施程度纳入执法质量的标准，将落实情况和考核评价挂钩，能极大限度引起看守所的重视，进而倒逼在押人员分押分管的落实。

目前我国看守所隶属于公安机关管理，公安机关的执法质量考评标准包含了看守所执法的情况。在 2016 年 1 月 14 日公安部通过，并自 2016 年 3 月 1 日起施行的《公安机关执法质量考核评议规定》中，将公安机关执法质量考核评议的主要内容归纳为九类。其中，执法监督救济情况、监管场所建设与管理情况、执法安全情况是针对看守所执法的。分押分管的实施事关监管工作的运行和监所安全的建设，是三大指标的重要内容。把分押分管作为执法质量指标，实际上就是将其作为考评指标、监督指标和监管指标；对于这几项指标不合格的看守所，要限期整改，以确保法律法规确立的分押分管指标得到落实。

结语

分押分管制度作为整个看守所体系的有机组成部分，在看守所工作的运行过程中扮演着重要的角色。国际准则和我国的法律规范都对羁押场所的分押分管作出了规定，并将该制度作为衡量监所文明和国家人权司法保障状况的重要内容。目前我国在看守所分押分管制度的落实上整体上是成功的，但是，分押分管制度尚未落实的部分仍不容忽视。

另外，我国在分押分管上具有完备的法律规范，但分散在各种条例、办法、细则、通知中，尚缺乏一部法律位阶的"看守所法"，因而，看守所分押分管的内容应当集中、全面规定在正在进行草案讨论的"看守所法"中，同时，对看守所分押分管规范中少数不合理、不完备的规定要在立法中进一步完善。《看守所法（公开征求意见稿）》已有一定涉及，分押分管也是《看守所法（公开征求意见稿）》的一大亮点。在此基础上，我们建议在其第七十七条"参考性分押分管"中，增加以下规定：

老弱病残在押人员可根据其年龄和身体特殊化的程度，作为参考性分押分管的依据。

第四章
看守所短期余刑的执行

有西方学者认为："看守所是由当地管理的监禁定罪前后的人员的矫正机构。"[1] 在我国，根据 1990 年 3 月 17 日国务院颁布的《看守所条例》第五条的规定："看守所以县级以上的行政区域为单位设置，由本级公安机关管辖。"由此看来，我国看守所隶属于同级公安机关。[2]

我国《看守所条例》第二条规定："看守所是羁押依法被逮捕、刑事拘留的人犯的机关。被判处有期徒刑一年以下，或者余刑在一年以下，不便送往劳动改造场所执行的罪犯，也可以由看守所监管。"1994 年《监狱法》第十五条第二款规定："罪犯在被交付执行刑罚前，剩余刑期在一年以下的，由看守所代为执行。"这一规定直到 2012 年《刑事诉讼法》才有所修改，2012 年《刑事诉讼法》第二百五十三条第二款规定："对被判处有期徒刑的罪犯，在被交付执行刑罚前，剩余刑期在三个月以下的，由看守所代为执行。"这一变化导致了监狱法的修改。2018 年 10 月 26 日颁布实施的《刑事诉讼法》将此更新为第二百六十四条，内容不变。

2012 年 10 月 26 日，第十一届全国人民代表大会常务委员会修订了 1994 年颁布实施的《监狱法》，新修订的《监狱法》自 2013 年 1 月 1 日起施行。该法第十五条第二款规定，"罪犯在被交付执行刑罚前，剩余刑期在三个月以下的，由看守所代为执行"，将短期余刑的刑期修改为 3 个月。2013 年 8 月 20 日公安部部长办公会议通过，并于 2013 年 11 月 23 日起施行的《看守所留所执行刑罚罪犯管理办法》（以下简称《罪犯管理办法》）第二条规定："被判处有期徒刑的成年和未成年罪犯，在被交付执行前，剩余刑期在三个月以下的，由看守所代为执行刑罚。被判处拘役的成年和未成年罪犯，由看守所执行刑罚。"

---

① 吴宗宪：《当代西方监狱学》，法律出版社 2004 年版，第 91 页。
② 钟明曦：《论新〈刑事诉讼法〉中的看守所》，《福建警察学院学报》2013 年第 1 期，第 61 页。

由上可知，在我国，看守所不仅仅是执行逮捕、刑事拘留等诉讼强制措施的执行机关，同时又是教育、改造犯罪嫌疑人、被告人的场所。[1] 具体说来，看守所的职能可以分为两类：一是与未决犯的羁押有关的职能，这是其最主要的职责。为保障刑事诉讼进程中侦查、起诉和审判各阶段的顺利进行，看守所对犯罪嫌疑人、被告人的羁押和监管就显得尤为重要。二是对部分已决犯的刑罚执行职能，这项职能通常被称为辅助职能。由于法律条文中仅将其表述为"由看守所代为执行"，因此，其对已决犯的羁押职能就很容易被轻视。2012 年《刑事诉讼法》修改后，将原本应当在看守所服刑的一部分短期余刑犯收监执行，这虽然意味着看守所关押已决犯的范围有所缩小，但正因为如此，我们才应当更加重视对看守所留所服刑人员的教育方法和管理手段，使看守所能够应对因法律规定的变化而产生的实践中的问题，将其刑罚执行职能得到切实履行和贯彻。

我国目前已经出台了很多相关法律法规来对看守所执行刑罚活动进行规范，如 1990 年 3 月 17 日起施行的《中华人民共和国看守所条例》、2018 年 10 月 26 日起施行的《中华人民共和国刑事诉讼法》和 2013 年 1 月 1 日施行的《中华人民共和国监狱法》（根据 2012 年 10 月 26 日第十一届全国人民代表大会常务委员会第二十九次会议《关于修改〈中华人民共和国监狱法〉的决定》修正），以及 2013 年 11 月 23 日起施行的《看守所留所执行刑罚罪犯管理办法》等。特别是修改后的《罪犯管理办法》，相比 2008 年 7 月 1 日施行的旧法有了很大的进步，专章对看守所内刑罚的执行、管理和执行中的考核、奖惩、教育改造进行了全面的规定，给我国对看守所短期余刑犯的执行提供了规范化的依据。

看守所受自身设施条件所限，无论是劳动改造的方法还是监管教育的模式，其系统化程度和改造服刑犯的效果都与监狱有所差距，所以有必要根据看守所执行刑罚的实际情况进行单独研究。为了解决看守所执行关押以及改造留所服刑犯中存在的特殊问题，提高看守所教育和改造短期余刑犯的效果，使其更好地回归社会，笔者抽样调查了某直辖市 11 个看守所的短期余刑执行情况，总结出看守所留所服刑犯的行为特征以及执行中存在的问题，以期探索出相应的对策，来完善我国司法实践中看守所短期余刑犯的执行制度。

一、看守所短期余刑执行的基本程序

根据我国《刑法》和《刑事诉讼法》的规定，被人民法院依法判处有期徒刑

---

[1] 罗旭红、杨学军：《公安刑事办案程序通论》，中国人民公安大学出版社 2008 年版，第 161 页。

刑罚的罪犯，在判决生效前羁押的期间可以折抵有期徒刑的刑期，只需要执行剩余的刑期，本书仅针对剩余刑期为三个月以下的短期余刑刑罚执行程序进行研究。

（一）留所服刑的对象

所谓留所服刑，就是指被判处有期徒刑的罪犯在被交付执行刑罚前，剩余刑期符合法律规定的期限的，由看守所代为执行，而不再交由监狱的现象。根据1990年3月17日国务院颁布实施的《看守所条例》第二条的规定，留所服刑的对象是被判处有期徒刑一年以下，或者余刑在一年以下，不便送往劳动改造场所执行的罪犯。而在1991年10月5日颁布实施的《看守所条例实施办法（试行）》第五十六条规定："看守所因工作特殊需要，经主管公安局、处长批准，并经人民检察院同意，对个别余刑在一年以上的已决犯，可以留在看守所执行。"从这条规定可以看出，留所服刑具有很大的自由裁量权，这可能会扩大相关人员权力寻租的空间。随着1996年《刑事诉讼法》的修订，规定剩余刑期在一年以上的罪犯全部由监狱执行。作为基本法，其法律效力明显高于作为部门规章的《看守所条例实施办法》，依照其规定，已经不存在个别一年以上余刑犯经有关机关批准同意留所执行的情况。

现行的《刑事诉讼法》《监狱法》《罪犯管理办法》等法律法规生效后，已经将留所服刑的对象明确限定为被交付执行刑罚前余刑在三个月以下的罪犯，大大缩小了留所服刑的对象范围。2013年1月21日至4月30日，最高人民检察院、公安部、司法部联合开展罪犯交付执行与留所服刑专项检查活动，要求不得将余刑三个月以上的罪犯留所服刑，对依法应当交付监狱执行刑罚的罪犯做到全部交付执行和收监执行，解决看守所将罪犯交付执行、留所服刑和监狱收监等执法活动中存在的突出问题，确保修改后的刑事诉讼法和监狱法顺利实施。① 需要指出的是，根据1999年12月18日司法部出台的《未成年犯管教所管理规定》，被判处有期徒刑、无期徒刑但未满十八周岁的罪犯应当在未成年犯管教所执行刑罚、接受教育改造，所以本书所述的留所服刑犯仅指成年罪犯，而不包括未成年罪犯。

（二）收押

《罪犯管理办法》第九条至第十三条规定了看守所执行刑罚的收押程序：首先，应当有完备的收押文书，如人民检察院起诉书副本和人民法院判决书、裁定书、执行通知书、结案登记表等，并在当日办理收押手续；其次，收押罪犯时要

---

① 徐盈雁：《高检院公安部司法部联合开展罪犯交付执行与留所服刑专项检查活动　今年起余刑三个月以上罪犯交监狱执行》，《检察日报》2013年1月26日，第6版。

进行人身和物品的安全检查；然后，应当建立罪犯档案，便于刑罚执行中的服刑人员的个人情况记录；最后，收押罪犯后，看守所还应当在5日内向罪犯家属或者监护人发出罪犯执行刑罚地点通知书。

（三）对罪犯申诉、控告、检举的处理

申诉、控告、检举的权利是我国宪法确立的公民基本权利，《罪犯管理办法》总则第五条规定："罪犯的人格不受侮辱，人身安全和合法财产不受侵犯，罪犯享有辩护、申诉、控告、检举以及其他未被依法剥夺或者限制的权利。"根据该管理办法第二章第二节对罪犯申诉、控告、检举的具体规定，在看守所执行刑罚的过程中，这一权利可以通过两种方式实现：一是罪犯主动向有关人员提出申诉或者控告、检举，有关部门应当在法定期限内作出处理；二是看守所的工作人员发现判决可能有错误的，依职权提请人民检察院或者人民法院处理。

（四）暂予监外执行

为了加强对人权的尊重和保障，基于人道主义的要求，我国确立了暂予监外执行制度。现行《刑事诉讼法》第二百六十五条规定："对被判处有期徒刑或者拘役的罪犯，有下列情形之一的，可以暂予监外执行：（一）有严重疾病需要保外就医的；（二）怀孕或者正在哺乳自己婴儿的妇女；（三）生活不能自理，适用暂予监外执行不致危害社会的。"即，针对符合法定条件的患有严重疾病、怀孕、生活不能自理等弱势群体，可以暂时不收监，由公安机关执行并由基层组织或者其原所在单位协助进行监督。本书所述的留所服刑犯也是暂予监外执行的适用对象之一，罪犯符合我国《刑事诉讼法》规定的暂予监外执行条件的，本人及其法定代理人、近亲属可以向看守所提出书面申请，管教民警或者看守所医生也可以提出书面意见，经过病情鉴定并提出符合条件的保证人后，办理出所监外执行手续，对罪犯进行监外执行。

2009年6月25日，由中央社会治安综合治理委员会办公室、最高人民法院、最高人民检察、公安部和司法部联合出台的《关于加强和规范监外执行工作的意见》，从交付执行、监督管理、检察监督和综合治理四个方面对监外执行工作进行了规范。另外，2014年2月，《中央政法委关于严格规范减刑、假释、暂予监外执行切实防止司法腐败的意见》出台，要求所有减刑、假释、暂予监外执行案件的相关裁定书、决定书都要在网上公开，确立了"减假暂"案件质量承办人终身负责制，并首次规定虽患有疾病但不积极配合刑罚执行机关安排治疗的不得保外就医，消除了暂予监外执行的"灰色地带"，切实杜绝暂予监外执行中的司法腐败，保证司法公开透明，更好地实现司法公正。

（五）减刑、假释的提请

根据《罪犯管理办法》的规定，在看守所服刑的罪犯符合减刑、假释条件的，由管教民警提出建议，报看守所所务会研究决定通过并公示后，由看守所制作提请减刑、假释建议书，经设区的市一级以上公安机关审查同意后，连同有关材料一起提请所在地中级以上人民法院裁定，并将建议书副本和相关材料抄送人民检察院。2012年7月1日起施行的《最高人民法院关于办理减刑、假释案件具体应用法律若干问题的规定》规范了减刑、假释案件的法律应用。2014年4月23日，最高人民法院又颁布了《最高人民法院关于减刑、假释案件审理程序的规定》，在总结审理实际的基础之上，统一规范了减刑、假释程序。通过最高人民法院的上述两个规定，我国确立了减刑、假释案件的裁前公示和部分案件的开庭审理，这使得减刑、假释案件审理程序的公开有了法律依据。

（六）释放

同监狱等执行刑罚的羁押场所一样，在服刑人员刑满之后，看守所应当按照有关规定办理出所手续，依法释放留所服刑人员，并做好后续的安置帮教、退还保管财物等工作。

二、看守所执行短期余刑的必要性

监狱是专门的有期徒刑执行场所，而看守所是侦查机关的候审羁押场所，顾名思义，其职能是对正在诉讼中的被追诉人进行临时"看守"。两个机构本该各司其职，为什么看守所还可以为监狱"代为执行"短期余刑呢？这是有着深刻的理论逻辑和实践根源的。

（一）留所服刑有利于罪犯适应改造环境

一般来说，对服刑人员的改造大致分为三个阶段，即改造初期、改造中期和改造末期。在不同的阶段，服刑人员会有不同的心理状态和行为表现。在改造初期，罪犯处于适应监所环境的时期，其心理主要表现为：行动失去自由的不适应心理，担心不能适应改造环境的心理，惧怕劳动的心理，思亲念家的心理等。[①] 进入改造中期之后，罪犯一般已经熟悉监所环境和生活作息规律，这是心态较为平稳的时期，也最利于服刑改造，教育效果相对初期和末期来说更为明显。而到了离刑满释放最为接近的时期——改造末期的时候，罪犯心理又会出现很大的波动，

---

① 杨勇：《短余刑罪犯的改造难点和对策分析》，http://www.cnprison.cn/2013/0720/c381a144463/page.htm，访问日期：2020年3月25日。

即将出狱的悲喜交加的心情往往使服刑罪犯陷入恐慌，这对于服刑末期的改造是十分不利的。对于短期余刑犯的整个改造过程来说，这三个阶段的过渡更加迅速，罪犯刚开始适应监所生活就即将面临刑满释放，服刑心理变化明显，心理状态很不稳定。在对短刑犯的改造中，为了避免罪犯因转换执行场所需要在短时间内适应新的环境而带来的巨大心理波动，有必要将剩余刑期较短的罪犯留在看守所内执行刑罚。这样一来，已经在侦查阶段适应了看守所羁押环境的服刑人员就能够减少在服刑初期和服刑中期乃至末期之间的过渡期心理变化，更好地适应看守所的执行环境。

（二）减少变换监所带来的环节，节约司法资源

根据我国《刑事诉讼法》的规定，为了保障刑事诉讼程序的顺利进行，未决人员由看守所集中关押。到了法院判决生效以后交付执行的时候，如果将所有被判处有期徒刑以上刑罚的罪犯全部转移到监狱执行，则会产生一系列从看守所出所到监狱收监的出所手续、入监体检等收押程序，无疑是对司法资源的浪费。为了实现司法效率的目的，使刑罚执行成本最小化，有必要减少变换监所带来的多余环节，将一部分刑期较短的罪犯留在看守所执行剩余刑期，不再交由监狱。三个月的剩余刑期已经不允许罪犯再经历烦琐的出所收监程序，我们应当把有限的司法资源投入看守所监区设施建设等有益的活动当中，这样既简化了诉讼执行程序，又能够节省司法资源，提高执行效率。

（三）短期服刑犯就近服刑，方便亲属探视

亲属探视权是各国普遍确立的罪犯的基本权利之一，服刑人员在服刑期间有权接受亲属探视。在我国，看守所的数量很多，一般情况下在每个区县都至少设置有一个看守所，方便司法机关随时提讯犯罪嫌疑人、被告人。为了把罪犯集中起来关押进行有规模的教育改造，每个监狱的在押人员比较多，但监狱的数量却没有看守所那么多，所以，在监狱服刑罪犯的亲属要想行使探视权，可能会经过较远的路途，如果罪犯被关押在偏远山区的监狱，探视起来就更加不方便。据了解，监狱每个监区的探视日也不一样，一般是各个监区干警轮流值班，分时段探视，由于监狱服刑人员众多，实际轮流到的亲属探视日也就会被固定，不便于探视权的行使。而看守所一般距离服刑人员住所地比较近，他们的亲属探视起来也就方便许多。看守所关押的已决犯人数较少，探视手续办理和亲属会见的安排都会较容易得到实现。

（四）我国看守所具备短期余刑执行的条件

不同于国外完全将羁押场所与服刑场所彻底分开的做法，在我国，主要承担羁押职能的看守所长期以来也同时承担着对部分短刑犯的改造职能。作为服刑场所，看守所的建设规模和硬件设施虽然不如监狱，但是毕竟看守所和监狱所关押的对象不同，看守所只针对少数短期余刑犯，管理人数较少，难度相对不大，且已经拥有改造短刑犯的丰富经验，继续将部分罪犯留所服刑具有现实可行性。

表 4-1　2014 年 C 市检察院第一分院监督的 11 个看守所建设情况及在押人员死亡人数

看守所名称	建筑面积（m²）	监房数	监房平均使用面积（m²/在押人员）	正常死亡人数	意外死亡人数
BB 区看守所	8914	46	3	0	0
BS 县看守所	5195.77	34	5.12	1	0
DZ 县看守所	6180	35	2.5	0	0
HC 区看守所	9730	38	7.76	0	0
JB 区看守所	12000	60	4	0	0
SPB 区看守所	6343	20	1~2	1	0
TL 县看守所	4638	31	4.1	0	0
TN 县看守所	2679	25	—	0	0
YB 区看守所	4678	44	1.5	0	0
CS 区看守所	34000	38	4	0	0
C 市第二看守所	—	—	—	—	—

表 4-2　2020 年 L 市检察院监督的 6 个看守所建设情况及在押人员死亡人数

看守所名称	建筑面积（m²）	监房数	监房平均使用面积（m²/在押人员）	正常死亡人数	意外死亡人数
L 市看守所	20000	42	1.2	0	0
J 县看守所	2050	12	8	0	0
W 县看守所	5688.2	32	2.6	0	0
X 县看守所	4305	36	2.5	0	0
H 市看守所	1365	18	2.47	0	0
XZ 县看守所	3050	16	1.84	0	0

从以上笔者对 C 市检察院第一分院监督的 11 个看守所和 L 市检察院监督的 6 个看守所的调研情况来看（表 4-1），各看守所均拥有足够的建筑面积和监室数量，且根据 2006 年 1 月 27 日公安部印发的《拘留所等级评定办法（试行）》，

53.3% 的看守所已经达到一级拘留所在押人员监室使用面积人均不得低于 3 平方米的标准。另外，通过对看守所在押人员死亡情况的调查，各看守所均未出现意外死亡的情况。

2021 年 3 月 11 日，十三届全国人大四次会议表决通过的《关于最高人民检察院工作报告的决议》指出，刑罚执行中的突出问题，检察监督应当发现而没有发现是失职，发现而不纠正、不报告是渎职。以此自查自纠，3 案 29 名检察人员被严肃追责……责任落实促进工作落实。全国检察机关监督纠正减刑、假释、暂予监外执行不当 5.1 万人次，同比上升 33%。① 不仅如此，我国已经有 73% 的看守所正式向社会开放。② 通过召开在押人员座谈会、召开律师座谈会、邀请新闻媒体采访、接待各界人士参观等多种方式，看守所执法和管理被置于公众监督之下，努力建设"阳光监所"。③ 因此，就我国看守所现状来看，虽然执行过程中可能会存在一些亟待解决的问题，但总体上各看守所都已经基本具备应有的条件，符合刑罚执行场所的要求。

三、看守所短期余刑罪犯的个人特征

不同于大多数在监狱执行刑罚的罪犯，看守所留所执行的短期余刑犯因其犯罪性质一般较轻，判处刑罚的时间较短而具有特殊的心理特征，加之看守所和监狱无论在监所条件还是教育改造模式上都有所差异，导致留所服刑人员在看守所的服刑环境下形成了其特有的行为特点。分析看守所短期余刑犯的心理特征和行为特征，才能适时调整监管教育策略，提高改造成效，使服刑人员尽早回归社会。看守所短期余刑罪犯具有以下特征：

（一）接受教育时间短，抗拒心理严重

"短刑犯不好管"是基层监狱和看守所执法者们的普遍直观感受。虽然看守所在对服刑犯的改造中设定有考核指标，以此来测评服刑人员的表现情况，并作为减刑和假释的参考依据，但短期余刑犯的服刑期很短，这些奖惩措施对他们的约束力并不大，就滋生了他们无视纪律、抗拒改造的心理。由于缺乏奖励措施的有效激励，而且罪犯普遍逆反心理较强，不可能拥有像普通遵纪守法的公民一样的

---

① 张军：《最高人民检察院工作报告——二〇二一年三月八日在第十三届全国人民代表大会第四次会议上》，《人民日报》2021 年 3 月 16 日，第 3 版。

② 卢杰：《全国 73% 看守所向社会开放》，《法制日报》2012 年 2 月 14 日，第 5 版。

③ 邹伟：《公安机关接受监督改进工作　全力打造"阳光监所"》，http://www.gov.cn/jrzg/2011-02/24/content_1809925.htm，访问日期：2020 年 10 月 15 日。

上进心。实践中的短刑犯大多是初犯，且年轻人居多，文化知识水平并不高，导致他们做事易冲动，面对管教干警的教育不以为意，认为只要不犯大错，管理人员就拿他们没有办法。

在较短的服刑期内还易产生"混刑期"心理，即对于监管人员的教育改造报以消极态度，不积极配合，而是以混日子的态度服刑。怀有这种心理的罪犯往往自我认知意识较差，以为自己刑期短，只要没有再次犯罪，不久之后就会被刑满释放，轻视管理干警的管理和教育。在服刑期间，具体表现为没有上进心，改造目标意识不强，不认真悔过自新。虽然短期余刑留所服刑犯犯罪时的主观恶性和人身危险性相对不大，但是在看守所服刑所要达到的效果不仅是限制他们的人身自由，更重要的还是通过限制人身自由使罪犯能够深刻认识到自己的错误，心理上能够改过，达到惩罚和教育相结合的目的。而这种"混刑期"的心理状态对于改造短期余刑犯是十分不利的。

（二）人员流动性强，个别化管理的规律难以掌握

对于留所服刑人员来说，在有罪判决作出之前的侦查、审查起诉阶段已经在看守所羁押一定时间，在执行生效判决所判处的剩余刑期时，又要从看守所未决犯监室转移到已决犯监室，且由于剩余刑期较短，通常在已决犯监室关押不久就会刑满释放，导致留所服刑人员稳定性不强，流动性很大。对重庆市人民检察院第一分院看守所的调查问卷显示，重庆市第二看守所在新刑诉法施行以后，全部在押人员为 150 人，其中留所服刑人员仅为 10 人。由此可见，留所服刑犯人数在看守所内所占比例很小，流动性就更加凸显，使得看守所短期余刑的管理对象呈现出极大的不稳定性。人员的流动性给根据不同标准分开关押的留所服刑犯的分类管理带来了困难，因为罪犯各不相同的心理性格特征是在较长时间的服刑期内形成的，因此短时间内不能总结出性格规律，难以根据罪犯不同的心理特征分类别进行关押。

（三）接受改造时间短，刑满释放后再犯率高

司法部预防犯罪研究所的调查报告显示，短刑期罪犯刑满释放人员在重新犯罪人员中占到近 70%。[1] 可见，对短刑期罪犯的改造效果明显不如其他较长刑期罪犯。联合国大会 2015 年 12 月 17 日第 70/175 号决议通过的《联合国囚犯待遇最低限度标准规则》（纳尔逊·曼德拉规则）第四条提到：判处监禁或剥夺人的自由的类似措施的目的主要是保护社会避免受犯罪之害并减少再犯。唯有利用监禁期间

---

[1]　高一飞、张露：《看守所短期余刑执行的实证分析》，《西南政法大学学报》2015 年第 1 期，第 29 页。

在可能范围内确保犯人释放后重新融入社会，从而能够遵守法律、自食其力，才能达到这一目的。因此，在保障人权的同时，惩罚和改造罪犯、预防和减少犯罪是执行刑罚的最终目标，而在实践中，短刑期罪犯刑满释放后出现如此高的再犯率表明刑罚的执行并未完全实现预防和减少犯罪的目的。

由于看守所短期余刑犯的刑期较短，三个月以内就会被刑满释放，教育改造没有发挥充分的作用，因而再犯率高。服刑人员误以为在看守所服刑也可以为所欲为，监禁刑对于已经被判处过刑罚的威慑力甚至不如对没有犯过罪的人大，很容易使其出所之后再次走上违法犯罪的道路。

四、看守所短期余刑执行中的问题

看守所关押的短期余刑犯因其具有刑期短、改造难等特点，使看守所的教育改造工作存在诸多问题。随着法治文明的进步，法律法规正在进行不断修订和补充，各个国家机关的刑罚执行工作也在日臻完善，但同时看守所短期余刑犯的刑罚执行工作中也会不断出现一些新的问题。笔者通过对 C 市检察院第一分院监督的 11 个看守所（表 4 - 3）和 L 市检察院监督的 6 个看守所（表 4 - 4）进行的问卷调查，总结出看守所短期余刑执行中存在的主要问题，具体如下：

表 4 - 3　2014 年 C 市检察院第一分院监督的 11 个看守所短期余刑执行情况

看守所名称	是否分开关押	放风是否分开	减刑、假释的数量变化	改革后在所人数下降比率	改革后留所服刑犯人数下降比率
BB 区看守所	是	是	无	27%	—
BS 县看守所	是	是	无	35%	—
DZ 县看守所	是	是	无	38.5%	10%
HC 区看守所	是	是	无	42%	—
JB 区看守所	是	是	无	33%	—
SPB 区看守所	否	否	无	25%	—
TL 县看守所	是	是	无	85%	—
TN 县看守所	是	是	无	—	57.6%
YB 区看守所	是	是	无	30%	—
CS 区看守所	是	是	无	70%	—
C 市第二看守所	否	否	无	28.6%	74%

表 4 - 4 2020 年 L 市检察院监督的 6 个看守所短期余刑执行情况

看守所名称	是否分开关押	放风是否分开	减刑、假释的数量变化	现有在所短期余刑人数	占在押人员比率
L 市看守所	是	是	无	44	4.89%
L 县看守所	是	是	无	8	8%
W 县看守所	是	是	无	33	15.4%
X 县看守所	是	是	无	23	17.16%
H 市看守所	是	是	无	19	25.7%
XZ 县看守所	是	是	无	20	14.6%

自《刑事诉讼法》《看守所留所执行刑罚罪犯管理办法》等新修订的法律法规施行以来，在看守所服刑的罪犯仅限于剩余刑期为三个月以下的短期余刑犯，即余刑为三个月以上一年以下的罪犯都将交由监狱收押。通过对重庆市各区县看守所的问卷调查显示，各看守所在押人数均明显减少，减少比例为 27% 到 85% 之间不等，其中留所服刑犯的人数减少比例在重庆市第二看守所也达到 74% 之多，其留所服刑人数从 2012 年 12 月末的 39 人直接减少到 10 人。看守所关押短期余刑人员的数量如此大量减少，给刑罚执行中的收押、向监狱移交罪犯、留所服刑人员的改造教育等带来了一些新的问题和挑战。

（一）混合关押问题

"混关混押"是目前看守所在设置监室和关押犯罪嫌疑人、被告人以及罪犯中出现的主要问题之一。我国《看守所留所执行刑罚罪犯管理办法》第三条规定："看守所应当设置专门监区或者监室监管罪犯。监区和监室应当设在看守所警戒围墙内。"第四十三条又对此做出了详细的规定："看守所应当将男性和女性罪犯、成年和未成年罪犯分别关押和管理。有条件的看守所，可以根据罪犯的犯罪类型、刑罚种类、性格特征、心理状况、健康状况、改造表现等，对罪犯实行分别关押和管理。"同时，《看守所条例》第十四条也规定："对男性人犯和女性人犯，成年人犯和未成年人犯，同案犯以及其他需要分别羁押的人犯，应当分别羁押。"据此，对于看守所在押人员中已决犯和未决犯的分开、分类关押问题，相关法规已经做出了明确的规定。

根据以上对重庆 11 个看守所的调研情况，沙坪坝区看守所和重庆市第二看守所并未分开关押、分开放风，说明实践中仍然存在对已决人员与未决人员混合关押、同案人员混合关押等现象，各看守所并未完全做到遵守规定关押留所服刑犯，很容易出现"交叉感染"的情况。一旦未决犯和已决犯之间通风报信，互相交流信息，对于查清犯罪事实、管教服刑人员十分不利。混合关押现象的存在是有其深刻原因的，首先，部分看守所由于硬件条件设施不完善，场地和监所数量不够，不具备将各类犯罪分别关押的客观条件。其次，在规模较小的看守所里，留所服刑的人员数量也很少，流动性大，切实做到对各类人员准确分类关押存在困难。最后，从看守所管理方面来看，一些在押人员已经适应了其原先长期"盘踞"的监室环境，和相应监区监室的管教看守形成了一种默契，管教需要这类监室中的"老人"来维持在押人员的秩序，应该换监室的留所服刑人员也因为熟悉了以往所在的监室而希望得到相应管教的荫庇。① 这些都是实践中"混合关押"问题存在的原因。

（二）改造模式问题

对罪犯的改造分为教育改造和劳动改造两个方面，根据我国"改造第一，生产第二"的改造方针要求，从思想上把罪犯改造成能够自食其力的守法公民应当是第一位的，要通过在监所组织罪犯进行劳动来实现教育改造的目的。公安部印发的《关于看守所组织在押人员劳动管理办法》第二条规定："有条件的看守所应当组织在押人员劳动，促使在押人员养成劳动习惯、学习劳动技能、增强身体素质。"第五条规定："具有劳动能力的留所服刑罪犯应当参加看守所组织的劳动；犯罪嫌疑人、被告人在自愿基础上，可以参加劳动。"据此，有条件的看守所应当组织留所服刑犯积极参与劳动改造。但是，随着留所服刑人员数量大幅减少，看守所无法有规模地组织罪犯进行生产劳动。以重庆市第二看守所为例，留所服刑犯人数基本上少于十人，有时甚至只有两三个人，平时根本不从事劳动生产。留所服刑人数少，加之流动性强，也就使日常劳动生产难以为继，作为基础性地位的劳动改造难以实现，教育改造工作更加无法保障。

实践中，没有劳动改造条件的看守所还存在使用留所服刑犯从事工勤工作的现象。我国公安部监所管理局于 2009 年 6 月下发的《关于禁止看守所使用留所服刑罪犯从事工勤工作的通知》规定："为了规范看守所管理，保证羁押监管安全，公安部监所管理局决定禁止看守所使用留所服刑罪犯从事工勤工作。凡是使用留所服刑罪犯承担炊事员（含帮厨、为在押人员送饭）、电工、水暖工等工勤工作的，应当于 9 月 30 日前完成清理和纠正，改由工勤人员承担。看守所应当按照《中华人民共和国看守所条例》及其实施办法的有关规定，结合实际工作需要，配

---

① 阎亚东、王一鸣：《分押分管存在的问题及检察监督对策》，《山西省政法管理干部学院学报》2012 年第 3 期，第 94 页。

备工勤人员。"根据此项通知，自 2009 年 9 月 30 日之后，看守所内所有在押人员就不应当从事工勤工作，但是，通过对重庆市人民检察院第一分院所监督的看守所的走访调查，笔者发现重庆市第二看守所仍然使用留所服刑犯承担照顾病人的任务，这严重违反了对罪犯改造的规定。而最为危险的做法是用罪犯来照顾生病的在押人员，造成已决犯与未决犯之间，甚至是同案犯之间的接触，他们之间就很有可能利用此机会相互串通。

（三）减刑、假释等激励措施适用率极低

根据我国刑法的规定，对于认真遵守监规，接受教育改造，确有悔改表现，没有再犯危险或者有立功表现，并符合减刑、假释规定的，可以依法予以减刑和假释。在看守所留所服刑的罪犯，通过平时表现进行考核，管教干警认为符合减刑、假释条件的，经过有关部门批准后可以获得减刑、假释。根据以上对重庆市11 个看守所短期余刑相关问题进行的问卷调查，我们可以发现，截至目前，每一个看守所均未出现一例获减刑、假释的情况，也就是说，在实践中减刑、假释对于在看守所执行短期余刑的罪犯并没有适用。

减刑假释提请一般应当在一个月内审理完毕，但因为法院审理的起算时间从审监庭收到案卷开始，而立案庭到审监庭案卷移送时间长短不定，所以实践中一般要经过两到三个月，看守所才能收到最终的减刑假释裁定。结合留所服刑犯的特殊情况，刑诉法修改后，其剩余刑期本来就不足三个月，如此长时间的减刑假释审批程序根本不能适用，减刑无望的罪犯没有了积极表现的动力，相关的奖励措施对其约束力很小，考核也会变得更加低效。

（四）日常管理不如监狱规范化

不同于只有刑罚执行这一项职能的监狱，看守所具有双重职能，等待诉讼进行的犯罪嫌疑人、被告人占绝大多数，所内大部分工作人员的精力都投入到了对未决犯的管理上面，对短期余刑犯的改造只是看守所的辅助职能，致使管理干警忽视对留所服刑人员的监管和教育，无论是改造场所硬件配置还是日常劳动安排，都容易忽视短期余刑犯，管理中规范化不强。在管教理念上，干警们认为短期余刑犯大多人身危险性不大，出事故风险较小，就不重视看守所内已决犯的日常管理，监管松懈，给监所带来很大的安全隐患。

由于缺乏规范化的管理，刑诉法修改后，随着留所服刑犯人数的减少，监室值班制度问题逐渐凸显。以南京市白下看守所为例，根据该看守所管理规范，监所内监室人员值班要求五班双人，即中午一个班，夜间四个班，据此要求，监室在押人员最低保有量不得低于 10 人，而目前对留所服刑人员的监管达不到这个基

础要求。若缩减值班人数，则不符合监管要求，亦给监室安全造成影响；若增加每天值班班次，则服刑人员亦产生抵触情绪，使日常管理处境尴尬。① 在留所服刑人数少的情况下既要保障监所安全，同时又要合理分配值班，存在较大的困难，难以做到对日常值班的规范化管理。

（五）存在少数不当留所服刑罪犯

看守所设施和制度较不完备，而且管教不如监狱严格，许多罪犯都不愿被转移到监狱服刑，加上实践中交付不及时，就造成了不当留所服刑的问题。一方面，新修订的自 2020 年 9 月 1 日起施行的《公安机关办理刑事案件程序规定》中虽然规定了公安机关交付执行的机关和期限，② 却没有明确规定如何计算剩余刑期的起算时间，给腐败现象的滋生留下余地，致使公安机关"恶意"拖延交付执行日期。另一方面，监狱随意拒收病犯也是不当留所服刑的一个因素。根据《监狱法》第十七条的规定："监狱应当对交付执行刑罚的罪犯进行身体检查。经检查，被判处无期徒刑、有期徒刑的罪犯有下列情形之一的，可以暂不收监：（一）有严重疾病需要保外就医的……"如此一来，对于患有疾病而监狱拒收的罪犯，看守所只能其押回，然后向法院提出暂予监外执行的建议。关键的问题在于，有些罪犯虽患有疾病，但达不到暂予监外执行的条件，陷入"看守所不能放，监狱不肯收"的尴尬局面，致使少数不该留所服刑的人，仍然留在看守所。

五、看守所短期余刑执行问题的完善

自从 2012 年我国《刑事诉讼法》修改后，有关看守所短期余刑执行问题最大的变化就是留所服刑人员的减少，虽然会产生一些新的问题，但也着实解决了以往看守所普遍存在的困难。比如以往因监室紧张而无法进行的罪犯"分押分管"工作，现在人数减少后就能够更好地保证监室的供应和人均关押面积问题。

同时，为了使看守所和监狱完成留所服刑犯的转交工作，有关部门已经对此做出规定，并采取相应的措施来应对新法修改所产生的变化，以指导实践中可能出现的问题。根据 2013 年 1 月 21 日至 4 月 30 日最高人民检察院、公安部、司法部联合开展的罪犯交付执行与留所服刑专项检查活动，对于被判处死缓、无期徒

---

① 林平：《当前基层看守所服刑罪犯管理现状及思考》，《东方卫报》2014 年 1 月 22 日，第 4 版。
② 《公安机关办理刑事案件程序规定》第三百条规定："公安机关接到人民法院生效的判处死刑缓期二年执行、无期徒刑、有期徒刑的判决书、裁定书以及执行通知书后，应当在一个月以内将罪犯送交监狱执行。对未成年犯应当送交未成年犯管教所执行刑罚。"第三百零一条规定："对被判处有期徒刑的罪犯，在被交付执行刑罚前，剩余刑期在三个月以下的，由看守所根据人民法院的判决代为执行。对被判处拘役的罪犯，由看守所执行。"

刑、有期徒刑的罪犯，公安机关应当根据人民法院的执行通知书等法律文书依法在一个月以内将罪犯送交监狱执行刑罚，监狱应当将罪犯及时收押。对于被判处有期徒刑，在被交付执行刑罚前余刑在三个月以下的罪犯，由看守所代为执行。①该专项检查活动方案中涉及了检查活动应当做好的六个方面的工作，以全面实现对交付执行工作的监督。

司法部监狱管理局和公安部监所管理局在 2013 年 1 月也分别对留所服刑犯的转交工作做出了有关规定。根据《关于做好余刑 3 个月以上罪犯交付执行工作的通知》（公监管〔2013〕2 号）和《关于认真贯彻〈中华人民共和国刑事诉讼法〉做好余刑 3 个月以上罪犯收押工作的通知》（〔2013〕司狱字 4 号）的规定，考虑到监狱关押爆满，为缓解监狱压力，确保交付的顺利进行，对于余刑 3 个月以上罪犯按以下原则交付：（1）2012 年底前判决生效的余刑 3 个月以上的罪犯，看守所推迟 3 个月交付执行，于 2013 年 4 月底之前统一交付执行完毕；（2）2013 年 1 月 1 日以后判决的余刑 3 个月以上的罪犯，依照法律规定按时交付监狱执行刑罚。这在一定程度上缓解了监狱关押人员骤然增多的压力。

为了完善刑罚执行制度，解决看守所短期余刑犯执行的过程中面临的诸多问题，应当针对我国留所服刑犯的特征，结合实践中实际存在的难点，加强看守所自身管理和教育改造方式的改进，同时完善相关法律、规章等规范性文件。

（一）设立独立监区，实现"分押、分管"

《联合国囚犯待遇最低限度标准规则》（纳尔逊·曼德拉规则）中"按类隔离"部分的第十一条对此做了相关描述：不同类别的囚犯应按照性别、年龄、犯罪记录、被拘留的法定原因和必需施以的待遇，分别送入不同的监所或监所的不同部分。因此：（1）应尽量将男犯和女犯拘禁于不同监所；兼收男犯和女犯的监所应将分配给女犯的房舍彻底隔离；（2）应将未经审讯的囚犯同已经判罪的囚犯隔离；（3）因欠债被监禁的囚犯和其他民事囚犯应同因犯刑事罪而被监禁的囚犯隔离；（4）青少年囚犯应同成年囚犯隔离。我国《看守所条例》和《看守所留所执行刑罚罪犯管理办法》均对看守所分开监管和分开关押进行了规定，但是，从对重庆市各看守所调研情况来看，并非每个看守所都能够做到将已决人员和未决人员完全分开关押。为了防止关押人员之间的"交叉感染"，看守所应当做到将已决犯和未决犯彻底隔离，在看守所内部设置独立的监区。同时，在组织罪犯出监

---

① 徐盈雁：《高检院公安部司法部联合开展罪犯交付执行与留所服刑专项检查活动：今年起余刑三个月以上罪犯交监狱执行》，《检察日报》2013 年 1 月 26 日，第 6 版。

室活动时也要注意将已决犯和未决犯分开，杜绝他们之间相互接触的现象出现。有条件的看守所还应当尽力实现按照犯罪性质、心理特点、行为表现等进行分别关押和管理。对于留所服刑人数特别少，分类关押较困难的看守所，可以实行跨所联合集中关押。

在实现"分押""分管"的同时，还要尽力实现"分教"。所谓"分教"，是与"分押""分管"相配套的措施，即在对具有不同特征的罪犯进行分开关押的基础上，实施分类别管理教育。被判处徒刑的罪犯不同于一般社会上的普通公民，他们顶着不同的罪名进入看守所接受教育，有着不同的主观恶性和心理特征，改造难度也不一样。如果不加区别对待，不利于他们在不足三个月的时间内实现有效的改造。一般来讲，以罪犯的犯罪性质为主，兼顾主观恶习程度、案情等标准可以将短刑犯分为五大类：暴力型、财产型、涉毒型、淫欲型和其他型。[1] 可以根据这些类别，对留所服刑犯进行有针对性的教育，使其认识到自己所犯的罪行，才能深刻悔过、重新做人。

"分管"的一个重要内容是要对长期余刑犯合理安排劳动。从对重庆市第二看守所的调研结果来看，有的看守所之所以让在押人员管理在押人员，使其从事工勤工作，就是因为没有将服刑人员组织起来进行劳动改造。众所周知，劳动是经过我国宪法确立的每个公民所享有的权利和义务，对于在劳动中可以获得更多的自由和人生乐趣的罪犯而言，这种权利则更显重要。但考虑到当前留所服刑犯人数的大幅减少，规模较小的看守所组织罪犯从事大规模的生产线劳动已经不太可能，而且较短的服刑时间也不允许他们重新学习有难度的新技能。根据这种情况，看守所可以对服刑人员入所之前有何特殊劳动技能进行调查，尽量创造条件安排其从事相应的劳动。

（二）提高看守所及其干警改造罪犯的能力

《联合国囚犯待遇最低限度标准规则》（纳尔逊·曼德拉规则）第四条指出，监狱管理部门和其他主管机关应提供教育、职业培训和工作，以及适当可用的其他帮助形式，包括具有改造、道德、精神、社会、健康和体育性质的帮助形式。所有此类方案、活动和服务均应按照囚犯所需的个性化待遇来提供。在我国，看守所的主要职能是实行羁押，并不是进行罪犯改造管理，其干警很少受过专业的改造培训，且由于看守所的经费较少，改造设施不如监狱，并不具备完全的改造能力，普遍存在不重视罪犯的改造管理问题，为了更好地实现对看守所短期余刑

---

① 徐万富、柏猛：《短刑犯行为特点分析及矫治对策研究》，《犯罪与改造研究》2012 年第 8 期，第 47 页。

犯的改造，需要对其加以重视，提高看守所及其干警改造罪犯的能力。

管理干警是服刑人员改造的直接引导者和管理者，同时又是监督者和刑罚执行者，因此，管理干警自身素质的提高就显得尤为重要。而看守所作为主要关押未决犯的场所，所内干警的日常工作也只是羁押、提审未决人员，其改造能力与监狱干警相比明显较弱。要想提高看守所内短期余刑犯的改造效果，就要提高看守所管理干警改造罪犯的能力，使其与监狱干警的改造能力相适应。一方面，管教干警不仅要熟知现行的法律法规和相关政策规定，积极学习理论知识，做好基本的法律知识储备工作，对于管理短期余刑犯的干警，还应当熟练掌握就业政策、社会保障政策、心理矫正知识、市场综合信息等短期余刑犯非常关注的信息。针对即将出监的短期余刑犯的改造心理特点、行为特点，善于做好全面细致、耐心引导、宽严相济的管理教育工作。[①] 另一方面，干警们要有强烈的责任心和严格执法的精神，将服刑人员的控申以及举报意见及时记录下来并按照规定上报，在改造罪犯的同时保证他们的合法诉求能够得到实现。

《联合国囚犯待遇最低限度标准规则》第七十四条对于监所人事管理人员有这样的表述：管理人员应被作为专任的专业监狱工作人员予以任用，具有公务员身份，为终身职，但须符合品行优良、效率高、体能健全等条件。薪资应当适宜，足以罗致并保有称职男女；由于工作艰苦，雇用福利金及服务条件应该优厚。《看守所法（公开征求意见稿）》没有对短期余刑执行罪犯的管理人员做专门规定，为更好地实现看守所执行短期余刑的能力，我们建议在看守所狱警中设刑罚执行人专岗，由他们负责刑罚执行，专职人员要符合一定的资格，经过特别的培训，按照监狱警察的任职条件招录。

（三）驻所检察机构要针对刑罚执行进行专门监督

检察机关是我国的法律监督机关，刑罚的执行活动要由人民检察院负责监督，履行好监所执行刑罚的监督职能对于看守所改造短期余刑犯起着至关重要的作用。根据最高人民检察院发布的《人民检察院看守所检察办法》（高检发监字〔2008〕1号）第二十六条的规定，检察机关对以下留所服刑的执行进行监督：（1）看守所办理罪犯留所服刑是否符合有关规定；（2）对剩余刑期在一年以上罪犯留所服刑的，是否按照规定履行批准手续；（3）看守所是否将未成年犯或者被决定劳教人员留所执行；（4）看守所是否将留所服刑罪犯与其他在押人员分别关押。虽然

---

① 吴晓录：《短余刑罪犯管理对策初谈》，http://www.cnprison.cn/2013/0606/c381a144444/page.htm，访问日期：2020年10月15日。

其中部分内容已经不符合当前法律法规的规定，但取其可用之处，足以窥见检察机关对留所服刑人员执行中的监督职能。就分开关押这一点来说，如果检察机关能在实践中切实起到监督的作用，就会及时纠正混合关押的情况，从而避免混关混押的安全隐患。

驻所检察机关应加强对执行机关执行刑罚的活动是否合法实行监督，发现有违法情况，应当通知执行机关纠正，对法院在案件生效判决下达后，一个月内不发《执行通知书》的，看守所收到《执行通知书》后一个月内不交付执行的，要及时提出纠正违法的意见，通知有关机关予以纠正，对徇私舞弊不交付执行涉嫌渎职犯罪的要及时立案查处。人民检察院有关部门要严格遵守法律法规的规定，深入看守所进行全面检查和监督，履行好维护服刑人员的合法权益，纠正违法违规行为的职责。

（四）完善短期余刑执行程序

一是建立短期余刑犯减刑假释速决程序。减刑、假释之所以在短期余刑的执行中不能适用，就是因为实践中从减刑假释的提请到最终收到减刑假释的裁定一般需要两三个月，如此长时间的减刑假释审批程序导致短期余刑犯在仅剩的三个月以下刑期内根本无法获得减刑假释。若要将减刑、假释适用到短期余刑犯中，激励他们好好表现，争取早日回归社会，就要设立针对剩余刑期较短罪犯的速决程序，缩短审理期限，使服刑中的短期余刑犯能够看到提前释放的希望。

二是统一刑期计算标准。在对重庆市 11 个看守所的调研中，我们发现经在押人员申诉后纠正刑期计算错误现象较为普遍。如璧山区看守所反映，其出现刑期计算错误是因为有关行政拘留时间是否折抵刑期的规定不一致，有折抵和不折抵两种观点，导致计算刑期的标准不统一，实践中在具体认定上存在疑难。日后立法中应当考虑到对具体问题规定不统一的情况，结合实践中看守所反映出来的问题加以改进。

三是创新奖惩措施。依据现有的减刑、假释相关规定，实践中已经证明其很少能够适用到留所服刑犯中，所以，要创新奖惩方法，探索出适用于短期余刑犯的考核标准与奖惩措施。看守所可以根据本所的具体情况制定相关规定，对认真接受改造、遵守法律法规的罪犯从生活上进行奖励，比如改善伙食等。而对于"大错不犯、小错不断"的服刑人员的惩罚也不能仅限于关禁闭等体罚，要创新思维，从限制开支等方面惩罚。所有的奖惩标准都要由管理干警予以量化并定期公示，以激励服刑中的罪犯积极改造。

四是切实贯彻"尊重和保障人权原则"。随着"尊重和保障人权"被写入新刑诉法条文，表明我国越来越重视人权，特别是对犯罪嫌疑人、被告人、罪犯合法权益的保障。但在现行的《看守所条例》共 52 个条文中，"人犯"一词就使用了 71 次，这在称呼上就是对服刑人员的不尊重。[①] 今后在看守所短期余刑犯的执行中应当将这一原则贯彻下去，一方面要尊重其人身自由，保障在押人员所依法享有的生命健康权以及受到公平公正待遇等权利；另一方面还要完善这些权利的相关救济制度，如设立检察信箱，为在押人员能够依法提起申诉、控告提供相应的救济渠道，并通过公开所务信息以保障罪犯的信息知悉权。2018 年修改后的《刑事诉讼法》规定了看守所派驻值班律师制度，法律援助机构可以在人民法院、看守所等场所派驻值班律师，为犯罪嫌疑人和被告人提供法律帮助，为了保障短期余刑犯的法律权益，在其适用对象上，可将留所服刑犯囊括在内，以保障权利。

结语

看守所履行其对罪犯的教育改造这一职能的过程，也是检验一个国家是否能够切实做到保障人权的试金石。随着当前司法改革浪潮的不断推进，为了更好地实现刑罚执行效果，我国看守所的监室设施建设和教育改造水平也在逐渐提高。近年来，无论是《看守所留所执行刑罚罪犯管理办法》的修订，还是《关于禁止看守所使用留所服刑罪犯从事工勤工作的通知》等公安部内部规范性文件的出台，都在一定程度上完善了看守所刑罚执行制度，但面对当前看守所司法实践中仍然存在的问题，十分有必要出台一部具有更高法律效力的"看守所法"，将看守所相关规定上升到法律层面，并结合短期余刑犯自身特点和司法实践进行管理方法和教育模式上的创新，完善减刑、假释制度，加强监所的检察监督，使其与新刑诉法接轨，建设成权威、完备、可行的中国特色短期余刑执行制度。

《看守所法（公开征求意见稿）》没有对短期余刑执行罪犯的管理人员做专门规定，为了更好地实现看守所执行短期余刑的能力，我们建议在第十一条增加以下内容：

看守所狱警统一行使刑罚执行权，增设短期余刑执行专职干警，专职人员按照监狱警察的任职条件招录。

---

① 孟昭阳：《〈看守所条例〉修改中的若干问题》，《民主与法制》2011 年第 15 期，第 17 页。

第五章
看守所检察监督的系统化改革

　　监所检察是指我国检察机关对监狱、看守所的检察监督，是我国检察制度的一部分。监所检察制度先后出现了三种制度形式：派驻检察、巡回检察、巡视检察。① 每一种形式都有其监督重点、操作流程，这几种形式相互配合，共同形成了中国特色的监所检察制度体系。其中巡视检察和巡回检察都具有流动、不定期的特征，本书统称为流动性检察。

　　监所检察制度形式复杂多样，出现了形式多元、功能重复、应有功能退化的问题。对三种监所检察制度的关系如何调整，在学术界争论已久。但学界的研究侧重于巡回检察与派驻检察的关系，很少有人提出对三种监所检察制度形式进行协调的整体性方案。为此，本书将全面反思现有监所检察制度形式之间的关系，提出保留和加强各级派驻检察、巡回检察上提一级、巡视检察并入巡回检察的监所检察系统化改革方案。

一、监所检察改革的策略性问题

　　我国监所检察改革经历了条块化改革的过程，也作过整体化改革的努力。

（一）条块化改革缺乏整体性

　　派驻检察、巡回检察、巡视检察三种监所检察制度形式分别产生于新中国成立初期、2001 年、2012 年。

　　派驻检察改革持续 70 多年。派驻检察在 1949 年予以确立。1957 年，为贯彻中央提出的"对劳动改造单位的检察工作要经常化"的指示，检察机关开始实行驻场检察。② "文革"之后，1979 年《人民检察院组织法》重新确立我国监狱检察

---

① 袁其国：《我国刑事执行检察的回顾与展望》，《人民检察》2016 年第 Z1 期，98 – 103 页。
② 张永恩：《监所检察教程》，中国检察出版社 1991 年版，第 42 – 45 页。

制度。① 同年，最高人民检察院要求在劳动改造、劳动教养场所、看守所设驻所检察员。② 1987 年《人民检察院劳改检察工作细则（试行）》规定："在大型劳改、劳教单位应设置派出人民检察院，在中小型单位应设置驻场所检察组。"③ 2001 年颁布的《最高人民检察院关于监所检察工作若干问题的规定》对派驻检察机构及其队伍进行规范。④ 2007 年《最高人民检察院关于加强和改进监所检察工作的决定》第二十条原则上取消基层检察院派驻检察室，要求一般由市级人民检察院设立派驻检察机构。2011 年的《关于加强人民检察院派驻监管场所检察室建设的意见》重申了上述规定。派驻检察制度包含派出检察院或派驻检察室两种形式，到 2015 年底，全国共设立派出检察院 89 个、派驻检察室 3396 个，其中包括 668 个派驻监狱检察室。⑤ 派驻检察机构以派出机关名义开展监督工作，归属于某一检察院的刑事执行检察部门。

巡回检察已有 20 余年历史。2001 年 9 月 3 日发布的《最高人民检察院关于监所检察工作若干问题的规定》（现已失效）第 5 条提出"监管场所常年在押人员较少的，应实行巡回检察或派驻专职检察员"。2007 年 3 月《最高人民检察院关于加强和改进监所检察工作的决定》第 23 条提出"常年关押人数较少的小型监管场所，可以实行巡回检察"。在上述两个规定中，巡回检察是针对没有设置派驻检察院和派驻检察室的小型监狱的监督形式。因为当时劳教制度没有废除，还需要对劳教所进行检察监督，全国监所数量太多，普遍设立派驻检察室，可能浪费资源。2013 年，检察机关共对 3684 个监管场所进行派驻检察，占全部监管场所的 94.8%；有 5.2% 的监所不设立派驻检察机构，而通过巡回检察来进行检察监督。⑥ 2015 年 12 月颁布的《最高人民检察院关于全面加强和规范刑事执行检察工作的决定》第 12 条对巡回检察内容进行补充：一是扩大巡回检察的范围，将对社区矫正活动的监督包含在内；二是对巡回检察频次进行细化，规定巡回检察每周不得少于一次；三是程序设置更为规范，规定参加人员不得少于两人；四是规范巡回检察后的工作程序，规定每次巡回检察结束后应当制作检察记录、报告重大事项，以保证巡回检察的有效性。

---

① 1979 年《人民检察院组织法》第五条："各级人民检察院行使下列职权：……（五）对于刑事案件判决、裁定的执行和监狱、看守所、劳动改造机关的活动是否合法，实行监督。"
② 袁其国：《我国刑事执行检察的回顾与展望》，《人民检察》2016 年第 Z1 期，第 98 页。
③ 张永恩：《监所检察教程》，中国检察出版社 1991 年版，第 66 - 67 页。
④ 周伟：《刑事执行检察：监所检察理论与实践的发展》，《国家检察官学院学报》2013 年第 4 期，第 66 页。
⑤ 袁其国：《我国刑事执行检察的回顾与展望》，《人民检察》2016 年第 Z1 期，第 98 页。
⑥ 袁其国：《以监所检察工作为视角看巡视检察》，《检察日报》2013 年 2 月 25 日，第 3 版。

巡视检察只有 10 余年的历史。2012 年最高人民检察院发布《关于上级人民检察院监所检察部门开展巡视检察工作的意见》（以下简称 2012 年《意见》）。根据这一意见所确定的巡视检察制度具有如下特点：（1）检察体制是以上对下的双重监督，即地（市）级以上人民检察院监所检察部门对辖区内由下级人民检察院监督的监所执法进行检察，同时对该监所的派驻检察机构进行监督。（2）检察时间随机决定、临时进行。（3）检察内容全面详细，包括六大方面、二十多个子目。（4）检察方法形式多样，在合法前提下检察方法不拘一格。截至 2013 年 2 月，在该制度实行一年期间，全国检察机关对 400 余个监管场所及派驻检察室进行了巡视检察。① 2015 年 12 月颁布《最高人民检察院关于全面加强和规范刑事执行检察工作的决定》（以下简称 2015 年《决定》）第 14 条对巡视检察再次予以规定，其对 2012 年《意见》补充的主要内容包括：一是规定了巡视的数量，要求"市级以上人民检察院对辖区内的监管场所每年要确定一定的比例进行巡视检察"；二是规定了每次巡视的时间"原则上不得少于 3 天"；三是增加规定可以邀请司法机关以外的代表参加。巡视检察有利于强化"检察一体化"功能，是加强检察机关在执行监督工作领域上下级监督的特有方式。

以上改革措施是以条块的形式分别对三种不同的监所检察形式进行改革，由于缺乏整体性，各种措施之间缺乏衔接和协调。

（二）整体性改革缺乏系统化

进入新时代以来，最高人民检察院注意到了三种监所改革措施需要协调的问题，出台了整体性改革方案。

2018 年 5 月 28 日，最高人民检察院发布《检察机关对监狱实行巡回检察试点工作方案》，改革的初衷是"以派驻取代巡回"。② 但是，实践中，最高人民检察院改"派驻"为"巡回"的试点面临着改革成本与成效的双重质疑。③ 改革的结果是，选择试点地区并没有以"巡回检察"取代"派驻检察"，而是采用了"派驻 + 巡回"的模式。这一改变顶层设计初衷的做法得到了最高人民检察院的默许和肯定，对监狱实行"派驻 + 巡回"的检察方式随之全面推开。④ 试点结束后的 2018 年 11 月 30 日，最高人民检察院发布实施了《人民检察院监狱巡回检察规定》（以下简称 2018 年《规定》），在规定监狱实行巡回检察的同时，实施派驻检察。至

① 袁其国：《以监所检察工作为视角看巡视检察》，《检察日报》2013 年 2 月 25 日，第 3 版。
② 徐盈雁：《积极推进对监狱实行巡回检察改革试点工作》，《检察日报》2018 年 6 月 6 日，第 1 版。
③ 李奋飞、王怡然：《监狱检察的三种模式》，《国家检察官学院学报》2019 年第 3 期，第 100 – 115 页。
④ 向德超：《实行巡回检察是检察方式的重大变革》，《检察日报》2019 年 1 月 22 日，第 3 版。

此，"派驻+巡回"模式在法律上得到了确认，监狱检察改革方案尘埃落定。应当说，这一改革取得了一定的成绩。（见表5-1）

表5-1 2020年某驻看守所检察室纠正违法情况统计表

驻所检察室发现 的违法情况	看守所处理结果	类似情况 发生次数
超期禁闭处罚被监管人	解除禁闭，扣发责任民警半月奖金	0
信件未经检查送交被监管人	通报批评责任民警	0
违反规定安排家属见面	扣发责任民警一月奖金	0
加戴戒具超重	通报批评	0
无证收押	协助异地办案，相关证件正在邮寄中	0
扣留申诉书	值班民警休假，申诉书已交相关部门	0
利用被监管人管被监管人	通报批评责任民警	0
值班干警擅自离岗	通报批评责任民警	1
随身物品未经严格检查	通报批评责任民警	0
同案犯混关	对混关予以纠正	81
违法收押	予以纠正	3
交付执行违法	予以纠正	7
超过法定审理期限	予以纠正	5
羁押期限满前看守所未通知办案单位	予以纠正	1
未按规定开展巡视工作	予以纠正	1
羁押期限即将届满不告知	予以纠正	12
延长拘留期限计算错误	予以纠正	1
出所没有执行武装押解	予以纠正	2
拘留期限即将届满不告知	予以纠正	6
未在羁押期限届满前向办案机关发出 《案件即将到期通知书》	予以纠正	9
不依法收押执行被撤销缓刑的罪犯	予以纠正	1
未按规定送达法律文书	予以纠正	1
违禁品流入监舍	予以纠正	1
超过法定侦查羁押期限	予以纠正	3
未成年犯罪嫌疑人与所在监舍的成年犯 罪嫌疑人混押	予以纠正	1
出所检查不到位	予以纠正	2
收押检察不到位	予以纠正	2

2018 年《规定》新确立的巡回检察制度是吸收了中外流动性监督制度的经验、集各种流动性监督制度优点的全新制度。在成员的组成上，吸收了巡视检察和社会巡视制度①的优点，人民检察院根据巡回检察工作需要可以邀请司法行政、安全生产监督管理、审计等部门人员参加，巡回检察组由本院和下级院的检察人员、司法行政人员、司法机构以外的专家三部分组成；在巡回检察的方式上，吸收了2012 年《意见》中巡视检察制度的内容，将其"采取明察暗访、随机抽查、突击检查和不定期检查等方式"类型化为常规巡回检察、专门巡回检察、机动巡回检察、交叉巡回检察四种巡回检察形式；在巡视检察效力方面，吸收了 2012 年《意见》中巡视检察制度的内容；在巡视结果的公开上，吸收了西方国家巡视报告向社会公开②和《中国共产党巡视工作条例》③ 的相关内容，2018 年《规定》第二十三条要求"巡回检察工作开展情况，应当以适当方式向社会公开"。新的巡回检察制度是具有中国特色的、前所未有的监狱检察制度。

"派驻 + 巡回"是以问题为导向的监狱检察新模式。④ 但是，这一方案在方式上没有将巡视检察纳入整体协调的范围，在对象上仅限于监狱而没有将看守所和监视居住机构纳入监督范围，仍然是缺乏系统化设计的改革方案。

二、监所检察改革的系统性缺陷

现行的监所检察制度体系中巡回检察、巡视检察出现了功能重合，它们与派驻检察的关系也出现了不协调，需要我们进行全面审视。

（一）巡视检察与巡回检察功能重合

通过对巡视检察和巡回检察功能的考察，我们可以发现，二者在预设功能上的差别是：巡视检察是上级对下级检察机关及其监督的监所的监督，与纪委监委巡视中以上对下的性质相似，目的是发挥检察一体化中上下级检察机关之间的领导与监督功能来实现监所检察职能；巡回检察是一个检察机关内部执行检察机构本部对派驻检察机构及其监督对象的监督，目的是各个检察院防止本单位派驻检察机构因长驻而因熟生腐、因熟生懒的问题。但是，二者的改革没有同步进行，使巡回检察和巡视检察两种制度出现了功能重合的问题。

---

① 陈卫东：《羁押场所巡视制度研究报告》，《法学研究》2009 第 6 期，第 6 - 30 页。
② 高一飞等著：《狱务公开基本原理》，中国检察出版社 2017 年版，第 151 页。
③ 《中国共产党巡视工作条例》第三十二条："巡视进驻、反馈、整改等情况，应当以适当方式公开，接受党员、干部和人民群众监督。"
④ 李奋飞：《监狱巡回检察：完善制度设计激发监督活力》，《检察日报》2019 年 3 月 25 日，第 3 版。

一方面，巡回检察中已经存在上级对下级的巡视检察功能。2018 年《规定》第十四条规定："省级人民检察院可以统一抽调本地区检察人员组成巡回检察组开展交叉巡回检察。交叉巡回检察组主办检察官由省级或者设区的市级人民检察院负责刑事执行检察工作的检察官担任。"而 2018 年《规定》第六条又规定"巡回检察组主办检察官一般由本院负责刑事执行检察工作的检察官担任"，组成人员还包括本院以外的"省级或者设区的市级人民检察院负责刑事执行检察工作的检察官"，即上级检察院的检察官、组织形式和功能都与巡视检察相同。

另一方面，巡视检察也具有同级检察院巡回检察的功能。2012 年《意见》第六条规定："巡视检察组成员由本级人民检察院监所检察部门工作人员组成，可以视情况邀请检察技术部门工作人员或者抽调下级人民检察院监所检察部门工作人员参加。"当下级人民检察院监所检察部门工作人员参加时，他们检察的对象是同级执行刑罚机构和执行检察的同事，与巡回检察的功能完全相同。两种流动性检察制度，人员重合、功能重合，已经完全没有必要并存。

2015 年巡视检察改革以后，当时的主管领导提出：新的巡视检察是和巡回检察"二者有机结合基础上的创新发展"[1]，强调了改革后的巡视检察具有巡回检察和巡视检察的双重特征和有机结合。既然巡视检察和巡回检察二者要有机结合，二者的结构调整是必然趋势。随着 2018 年《人民检察院组织法》的修订，以派驻检察为主的监所检察形式，逐渐过渡到巡回与派驻相结合的模式。[2] 巡视检察这一重要的监所检察制度在实践中已经不再实际执行。

（二）巡回检察出现了不同适用规则

2018 年改革的主要依据是《人民检察院监狱巡回检察规定》，将巡回检察的对象从 2015 年的监管场所、指定居所监视居住场所和社区矫正活动缩小到了监狱。因为 2018 年《规定》只涉及了监狱巡回检察，这就意味着关于监狱以外的巡回检察规范仍然有效。[3] 这就导致了两类巡回检察并存，监狱巡回检察和其他巡回检察适用不同规则的混乱局面。对监狱以外的监管场所（看守所）、指定居所监视居住场所和社区矫正活动仍然适用 2015 年《决定》，而对监狱巡回检察适用 2018 年《规定》，形成了适用上的双重标准。

---

① 袁其国：《我国刑事执行检察的回顾与展望》，《人民检察》2016 年第 Z1 期，第 99 页。
② 向德超：《实行巡回检察是检察方式的重大变革》，《检察日报》2019 年 1 月 22 日，第 3 版。
③ 《人民检察院监狱巡回检察规定》第三十条规定："最高人民检察院之前发布的《人民检察院监狱检察办法》等有关规定与本规定不一致的，以本规定为准。"

第一，新巡回检察制度不适用于看守所。看守所与监狱在通俗意义上和国际规则、域外立法中，都是广义的监狱，在国际规则中，适用同等的监管标准和人权标准。国际准则将犯罪嫌疑人和被告人统称为"囚犯"，实行人权标准平等化和一元化。《联合国囚犯待遇最低限度标准规则》序言指出："规则第一部分规定监所的一般管理，适用于各类囚犯，无论刑事犯或民事犯，未经审讯或已经判罪，包括法官下令采取'保安措施'或改造措施的囚犯。"从国际社会的实际情况来看，各国虽然对未决囚犯和已决囚犯分开关押，但是都关押于监狱，看守所与监狱应当实现人权标准一元化。① 长期以来，我国无论是从规范性文件还是司法实践来看，对看守所和监狱的监督都是采用一种模式。2018 年修订的《人民检察院组织法》第十七条也规定对监狱、看守所进行巡回检察，同等对待监狱和看守所。从检察机关的实践来看，各地直接根据修订后的《人民检察院组织法》对看守所适用巡回检察。② 新巡回检察制度改革措施将监狱检察监督和看守所检察监督实行双重标准，改革文件取名为《监狱巡回检察规定》，而不是《监所巡回检察规定》，其系统性值得反思。

第二，同样的疑问也适用于对指定居所监视居住场所和社区矫正活动的检察监督。指定居所监视居住场所和社区矫正活动都是近年来产生的新的执法活动，对其监督已经成为检察监督的弱项。2015 年《决定》要求巡回检察适用于监管场所、指定居所监视居住场所和社区矫正活动，2018 年《规定》所确立的巡回检察监督形式却只适用于监狱，两个文件出现了明显的矛盾。

多种监所检察形式并存会导致执行检察部门司法责任制落实困难。在人民检察院员额制改革的背景之下，一个检察院的执行检察部门人数不多，却同时承担多种执行检察职能。在此种顶层设计中，监所检察监督被分割成了多种内容相似、功能相同的不同条块，导致人员组成形式多样，办案人员可能扮演多种角色。以上情况一方面会导致执行监督职能膨胀，加剧人案矛盾；另一方面，由于力量分散、重复劳动多，一个派驻检察官，今天是巡回检察人员的监督对象，明天监督与被监督者的地位就可能因为轮岗而对调，最终导致办案责任制难以落实。

（三）同级巡回检察难以实现"破熟"初衷

建立新巡回检察制度的根本原因和目的是解决派驻检察制度中监督者与被监

---

① 高一飞：《人权保障视野下的看守所立法建议》，《中国法律评论》2014 年第 4 期，第 227 页。
② 鲁常山：《坚守共赢理念做实巡回检察》，《检察日报》2019 年 1 月 20 日，第 3 版。

督者相互熟悉产生的问题，实践中简称"破熟"。最高人民检察院认为，派驻的检察人员与被监督对象容易形成熟人关系，产生"因熟生腐、因熟生懒、见怪不怪"的问题。派驻检察人员熟悉监狱工作情况"会出现对监狱存在的问题熟视无睹的现象"。① 改革者认为监督者与被监督者长期在一起工作，会形成利益共同体和心理疲惫，弱化监督制约。

学者们也具体论证了"破熟"问题。学者认为，派驻检察室，在办公场所等物质条件上、工作开展上依赖于监狱，监狱检察人员与监管人员形成了一个互相熟识、利益相关的生态圈。② 还有学者将派驻检察的弊端概括为三个方面：一是"同化"问题。监督与被监督关系密切，形成利益共同体，弱化了检察监督。二是派驻检察人员"画地为牢"的问题。由于派驻检察人员长期独立于本部，不愿让所派检察院插手管理。三是驻检察人员消极懈怠、工作滞后。由于远离院部，派驻检察室对自己的工作要求不严。③ 可见，学者们对因熟生腐、因熟生懒的问题也深感忧虑。

但是，从实践运行的情况来看，巡回检察达不到"破熟"的目的。难以实现上述目的的根本原因在于在检察机关整体员额的限制之下，检察机关执行检察部门人员太少。如青海省海南州检察院，内设刑事执行检察处，辖区内五县检察院均未设置刑事执行检察机构，由本院内设侦查监督科兼职履行刑事执行检察职责。全州履行刑事执行检察工作职责的干警有 10 名，其中，海南州院 4 名、共和县院 2 名、贵德县院 1 名、贵南县院 1 名、同德县院 1 名、兴海县院 1 名。④ 四川全省执检系统入额检察官共 341 名，除去省检察院 10 名以及市级检察院（包括派出院）115 名员额，每个基层刑事执行检察部门平均仅有 1.12 名入额检察官。⑤ 执行检察中，仅派驻检察职能就需要 1 名专门检察官负责，导致除派驻检察以外的执行检察业务没有专门检察官负责。

从现实情况来看，由于执行监督部门人员数量很少，同属一个部门的派驻检

---

① 侯亚辉：《以求极致标准深入推进巡回检察工作》，《检察日报》2020 年 3 月 30 日，第 3 版。
② 李奋飞、王怡然：《监狱检察的三种模式》，《国家检察官学院学报》2019 年第 3 期，第 100 – 115 页。
③ 李雅新：《检察机关巡回派驻检察制度初探》，《中国检察官》2018 年第 11 期，第 4 页。
④ 海南州检察院监所检察处：《海南州检察机关刑事执行检察部门机构和队伍建设情况的调研报告》，《青海检察》2017 年第 3 期，第 29 – 30 页。
⑤ 林红宇、郑粉粉：《论司法改革对刑事执行检察部门机构和队伍建设的影响及对策研究——以四川省检察机关为例》，《中国检察官》2018 年第 17 期，第 64 页。

察人员和巡回检察人员与监狱都存在长期的工作联系；而一年一次的内部轮换①，导致巡回检察组的人员往往是过去在监狱的派驻检察人员，"破熟"最终无法达成。

从理论逻辑来看，"因熟生腐、因熟生懒"是一个想当然的推论，按此逻辑，检察机关的批捕、公诉部门（现在已经实行"捕诉合一"，二者是一个部门）与公安机关是很好的协作关系，长期进行警检协调，也成了熟人。按照前述"破熟"逻辑，检察机关对公安机关的监督也成了摆设，检察机关通过批捕和公诉对公安机关进行侦查监督这一重大制度安排也可能需要重新调整。

总之，现行"派驻＋巡回"的监所检察模式让检察院执行监督部门有限的几个检察人员轮流担任巡回人员和派驻人员几个角色，脱离现实、违背司法规律，只能导致形式主义、无效监督。

（四）派驻检察受到不应有的弱化

2018年《规定》在保留派驻检察的基础上，对派驻检察制度作了改革，导致了派驻检察面临名存实亡的现实问题。

其一，从"检察室应当配备不少于一名检察人员"的要求来看，只要有检察室，就不可能一名检察人员都没有，所谓"不少于一人"这一看似立法技术和语法逻辑上存在问题的表述，其意图是要在原来派驻检察室中精减人员以调整到新设立的巡回检察机构，其真正的含义是指"一名检察人员也就够了"。

其二，从"派驻监狱检察室检察人员在检察室工作时间每周不少于两个工作日"要求来看，相对于原来的派驻检察人员在法定工作日一般在派驻检察机构工作的做法，实际上降低了工作日要求。派驻检察人员需要同时身兼其他职责，即派驻检察官一周可以只在派驻检察室工作两个工作日，其他的时间还要承担包括巡回检察在内的其他任务。2018年《规定》只适用于监狱，监狱一般比看守所的规模还要大，派驻监狱的检察人员只有一人的前提下，难以完成《规定》所提到的派驻检察任务②，一个人留守的派驻检察人员其实仅仅是一个联络人而已。

2018年《规定》所确立的派驻检察改革方案是"派驻取代巡回"改革失败后，以"派驻＋巡回"之名行"派驻取代巡回"之实，是在"派驻取代巡回"改革遭到各地抵制之后，从实质上弱化派驻检察制度，即取消不成，则予弱化。改

---

① 《人民检察院监狱巡回检察规定》第八条规定："派驻监狱检察室检察人员在检察室工作时间每周不少于两个工作日，每年应当轮换一次。"
② 《人民检察院监狱巡回检察规定》第八条。

革设计者对派驻检察的重视不够，对巡回检察期望过高。

三、监所检察改革的系统化方案

如何实现监所检察的科学化、系统化，存在六种学术观点。第一种观点为确立派驻检察为主、巡回检察为辅的模式。① 第二种观点认为，应当确立巡回检察为主，派驻检察为辅的模式。② 第三种观点认为，应当确立派驻检察与巡回检察并重的模式。③ 第四种观点为，应当确立完全形态的巡回检察模式，即最高人民检察院最初设想的"巡回取代派驻"的模式。④ 第五种观点是很特殊的"巡回派驻检察模式"，即"由入额的检察官为主体搭配检察官办案组，轮流对各监管单位进行派驻检察"⑤。这种观点的本质是以派驻代替巡回，但派驻的检察官在各监管单位之间进行轮岗流动。第六种观点认为，应当建立派驻、巡回、巡视检察三级一体的模式，⑥ 即派驻检察、巡回检察、巡视检察并行，但三种检察形式由三级不同的检察机关分别承担，第一级为基层检察院，只承担派驻检察职能；第二级为检察分院（市、自治州级），只承担对基层检察院的巡回检察职能，巡回检察上提一级；第三级为省级检察院，只承担巡视检察职能。

前述前五种观点最大的问题是，只讨论巡回检察和派驻检察之间的关系，不涉及两种流动性检察之间的关系调整，存在严重缺陷。笔者基本同意第六种观点中对巡回检察与巡视检察纳入流动性检察通盘考虑的思维方法。但这种观点主张地市级检察院设置巡回检察职能、省级检察院设计巡视检察职能，对巡回检察与巡视检察的功能重复问题没有引起重视。因为巡回检察上提一级以后，其本质就与巡视检察没有区别了，没有必要再保留巡视检察制度。

本书提出的监所检察系统化方案是：保留和加强派驻检察，合并巡回检察和巡视检察，统称为"巡回检察"，实行巡回检察上提一级。具体方案和理由如下：

---

① 白泉民：《监狱改革背景下中国监狱检察制度的改革与完善》，《中国刑事法杂志》2009 年第 8 期，第 98 页。

② 陈波、张文峰、刘利平：《以国家审计为视野重构监所检察监督模式》，《四川警察学院学报》2012 年第 5 期，第 12 页。

③ 耿光明：《论我国检察权在刑事执行过程中的配置》，《法治研究》2007 年第 10 期，第 24 页。

④ 刘家华：《我国监狱巡回检察改革路径选择与制度构建》，《黑龙江省政法管理干部学院学报》2019 年第 1 期，第 133 – 136 页。

⑤ 李雅新：《检察机关巡回派驻检察制度初探》，《中国检察官》2018 年第 11 期，第 3 – 6 页。

⑥ 祝黎明、冯琦媛：《派驻、巡回、巡视检察三级一体——对监管机关检察方式的创新设想》，载上海市法学会编：《上海法学研究》集刊 2019 年第 7 卷，第 111 – 118 页。

（一）保留和加强各级派驻检察

我国派驻检察制度优势明显，也存在一些问题，但这是改革中的问题。"我国检察机关创造性地采取了将检察机关的监所检察部门派驻到监狱内部的方式"①，派驻检察具有"全程性、亲历性、及时性"②的特征，设置派驻检察的初衷是实现监督的"即时性和便利性"。③ 同步、即时的检察监督是暂时、非同步的其他监督形式无法代替的。其优势可以概括为三个方面：同步性、专业性、全面性。

从同步性来看，派驻检察的特点是在监管场所设置派驻机构，派驻检察人员日常工作均在监管场所进行。通过每日深入学习、劳动和生活的三个场所和活动区域（即"三大现场"）例行检察、会见检察、出入监所检察、档案查阅、情况征询等形式，确保监督范围的全面性，从而对刑罚执行进行全程监督。

从专业性来看，对监所的人大监督、社会监督、媒体监督等虽然也能发挥其特有的作用，但严格来说都是外行人的监督。而检察机关和监管机构都是政法机关，检察监督是深入内部的同步专业监督。非专业的监督表面上很客观、公正，但并不严格，与媒体对司法的监督一样，批评可以是尖锐、大胆的，但往往又是情绪化、表面化的。而检察监督是内行对内行、专业对专业的监督。

从全面性来看，派驻检察监督内容广泛。2015年《决定》提出对刑事执行检察部门办理的减刑假释暂予监外执行监督、羁押必要性审查、查办职务犯罪、被监管人死亡检察等案件，都纳入检察机关统一业务应用系统。2018年《规定》在第八条仍然规定了七大工作内容，复杂的工作内容体现了监督的全面性，也可以证明其工作内容不能用流动性检察形式替代，需要派驻检察人员才能完成。如监狱日常的计分考核工作和监狱会议的列席，都不可能等待巡回检察人员的定期来访日进行，只有常驻人员才能完成。

派驻检察制度，是历史与经验的产物。"派驻检察是我们国家有别于世界其他任何国家的一项独具特色的刑事执行检察监督方法。"④ 监狱社会巡视制度是西方国家监狱监督最主要的法定监督形式，其优点是向全社会开放，其缺点是走马观花式的监督缺乏专业性。⑤ 而中国派驻检察制度的特点是用公权力监督另一种公权

---

① 李奋飞、王怡然：《监狱检察的三种模式》，《国家检察官学院学报》2019年第3期，第101页。

② 祝黎明、冯琦媛：《派驻、巡回、巡视检察三级一体——对监管机关检察方式的创新设想》，载上海市法学会编：《上海法学研究》2019年第7卷，第112页。

③ 李奋飞、王怡然：《监狱检察的三种模式》，《国家检察官学院学报》2019年第3期，第100-115页。

④ 李雅新：《检察机关巡回派驻检察制度初探》，《中国检察官》2018年第11期，第3-6页。

⑤ 高一飞等著：《狱务公开基本原理》，中国检察出版社2017年版，第151页。

力,因而具有程序性、强制性,是司法机关内部制约监督机制的创举,也具有西方国家对监狱进行的社会监督所不具有的特殊作用。

派驻检察至今走过了 70 多年的历程,是行得通、真管用、有效率的制度。在监所这样一个封闭的地方,只有派驻检察制度才能做到让执法者在监管囚犯的同时,自己也受到监督;只有同步监督,才能让囚犯人权保障中的问题得到及时发现。同步、专业的派驻检察监督,与西方国家对监狱的社会监督方式相比,具有特殊的优势,是中国特色社会主义检察制度的产物,是囚犯人权保障制度的中国方案,我们应当坚持和完善这一制度。

前述第六种观点虽然主张保留派驻检察组织,但提出只在基层检察机关设置派驻检察机构。① 这种设想不符合现实要求,理由很简单,监所的级别存在各种层次,需要同级别的检察机关进行派驻监督。首先,最高人民检察院有必要设立派驻检察机构。最高人民检察院第五检察厅还设有驻公安部秦城监狱检察室和驻司法部燕城监狱检察室②,因为监狱分属公安部和司法部两个中央最高司法机关,只有最高人民检察院才能进行监督。其次,省一级检察机关也有必要设立派驻检察室。因为省一级司法厅有自己管理的监狱,省一级公安厅也有自己的看守所。最后,地市一级检察机关也需要设立派驻检察机构。有些地方如成都市,已经取消了基层公安机关的看守所职能,统一设立成都市看守所,这种情况下,由某一个基层检察院进行派驻监督,级别上不对应。基于以上理由,由基层检察院承担对所有监所的派驻检察工作,显然是不合适的,各级检察机关都应当设立派驻检察机构。

综上所述,我们不仅要保留派驻检察,反对"巡回取代派驻",还要保留各级检察机关的派驻检察机构,承担对同级别监所的检察监督职能。

(二)巡回检察上提一级

上提一级后的巡回检察只在市级以及分院以上的检察机关设立巡回检察机构,基层检察院只有派驻检察职能,不再有巡回检察职能,即以"上级巡回 + 本级派驻"的方式进行监所监督。

上提一级的巡回检察形成了以上对下的监督模式。巡回检察上提一级以后,与过去的巡视检察相似,只负责对下级检察机关的监所检察对象和监所检察工作

---

① 祝黎明、冯琦媛:《派驻、巡回、巡视检察三级一体——对监管机关检察方式的创新设想》,载上海市法学会编:《上海法学研究》2019 年第 7 卷,第 111 - 118 页。

② 孟亚旭:《捕诉合一 最高检内设机构全新亮相》,《北京青年报》2019 年 1 月 4 日,第 A08 版。

进行巡回检察，具有指向的对下性。巡回检察针对的下级，可以是下一级，也可以是任何下级，根据需要，最高人民检察院可以对基层监所及其同级派驻检察机构进行巡回检察。基层检察院不承担巡回检察职能。

巡回检察上提一级符合效率原则。巡回检察上提一级后，巡回检察不再是同级的一对一形式，而是以点对面的形式，节约了司法资源。"巡回"一词最早来源于英国上诉法院的巡回法院，它是由法官临时组成的巡回法庭到各地去处理国王收到的对各地基层法院的投诉，后来，交通不便时代的美国联邦大法官坐着马车巡回全国接待上诉。① 从司法史上"巡回"一词的习惯用法来看，它是以上对下、一个机构对多个机构的流动性监督。同级巡回检察只是本院执行机构对刑罚执行和本院派驻检察机构的监督，工作内容上与派驻检察具有重复性，而且是一对一的；而上提一级的巡回检察组织无论是对刑罚执行的监督，还是对派驻检察工作的监督，都不存在内容上的重复性。基层法院监所检察机构人员少，承担派驻检察与巡回检察双重职能，易导致出现人案矛盾问题。在市级以上检察机关设立巡回检察机构，对所辖的下级检察机关的监所检察工作进行流动监督，避免了一对一的本级巡回检察制度所带来的人案矛盾问题。

巡回检察上提一级，可以体现权威性和中立性。现行巡回检察制度实施程序的特点是，巡回检察要监督刑罚执行机构，也监督本院派驻检察机构对监狱的监督情况，要完成这样的重大使命，权威性和中立性都不够。巡回检察上提一级后，新设立的巡回检察是上级对下级的检察机关及其监督对象的监督。与本院同事组成的巡回检察组织不同，上级的权威能够使下级监管机构引起更高程度的重视，巡回检察组织发现问题也可以直接向监管机构的上级主管机构反映情况；从对派驻检察人员的监督而言，对其进行巡回检察的不再是本院的同事，而是上级检察院的领导。这两个方面都体现了上提一级的巡回检察更有权威性和中立性。

（三）巡视检察并入巡回检察

上提一级的巡回检察应当完全合并巡视检察。巡视检察是与巡回检察一样的专门针对监狱等监所检察进行的上级巡视制度，巡视检察和巡回检察除了形式不一样，监督的目的和对象完全相同。巡视检察从监所检察形式中淡出是历史必然。合并后的巡回检察需要吸收巡视检察的功能，建立以下机制：

第一，扩大适用范围。巡回检察不仅要对监狱实行巡回检察，而且要将看守

---

① 傅郁林：《最高人民法院巡回法庭的职能定位与权威形成》，《中国法律评论》2014 年第 4 期，第 210 页。

所纳入巡回检察范围。此外，还要把社区矫正、财产刑执行等所有执行检察工作纳入巡回检察范围。新的巡回检察工作的适用范围仍然包括下级人民检察院负责监督的所有刑事执行活动和下级人民检察院自身的刑事执行监督工作。

第二，实现全面覆盖。对所有的监管场所和执行活动每年都要进行巡回检察。新设计的巡回检察，吸收原来同级巡回检察的优点，不再是抽样检察，而是全面检察，可将之设计为每年应当对所有检察对象进行四次（一季度一次）以上巡回检察。

第三，优化具体监督方式。2018 年巡回检察设置了常规巡回检察、专门巡回检察、机动巡回检察、交叉巡回检察四种方式，样式繁多、内容重叠，如专门巡回检察、机动巡回检察就存在内容重复的问题。其实，我们完全可以学习中国共产党巡视制度的做法，① 在常规巡视之外，设置专项巡视。新设计的巡回检察只有两种形式：常规巡回检察和专项巡回检察。在每年一定次数的常规巡回检察之外，上级检察机关可以针对发现的专门问题进行专项巡回检察。

结语

我们建议的监所检察系统化改革方案，是在充分肯定派驻检察与流动性检察的改革成果的前提下，尊重检察职能和员额制的现实基础上提出的系统性、整体性改革方案。执行检察工作只是检察工作十大业务之一，检察人员编制整体有限，监所检察只有进行系统化改革时，才能协调整合监所检察各种形式和监督力量，实现监督质量和效率的全面提升。

在劳教场所撤除后，目前我国有 3476 个监狱和看守所② 需要进行检察监督，在派驻检察不能弱化、执行检察人员有限的前提下，巡回检察上提一级并合并巡视检察之后，虽然整合了一些力量和资源，但全部执行检察工作仍然面临很多问题。

巡回检察上提一级以后，市级以上人民检察院执行监督部门应当设立巡回检察办公室，负责巡回检察组的人员安排、工作部署、工作总结、数据统计和巡回检察报告和统计数据的发布。派驻检察要改革派驻机构的工作方式，通过智慧检察完善派驻检察监督方式、加强与检察院本部的联系，同时全面接受本部的领导、

---

① 《中国共产党巡视工作条例》第十六条规定："派出巡视组的党组织可以根据工作需要，针对所辖地方、部门、企事业单位的重点人、重点事、重点问题或者巡视整改情况，开展机动灵活的专项巡视。"
② 袁其国：《我国刑事执行检察的回顾与展望》，《人民检察》2016 年第 Z1 期，第 99 页。

上级巡回检察机构的监督。

我们建议，可对《看守所法（公开征求意见稿）》第一百一十条进行如下修改：

第一百一十条　【法律监督方式与内容】

人民检察院根据检察工作需要，可以在看守所设立检察室，行使派出它的人民检察院的部分职权，也可以对上述场所进行巡回检察。巡回检察包括常规巡回检察和专项巡回检察。

人民检察院应当对看守所的以下执法活动进行法律监督，发现看守所有违法情形的，应当提出纠正意见：

（一）收押、换押；

（二）羁押犯罪嫌疑人、被告人；

（三）安排讯问、提解、律师会见；

（四）使用警械、戒具和武器；

（五）执行判决、裁定；

（六）执行刑罚；

（七）释放、交付执行；

（八）其他执法活动。

第六章
对看守所的社会巡视制度

2002 年，联合国通过了《〈禁止酷刑和其他残忍、不人道或有辱人格的待遇或处罚公约〉任择议定书》（下文统一简称为《禁止酷刑公约任择议定书》），该议定书建议缔约国建立独立的羁押场所巡视制度。其第十七条要求："每个缔约国最迟在本议定书生效或其批准或加入一年后应保持、指定或设立一个或多个独立的国家预防机制，负责在本国一级预防酷刑。本议定书的目的为，在符合议定书规定的前提下，可将中央一级以下的单位设立的机制指定为国家预防机制。"第十八条第一款要求："缔约国应保证国家预防机制职能的独立性及其工作人员的独立性。"

各签署国对羁押场所独立巡视制度的构建，起先着眼于未决羁押场所，目的在于防止刑讯逼供，经过十多年的发展，域外多国已将已决羁押场所纳入巡视范围，对监狱权力也进行监督。2015 年 10 月，修订后的《联合国囚犯待遇最低限度标准规则》出台，以正式文本确认对羁押场所实行独立巡视制度，这一规则将给世界范围内的被羁押者基本人权保障以及羁押监督体制改革注入新动力。各签署国在运行和完善羁押独立巡视制度时，也充分考量了社会性独立力量对于预防酷刑、监督封闭场所权力运行、保护被羁押者基本人权的重要价值和意义，由业外人士对包括监狱在内的羁押场所进行的独立的外部巡视均已收到良好成效。

在我国，对包括看守所在内的羁押场所进行监督，同样包括官方监督和社会性力量监督，但我国对于社会力量监督羁押场所制度的构建和实践，离《联合国囚犯待遇最低限度标准规则》的要求还有一定距离。

一、对羁押场所独立巡视制度的主要国际规则

鉴于监管单位的特殊性质，其高墙、电网、沉重的铁门等监管设施将被羁押者与外部社会隔离起来。在这种极度封闭的环境中，如果没有监督，就很容易滋

生各种违法行为。监管场所及其工作人员与被羁押者之间存在着特殊的管理与被管理的关系，监管执法权力容易异化与被滥用，被羁押者的权利容易受到来自监管单位、监管人员以及其他被羁押者的侵犯。因此，被羁押者待遇与监所管理受到国际上的普遍关注，虽然相关国际公约所立足的角度不尽相同，但均要求有独立的监督体制对监所进行监督、对被羁押者合法权益进行保障，这就是羁押独立巡视制度。

（一）通过独立巡视发挥遏制酷刑的作用

进入文明时代后，人类对其所享有自然权利的思考从未停止过。《联合国宪章》认为人类大家庭一切成员具有平等与不可剥夺的权利是世界自由、公正与和平的基础，上述权利源于人的固有尊严。《联合国宪章》第五十五条规定："各国有义务促进对人权和基本自由的普遍尊重和遵守。"1948 年通过的《世界人权宣言》以及 1966 年通过的《公民权利和政治权利国际公约》都规定，对任何人不得"施以酷刑，或施以残忍的，不人道的或侮辱性的待遇或刑罚"；1955 年的《联合国囚犯待遇最低限度标准规则》和 1979 年的《执法人员守则》同样也禁止酷刑和其他残忍的待遇。

1984 年 12 月 10 日，联合国大会通过《禁止酷刑和其他残忍、不人道或有辱人格的待遇或处罚公约》（Convention against Torture and Other Cruel, In human or Degrading Treatment or Punishment）（以下中文简称为《禁止酷刑公约》，英文简称为"CAT"），并于 1987 年 6 月 26 日正式生效，成为国际社会第一个专门针对酷刑及其他残忍、不人道或有辱人格的待遇或处罚的具有法律约束力的文件。[①] 我国也签署了该公约，并于 1988 年 10 月 4 日向联合国交存批准书，同年 11 月 3 日《禁止酷刑公约》对我国生效。值得一提的是，基于防止他国以我国人权问题为借口干涉我国内政，中国政府在签署该公约时做出两项保留并在批准时加以确认：第一，中国政府不承认公约第二十条规定的禁止酷刑委员会的权力；第二，中国政府不受公约第三十条第一款的约束。也就是说，中国政府不接受《禁止酷刑公约》规定的调查制度和有关公约解释或适用的争端通过提交仲裁或国际法院解决的处理方式。

2002 年 12 月 18 日联合国大会通过《禁止酷刑公约任择议定书》，它是《禁止酷刑公约》的专门性补充法律文件，旨在建立一个由独立的国际机构和国家机构对存在被剥夺自由者的地点进行定期查访的制度。该议定书于 2006 年 6 月 22 日生

---

① 徐爽、江婉：《〈禁止酷刑公约〉："法制文明进步的一个标尺"》，《人权》2016 年第 1 期，第 142 页。

效，截至 2022 年 12 月 31 日，已有 91 个国家批准加入《禁止酷刑公约任择议定书》，有 13 个国家已经签署但还未批准加入，而我国未签署也未批准加入该议定书。① 《禁止酷刑公约任择议定书》倡导，在全球范围内建立对剥夺自由的羁押场所开展的国际与国内巡视机制。② 其中，国际巡视机制是指在联合国反酷刑委员会成立一个分支机构，由 25 名来自缔约国的代表组成，对缔约国的羁押场所进行定期巡视。而国内巡视机制是指通过设立国内查访被剥夺自由者地点的机构（即国家预防机构，National Preventive Mechanism，简称 NPM），由其人员对羁押场所进行定期或不定期的独立巡视，巡视人员通过巡视羁押场所的羁押条件、查验羁押记录、与被羁押者进行单独访谈，以确认被羁押者是否受到人道待遇、羁押是否符合法定条件与程序、被羁押者的法定权利是否得到有效保护的一项监督和检查制度。国内巡视机制是各缔约国建立的符合各自国情的巡视体系。不论巡视制度的表现形式如何，一些核心性的、原则性的评价标准已在《禁止酷刑公约任择议定书》中得到确认：（1）巡视的对象应当包括所有限制、剥夺人身自由的场所，不论这些场所的名称如何。（2）巡视应当定期进行，巡视人员有权知悉与剥夺自由有关的各种信息，比如某一羁押场所的关押量、在押人员所受待遇、羁押的条件等；巡视人员有权进入羁押场所内的所有地点进行查看，有机会与任何自己选定的在押人员进行秘密交流。（3）从功能发挥上，羁押巡视机构应当独立于羁押场所，具备专业知识与能力开展巡视，并且需要足够的资源支持巡视制度的开展。

（二）通过独立巡视保护被羁押者基本权利

1955 年 8 月 22 日至 9 月 3 日在日内瓦举行的第一届联合国预防犯罪和罪犯待遇大会上通过了《联合国囚犯待遇最低限度标准规则》。③ 该规则是联合国制定的关于保护囚犯基本权利的重要法律文件之一，同时也是联合国关于被羁押者人权问题最系统和最详尽的法律文件。虽然该规则不具有法律约束力，但自《联合国囚犯待遇最低限度标准规则》通过以来，国际社会一直将其作为构建刑事司法和刑罚体系的指导文件。

为满足现代监所管理和被羁押者人权保障的需要，联合国对《联合国囚犯待

---

① 数据来源：https://indicators.ohchr.org/，访问日期：2021 年 11 月 3 日。
② 《禁止酷刑公约任择议定书》第一条明确规定："建立一个由独立国际机构和国家机构对存在被剥夺自由者的地点进行定期查访的制度，以防范酷刑和其他残忍、不人道或有辱人格的待遇或处罚。"
③ 《联合国囚犯待遇最低限度标准规则》由经济及社会理事会以 1957 年 7 月 31 日第 633C（XXIV）号决议核准。1977 年 5 月 13 日经济及社会理事会第 2076（LXII）号决议予以修订，增加了 E 节 "未经起诉而被逮捕或被监禁的人员"。因此，需要特别注意的是，涉及社会独立巡视制度的规则详见于《联合国囚犯待遇最低限度标准规则》，该规则中囚犯，既包括已决犯，也包括未决犯。

遇最低限度标准规则》进行了修改。2015 年 3 月 2 日至 5 日，《联合国囚犯待遇最低限度标准规则》第四次政府间专家会议在南非开普敦召开；5 月 22 日，联合国预防犯罪和刑事司法委员会在维也纳通过了修订后的规则文本；10 月 7 日，《联合国囚犯待遇最低限度标准规则》正式出台。我国也派代表出席了该会议。该规则又名《曼德拉规则》，以纪念南非前总统纳尔逊·曼德拉对人权事业做出的伟大贡献。整个规则的框架结构和内容均围绕尊重和保护被羁押者基本人权展开，所有规则的设定均在于如何规范监所管理活动、保障被羁押者基本权益以及构建富有成效的监所监督体制。

《曼德拉规则》第八十三、八十四、八十五条规定了监狱双重定期巡视监督机制。第八十三条规定："应有一种双重系统，定期对监狱和惩教院所进行检查：（a）中央监狱管理部门进行的内部检查或行政检查；（b）独立于监狱管理部门的机构（可包括国际或区域主管机构）进行的外部检查。"无论为哪种监督方式，检查目的均在于确保监狱管理符合现行法律法规、政策和程序，监狱管理始终围绕"改造矫正"这一中心任务展开，保护囚犯的正当权利。相较于原规则中"主管当局所派富有经验的合格检查员应按期检查监所"[1] 的规定，《曼德拉规则》的这种内外双重监督机制更能满足监狱管理和囚犯人权保障的需要。事实上，这一点吸收和采纳了《禁止酷刑公约任择议定书》的相关观点和实践。截至 2021 年底，《禁止酷刑公约任择议定书》的缔约国有 91 个，签署国 13 个，至少已有 64 个国家实际运行了议定书所倡导的国家预防机制。[2]《曼德拉规则》对外部监督检查的规定事实上吸收了这些国家的有益经验。诸如，巡视员可以了解所有囚犯和拘留场所及其位置的信息，也可以了解所有与囚犯待遇相关的信息，包括他们的记录以及关押条件；巡视员可以自由选择巡视哪所监狱，自由选择会见哪名囚犯，可以不经通知地对监狱进行突袭巡视；在访问过程中与囚犯和监狱工作人员进行完全保密的私下会见；可以对监狱管理部门和其他主管机关提出建议。

《曼德拉规则》认为，外部的巡视团队应由适格机关指派的合适且有经验的巡视员组成，其中应当包含医疗护理专业人士，出于性别平衡的考虑，也应当包含女性代表。巡视员每次巡视检查结束后，都应当向主管机关提交书面报告，在可以公开的情况下要将这份检查报告公之于众，当然，报告中一般不能显示囚犯的任何个人信息，除非得到囚犯的明确同意。在监狱巡视员进行检查时，囚犯可以

---

① 参见《联合国囚犯待遇最低限度标准规则》第五十五条。
② 查询网站：https：//indicators. ohchr. org/，访问日期：2021 年 6 月 18 日。

向其提出请求或申诉。囚犯应有机会与巡视员或其他巡视官进行没有监狱职员在场的自由的私密的交流。囚犯的上述权利也可以延展到他们的法律顾问。囚犯及其法律顾问若无行使上述权利的可能性，囚犯的家庭成员或者其他任何知道这一状况的人都可以代替囚犯行使上述权利。

（三）　国际规则影响下的英国社会巡视制度

截至 2021 年底，在 64 个已经实际运行了《禁止酷刑公约任择议定书》所倡导的国家预防机制的国家中，国家预防实施机构主要有两种确立方式：一是指定国内的一个或者数个机构作为该国的国家预防机构，以英国、新西兰为典型；二是新建一个或数个机构，如法国和德国。域外国家在实施国家预防机制时多少会吸收民间力量或智慧，如新西兰人权委员会作为新西兰国家预防机构之一，每年至少会与民间社会的代表召开两次圆桌会议，告知国家预防机构的角色和工作履职相关信息，讨论国家预防机构与民间团体的合作事项。[①] 另，英国、新西兰、法国和德国四国中，都建立了包括社会力量在内的统一官方机构进行独立巡视机构。[②] 上述国家中，英国的情况比较特殊，既存在官方独立巡视机构，又存在纯粹的民间独立巡视机构，基于本书的主题是研究社会独立巡视制度，我们只对英国的社会巡视进行介绍。

尽管英国的国家巡视机制是在《欧洲人权公约》及《禁止酷刑公约任择议定书》的影响下新近建立的，但英国巡视制度[③]的历史更为悠久，英国的平民巡视制度已经有两百多年的历史。英国于 2003 年 12 月 10 日正式签署《禁止酷刑公约任择议定书》，起初指定了 18 个机构作为国家预防机构的组织机构，至 2019 年，已有 21 个组织机构实际运行英国的国家巡视机制，分别对监狱、警察、法庭、海关、移民机构等领域进行巡视监督，且不同机构的巡视范围不一。

目前，英国实施的是更富有成效，制度建设更为健全，也更为契合《曼德拉规则》的内外双重独立巡视制度，在改进羁押状况、遏制酷刑以及囚犯伤亡事件的发生、促进警察文明执法取证等方面发挥了独特而显著的作用。双重独立巡视指的是巡视主体中，既有来自民间的力量，也有来自官方的力量，二者独立运行，并行不悖。其中，皇家监狱检察署代表官方进行巡视检查，独立监督委员会（the

---

① 文中信息来源：http://www.apt.ch/en/opcat_pages/opcat-situation-52/，访问日期：2021 年 11 月 3 日。

② 高一飞、李慧：《狱务公开的现状评估与完善建议》，《河北法学》2016 年第 6 期，第 55 页。

③ 英国部分的资料来自网站 http://www.apt.ch/en/opcat_pages/opcat-situation-33/。本书所称的英国监狱监督制度，仅限于英格兰和威尔士。英格兰和威尔士的监狱监督制度相同，而苏格兰和北爱尔兰则有各自特色的监狱监督制度。巡视监督从官方层面和平民监督者层面进行。

Independent Monitoring Board，简称为 IMB）作为社会巡视机构。在此，我们只介绍独立监督委员会的运行情况。

独立监督委员会是由社会普通民众组成的独立的社会巡视机构。在英国，有不少于 150 个独立监督委员会①，每个监狱都设有一个独立监督委员会。独立监督委员会由社会普通民众无偿志愿担任，并通过定期巡视相关羁押场所来履行自己的职责，其中英格兰和威尔士的独立监督委员会成员已超过 1850 名。一般来说，委员会成员的任期为 3 年，可以续任。

每个独立监督委员会因其所巡视领域规模和性质的不同，委员会组成人数也不同，约由 10 ~ 20 名成员组成，并由专人负责成员的培训工作。独立监督委员会的成员每月工作 2 ~ 3 天，当然这一时间也会受到当地监察委员会和所监察机构的规模、性质的影响。每个委员会都有经选举产生的主席和副主席，委员会成员定期开会，通常情况下每月一次。

独立监督委员会成员具有自愿性和独立性这两大特性。其一，独立监督委员会成员均是普通民众，他们自愿申请加入独立监督委员会，经过面试并通过安全审核后，由国务卿任命（2009 年以前由监狱部长或者移民部长任命）。其二，独立监督委员会与监狱不存在任何附属关系，其成员也必须独立于被巡视机构，不得与所巡视监狱存在任何潜在的利益关系，不得有亲友在所巡视的监狱服刑。

独立监督委员承担着巡视监狱行政管理、囚犯权利保护以及狱内待遇等情况的法定职责。通过对当地监狱的日常巡视，确保狱内囚犯享有适当标准的待遇。独立监督委员会的巡视范围非常广泛，一次典型的巡视涉及监狱食堂、工作车间、住宿区、娱乐休息区、医疗卫生、隔离等方面。独立监督委员会成员可以在任何时间且不受限制地访问当地监狱，包括查看监狱的所有内部记录。他们也可以任意地与任何囚犯或监狱职员交谈，可以要求监狱人员回避，不受监听监视。独立监督委员会至少每月巡视一次。一般情况下，须至少有一个成员每周访问一次，这种轮流探访的模式保证了监督的日常性与持续性。

在访问监狱期间，委员会成员可能会收到来自囚犯的"申请书"。囚犯对一些无法通过正常的内部渠道予以解决的问题或需要向委员会成员提出申诉，同时也可以要求与独立监督委员会成员进行私下、秘密的交流。这些问题通常包括对财产损失的担忧、家人或朋友的来访、特殊的宗教或文化的要求，甚至是严重的指控，如欺凌。在独立监督委员会收到的所有申请中，约五分之一涉及囚犯财产的

---

① 不仅限于拘留场所、监狱，移民派遣中心、一部分机场短期羁押场所也设有独立监督委员会。

损失或损坏。个人财产的丢失，如家庭信件和照片，会对囚犯的精神状态造成明显的影响。独立监督委员会可以就某些狱内情况要求监狱管理员或者国务卿予以关注。在多数情况下，独立监督委员会的工作会引起监狱方的关注，这些关注往往是积极、有益的，而且也有助于监狱获得上级以及社会的支持和帮助。因此，独立监督委员会的工作常常得到监狱负责人的支持和认可。

当发生狱内暴乱、死亡等严重情况时，监狱方通常会邀请独立监督委员会派员参加监狱的内部会议，委员会成员通常会应邀出席并观察这些情况的处理方式和处理结果。在单独监禁中，独立监督委员会也扮演着重要角色。监狱方欲对囚犯实施单独监禁时，需要通知独立监督委员会成员参加并邀请其发表意见。独立监督委员会须每年撰写一份年度报告，委员会成员作为一个整体在集体讨论的基础上提交年度报告。在 2009 年以前，年度报告须提交给监狱部长并公布在当地社区，监狱部长须对收到的每份年度报告进行回复和公开。2009 年，独立监督委员会被指定为国家预防机构的组成部分，须直接向国务卿提交年度报告，对所巡视机构的囚犯或被拘留者的待遇和条件进行概述。仅 2009—2010 年，独立监督委员会访问监狱和移民拘留设施约 50000 次，137 个委员会发布了年度报告。由于独立监督委员会属于公共机构，根据《信息自由法》，任何人有权获得包括中央政府部门在内的公共机构所掌握的信息，这就意味着市民可以向独立监督委员会提出信息公开的要求。

二、我国看守所社会巡视的现状和问题分析

在我国，媒体曝光的监所恶性死亡事件和监所发生的贪污腐败、渎职侵权等职务犯罪已然表明，对监所场所进行监督十分必要。2014 年，党的十八届四中全会明确提出："强化对行政权力的制约和监督""构建开放、动态、透明、便民的阳光司法机制"。事实上，羁押独立巡视制度在遏制酷刑、保障被羁押者基本人权和合法权益的同时，也有助于规范监所执法人员的监管行为，增强监所管理的科学化和规范化，帮助监所获得更多的社会认同与信任，也可以使长期以来处于高度封闭状态的监所变得更加开放、透明。

鉴于社会公众对封闭式羁押场所监管现状的普遍关注和担忧，以国家大力推行阳光司法机制为契机，借鉴域外羁押独立社会巡视制度的有益经验，结合我国司法实践，构建我国监所独立社会巡视制度应当被提上日程。

在我国，对于监所监管活动和被羁押者人权状况的社会巡视监督主要由检察机关和执法监督员进行。其中，检察机关作为法律监督机关对监所进行的巡视检

察代表官方监督，而执法监督员作为社会力量对监所进行监督代表社会监督。此外，检察机关在对监管场所刑事执行检察监督活动和监管活动进行监督时，也可邀请民间力量参与监督。

（一）看守所社会巡视制度发展与运行

看守所社会化监督始于 1998 年，在此之前的文件中未提及任何社会性监督，如 1990 年国务院颁布的《中华人民共和国看守所条例》中仅规定了看守所的监管活动受人民检察院的法律监督。

1997 年，中国共产党召开第十五次全国人民代表大会，明确提出完善民主监督制度、建立健全依法行使权力的制约机制。在此背景下，公安部决定建立聘请特邀监督员制度，并于 1998 年 7 月 22 日颁布了《公安部聘请特邀监督员办法》，将特邀监督员工作作为健全公安外部监督制约机制的重要动力。办法颁布的同时，公安部公布了第一批特邀监督员名单，其中全国人大代表 10 名，全国政协委员 7 名，中央国家机关、社会团体干部和新闻记者 14 名。特邀监督员的日常工作联系由公安部纪律检查委员会负责。由此，看守所社会化监督制度明确建立，对加强公安依法执法、促进公安依法履行职责起到了重要推动作用，并在实行过程中逐步得到完善。2003 年 4 月 27 日，公安部颁布了《公安部特邀监督员工作规定》，并同时宣布《公安部聘请特邀监督员办法》废止。

2009 年以来，公安部在全国范围内将看守所对社会实行开放，通过召开在押人员座谈会、召开律师座谈会、邀请新闻媒体采访、接待各界人士参观等多种方式，将看守所执法和管理置于公众监督之下。2010 年 4 月和 9 月，公安部邀请部分特邀监督员对江苏、浙江、湖北、广东、青海、甘肃等省看守所工作进行了检查。

2011 年 9 月 13 日，公安部制定了《看守所特邀监督员巡查监督工作规定》，建立特邀监督员巡查监督机制，特别是规定了特邀监督员在工作时间凭有效证件可以随时对看守所工作进行监督检查，可以与在押人员谈话，从而充分发挥特邀监督员作为独立第三方的社会监督作用，保障在押人员合法权益。2013 年全国看守所共聘请特邀监督员 10316 名。① 各地依据公安部文件规定结合当地情况制定详细工作规定。如 2015 年吉林省公安厅制定《吉林省公安厅特邀监督员工作规定》，由省公安厅聘请特邀监督员，对全省公安机关和公安民警执法执勤和遵纪守法情

---

① 《中华人民共和国执行〈禁止酷刑和其他残忍、不人道或有辱人格的待遇或处罚公约〉的第六次报告》，https://www.mfa.gov.cn/wjb_673085/zfxxgk_674865/gknrlb/tywj/tyqk/201507/t20150710_9277095.shtml，访问日期：2023 年 11 月 13 日。

况进行监督。聘请范围为各级人大代表、政协委员，各级国家行政机关有关部门工作人员，各民主党派人员及群众团体代表，各类媒体从业人员，其他社会界别和群众代表。

实践过程中，特邀监督员的巡视范围和流程基本一致，如2017年9月5日，静宁县看守所邀请5名特邀监督员到所开展巡查监督活动，5名特邀监督员在看守所领导的陪同下，实地查看了看守所接待大厅、会见区、执法办案区、医务室、监室、监控室、在押人员食堂等功能区域；通过个别谈话、查看资料等形式，了解了监管民警具体执法行为；在集体教育大厅，监督员与部分在押人员进行了面对面交谈，就看守所民警执法和在押人员伙食状况、权益保障等情况问题进行了询问。①

《看守所法（公开征求意见稿）》将对看守所的执法监督员巡查上升到立法层次。该意见稿第一百一十二至一百一十四条列明了三种必须开展的社会监督方式：其一，看守所应当主动公开有关办事程序和监督方式，接受社会监督；其二，看守所应当聘请执法监督员，建立执法监督员巡查制度；其三，看守所应当定期邀请人大代表、政协委员视察看守所，接受人大代表、政协委员监督。

（二）看守所社会巡视制度构建探索

除了前文所提的看守所对外开放措施及执法监督员巡查以外，2008年，学界和实务界开始探索构建符合国际准则要求的羁押独立巡视制度，并将辽源市看守所作为看守所社会巡视试点。吉林省辽源市人民检察院和辽源市公安局共同起草了《辽源市羁押场所巡视员制度操作规程》，将所设立的监督巡视员办公室作为巡视的实施机构，负责巡视员的具体选任、培训等工作。该办公室设在辽源市人民检察院驻监所检察室，在辽源市人民检察院、公安局的领导下开展工作。②

在巡视员的选任方式上，辽源市看守所试点采取了组织推荐的办法。巡视员办公室在当地人大、政协推荐的人大代表、政协委员以及市检察院推荐的人民监督员中，选出20人作为此次试点的巡视员，其中有7名人大代表、7名政协委员、6名人民监督员。巡视员名单，由辽源市人民检察院、公安局报请市人大常委会、市政协、省人民检察院批准。在正式开始试点之前，为使巡视员掌握巡视的大致技能、工作程序与要求以及了解其在试点中的角色与作用，20名巡视员接受了为期2天半的培训。在为期半年的试点里，巡视员共进行了20次巡视。

---

① 吕勋：《静宁县看守所邀请执法监督员到所开展巡查监督工作》，http://www.xcmzxw.com/html/xwzx/xyzx/8766.html，访问日期：2021年10月13日。
② 陈卫东：《羁押场所巡视制度研究报告》，《法学研究》2009年第6期，第3-30页。

巡视员负责巡视市、县两级看守所的羁押情况，重点查看对被羁押者的监管是否合法、是否符合各项管理规定。在巡视流程、方式和内容上与执法监督员以及检察巡视制度大同小异，此处就不再赘述。此次试点旨在构建起我国未决羁押场所的社会性巡视制度。当然，试点也存在一些有待完善的地方，例如，巡视员选任方式不够独立、选任范围比较狭窄、巡视员的培训时间过短、陪同巡视影响巡视的公正性和独立性等。尽管如此，此次试点是对监所进行社会性巡视监督的大胆尝试，试点中关于巡视机构的设置、巡视安排、后续事项等方面的规定对构建我国的羁押独立巡视制度有着重要的参考价值。

（三）看守所社会巡视现行问题分析

执法监督员是以第三者的身份进行监督的，具有客观公正性，在提高看守所执法水平、完善看守所执法评价机制、强化看守所执法的社会监督、增加执法透明度等方面发挥着十分重要的作用。

与此同时，不论是制度层面的推进和落实，还是理论层面的探讨和实验，我国看守所执法监督员巡查制度仍然存在诸多需要继续完善的地方，相对于《联合国囚犯待遇最低限度标准规则》构建的独立社会巡视监督来说，要想充分发挥我国社会力量对看守所的监督效力，还有很长的路要走。

就执法监督员的资格来说，一般而言，执法监督员须身体健康、政治合格、具备履行执法监督的能力，对其他所应具备的条件并未作出过多限制。正由于对执法监督员的个人能力没有特别要求，且在其履职前或后续履职过程中专门培训不够，因此难以保证执法监督员具备必要的能力和专业知识。

就执法监督员的组成来说，实践中大多为地方人大代表、政协委员，党政机关、企事业单位、人民团体、教育界的代表，媒体记者等。《中华人民共和国执行〈禁止酷刑和其他残忍、不人道或有辱人格的待遇或处罚公约〉的第六次报告》第十一条也明确提到"各级人大代表、政协委员不定期视察监管场所，检查执法情况"。所以说，执法监督员的组成类别相对单一，不具备广泛代表性和专业性。

此外，执法监督员一般都有正式的工作，而目前社会巡视制度的开展不具备系统性，执法监督的频率、流程和要求等程序设计也没有予以明确，执法监督员的巡视津贴也得不到经费保障，无法保障执法监督员参与执法监督的时间和精力，制度缺乏系统设置的情况下每次巡查也无法取得监督实效。

另外，现有执法监督员的选任方式难以保障执法监督员的代表性和权威性，公安机关聘请执法监督员来监督看守所，使得执法监督员难以完全独立于被巡视机构，也难以提出全面意见。

最后，我们并未形成执法监督员巡查报告制度，每次巡查结束后，执法监督员无须就巡视中发现的问题出具专门巡视报告，自然也无法为后续巡视提供参考比较，也难以满足公众通过执法监督员了解巡查情况和看守所监管情况的需求，更不能为公众监督巡查和看守所执法情况提供信息。

三、建立中国特色的看守所社会巡视制度

我国现行的看守所执法监督员制度与域外国家开展的社会独立巡视制度存在一定的相似性，但在组织主体、制度规范、独立保障等方面与国际准则及域外实践仍有一定距离。国际规则以及域外国家在羁押场所社会巡视制度方面已取得的成熟经验，对于构建我国的羁押独立巡视制度有着重要的指导和借鉴意义。结合我国实践来说，构建符合国际准则同时又具有中国特色的看守所社会巡视制度尚需要从四个方面努力。

（一）确定合理的巡视组织主体

如前所述，执法监督员由公安机关进行聘用，并由公安机关组织开展巡查监督活动，此种方式不足以保障巡查的独立性。我国现行看守所执法监督制度中，执法监督员的巡视多为临时性，巡视流程、范围、方式不具备系统性，执法巡视工作缺乏长期的规划和管理，巡视独立性缺乏保障，因此有必要设立一个独立机构整合和吸收执法监督员的力量，负责社会性巡视。

我国或可考虑新设一个专门的、独立的机构开展聘用执法监督员工作，且由其在全国范围内组织开展执法监督员（或称之为社会巡视员）对看守所的巡查监督工作，或者指定司法部负责全国范围内的执法监督员工作，在司法部成立执法监督委员会，对司法部部长负责，甚至直接由司法部部长担任委员会主任，再由该委员会聘用执法监督员，组织开展巡查工作，这样也有助于弥补现行执法监督员制度所欠缺的独立性和有效性。各执法监督员身份独立，直接向巡查组织机关报告工作。这样一来，看守所社会巡视机构法律地位独立、经费独立、人员独立，因此其法律地位和独立性更易得到保障。同时，全国范围内统一组织开展看守所执法监督员的选任工作、巡查培训和巡视工作，既能保障社会巡视力量得到充分重视，也能保障每次看守所巡查都能取得实效。

合适的模式选择应当以法律文本的形式予以确定。由于立法的滞后性和繁复性，在立法条件尚未成熟的时候，可以先以部门规章或者内部规定的方式来确定巡视职责、程序、方式等事项，以尽快推动该制度的运行。当条件成熟时，应当将这一机制规定在《刑事诉讼法》中或者制订单独的"监管场所巡视法"，明确规

定执法监督员独立巡视制度的实施机构、组成、职责、方式和具体程序等。

（二）建立独立性保障机制

独立性是构建看守所独立社会巡视制度的关键，同时也是建立该制度必须解决的核心问题。要将我国现行的执法监督员巡查制度转换成符合《禁止酷刑公约任择议定书》的羁押独立巡视体系，重点也在于加强巡视的独立性。具体而言，可以通过以下五个方面来予以完善：

其一，机构独立。巡视制度的实施机构及其巡视人员与看守所不应存在任何行政管理与被管理或类似的体制关系。如前所述，新设独立的巡视组织主体开展看守所社会巡视工作，或由司法部下设机构组织开展社会巡视活动。这样一来，巡视组织主体与看守所不存在任何利益关系，不存在任何管理与被管理关系，不管是新设机构还是司法部下设机构，其法律地位均独立于看守所。此外，独立巡视机构遴选的执法监督员均独立于看守所，机构与人员的独立性，将进一步可以保障巡视工作开展的独立性。

其二，财政资金独立。巡视制度的实施机构及其巡视人员与看守所不应存在任何经济依附关系。不管是社会独立巡视工作，还是官方检察监督都应当有足够的财力物力来支撑。社会巡视员的巡视津贴、巡视工作的开展以及后续工作的进行都离不开财政支持。最高人民检察院和司法部应当保障巡视工作的资金，巡视工作所需资金应单设款项，巡视组织机构应获得专项资金用于执法监督员的选任、培训、巡视以及巡视后续工作。虽然执法监督员的工作是义务无偿的，但巡视组织机构也应给予执法监督员适当的履职津贴，并补偿其因履职而产生的经济损失。政府应该足额保障以上预算，并且根据实际需求增减该预算。

其三，巡视人员自身的独立性。正如域外羁押社会巡视的人员构成一样，我国巡视人员的背景也应具有广泛性。毋庸置疑，我国对看守所的官方监督即检察监督呈现出专业性的特征，这体现了官方巡视机构所应具有的专业性和官方代表性的要求。而执法监督员作为社会性巡视力量，应当强调成员的社会性和平民性。不同社会群体所关注的焦点不一样，组织成员的广泛性可以全面发现问题，[1] 同时也有助于提升看守所执法工作的社会公信力。因此，应当拓宽执法监督员的选任范围，不应局限于人大、政协、退休公务员、相关法律工作者、囚犯家属等，同时应当注意体现性别、民族、宗教信仰、专业知识等方面的代表性。在选任方式上，也不应局限于单位推荐这一种方式。

---

[1] 高一飞、李慧：《狱务公开的现状评估与完善建议》，《河北法学》2016 年第 6 期，第 55 页。

其四，巡视工作的独立性。无论是官方巡视，还是社会力量巡视，其巡视工作均应具备一定的独立性，由巡视成员独立行使职权，独立发表意见，对每次巡视的巡视内容、巡视流程和巡视报告负责，只有这样才能确保巡视监督的客观真实性。在巡视过程中，执法监督员采取的巡视方法不应受到看守所限制，巡视过程不受看守所安排，也无须看守所职员在场。巡视成员可以不受限制地访问看守所各区域，获取看守所非国家秘密性文件，了解被羁押者信息，不受监视监听地与被羁押者或看守所职员交谈。此外，巡视报告应由执法监督员或者羁押巡视制度的实施机构独立撰写、出具，其他任何机构和个人都无权决定、变更报告的内容。①

其五，专门行政团队的支持。域外国家的巡视小组一般都有一个专门团队为其提供技术和行政方面的支持，在巡视安排、物质资源、专业技术、官方网站维护等方面提供保障。我们在设置社会巡视组织机构时，毫无疑问会考量也必须考量内设专门负责巡视工作行政性事项的团队。该行政团队负责选任和培训执法监督员、设计巡视流程和巡视制度、安排具体巡视工作和制订巡视后工作计划、发布巡视报告和追踪巡视建议落实、与看守所进行对接沟通以及官网维护等行政事项。执法监督员撰写的巡视报告应当提交给行政团队，由其及时公布，并由其追踪巡视建议整改情况和安排后续跟踪巡视工作。

（三）设计科学的巡视程序

巡视程序大体上可以分为巡视前的准备、巡视程序本身以及巡视后续事项这三个部分。

作为看守所的监督机关，我国检察机关的驻所检察室对看守所监管和执法活动进行日常监督。对于看守所的各项情况如看守所的规模、所内事故、被羁押者的投诉申诉、监管情况等信息，检察机关都比较了解，因此，检察巡视侧重巡视检察前的准备，且该准备并不需要耗费太长时间。而执法监督员的巡视，其准备工作相对来说要多一些，包括确定巡视人员、确定日期、住宿安排、确定巡视小组组长、分发巡视计划和巡视相关信息等。值得注意的是，在准备阶段，巡视地点应当保密，不应提前向巡视成员透露。对于看守所监管和执法信息，社会巡视组织可以依靠检察机关的支持来获取。

就巡视频率而言，由于资金和人员安排以及巡视范围的不同，域外国家在这

---

① 赵珊珊：《中国监狱适用羁押巡视制度研究——以美洲国家经验为例》，《政法论坛》2015 年第 5 期，第 88 页。

一方面的做法存在很大差别。以域外监狱社会巡视为例，根据 2018 年的统计，法国、德国的监狱有 180 多所，而新西兰只有 17 所监狱，自然法德二国的巡视频率和时间上无法与新西兰相比。而英国由于财物资源充足，对监狱的平民巡视可以达到一周一次，对监狱的官方巡视大致为 1~2 年一轮。而在我国，考虑到检察机关对看守所开展了日常监督和官方巡视监督，且考虑到全国范围内开展执法监督员巡视的成本和效率，执法监督员的频率自是不必达到一月一次。笔者认为，执法监督员可以每三个月到半年巡视一次。巡视组织机构也可以采取抽签或者电脑随机抽取的方式来决定所要巡视的看守所或者看守所的某一个区域，还可以根据上一次巡视的情况和巡视后的反馈进行抽查式巡视。

域外国家的巡视大多是未经通知的巡视。巡视应当是未经提前通知的，除非遇到暴乱、疫情等特殊情形。监管机构如无特殊原因，不得拒绝巡视，且有义务配合巡视工作的顺利开展。巡视人员可以综合运用多种手段来了解监管执法和被羁押者人权保障的状况，在不违反有关规定的前提下，凡是有助于了解监管活动和被羁押者处遇真实情况的方法均可使用。

在巡视方式和程序上，域外各国主要通过与监管场所管理层对话、视察机构设施、查阅相关文档、和被羁押者以及监管职员交谈等方式发现问题。事实上，我国看守所社会巡视可以参考派驻检察室日常监督的方法，如查阅在押人员信息、检察"三大场所"、开启检察箱、与被羁押者交谈等，在这一基础上逐步扩大巡视的范围和规模。对于巡视程序、内容和范围，巡视负责机构应以文件形式予以确认。此外，还需注意的是，巡视应该围绕被羁押者处遇这个重点展开。鉴于巡视应当是全面深入的巡视和了解，因此可以根据实际需要确定巡视的时间长度，大致可持续 1~5 天。巡视时间不局限于工作日，也不局限于白天，巡视组可以选择在周末开始巡视，还可以进行夜间巡视。

根据域外实践，巡视的后续事项包括巡视报告的撰写、提交、反馈，巡视建议的整改情况追踪以及后续跟踪巡视安排。看守所在收到巡视报告后，需要对巡视报告进行反馈，并将反馈意见提交给巡视负责机关。如前所述，由新设机构或司法部作为巡视总负责机关，负责接收巡视反馈，对整改情况进行后续追踪以及安排后续巡视等工作。

（四）提高巡视报告的有效性

执法监督员开展的独立巡视的目的在于预防监管场所酷刑、保障被羁押者合法权益、监督监管机构权力运行。若要达到上述目的，就必须提高独立巡视的地位，比如赋予执法监督员一定的权力来处理巡视发现的问题以及提高巡视报告的有效性。

对于巡视人员在巡视过程中发现的问题，域外巡视机构的处理方式不一，有通知监管场所负责人或相关上级领导的，也有转交给相关机构或者直接进行处理的。如新西兰监察员对于巡视中发现的违法违规行为，须通知司法部部长进行处理；涉及犯罪的，可以移交检察机关处理。鉴于我国政府机构的科层式体制，社会执法监督员对于在巡视中发现的一般性问题可以提出口头意见，对于重大问题则应向巡视负责机构报告。至于重大问题的判断标准可以由巡视机构出台的实施细则或者指导方案加以规定。此外，对于被羁押者向执法监督员提出的申诉控告，涉及一般性问题的，巡视组可以自主地提出解决建议；对于牵涉重大问题的，巡视组应当移交所属司法行政部门，由司法行政部门予以解决。[①]

对于实际运行了国家预防机制的域外国家，在巡视结束后，巡视成员均会基于巡视内容和巡视发现撰写一份专门的巡视报告，对巡视的情况进行总结、提出建议等，同时巡视机构会将该报告转交给有关部门，有关部门还需针对报告提出的建议作出反馈。此外，巡视组织机构还会发布一个关于巡视情况的年度报告，巡视报告和年度报告一般都会向社会公开发布。而在我国，不论是检察机关进行的检察巡视，还是执法监督员开展的社会性巡视，都未公布任何报告。虽然在关于上级检察机关和执法监督员的巡视情况的新闻报告中常常出现"提了几点意见……"的报道，但是这些建议和意见往往都是口头的，通常情况下也难以得到有关部门的实质回应。另外，巡视工作具有临时性的特征，巡视组和执法监督员通常不会对巡视建议进行追踪，主要依赖于监管场所的主动整改和积极反馈。此外，我国也未发布专门的巡视年度报告。

鉴于上述原因，我国对于监管场所开展的社会巡视效果大打折扣。在程序设计上，一般来说，每次巡视均应撰写一份巡视报告，巡视报告应当遵从一定的模板，并能体现巡视过程的全面性和公正性。多数域外国家，巡视报告在提交给巡视机构主管负责人的同时，也会提交给相关负责机构，一般会将年度报告分别提交给立法机关和最高行政机关。我国也可以参照这一模式，将年度巡视报告提交给国务院以及全国人大常委会，并向其报告巡视情况。为更好地发挥巡视报告的效果，巡视报告和巡视反馈均应在机构官网上公布，以供查看和下载。

当然，罗马不是一天建成的，将我国现行对看守所的执法监督员制度转变为

---

① 赵珊珊：《中国监狱适用羁押巡视制度研究——以美洲国家经验为例》，《政法论坛》2015 年第 5 期，第 88 页。

符合《禁止酷刑公约任择议定书》要求的社会独立巡视制度，也非一朝一夕之功。我国应当积极创造条件，参考域外国家实践，结合我国国情积极探索，循序渐进地构建我国的看守所社会独立巡视制度，并制定符合我国需求的独立巡视标准和流程。

结语

我们建议在尊重我国国情的基础上，充分肯定和尊重看守所执法监督员巡查实践中的成功经验，并充分考量现行制度存在的各区域各行其是、规则不一、监督员选任标准和选任主体不统一、巡视流程未详细成章成制、经费保障不足、巡视效力不足等问题，积极学习国际准则确定的羁押场所社会独立巡视制度，积极借鉴域外国家社会力量巡视羁押场所的实践经验，结合我国实践，探索并制定符合我国国情的看守所社会巡视制度。

构建和落实我国看守所社会巡视制度应当着重注意以下四点：其一，从国家层面，科学合理确定看守所社会巡视的组织主体，并由该主体选任和培训巡视员、制定巡视标准和巡视制度、安排巡视计划、落实巡视建议及看守所主管机关对接等具体工作开展的组织力度。其二，从国家层面保障看守所社会巡视制度的独立运行，既包括了组织主体独立性、巡视员独立性、经费的独立性，也需充分考虑在巡视组织主体内设专门的行政团队提供行政支持。其三，吸收域外国家羁押场所社会巡视实践中所取得的成果，充分尊重我国现行执法监督员制度运行过程中积累的经验，结合我国实际情况，从制度上、法律上设计科学合理的巡视程序。其四，充分重视社会巡视组织与巡视员在巡视看守所过程中发现的问题及巡视报告，从制度层面保障巡视报告的有效性和实效性，以落实社会巡视制度监督看守所执法、保障被羁押者人权的设立目的。

为此，我们建议将《看守所法（公开征求意见稿）》第一百一十三条修改为：

建立执法监督员巡查制度。省级看守所可以在机关、团体、企事业单位及社会人士中聘任执法监督员，明确执法监督员工作职责，定期邀请执法监督员检查、监督监狱执法情况。执法巡查监督工作由司法行政机关组织开展，司法行政机关作为巡视总负责机关，负责接收巡视反馈，对整改情况进行后续追踪以及安排后续巡视等工作。

第七章
看守所信息公开的多元方式

在西方，"看守所是由当地管理的监禁定罪前后的人员的矫正机构"①。在我国，看守所是执行逮捕、刑事拘留强制措施以及余刑三个月以下短期刑罚的场所。②"高墙铁网"戒备森严，使民众对看守所缺乏了解和监督。

看守所信息公开有利于实现公民知情权。看守所信息是广义政府信息的一部分。当今世界各国通过政府信息公开立法来保障公民知情权，到 2021 年 2 月止，世界许多国家对政府信息公开和公民知情权都已经有所规定，已知制定有信息公开法律的国家有 119 个。③ 刑事执法信息是政府信息公开的一部分，公民有权利通过看守所信息公开了解看守所执法情况。

看守所信息公开有利于保障司法人权。看守所属于秘密性较高的场所，被羁押者本身就处于弱势地位，其人权很容易受到非法侵犯。只有信息公开，民众才能了解被羁押者人权情况；只有信息公开，被羁押者人权被侵犯以后，才能引起关注，使侵犯人权的问题得到解决。

看守所信息公开有利于加强对执法权力的监督。看守所是刑事诉讼过程中行使羁押权的场所，看守所中仍然存在违规执法现象。"阳光"是最好的"防腐剂"，看守所信息公开能够最大限度地消除有法不依与权力滥用现象，保障公正文明执法。

看守所信息公开有利于提高司法公信力。交流的匮乏、信息的封闭使外界对看守所的日常管理产生各种误解，只有加强沟通才能达到理解与互信。④ 看守所信

---

① 吴宗宪：《当代西方监狱学》，法律出版社 2004 年版，第 91 页。
② 罗旭红、杨学军：《公安刑事办案程序通论》，中国人民公安大学出版社 2008 年版，第 161 页。
③ 参见 FOI，Alphabetical and Chronological lists of countries with FOI regimes，http：//www.freedominfo.org/？p = 18223，Last visited date 2020 – 03 – 24。
④ 秦飞：《关于看守所全面开展对社会开放的思考》，《上海公安高等专科学校学报》2010 年第 4 期，第 41 – 44 页。

息公开也能将看守所执法工作展现在公众面前，有利于展现看守所良好形象。

国务院新闻办公室于 2009 年 4 月 13 日发表了《国家人权行动计划（2009—2010 年）》，指出要"完善监管执法公开制度，将被羁押者权利以及监所有关执法标准、程序向被羁押者公开"，首次将看守所信息公开作为人权行动计划的一部分。《看守所法（公开征求意见稿）》第六条"法律监督"中也规定"看守所应当主动接受社会监督"。且在第六章就看守所信息公开作了以下规定：看守所应主动向社会公开有关办事的程序以及监督的方式（第一百一十二条）；看守所应当聘请执法监督员并且建立健全执法监督员巡查制度（第一百一十三条）；看守所应定期向人大代表、政协委员发出对看守所视察的邀请，以接受人大和政协的监督（第一百一十四条）。遗憾的是，同样针对羁押场所，《看守所法（公开征求意见稿）》并没有如 2015 年 4 月司法部《关于进一步深化狱务公开的意见》那样，对不同对象具体应当公开哪些内容作详细规定。因此，本书将在对看守所信息公开进行性质分析、规范解读、实证调研的基础上，对我国看守所信息公开提出改革建议。

在实证调研方面，我们选择了 H 省的地级市 C 市的 A、B、C、D 四个县（区）级看守所进行调研。C 市位于 H 省北部，共辖 9 个县级行政区，包括 2 个市辖区、1 个县级市、6 个县。该地级市在 H 省的 2018 年国内生产总值位列前三位，对该市看守所信息公开调研的结果基本能够代表国内大部分城市的现状。课题组于 2019 年 9 月至 10 月前往了 A、B、C、D 四个地区的看守所进行了调研，并以座谈会的形式为主、问卷调查形式为辅，了解 C 市看守所信息公开情况。

一、看守所信息公开的性质和法律依据

（一）看守所信息公开的性质

看守所信息公开具有警务公开与狱务公开的双重性质。

其一，看守所信息公开属于警务公开。公安机关的执法职能包括行政执法和刑事执法两个部分，其中刑事执法职能包括与刑事诉讼相关的立案、侦查、羁押、刑罚执行。看守所承担着公安机关的部分刑事执法职能，负责羁押和执行部分刑罚。公安部在 2009 年 4 月 15 日发布的《关于加强改进公安监管工作的意见》中提出"要深化监所警务公开，进一步提高公安监管工作的透明度"，把看守所信息公开纳入了警务公开的范围。

其二，看守所信息公开具有狱务公开的性质。根据《看守所条例》和《刑事诉讼法》的相关规定，看守所执行被判有期徒刑或者拘役交付执行前余刑在三个

月以下的刑罚。可见我国看守所中所羁押的人员不仅包括未决人员①，还包括已决罪犯，看守所承担了部分刑罚执行职能。看守所与这部分职能，具有日本代用监狱②的性质，相关执法信息的公开，应当参照狱务公开规范。从国际准则来看，看守所属于广义的监狱。1955 年第一届联合国防止犯罪和罪犯待遇大会通过的《联合国囚犯待遇最低限度标准规则》和 2015 年 3 月出台的修订后的《联合国囚犯待遇最低限度标准规则》（修订后的规则又称为《曼德拉规则》）都没有对监狱和看守所做出明确区分，而统一对监禁场所的人权保障做出了一系列规定。1955 年《联合国囚犯待遇最低限度标准规则》序言部分第四条第一款中："第一部分规定监所的一般管理，适用于各类囚犯，无论刑事犯或民事犯，未经审讯或已经判罪，包括法官下令采取'保安措施'或改造措施的囚犯。"《曼德拉规则》延续了该条规定。2006 年《欧洲监狱规则》将监狱定义为"专门为'经司法机关决定未决羁押者'和'根据有罪判决而被剥夺人身自由的人'设立的场所"③，即监狱关押已决犯和未决在押人员，适用统一规则。

基于管理体制，我国看守所适用公安机关的警务公开规则，监狱适用司法部发布的狱务公开规则。但是在制定看守所信息公开规则时，可以参照狱务公开规则。

（二）看守所信息公开的规范与实践

目前，看守所信息公开制度没有系统而统一的法律规定，零散分布于各相关法律法规及执法文件之中。

第一，刑事诉讼法。早在 1979 年的《刑事诉讼法》第五十条第二款中就规定："逮捕后，除有碍侦查或者无法通知的情形外，应当把逮捕的原因和羁押的场所，在二十四小时以内通知被逮捕人的近亲属或者他的所在单位。"2012 年修订的《刑事诉讼法》删除了"除有碍侦查"并新增了"二十四小时之内"的具体时间起点，第九十一条规定："公安机关逮捕人的时候，必须出示逮捕证。逮捕后，应当立即将被逮捕人送看守所羁押。除无法通知的以外，应当在逮捕后二十四小时以内，通知被逮捕人的家属。"2018 年《刑事诉讼法》第九十三条延续了这一规定。

---

① 这里没有用"未决犯"的表述是因为 1996 年修改的《刑事诉讼法》中，犯罪嫌疑人、被告人与罪犯的称谓已严格区分开，"未决犯"这种表述有违《刑事诉讼法》中"未经人民法院依法判决，对任何人都不得确定有罪"这一原则，因此应当摒弃"未决犯"这一表述。

② 高一飞、尹治湘：《日本代用监狱制度的考察与反思》，《国外社会科学前沿》2021 年第 2 期，第 16－28 页。

③ 吴宗宪译：《〈欧洲监狱规则〉（2006 年版）》，《犯罪与改造研究》2019 年第 6 期，第 68 页。

第二，公安机关一般执法文件。1999 年 6 月 10 日，《公安部关于在全国公安机关普遍实行警务公开制度的通知》要求："公安机关的执法办案和行政管理工作，除法律法规规定不能公开的事项外，都要予以公开。"并特别指出："看守所……要将被监管对象依法享有的权利和义务以及生活卫生管理制度等张榜公布。"

2009 年 7 月，公安部出台《关于进一步加强和改进公安监管工作的意见》，提出，要深化监所警务公开，提高公安监管工作的透明度，并要积极稳妥地推出一批监管场所向社会开放，首次提出监管场所向社会开放的改革措施。自此，公安部监所管理局开展了对看守所向社会公开的一系列尝试。

2012 年 8 月 18 日，公安部印发的《公安机关执法公开规定》第二条要求公安机关"向社会公众或者特定对象公开刑事、行政执法的依据、进展、流程、结果等相关信息"。2018 年修订后的《公安机关执法公开规定》第四条规定："公安机关应当采取措施使社会广为知晓执法公开的范围、期限和途径，方便公民、法人和其他组织依法获取执法信息。"

两个文件规定了对特定对象的信息公开："对涉及公共利益、公众普遍关注、需要社会知晓的执法信息，应当主动向社会公开；对不宜向社会公开，但涉及特定对象权利义务、需要特定对象知悉的，应当告知特定对象，或者为特定对象提供查询服务。"（2012 年《公安机关执法公开规定》的第三条、2018 年修订后《公安机关执法公开规定》的第五条）2012 年和 2018 年《公安机关执法公开规定》第三章名称都为"向特定对象公开"，但没有涉及被羁押人及其近亲属，根据其文件精神，对被羁押人及其近亲属的信息公开，应当由专门的看守所执法规范来调整。

第三，规范看守所执法的专门法规。《看守所条例》是由国务院在 1990 年 3 月 17 日颁布的行政法规。其中第二十七条规定："人犯在羁押期间死亡的，应当立即报告人民检察院和办案机关……并通知死者近亲属。"第三十三条规定："人犯死亡后，由看守所通知人犯的近亲属领回尸体火化。"第三十四条至三十九条对看守所在押人员和近亲属、律师的会见与通信进行了具体规定。上述条文规定了看守所信息向特定对象公开的内容。

（三）应当确立三种看守所信息公开对象

2018 年《公安机关执法公开规定》第五条规定将警务公开的对象分为两种：社会和特定对象。在对特定对象具体分类时，可以参照 2015 年 4 月司法部《关于进一步深化狱务公开的意见》。该意见最大的贡献在于，它将公开对象分为三种——罪犯、罪犯近亲属、社会公众，按照不同对象对信息公开的内容、方式作出区别规定。

由于看守所属于广义监狱的范围，看守所信息公开完全可以参照狱务公开规范，将公开对象分为被羁押人、被羁押人近亲属、社会三类，公开的内容依次由多到少。当然，看守所的信息也会向侦查人员、检察人员、法官和律师公开，但因为这些人员与看守所执法人员分别承担侦、控、审、辩、押的刑事诉讼职能，他们是看守所的服务对象，不是执法对象和社会公众，与他们的信息交流，是为了工作上的配合与制约，不在我们研究的执法信息公开对象范围之内。

二、对社会公众公开情况及其问题

看守所执法公开的对象不仅是在押人员及其近亲属，向社会公众进行信息公开以接受社会的监督也尤为重要。自 2009 年部署开展监所对社会开放试点以来，已有 2000 余个看守所对社会开放，2011 年底前三级以上看守所全部对社会开放，截至 2011 年底，全国已有 73% 的看守所对社会开放。① 看守所管理方式由封闭式走向警务公开透明，工作目标由以往单纯确保安全，转变为安全文明并重。②

2006 年羁押巡视制度引入后，公安部已在全国看守所建立起特邀监督员巡查监督工作机制，截至 2015 年，全国范围内已经聘请特邀监督员进行巡查监督的看守所达到 2558 个。③

我国看守所执法信息对社会的公开成果还体现看守所"开放日"活动上。2009 年 8 月 27 日，北京西城区看守所对社会开放，成为全国看守所相继开展"开放日"活动的开端。④ 2010 年 4 月，北京多个公安监管场所在 27 至 28 日这两天同时集中开展了"开放日活动"。⑤ 同年 11 月，浙江省学习北京的成功经验，开始集中对社会开放了 10 家看守所，在押人员近亲属进入看守所参观并与在押人员见面。

（一）取得的成绩

笔者所调研的看守所对社会公众的信息主动公开主要体现在看守所日常信息公开、联系信息公开、重大舆情信息公开以及"开放日"活动几个方面。

第一，看守所日常信息公开。通过实地观察发现，四地看守所均将看守所性质任务及各岗位职责权限、在押人员权利义务、管理工作流程、看守所工作流程、在押人员出所流程、监督救济渠道、工作人员信息、便民服务措施、会见通信相关制度措施、相关法律法规等在看守所的大厅、围墙外等醒目位置公开。对于流

---

① 卢杰：《全国 73% 看守所向社会开放》，《法制日报》2012 年 2 月 14 日，第 5 版。
② 赵春光：《看守所是我国人权司法保障重要的践行者和捍卫者》，《公安研究》2014 年第 6 期，第 6 页。
③ 罗沙、任珂：《白皮书：中国保障被羁押人合法权利不受侵犯》，http://www.scio.gov.cn/ztk/dtzt/34102/35119/35130/Document/1490980/1490980.htm，访问日期：2023 年 5 月 12 日。
④ 曹树林：《北京市首个对公众开放的看守所》，《政府法制》2009 年第 29 期，第 14 页。
⑤ 赵春光：《公安监管场所对社会开放的实践与思考》，《公安研究》2010 年第 7 期，第 13 页。

程类的信息,都以流程图的形式公布。另外,对于看守所性质及各岗位职责权限,各看守所都公布得比较详细,列明了所长、教导员、副所长、值班领导的岗位职责。然而,在监督渠道方面,只有 A 看守所详细列明了具体监督方式及电话等等,其他三个看守所没有列出。

第二,看守所联系信息公开。笔者于 2019 年 10 月登录了 C 市的公安信息服务平台(表 7 - 1),看守所公开的相关信息显示,看守所在网络平台上的有效信息主要是地址、联系电话、工作时间三类,解决了长期以来看守所地址不公开的问题。

表 7 - 1 2019 年 C 市四地看守所网络信息平台公开情况

看守所	联系电话	工作时间	地址
A	详细列明	详细列明(分夏、冬令时)	详细列明
B	详细列明	详细列明(分夏、冬令时)	详细列明
C	详细列明	详细列明	概括列明
D	详细列明	详细列明	概括列明

第三,重大舆情信息公开。笔者在 A、B、C、D 四个看守所的座谈会上了解到,看守所内如遇到重大舆情,在当地电视台等媒体以及公安机关官方网站上向社会大众公布相关情况和进展,看守所已经制定重大舆情应对预案。

第四,看守所"开放日"活动。我国看守所执法信息对社会的公开成果还体现在对新闻媒体、在押人员近亲属以及普通公众的"开放日"活动上。通过调研,笔者了解到,A、B、C、D 均进行过看守所"开放日"活动(表 7 - 2),但频率不一。至 2019 年,各个看守所都组织了"开放日"活动,规模逐渐扩大,次数逐渐增多。

表 7 - 2 2019 年 C 市四地看守所"开放日"活动情况

看守所	有无"开放日"	年度"开放日"次数	邀请的人员类型
A	有	2 次	人大代表、政协委员
B	有	2 次	人大代表、政协委员、消防救援人员
C	有	1 次	人大代表、政协委员
D	有	1 次	人大代表、村党组织书记

公安部监所管理局在 2010 年 4 月发布的《关于全面推开看守所对社会开放工作的通知》(以下简称《看守所开放工作的通知》)中要求:"对社会开放看守所应当是二级以上看守所,或者是设施建设、装备配备达到二级以上等级标准的三级看守所。"也就是说,只要具备条件的看守所,都应向社会开放。笔者所调研的 C 市四个看守所的级别有所不同:A、B、C、D 四个看守所分别为一级、一级、三级、三级,四个看守所中最低级别是三级,均设有看守所开放日。A、B 两个一级

看守所，在 2018—2019 年度"开放日"活动频率要明显高于其他两地看守所。

（二）存在的问题

其一，看守所网络平台预约信息公开程度较低。主要表现在，看守所各岗位职责、会见规定、预约内容和预约方式、监督方式等应当公开的内容均未在网络平台上公布。

其二，看守所开放日实质化不够。具体表现为：一是开放的次数较少。C 市四地的看守所开放日只是一年一至两次，仅有一个看守在 2018—2019 年度的"开放日"活动达到了三次，其余的都只有一次到两次。二是公开的深度不够。看守所开放日开放的区域和公开的内容都由看守所自行决定，一般都是事先安排好之后，社会公众才进入参观。对于看守所不利的信息特别是执法过程中的违规问题很难被发现。参观考察对象一般停留于看守所设施情况、在押人员生活情况。三是参加人员结构单一。在邀请人员方面，A、B、C、D 四个看守所开放日主要邀请了当地人大代表、政协委员、村党组织书记等。可以看出，这些看守所邀请参观的人员主要是具有一定公职身份的人员，基本不涉及普通民众。

三、对在押人员近亲属公开情况和问题

在押人员近亲属对与在押人员的生活、健康相关的执法信息应当享有知情权。除在会见室查询，全国还有看守所开始探索利用智能终端，将在押人员部分信息供近亲属自助查询。2014 年 9 月，上海全市 21 个看守所均设立了收押办案和近亲属接待大厅，并配备了政务公开电子触摸屏。[①] 在押人员近亲属通过由看守所提供的专用号码点击触摸屏进入信息系统，可以查询到大账消费和就医记录、看守所领导、执法民警的姓名和警号以及监督举报电话等在押人员信息和看守所执法信息。有些看守所对近亲属会见有所创新，实行了视频远程会见。2011 年 6 月 29 日，成都市首例远程视频会见在青白江区看守所内进行；2013 年 8 月 29 日，厦门市第一看守所举行了首场在押人员远程视频会见近亲属活动。看守所对于已决犯实行双向视频，而对于未决在押人员实行单向视频，即在押人员无法看到近亲属图像。

2007 年 2 月 1 日，最高人民检察院《人民检察院办理未成年人刑事案件的规定》规定了未成年犯罪嫌疑人亲情会见制度。此后，我国各地区的看守所也开始

---

① 王亦菲：《沪上看守所可视频会见》，http://sh.eastday.com/m/20140901/u1a8314479.html，访问日期：2020 年 2 月 20 日。

进行了有益探索。2007 年 6 月，北京西城区在全国范围内率先允许未成年犯罪嫌疑人在审查起诉阶段与近亲属会见；2011 年 2 月 10 日，重庆市推出首例未成年犯罪嫌疑人"亲情会见"；2012 年 7 月 12 日，杭州萧山看守所内首次设立了"未成年人亲情会见室"。整体来看，至 2015 年，全国各地普遍都建立并实施了未成年人亲情会见制。

由于无法收集在押人员近亲属的调查问卷，我们对 C 市四个看守所的调研通过干警座谈会、对在押人员专项问卷两种方式进行。

（一）取得的成绩

首先，被羁押人个人情况信息和执法监督方式向近亲属公布（表 7 - 3），保障了被羁押人近亲属的基本知情权。

表 7 - 3　2019 年 C 市四地看守所信息对在押人员近亲属公开情况

看守所	每日食谱	个人钱款账户收支情况	健康状况、体检结果	用药情况	工作职责、投诉举报方式
A	所内公示	会见室查询	会见室查询	会见室查询	会见室公告栏公示
B	所内公示	会见室查询	会见室查询	会见室查询	会见室公告栏公示
C	所内公示	会见室查询	会见室查询	会见室查询	会见室公告栏公示
D	会见时公示	会见室查询	会见室查询	会见室查询	会见室公告栏公示

由表 7 - 3 可以看出，只有 D 看守所是在会见室公布在押人员每日食谱，还包括了原材料采购地、采购日期等。对于看守所工作职责、违法行为投诉举报方式等一般信息统一在警务公开公告栏中公布。为充分保障在押人员近亲属的知情权，C 市四区看守所针对在押人员的健康情况、钱款账户收支情况、用药情况等都可以在会见时在会见室查询。

其次，一定程度上实现了未决人员近亲属会见权。

表 7 - 4　2019 年 C 市四地看守所对未决人员近亲属公开情况

看守所	2018—2019 年近亲属会见次数	会见制度知悉途径	近亲属预约申请会见渠道	关押人员数量
A	11 次	公告栏、他人告知	无	242 人
B	10 次	公告栏、他人告知	无	154 人
C	5 次	公告栏、他人告知	无	73 人
D	6 次	公告栏、他人告知	无	89 人

未决人员近亲属会见的次数虽然不多，但是较前几年来说有所增加。

最后，充分保障了已决犯近亲属会见权。笔者所调研的四个看守所针对已决犯也建立了远程视频的会见方式，通过网络服务平台预约申请，再根据看守所的安排进行网上的视频会见。未成年犯罪嫌疑人"亲情会见"制度已经全面建立。（表7-5）

表7-5 2019年C市四地看守所对已决犯近亲属会见权情况

看守所	会见时间	能否网上预约、视频会见	会见时是否派员在场解答问题	会见时间限制
A	每周三上午8：00—11：00，下午14：30—17：00	能	是	20分钟
B	每周三上午8：00—11：00，下午14：30—17：00	能	是	20分钟
C	每月15日、30日	能	是	20分钟
D	每月15日、30日	能	是	20分钟

从以上表格可以看出，C市四地看守所对于已决犯近亲属会见达到了与监狱近亲属会见相同的标准。四个看守所都设有具体的近亲属会见日。虽然C、D看守所规定的会见时间要比A、B看守所少，但A、B看守所关押已决在押人员人数较多，故设置每周一次的近亲属会见日也是情理之中。

（二）存在的问题

其一，公开内容明显不足。由于涉及在押人员切身权利的饮食、医疗、居住、休息等所内具体生活信息都公布于会见室，会见难的现状决定了近亲属很少有机会了解上述情况。身患疾病的在押人员被羁押期间的每日用药情况、病情特别严重的在押人员的身体状况等，都是需要及时准确地向近亲属告知的。近亲属要知悉在押人员具体情况绝大部分是通过律师会见传递的信息来实现的。

其二，未决人员会见难。从以上表格可以看出，四地看守所允许未决人员亲属会见的次数都很少。据调研，四地看守所原则上不允许未决人员的近亲属探视会见，这也是我国看守所的普遍做法。笔者经过访问当地公安服务平台网站了解到，看守所未决在押人员近亲属会见并不在平台预约窗口之列。

在调研过程中，看守所民警对未决在押人员会见比例极少这一现象做出了解释，他们认为，一般不允许未决在押人员会见近亲属，是因为会见不利于案件侦破。一方面，会见可能会出现串供或其他有碍侦查的行为；另一方面，未决在押人员在被羁押后的孤独恐惧状态有利于侦查人员调查。

四、对在押人员本人公开

自 2009 年以来，全国各地看守所以不同形式向在押人员公开执法信息。江苏沛县看守所早在 2008 年起就开始印制《在押人员权利义务告知书》，在入所时向被收押的人员发放。① 山东临清市检察院驻看守所检察室于 2009 年 11 月开始将在押人员的权利义务、驻所检察的职能、羁押期限等内容制作成图版，以监所检察检务公开栏的形式贴进临清市看守所的每个监室。② 公开形式多样，提高了告知效率。2018 年 6 月，浙江省宁波市镇海区驻看守所检察官制作派发在押人员权利义务告知清单，明确告知十余项诉讼权利。③ 我们对 C 市的 4 家看守所也进行了调研。

（一）取得的成绩

笔者对所调研的看守所在押人员共计 254 人进行了问卷调查（表 7 - 6），并对调查结果进行了统计。

表 7 - 6　2019 年 C 市四地看守所对在押人员本人公开的主要信息情况

看守所	执法公开满意率	《一日生活管理制度》	《在押人员权利义务》	《出所就医制度》	《探视会见制度》
A	84%	有	有	有，但了解困难	有，但了解困难
B	79%	有	有	有，但了解困难	有，但了解困难
C	82%	有	有	有，但了解困难	有，但了解困难
D	68%	有	有	有，但了解困难	有，但了解困难

由上表可知，C 市 A、B、C、D 四地看守所对在押人员在收押时，执法人员还会向在押人员发放《在押人员权利义务告知书》；收押后，《一日生活管理制度》和《在押人员权利义务》张贴在各个监室之中，做到了"全覆盖"。相较而言，A、B 看守所比 C、D 看守所《医疗卫生制度》公开情况更好。A、C 看守所在押人员对信息公开满意率超过了 80%，B、D 看守所满意率也都超过了 65%。我国看守所对在押人员信息公开的内容全面、丰富，公开方式符合实际、与时俱进，取得了巨大成绩。

---

① 永毅、明春：《江苏沛县：建立在押人员权利义务告知及约见检察官制度》，http://www.jcrb.com/procuratorate/jcpd/700554410100s5nr.html，访问日期：2020 年 2 月 24 日。

② 武存涛：《检务公开图版贴进监室》，http://www.qlfz365.cn/Article/flfw/200911/20091111091903.html，访问日期：2020 年 2 月 24 日。

③ 屠春技：《浙江宁波镇海区检察院保障在押人员合法权益》，http://www.jcrb.com/procuratorate/jcpd/201806/t20180611_1875306.html，访问日期：2020 年 2 月 24 日。

（二）存在的问题

向在押人员本人公开的执法信息不足。从公开的内容广度上讲，我国看守所中对在押人员公开的主要是生活管理制度、在押人员的权利义务。看守所对其他类型的执法信息公布极少，如与看守所工作密切相关的执法和管理的依据、程序、结果未进行公布。

向在押人员公开的有些制度内容难以理解。在押人员对《出所就医制度》和《探视会见制度》都表示了解困难，经过座谈调研得知，因为出所就医的情况极少发生，对此缺乏了解对在押人员的权利影响不大。对于探视会见问题了解困难，主要原因是看守所在押人员一般不允许探视，在押人员对此不了解，而且在问卷中有人写明自己的被探视权没有得到满足。

五、看守所信息公开制度的立法建议

看守所信息公开制度的构建包括公开范围的划分以及与具体公开对象对应的公开制度。其中公开范围就是应当划分出看守所执法信息应当公开和不应当公开的界限范围。看守所公开执法信息要针对不同公开对象设计构建出不同的制度体系，才能更全面地向不同对象公开。

（一）根据不同对象确立不同公开范围

看守所是特殊的刑事执法机构，关押的是未决人员，需要为刑事诉讼侦查、起诉、审判、辩护服务，看守所关押的犯罪嫌疑人、被告人具有社会危险性，可能逃跑、隐藏、销毁证据或者妨害证人作证，有的还可能继续犯罪。在押人员近亲属也有可能通过信息联络妨害刑事诉讼的正常进行。公开刑事执法信息不能为上述人员的违法犯罪活动提供信息上的方便。[1] 看守所开展信息公开工作时要进一步明确公开与保密的界限。

笔者认为，看守所信息公开遵循"以公开为原则、以不公开为例外"的整体原则，根据不同对象确定公开信息的范围。

一是对社会公开的范围。可以参照《司法部关于进一步深化狱务公开的意见》第五条规定的 23 项监狱应当依法对社会公众公布的事项清单，向社会公开的看守所信息应当包括：（1）看守所的性质、任务和职责权限。（2）看守所人民警察的权利、义务和纪律要求。（3）对看守所和看守所人民警察执法、管理工作进行举报投诉的方式和途径。（4）看守所收监、释放的法定条件和程序。（5）在押人员

---

[1] 高一飞等：《看守所观察与研究》，中国民主法制出版社 2015 年版，第 8 页。

的基本权利和义务。（6）在押人员申诉、控告、检举的方式和途径。（7）变更强制措施的法定条件、程序和结果。（8）短期刑罪犯减刑、假释、暂予监外执行的法定条件、程序和结果，罪犯暂予监外执行决定书。（9）在看守所内又犯罪的处理程序和结果。（10）在押人员在看守所期间应当遵守的行为规范。（11）对看守所在押人员服从管理的表现进行考评的条件和程序。（12）分押分管的条件和程序。（13）在押人员获得表扬、记功或物质奖励等奖励的条件和程序。（14）在押人员受到警告、记过或者禁闭等处罚的条件和程序。（15）在押人员立功和重大立功的条件和程序。（16）在押人员通信、会见的条件和程序。（17）在押人员离所探亲、特许离所的条件和程序。（18）在押人员思想、文化、职业技术教育有关情况。（19）短期刑罪犯劳动项目、岗位技能培训、劳动时间、劳动保护和劳动报酬有关情况。（20）在押人员伙食、被服实物量标准，食品安全、疾病预防控制有关情况。（21）看守所执法管理重大事件的处置及调查情况。（22）看守所工作相关法律法规和规章。（23）法律、法规、规章和其他规范性文件规定的应当向社会公开的内容。

　　二是对在押人员近亲属公开的范围。可以参照《司法部关于进一步深化狱务公开的意见》第六条规定的10项监狱应当依法向罪犯近亲属公开的罪犯个人服刑信息，"除向社会公众公开的内容外，监狱还应当依法向罪犯近亲属公开有关罪犯的个人服刑信息"。同样，除向社会公众公开的内容外，看守所还应当依法向在押人员近亲属公开以下10类信息：（1）看守所的名称、地址及联系方式。（2）对短期刑罪犯提请罪犯减刑、假释、暂予监外执行建议有异议的处理方式。（3）看守所对在押人员实行分级处遇、考评、奖惩的结果，以及对结果有异议的处理方式。（4）在押人员立功或重大立功的结果，以及对结果有异议的处理方式。（5）看守所批准在押人员通信会见、离监探亲、特许离监的结果。（6）在押人员参加文化、职业技术教育、社会自学考试、考核的结果。（7）短期刑罪犯从事的劳动项目、岗位和劳动报酬以及劳动技能、劳动绩效和劳动素养的评估等情况。（8）在押人员食品、日用品消费及个人钱款账户收支等情况。（9）在押人员身体健康状况、体检结果以及疾病诊治等情况。（10）看守所认为需要向在押人员近亲属公开的其他信息。

　　三是对在押人员公开的范围。可以参照《司法部关于进一步深化狱务公开的意见》第7条在将来的"看守所法"中作出如下规定，"除向社会公众和在押人员近亲属公开的内容外，看守所还应当以监区或分监区为单位，向在押人员全面公开看守所执法和管理过程中的法律依据、程序、结果，以及对结果不服或者有异议的处理方式，但对涉及国家秘密、工作秘密和在押人员个人隐私的信息不得公开"。可见，以公开对象为区分，对社会公众的公开范围最窄，在押人员近亲属次之，在押人员个人最宽。换言之，对在押人员的公开内容应当包括对社会公众公开的23项、对在押人员近亲属公开的10项，并以监区或分监区为单位，向在押人员全面公开特定内容，社会公众和在押人员近亲属的知情权范围当然适用于在押人员。

另外，还应当确定不应当公开的范围，即对涉及国家秘密、工作秘密和在押人员个人隐私的信息不得公开。

（二）建立对在押人员近亲属探访制度

目前，我国亲属知情权方面比较突出的问题是近亲属与在押人员的会见难。情理上来说，在无罪推定原则的前提下，近亲属探访制度，是在押人员近亲属按规定程序进入到看守所内探视在押人员的一项制度。我国目前已有近亲属会见的相关制度，但是对于近亲属探访制度没有规定。近亲属会见权指的是在押人员与近亲属见面、交流的权利。① 近亲属探访与近亲属会见不同的地方在于两点：第一点是近亲属会见是需要在押人员与其近亲属双方见面交流，分为会面和交流两个方面，而近亲属探访主要是近亲属对在押人员近距离的探视和探访；第二点是地点不同，会见是在监区外的会见室中进行，而近亲属探访则需要近亲属进入监区内探视在押人员的生活等各方面情况。

在实践中，未决在押人员一般不被允许与近亲属会见，其原因主要是避免妨碍侦查和诉讼的情况出现。而近亲属探访制度有效避免了这种问题的发生：一方面，近亲属通过探访可以满足亲情的需要，消除近亲属对在押人员生活上的担忧；另一方面也能更好地监督看守所的执法工作。近亲属探访的制度能解决妨害诉讼和满足亲情之间的矛盾，是一项值得认真研究、应当立即着手建立的重要制度。

（三）将看守所信息公开纳入行政诉讼范围

司法作为社会正义的最后一道防线，具有至上的权威性与终局性。司法的这一特性，同样体现在看守所信息公开的过程中，其作为一种终局的救济方式而发挥着至关重要的作用。司法救济权的直接意义就在于给每一个公民提供一条实实在在的、在合法的制度空间内主张和实现自己权利的有效途径，从而使其成为维护脆弱人权的最强有力手段和确保宪法所确定的基本权利得到保护与尊重的基础性权利。② 世界各国《信息自由法》对信息公开不服提起诉讼都并不排除刑事执

① 高一飞、张绍松：《被打折的权利——未决在押人员亲属会见权现状与反思》，《昆明理工大学学报（社会科学版）》2014年第5期，第35-44页。
② 苗连营：《公民司法救济权的入宪问题之研究》，《中国法学》2004年第5期，第26页。

法，用司法救济的方式解决刑事执法信息已成为各国共识。

但是，我国行政诉讼规范将看守所作为刑事诉讼信息而排除在行政诉讼范围之外。2000 年 3 月 10 日起施行的《最高人民法院关于执行〈中华人民共和国行政诉讼法〉若干问题的解释》第一条第二项就明确了"公安、国家安全等机关依照刑事诉讼法的明确授权实施的行为"不属于人民法院行政诉讼受案范围。2014 年，最高人民法院公布的政府信息公开十大案例中的"奚明强诉公安部案"中，一审、二审法院都认为，奚明强申请公开文件及内容，是公安部在作为刑事司法机关时，履行犯罪侦查职责而制作的信息，不属于政府信息。2016 年 1 月 21 日，公安部在《公安机关办理政府信息公开行政复议案件若干问题的规定》第三条中规定："公安机关履行刑事司法职能过程中制作或者获取的信息……不属于政府信息。"上述规定备受争议，我国信息公开法起草专家周汉华教授指出，将刑事执法信息排除在政府信息之外是没有任何理由的："对于公安机关刑事执法信息公开而言，法院审查的并不是刑事执法行为的合法性（行政诉讼不可能审查刑事执法行为），只是判断刑事执法信息公开是否符合法定条件，是否应该公开。在刑事执法领域引入信息公开制度，既不会影响、干扰刑事执法程序与刑事司法制度，也不会影响行政诉讼受案范围划分。"① 目前，尽快建立看守所信息公开司法救济机制的便捷方式是直接将其纳入行政诉讼的范围。

在"看守所法"确立了信息公开范围的前提下，我们可以借鉴美国信息公开推定的相关规定，② 以信息公开为原则，法院可以对看守所信息公开进行司法审查，在看守所不能充分举证为不公开信息时，推定其必须进行信息公开，通过司法审查防止看守所滥用不公开例外的自由裁量权，保障看守所信息公开能真正落实。

结语

立法对法律实施起着引领作用，立法的零散、混乱必然导致法律实践的不规范。自 2008 年 5 月 1 日《政府信息公开条例》实施以来，信息公开首先在行政机关进行，公安机关作为政府部门之一也已经实施了部分信息公开，但公开内容仅限于行政执法相关内容，对于涉及刑事诉讼的看守所信息公开没有涉及。公安部出台的《公安机关执法公开规定》也缺少强制力，内容上没有涉及对看守所信息

---

① 周汉华：《误读与被误读——从公安机关刑事执法信息公开看〈政府信息公开条例〉修改》，《北方法学》2016 年第 6 期，第 5 - 6 页。

② 胡锦光、王书成：《美国信息公开推定原则及方法启示》，《南京大学学报（哲学·人文科学·社会科学）》2009 年第 6 期，第 40 页。

的分类公开。我们可以吸收现有警务公开立法的成果，参照和借鉴狱务公开立法，在正在进入立法程序的"看守所法"中用几个条款统一规定看守所信息公开的基本原则，针对不同对象的不同公开范围和公开方式、监督机制、救济机制，建议将第一百一十二条修改为：

看守所应当依法、准确、主动公开有关办事程序和监督方式，接受社会监督。

对在押人员公开，可以通过看守所公开专栏、报刊、广播、闭路电视、电子显示屏、在押人员教育网等方式，在其学习、生活、劳动区域及时公布看守所公开的相关信息；还可以通过在看守所内设置公开信息查询终端，实现在押人员计分考评、分级处遇、行政奖惩、羁期变更等重要信息的自助查询。

对在押人员近亲属公开，可以通过在会见场所设置电子显示屏、看守所公开信息查询终端，为其提供信息查询服务；也可以通过设立看守所公开服务热线，及时解答在押人员近亲属对看守所执法管理工作提出的疑问。

对社会公众公开，可以通过门户网站、政务微博、微信公众平台等新兴媒体，增强看守所公开的影响力和舆论引导力；还可以通过召开执法情况通报会等方式，主动向社会人士、执法监督员介绍看守所执法管理及保障在押人员合法权益的情况，听取意见和建议。

此外，我们建议应在"看守所法"中增设看守所对外公开的具体内容：

【看守所公开的内容】

对社会公众，看守所应当依法公开以下内容：

（1）看守所的性质、任务和职责权限。

（2）看守所人民警察的权利、义务和纪律要求。

（3）对看守所和看守所人民警察执法、管理工作进行举报投诉的方式和途径。

（4）看守所收监、释放的法定条件和程序。

（5）在押人员的基本权利和义务。

（6）在押人员申诉、控告、检举的方式和途径。

（7）变更强制措施的法定条件、程序和结果。

（8）短期刑罪犯减刑、假释、暂予监外执行的法定条件、程序和结果，罪犯暂予监外执行决定书。

（9）在看守所内又犯罪的处理程序和结果。

（10）在押人员在看守所期间应当遵守的行为规范。

（11）对看守所在押人员服从管理的表现进行考评的条件和程序。

（12）分押分管的条件和程序。

（13）在押人员获得表扬、记功或物质奖励等奖励的条件和程序。

（14）在押人员受到警告、记过或者禁闭等处罚的条件和程序。

（15）在押人员立功和重大立功的条件和程序。

（16）在押人员通信、会见的条件和程序。

（17）在押人员离所探亲、特许离所的条件和程序。

（18）在押人员思想、文化、职业技术教育有关情况。

（19）短期刑罪犯劳动项目、岗位技能培训、劳动时间、劳动保护和劳动报酬有关情况。

（20）在押人员伙食、被服实物量标准，食品安全、疾病预防控制有关情况。

（21）看守所执法管理重大事件的处置及调查情况。

（22）看守所工作相关法律法规和规章。

（23）法律、法规、规章和其他规范性文件规定的应当向社会公开的内容。

除向社会公众公开的内容外，看守所还应当依法向在押人员近亲属公开以下10类信息：

（1）看守所的名称、地址及联系方式。

（2）对短期刑罪犯提请罪犯减刑、假释、暂予监外执行建议有异议的处理方式。

（3）看守所对在押人员实行分级处遇、考评、奖惩的结果，以及对结果有异议的处理方式。

（4）在押人员立功或重大立功的结果，以及对结果有异议的处理方式。

（5）看守所批准在押人员通信会见、离监探亲、特许离监的结果。

（6）在押人员参加文化、职业技术教育、社会自学考试、考核的结果。

（7）短期刑罪犯从事的劳动项目、岗位和劳动报酬以及劳动技能、劳动绩效和劳动素养的评估等情况。

（8）在押人员食品、日用品消费及个人钱款账户收支等情况。

（9）在押人员身体健康状况、体检结果以及疾病诊治等情况。

（10）看守所认为需要向在押人员近亲属公开的其他信息。

除向社会公众和在押人员近亲属公开的内容外，看守所还应当以监区或分监区为单位，向在押人员全面公开看守所执法和管理过程中的法律依据、程序、结果，以及对结果不服或者有异议的处理方式，但涉及国家秘密、工作秘密和在押人员个人隐私的信息不得公开。

第八章
看守所中被羁押者的基本人权

　　羁押作为一种社会现象，"它是随国家和法的产生而产生，伴随逮捕的存在而存在，人类历史上有了刑律就有了对罪犯的捉拿押解和关押"①。在古老而平等的原始社会，人们的矛盾、纠纷一般是通过"以牙还牙""以眼还眼"的复仇方式解决。在这种环境下，纠纷的解决不需要第三者居中裁判，更不存在藐视法律权威的问题。在原始习惯下，羁押没有存在的必要性。随着生产力的发展和人类文明的进步，人们意识到野蛮的私力救济形式具有不彻底性，难以保障自己的安全。社会需要一个稳定的制度来解决人们的纠纷，而由国家制定具有强制力的法律迎合了人们的需要。这一过程，著名刑法学家贝卡里亚曾做过论述："离群索居的人们被连续的战争状态弄得筋疲力尽，也无力享受那种由于朝不保夕而变得空有其名的自由，法律就是把这些人联合成社会的条件。人们牺牲一部分自由是为了平安无忧地享受剩下的那部分自由。为了切身利益而牺牲的这一份份自由总合起来，就形成了一个国家的君权。君主就是这一份份自由的合法保护者和管理者。"② 国家作为追诉权和刑罚权的行使者，为了防止嫌疑人逃逸而使案件顺利进行，就必须控制犯罪嫌疑人，于是便产生了羁押。

　　历史和现实的经验教训反复证明，在押犯罪嫌疑人、被告人是最容易受到人权侵犯的一个群体。在某种意义上，在押犯罪嫌疑人、被告人从政府方面获得的人权保障如何，是一个国家或社会人权保障制度甚至文明程度的重要标志。因此，保障被羁押人员基本人权的待遇成为国际、国内法的一项重要任务。联合国《世界人权宣言》、《公民权利和政治权利国际公约》都规定：任何人不得施以酷刑，或予以残忍、不人道或侮辱之处遇或惩罚。《联合国囚犯待遇最低限度标准规则》

---

① 谢佑平主编：《刑事诉讼国际准则研究》，法律出版社 2002 年版，第 223 页。
② ［意］贝卡里亚：《论犯罪与刑罚》，黄风译，中国法制出版社 2002 年版，第 32 页。

（《曼德拉规则》）的第一条就是"对待所有囚犯，均应尊重其作为人所固有的尊严和价值"。2004 年 3 月，第十届全国人民代表大会第二次会议通过《中华人民共和国宪法修正案》，正式将"国家尊重和保障人权"载入宪法，由此，"尊重和保障人权"就成为整个中国特色社会主义法治体系的基本原则。中共十八大将"人权得到切实尊重和保障"写入大会报告，2014 年中共十八届四中全会通过《中共中央关于全面推进依法治国若干重大问题的决定》强调"加强人权司法保障""增强全社会尊重和保障人权意识"，2020 年中共十九届五中全会通过《中共中央关于制定国民经济和社会发展第十四个五年规划和二〇三五年远景目标的建议》将"促进人的全面发展和社会全面进步""促进人权事业全面发展"等作为中国发展的更高目标。本章通过对关于保障在押人员基本人权的一些国际公约规定的评述，参考国外的成熟做法，运用理论分析、对比借鉴、通过媒体的考查等方法，完成对审前羁押期间基本人权这一主题的论述。

一、审前羁押基本人权概述

（一）审前羁押基本理论阐述

不同国家对"审前羁押"有不同的称谓。在德国被称为"待审羁押"①；在法国被称为"先行拘留或临时羁押"②；意大利将审前羁押称为"预防性羁押"③；日本刑事程序中为"羁押"，可以"分为起诉前的羁押和起诉后的羁押"④。"英美法系国家关于审前羁押通常仅指审判开始以前的羁押，而对于已经进入审判程序的案件，通过实行集中审理和迅速审判的原则缩短羁押期限。"⑤ 俄罗斯《联邦刑事诉讼法典》规定："羁押是指因犯罪嫌疑而被拘捕的人或对之适用羁押作为强制处分的刑事被告人被关押在侦查隔离所或者联邦法律规定的其他场所。"⑥ 尽管各国对审前羁押的称谓不尽相同，但是其基本含义大致一致，即为了保证刑事诉讼活动的顺利进行，国家专门机关依据法律规定，在法庭审判前将犯罪嫌疑人、被告人拘禁于一定场所的强制措施。

我国《刑事诉讼法》中并没有关于羁押制度的规定，没有明确羁押的法律地

---

① 李昌珂译：《德国刑事诉讼法典》，中国政法大学出版社 1995 年版，第 28 页。
② ［法］卡斯东·斯特法尼：《法国刑事诉讼法精义》（上），罗结珍译，中国政法大学出版社 1999 年版，第 103 页。
③ 黄风译：《意大利刑事诉讼法典》，中国政法大学出版社 1994 年版，第 34 页。
④ 宋英辉译：《日本刑事诉讼法》，中国政法大学出版社 2000 年版，第 45 页。
⑤ 孙长永：《侦查程序与人权——比较法考察》，中国方正出版社 2000 年版，第 191 – 192 页。
⑥ 黄道秀译：《俄罗斯联邦刑事诉讼法典》，中国政法大学出版社 2003 年版，第 9 页。

位，更没有审前羁押、审判中的羁押及审判后的羁押的分类，仅仅将其作为拘留、逮捕的必然结果和状态的延续。《刑事诉讼法》第九十八条规定："犯罪嫌疑人、被告人被羁押的案件，不能在本法规定的侦查羁押、审查起诉、一审、二审期限内办结的，对犯罪嫌疑人、被告人应当予以释放；需要继续查证、审理的，对犯罪嫌疑人、被告人可以取保候审、监视居住。"可以看出，这里的"羁押"是一种状态，并不是一种强制措施。有学者将审前羁押界定为一种"措施"，"指的是依法把未决犯关押在看守所或者其他规定的场所，暂时限制其人身自由的强制措施"[1]。也有学者将"审前羁押"称为"未决羁押"，"将审前羁押定义为对犯罪嫌疑人、被告人在法院作出生效裁判之前被剥夺人身自由的状态"[2]。本章所探讨的审前羁押阶段是指在刑事诉讼活动中，犯罪嫌疑人、被告人在法院判决前，基于拘留、逮捕而被暂时剥夺人身自由的时期。

（二）人权保障与人道主义待遇的关系

针对人权的国际公约很多，但是对于人权的含义学界还是没有统一。有学者认为："人权是指人按其本性所应当享有的在社会中得以生存和发展的自由度。人权的提出基于如此的认识：人与人之间在属性或本能上具有某种共同性，这种共同性决定了人们为实现其生存和发展目的，在其需要和行为之间具有某种相通性，使得对于诸如自由、平等、安全等权利的需要为每一个社会成员所具有，被视为人们能够在社会中生存和发展的应有条件。"[3] 有学者将人权定义为"不因司法制度而易，不在乎如种族和国籍等地缘因素的，人类得以生存的一种普遍的权利或地位"[4]。根据《世界人权宣言》的规定，人权可以分为公民权利和政治权利以及经济、社会和文化权利两大部分。前者涵盖的权利有生命权、人身权、不受奴役和酷刑权、人格权、法律面前人人平等权、无罪推定权、财产权、婚姻家庭权、思想良心和宗教自由权、参政权和选举权等；后者包含的权利有工作权、同工同酬权、休息和定期带薪休假权、组织和参加工会权、受教育权、社会保障和享受适当生活水准权、参加文化生活权等。

人权是和人道联系在一起的，夏勇先生在其著作中对人权的定义予以明确。他是这样定义人权的："人权一词，依其本义每个人都享有或都应该享有的权利。是'人人的权利'。这包括两层意思，第一层指权利，即是'某某权利'；第二重

① 熊俊勇：《试论我国审前羁押制度的改革与完善》，《警官教育论坛》2006年第1期，第31－35页。
② 陈瑞华：《问题与主义之间——刑事诉讼基本问题研究》，中国人民大学出版社2008年版，第199页。
③ 林喆：《人性论，人道主义与人权研究》，《法学家》2006年第6期，第27－35页。
④ 郑毅：《冷战后的人道主义干涉与人权保护》，《社科纵横》2006年第12期，第91页。

指观念或原则，即'每个人都享有或都应该享有的权利'。前者是我们通常所说的法学意义上的权利，它由各种各样的权利构成。从不同的角度这些权利可以分为生命权利、自由权利；或者人身权利，政治权利，经济、社会和文化权利；等等。后者是关于人的一些原则，它由若干关于人及人类社会应该怎样对待人、尊重人的判断、命题或原则构成，可以简称为'人道'。所以，一般来说，人权概念由权利和人道这两个概念构成，它是这两者的融合。""作为人权概念之构成要素的权利和人道是特定意义上的。这里的权利是作为人权的权利，即作为'每个人都享有或应该享有'的权利……而不是指特权或某些特定的权利。这里的人道是以主张权利为中心的原则，而不是只主张义务的原则。"① 根据上面的论述可以得出，人权的概念包含权利和人道这两方面，即人道是人权的一部分，也就是说人道主义待遇是人权保障的应有之义。这也与《世界人权宣言》第五条规定、《公民权利和政治权利国际公约》第七条规定相一致，这两条都包含反对不人道待遇的内容。

我国《刑事诉讼法》规定，犯罪嫌疑人、被告人在审前阶段享有以下权利：接受告知的权利；获得法律帮助的权利；委托辩护人的权利；申请回避的权利；使用本民族语言文字进行诉讼的权利；申请取保候审的权利；对与本案无关的问题的讯问，有拒绝回答的权利；要求解除强制措施的权利；申请补充鉴定或者重新鉴定的权利；核对笔录的权利；获得国家赔偿的权利；对于司法机关的侵权提出控告的权利。毫无疑问，这些权利都是犯罪嫌疑人、被告人享有的诉讼权利，按照前面的论述，这些权利也是人权保障的范畴。被捕的人不仅有自己接受告知的权利还有权要求相关机关将其被逮捕的信息及时传递给他的亲属。被逮捕的人不仅有获得律师帮助的权利还有在保证律师能见到被押者及时了解案情的情形下，保障被羁押者能及时约见律师的权利。被羁押者申请取保候审的权利得到保障是基于保证人权的需要，如果大幅度减少羁押、降低羁押率是人道主义待遇的要求；那么不仅对与案情无关的问题有拒绝回答的权利，对与案件相关的问题也有拒绝回答的权利，并且不回答问题对被羁押者不会产生任何不利影响，不会遭受肉体、精神、心理的不愉快，也是人道主义待遇的要求。另外，在羁押场所要保证被羁押者的住宿条件、饮食条件、对信息的掌握是人道主义待遇的要求。

二、《曼德拉规则》：囚犯人权的新标准

1955 年，第一届联合国防止犯罪和罪犯待遇大会在瑞士日内瓦举行，会议期间通过了《联合国囚犯待遇最低限度标准规则》（Standard Minimum Rules for the

---

① 夏勇：《人权概念起源——权利的历史哲学》（修订版），中国政法大学出版社 2001 年，第 4 - 5 页。

Treatment of Prisoners，SMRs），这是国际上关于保障囚犯权利的最重要的法律文本。① 联合国经济及社会理事会以 1957 年 7 月 31 日第 633C（XXIV）号决议和 1977 年 5 月 13 日第 2076（LXII）号决议予以核准。该规则在近 50 年的时间里一直是各国刑事立法和司法改革的重要参考依据。自《联合国囚犯待遇最低限度标准规则》通过以来，国际社会一直将其作为构建刑事司法和刑罚体系的指导文件。

然而，数十年过去了，尽管联合国陆续推出并更新了许多与囚犯待遇有关的标准和规范，如《囚犯待遇基本原则》、《联合国非拘禁措施最低限度标准规则》（以下简称《东京规则》）、《关于医务人员特别是医生在保护被监禁和拘留的人不受酷刑和其他残忍、不人道或有辱人格的待遇或处罚方面的任务的医疗道德原则》（以下简称《医疗道德原则》）等，但有关囚犯待遇的最低限度标准规则一直未得到任何的更新和修订。

2015 年 3 月 2 日至 5 日，《联合国囚犯待遇最低限度标准规则》第四次政府间专家会议在南非开普敦召开，5 月 22 日联合国预防犯罪和刑事司法委员会在维也纳通过了修订后的规则文本。2015 年 12 月 17 日，一项被称为"纳尔逊·曼德拉规则"的新的《联合国囚犯待遇最低限度标准规则》② 正式出台。新规定以南非前总统曼德拉的名字命名，以纪念南非前总统纳尔逊·罗利拉拉·曼德拉在维护人权、平等、民主和正义所做出的贡献。南非前总统纳尔逊·曼德拉在南非种族隔离制度结束前曾在监狱中度过了 27 年的时光。他居住的囚室狭小闭塞，平时在采石场工作，同时经受了疾病和视力减退的长期折磨。曼德拉出狱后担任南非总统，成为在世界范围内大力维护人权和正义的领导人。联合国以他的名字命名新的《联合国囚犯待遇最低限度标准规则》可谓贴切与恰当。③ 这次大会还决定扩展每年 7 月 18 日纪念的"纳尔逊·曼德拉国际日"（另称为"曼德拉囚犯权利日"）的范围，以倡导人道的监禁条件，提高对囚犯仍然是社会的一部分的认识，将监狱工作人员的工作视为具有特别重要性的社会服务，并邀请会员国、区域组织和联合国系统各组织以适当方式纪念这一日子。

旧规则共 95 条，新规则增加到 122 条，整个规则的框架结构、内容均围绕尊重囚犯基本人权来展开，所有规则的设定均围绕规范监狱管理活动、保障囚犯基

---

① 该规则由经济及社会理事会以 1957 年 7 月 31 日第 633C（XXIV）号决议核准。1977 年 5 月 13 日经济及社会理事会第 2076（LXII）号决议予以修订，增加了 E 节"未经起诉而被逮捕或被监禁的人员"。

② 中文版全文参见：https：//documents-dds-ny. un. org/doc/UNDOC/GEN/N15/254/18/PDF/N1525418. pdf? OpenElement，访问日期：2018 年 12 月 8 日。

③ 司绍寒：《〈曼德拉规则〉与我国监狱法发展——评〈联合国囚犯待遇最低限度标准规则〉的最新修订》，《犯罪与改造研究》2015 年第 11 期，第 75 – 80 页。

本权益以及构建富有成效的监督体制。修改集中在九个领域：囚犯作为人类所享有的固有尊严，医疗卫生服务，弱势群体保护，纪律和制裁，监狱死亡和酷刑调查，与外部世界的联系，囚犯申诉和独立检查，部分术语的修改，监狱职员的培训。关于曼德拉规则修改的基本情况已经有文章加以介绍，我们在此主要介绍囚犯基本人权方面修改或者增加的内容。

（一）囚犯基本人权的强调和保障

《曼德拉规则》继承了 1955 年《联合国囚犯待遇最低限度标准规则》基本框架和保障囚犯基本权利的精神，体现了自 1955 年来陆续出台的有关囚犯待遇的国际法精神①，并吸纳了《囚犯待遇基本原则》《东京规则》《医疗道德原则》《有效调查和记录酷刑和其他残忍、不人道或有辱人格待遇或处罚的原则》《联合国保护被剥夺自由的少年规则》《联合国关于女性囚犯待遇和女性罪犯非拘禁措施的规则》等文件精神，重申对于基本人权的尊重和保护，并强调人权在日常刑事司法工作和预防犯罪中的根本重要性。

新规则开篇即言明，尊重囚犯作为人所固有的尊严和价值，实际上这一点吸收了《囚犯待遇基本原则》第一条"对于所有囚犯，均应尊重其作为人而固有的尊严和价值"。值得特别指出的是，《曼德拉规则》考虑到了囚犯自我认知的性别和实际性别可能存在的不同，并对这种不同予以尊重。囚犯入监时，监狱方录入的囚犯身份资料中增加了"尊重囚犯自我感知的性别"（《曼德拉规则》第七条）。这体现了《曼德拉规则》对人类性别的自我认知的尊重和包容。事实上，随着现代社会的发展、个性的尊重和解放，越来越多的人能理解性别认知差异，不再将其作为精神问题来看待。这部分特殊的少数群体，在社会生活中面临很多困境，虽然这类囚犯只有极少数，但是曼德拉仍然考虑到了这极少数人的利益，不得不说是一种巨大的并且具有前瞻性的进步。

第一，《曼德拉规则》将囚犯社会关系从家庭关系扩大到其亲朋好友。比如，狱内重要信息须告知囚犯，囚犯的入监、病危、死亡等事项须通知囚犯家属，而《曼德拉规则》第六十八、六十九条认为，监狱方应当将狱内重要信息通知囚犯家属或者紧急联系人或者其他对于囚犯很重要的人。此外，之前的规定中对于囚犯意愿出监处理的人事关系重大变故，如探望重病近亲，或者参加近亲葬礼，在不影响管理和安全的情况下，监狱应尽可能地允许。对此，尽管现规则将事项上仍

---

① 如《公民权利和政治权利国际公约》、《经济、社会及文化权利国际公约》、《禁止酷刑和其他残忍、不人道或有辱人格的待遇或处罚公约》及其《任择议定书》。

然限定为情况允许下的重病和死亡，但是其把人事关系从近亲属扩大到对其具有重要意义的人，并认为囚犯的近亲属或任何其他重要的人重病或死亡时，监狱方有义务立即通知囚犯。

第二，《曼德拉规则》规定了监狱应尽可能将囚犯安置在离家较近的监狱服刑的新内容。很多情况下，国家无法将囚犯安置在离家较近的监狱服刑，自然就对囚犯与其家庭保持良好社会关系产生了负面影响。《欧洲监狱规则》认为，国家在执行监禁刑时强制力必须仅限于绝对必要的剥夺或限制自由，除此之外不得进一步施加身体、精神或社会剥夺。为此，监狱应尽可能将囚犯安置在离家较近的监狱服刑，以便囚犯的家人与囚犯联系不必受经济条件和时间的制约。《曼德拉规则》吸纳了这一观点，为了便于囚犯改造和社会化，其第五十九条规定："囚犯应尽可能被分配至接近其家庭或恢复社会生活的地点的监狱。"

第三，《曼德拉规则》增加了为囚犯提供医疗保健是国家责任的内容。对于囚犯的健康权和医疗权的保障，《曼德拉规则》第二十四条明确指出，为囚犯提供医疗保健是国家的责任。欧洲禁止酷刑和不人道或有辱人格的待遇或处罚委员会（CPT）1997年提出"为囚犯提供的医疗服务符合所要求的标准，并与外部社会医疗保健体系提供的服务相当"（欧洲委员会，1997：26/58）。《曼德拉规则》认可了这一观点，认为囚犯应当享有同其他社区居民一样的健康照顾标准，包括在艾滋病、肺结核、其他传染性疾病以及药物成瘾依赖方面的医疗照顾，囚犯应享有的医疗保健标准应与在社区中能够享有的相同，并应能够免费获得必要的医疗保健服务，不因其法律地位而受到歧视。此外，《曼德拉规制》禁止对囚犯健康构成危害的医疗或科学实验，狱医如发现囚犯身上存在被怀疑遭受虐待和酷刑的痕迹，应及时向相关医务、行政人员和法律当局进行汇报。

第四，《曼德拉规则》对狱内搜查提供了明确的指南。搜查时应尊重被搜查者作为人所固有的尊严和隐私，并应遵循相称性、合法性和必要性的原则。出于问责目的，搜查应当留下记录，载明搜查原因、搜查人员身份以及搜查结果等信息。监狱方不得利用搜查进行骚扰、恐吓或对囚犯的隐私进行不必要的侵犯。侵入性搜查在实践中屡见不鲜，但是在正式文本中却并无规定，侵入性搜查的实施由监狱方单方决定。《曼德拉规则》第六十条首次对侵入性搜查提供指导，包括脱衣搜身和体腔检查，侵入性搜查仅在绝对必要时才进行。侵入性搜查的实施应当在私密状态下、由与囚犯性别相同且受过训练的工作人员进行。体腔搜查应仅由合格的医疗保健专业人员进行，不得由主要是负责照顾该囚犯的保健人员进行，或至少应由受过医学专业训练的工作人员按卫生、健康和安全标准进行。

（二）囚犯权利保障实施机制的新变化

考虑到现代监狱管理和囚犯人权保障的需要，基于旧规则和相关的人权保障文件，《曼德拉规则》吸收了各地区囚犯管理与人权保障的有益经验，对囚犯权利保障机制做了进一步的完善，主要体现在监狱监督体制、囚犯申诉制度、狱内非正常死亡的调查程序的变化中。

第一，监狱监督体制的变化。相较于原规定中"主管当局所派富有经验的合格检查员应按期检查监所"，《曼德拉规则》规定的内、外部双重定期巡视体制更能满足监督需要，这一监督体制体现在《曼德拉规则》第八十三、八十四、八十五条中。其中，内部监督包括由中央监狱管理部门进行或者其他机构进行的行政性巡视；外部监督由一个独立于监狱管理部门的机构进行。无论哪种监督方式，检查目的在于确保监狱的管理符合现行法律法规、政策和程序，监狱管理围绕改造矫正这一中心任务进行，囚犯的正当权利受到保护，这一点吸纳了《禁止酷刑公约任择议定书》的相关观点和实践。

事实上，监狱独立巡视作为一项监督和检查制度，并非《曼德拉规则》首创，其来自 2002 年联合国《禁止酷刑公约任择议定书》中所倡导的羁押巡视制度，即由国家机关组织社会公众代表对羁押场所进行定期或不定期的独立巡视，巡视人员通过巡视羁押场所的羁押条件、查验羁押记录、与被羁押人进行单独访谈，以确认被羁押人受到了人道待遇、羁押符合法定条件与程序、被羁押人的法定权利得到有效保护。

自 2002 年《禁止酷刑公约任择议定书》通过以来，截至 2022 年 12 月 31 日，有 83 个国家签署了该议定书，其中 64 个国家已经实际运行了他们的国家保护机制，各国的监督机制有一定区别，但大同小异。《曼德拉规则》的独立巡视制度事实上吸纳了这些国家的有益经验。诸如，其规定巡视员可以了解所有囚犯以及拘留场所和位置的信息，也能了解所有与囚犯待遇相关的信息，包括他们的记录以及关押条件。巡视员可以自由选择巡视哪所监狱，自由选择会见哪名囚犯；可以不经通知地对监狱进行突击巡视；在访问过程中与囚犯和监狱工作人员进行完全保密的私下会见；可以对监狱管理部门和其他主管机关提出建议。

此外，国际社会由业外人士对监狱进行的独立外部巡视业已取得良好效果，《曼德拉规则》吸收了各国业外人士探访监狱的有益经验。其规定，外部的巡视团队由适格的机关指派合适的、有经验的巡视员组成，其中应当包含医疗护理专业人士，出于性别平衡考虑，也应当包含女性代表。巡视员每次巡视检查完毕，都应当向主管机关提交书面报告，可以公开的情况下要将这份检查报告公之于众，当然，报告中一般不能显示囚犯的任何个人信息，除非得到囚犯的明确同意。《曼德拉规则》第八十五条认为，监狱方可以适当考虑将巡视书面报告公之于众，这点更符合实际工作需要。监狱管理部门或其他主管部门视情况应在合理时间内表明其是否会落实外部检查所提出的建议。

第二，囚犯申诉制度的变化。对于囚犯的申诉权，1955年的旧规则第三十六条作出了规定，囚犯在工作日有机会向监所主任或奉派代表主任的官员提出请求和申诉；监狱检查员检查监狱时，囚犯也可以提出请求或申诉；囚犯可按照核定的渠道，向中央监狱管理处、司法当局或其他适当机关提出请求或申请，内容不受检查，但需符合格式；除非请求或申诉显然过于琐碎或者毫无根据应立即处理。

《曼德拉规则》第五十六条在此基础上进行了修改，相较于原规定中的工作日有机会进行内部申诉，现行的规定考虑到了非工作日和节假日囚犯权利保障的需要。囚犯每天都能向监狱管理的内设相关人员提出请求和申诉。囚犯可以在巡视人员巡视监狱时，向巡视人员提出请求或申诉。《曼德拉规则》强调囚犯和巡视人员交流的保密性，认为囚犯应有机会同巡视人员进行自由和完全保密的谈话，监狱长或其他工作人员不得在场。此外，囚犯提出的书面请求和申诉，不再受限于格式要求。其内容不受检查，对其格式也无要求。无论囚犯采用何种方式进行申诉，申诉的安全性和保密性是第一要务。

《曼德拉规则》进一步保障囚犯申诉权的同时，更赋予囚犯针对申诉的救济权。囚犯的请求、申诉应当迅速处理并进行答复。如若囚犯的请求或申诉被驳回或有不当迟延，申诉人应有权提交司法主管机关或其他主管机关。囚犯的申诉、请求权可以延伸至其法律顾问。如果囚犯或其法律顾问都不可能行使那些权利，囚犯的家属或任何了解案情的其他人均可行使。监狱方和监督方有义务保障囚犯以及其他人提出请求和申诉的安全性，对申诉人的申诉予以保密，且不得使囚犯或其他人因提出请求或申诉而承受任何报复、威吓或其他负面后果。

囚犯申诉如若涉及酷刑或者或其他残忍、不人道或有辱人格的待遇或处罚的指控，此类申诉应由独立国家机关立即开展公正调查。

第三，狱内非正常死亡的调查程序的变化。《曼德拉规则》第七十一条首次明确规定监狱囚犯重大事项报告制度，监狱长应立即上报任何在押人员死亡、失踪或严重受伤事件，并负责对此类事项的情况和原因进行及时、公正和有效的调查。

一旦发生狱内事故，如监禁中的死亡、失踪或严重受伤事件，即便启动了内部调查，监狱长仍应毫不迟延地向独立于监狱管理当局的部门和机构进行汇报，该主管机关应立即公正而有效地调查此类事件的背景和原因。基于合理理由相信狱中实施了酷刑或其他残忍、不人道或有辱人格的待遇或处罚行为，不论是否接到正式申诉，监狱方仍有义务向前述独立主管机关报告，并且立即采取步骤以确保可能牵涉其中的全部人员没有参与调查且没有与目击者、受害者或受害者家人接触。

（三）监狱医务人员地位和作用的重大转变

对于监狱医务人员的地位和作用，1955 年的旧规则《联合国囚犯待遇最低限度标准规则》和 1982 年的《医疗道德原则》中有所体现。

旧规则主要在医疗部分对医务人员的工作有所规定。医务人员的任务包括对囚犯进行入监体检以及提供日常医疗服务。入监体检的目的是发现囚犯有没有肉体的或精神的疾病，并采取一切必要的措施；将疑有传染病状的囚犯隔离；注意有没有可以阻碍培训的身体或精神缺陷，并断定每一位囚犯从事体力劳动的能力。医务人员负责照顾囚犯身体和精神的健康，应当每天诊看所有患病的囚犯、自称染病的囚犯和请求特别照顾的任何囚犯。如若医疗人员认为继续予以监禁或监禁的任何条件已经或将会危害某一囚犯的身体或精神健康时，应当向监狱负责人提出报告。此外，医疗人员还有权就囚犯的日常生活条件，如食宿条件等向监狱负责人提出建议，而这些建议的效力，未被接受的后续措施，旧规则并未指出。

1948 年 12 月 10 日联合国大会通过的《世界人权宣言》第五条规定："对任何人不得加以酷刑，或施以残忍的、不人道的或侮辱性的待遇或惩罚。"虽然该宣言并不具有法律上的约束力，但其关于酷刑的规定开启了国际社会禁止酷刑的新篇章。为了将该宣言的内容转化为具有法律约束力的条款，国际社会相继协商、签署和批准了一系列专门的国际公约或文件。这些公约或文件包括了 1982 年《医疗道德原则》，共 6 条原则，是专门针对监狱医务人员的医疗道德的规定，主要强调医务人员的地位和不得参与酷刑的义务。原则一规定监狱医务人员有义务保护囚犯身心健康以及向囚犯提供与被监禁或拘留的人同样质量和标准的疾病治疗。原则二禁止医务人员成为狱内酷刑的参与人，不论是积极参与还是消极参与。原则三认为，医务人员与囚犯的关系上，医务人员的职业目的一旦超出确定、保护或增进被监禁或拘留的人的身心健康，为违反医疗道德。

如上所述，医务人员作为囚犯健康权利的捍卫者和保护者，这一性质毋庸置疑，不得积极或者消极地参与酷刑，这一点也规定得足够明朗。《曼德拉规则》第三十条规定："医生或无论是否要向该医生汇报的其他合格医疗保健专业人员，应于囚犯入狱后，尽快与之会晤、交谈并予以检查，以后于必要时，亦应会晤、交谈和检查。"充分体现了医务人员作为囚犯健康权利的保障者、监督者角色。

对于囚犯入监体检，《曼德拉规则》强调医务人员要特别注意查明被送来的囚犯在入狱前可能受到的任何虐待。医疗保健专业人员若在囚犯入狱体检时或在此后为囚犯提供医疗服务时发现酷刑或其他残忍、不人道或有辱人格待遇或处罚的任何迹象，应将这些情况记录下来并报告医疗、行政或司法主管部门。这一点有别于旧规则中规定的情况上报、建议上报给监狱负责人，更有利于发挥医务人员的保障囚犯权益、防范监狱酷刑的重要作用。

1982 年的《医疗道德标准》规定，医务人员如参与任何约束被监禁或拘留的人的程序，均属违反医疗道德。《曼德拉规则》第四十六条对这一点进行了细化，规定医疗保健人员不应在实施纪律惩罚或其他限制措施上起到任何作用。不过，对于非自愿隔离的囚犯的健康，医务人员应当每日访问此类囚犯，并应这些囚犯请求立即提供医疗帮助和治疗。医务人员有义务及时向监狱长报告纪律惩罚或者其他限制措施对囚犯身心健康产生的不利影响，并认为因囚犯身心健康情形而有必要终止或者更改惩戒措施的时候，可以向监狱长提出建议。

医生秉承道德标准和职业标准进行的医疗活动，医务人员所作出的临床决定，监狱的非医疗工作人员不可否决或忽视这些决定。

（四）对囚犯纪律处罚措施的慎重使用

在纪律领域，曼德拉强调监狱应当慎重使用纪律处罚措施，特别禁止以下五种惩罚——无限期的单独监禁、长期单独监禁、将囚犯关在黑暗或持续明亮的囚室中、体罚或减少囚犯饮食和饮水以及集体处罚，禁止将戒具用作对违纪行为的惩罚工具。此外，纪律惩罚或限制措施不应包括禁止与家人联系。在维护安全和秩序所必需的情况下，监狱方仅可在有限的一段时间内限制囚犯与家人联系。

对单独监禁进行了明确规定，是《曼德拉规则》的重要贡献之一。其第四十四条规定，单独监禁是指一天内对囚犯实行缺乏有意义人际接触的监禁达到或超过 22 个小时，长期单独监禁指连续超过 15 天的单独监禁。这是第一次在正式文本中明确定义单独监禁以及单独监禁的使用限制。《曼德拉规则》禁止因囚犯所受的判决而施以单独监禁，即禁止将单独监禁作为一种由法官在宣判时确定的独立刑事制裁措施，如纽约世界贸易中心爆炸案的被告人拉姆齐·约瑟夫被判处 240 年的单独监禁。

在此之前，单独监禁指将犯罪人隔离在狭小的囚室中并切断其与外界的联系的关押方式。至于单独监禁的时间，最短的只有数天，通常是 3 个月至 1 年左右，最长则可达到数十年。在美国，被单独监禁的犯罪人每天被隔离的时间超过 20 小时，将近 23 小时；在日本，被单独监禁的死刑犯每年 365 天都被单独监禁在死囚牢中近 24 小时；在新加坡，被单独监禁的犯罪人被隔离在约 3 平方米的单人监室中……被禁止走出监室呼吸新鲜空气或者锻炼。

尽管单独监禁并不剥夺囚犯的生命权，但是囚室的物理条件非常恶劣，囚犯的行为又受到严格控制，与外界联系几乎完全被切断，在此情况下的单独监禁对囚犯的身心惩罚力度不言而喻。对此，《曼德拉规则》第四十五条认为，单独监禁只应作为在例外情形下不得已而采取的办法，时间能短则短，并应受独立审查，而且只能依据主管机关的核准。

对于监狱弱势群体，如妇女和儿童，《曼德拉规则》继续适用预防犯罪和刑事司法领域的其他联合国标准和规范，吸收《联合国保护被剥夺自由的少年规则》第六十七条规则、《联合国关于女性囚犯待遇和女性罪犯非拘禁措施的规则》第二十二条规则的精神，禁止对妇女儿童使用单独监禁和类似措施。此外，《曼德拉规则》第四十五条规则要求对于有精神残疾或身体残疾的囚犯，适用单独监禁会恶化病情时，不得对其实施此类措施。

《曼德拉规则》第四十七、四十八条规定，对于监狱内戒具的使用，监狱方不得使用铁链、镣铐和本身具有侮辱性或致痛性的其他戒具。只有在法律许可的情况下，以及移送囚犯时防其脱逃，或者其他管制办法无效，出于避免囚犯伤害自己、伤及他人或损坏财产的情况下，才可以使用戒具。在后者情况下，监狱长应立即通知医生或其他合格医疗保健专业人员并报告上级行政机关。此外，戒具的使用要遵从合理性、必要性、比例性、时限性。

最后，《曼德拉规则》第四十一条规定了囚犯应有机会寻求对自己所受的纪律惩罚进行辩护并寻求司法审查。规定对罪犯监狱内违纪行为的调查应由主管机关进行，并应告知罪犯其被控违纪的性质，保证罪犯为此准备辩护的时间，以自行辩护或者通过提供法律援助的律师进行辩护，可以主张对自己所受的处罚进行司法审查。如果违纪行为涉嫌犯罪，则应当按照刑事诉讼人权标准保障其权利。

三、我国看守所人权状况的实证考察

为了全面论证审前羁押中的基本人权问题，有必要对我国审前羁押的主要场所——看守所的运行状况进行实证考察。本部分将通过分析最高人民检察院 15 年的工作报告和国务院新闻办公室发布的相关白皮书中的数据、做法、案例，反映看守所在押人员的人权状况。

（一）《最高人民检察院工作报告》反映的情况
梳理 2007 年至 2021 年间的《最高人民检察院工作报告》（以下简称《工作报

告》），《工作报告》中"纠正侦查活动违法数量""纠正侵犯被监管人员权益数据""纠正刑罚执行和监管活动违法件次""纠正超期羁押、久拖不决案件数"等内容，反映出监管场所存在的相当数量的侵犯被监管人员权益案件、监管活动违法情形、监管场所事故隐患、"牢头狱霸"情形和超期羁押案件得到了有效治理。经过15年的法治进程，在押人员的基本人权保障越来越全面，超期羁押、滥用强制措施、刑讯逼供、"牢头狱霸"、非正常死亡等严重侵害被羁押人员合法权益的情形得到有效遏制。

2007年《工作报告》指出："对侦查活动中的违法情况提出纠正意见11368件次。巩固集中清理超期羁押的成果，监督纠正超期羁押233人次，检察环节继续保持无超期羁押。"2008年《工作报告》指出："对侦查活动中滥用强制措施等违法情况提出纠正意见50742件次。"2009年《工作报告》中提到："对侵犯被监管人合法权益等问题提出纠正意见11660件次，增加85.6%。"2010年《工作报告》指出："对侦查活动中的违法情况提出纠正意见25664件次，同比增加16.4%。针对在押人员非正常死亡事件暴露的问题，会同公安机关开展全国看守所监管执法专项检查，清理发现有'牢头狱霸'行为的在押人员2207人，对其中涉嫌犯罪的123人依法提公诉；会同司法行政机关开展全国监狱清查事故隐患、促进安全监管专项活动，认真解决安全措施、监管工作不到位等问题。"2011年《工作报告》指出："会同司法行政机关深入开展全国监狱清查事故隐患、促进安全监管专项活动，重点排查解决'牢头狱霸'问题，对87名严重破坏监管秩序的在押犯依法追究刑事责任。推进与监管场所的监控联网，完善和落实收押检察、巡视检察等工作机制。"2012年《工作报告》指出："对刑罚执行和监管活动中的违法情况提出纠正意见24075件次……会同公安机关、人民法院集中清理久押不决案件463件，依法纠正超期羁押242人次。"2013年《工作报告》指出："推进与监管场所执法信息联网和监控联网，加强和规范派驻监管场所检察室建设，对刑罚执行和监管活动中的违法情况提出纠正意见110656件次。会同有关部门开展看守所监管执法、监狱清查事故隐患等专项检查，排查解决'牢头狱霸'等问题，促进依法文明安全监管。会同公安机关、人民法院集中清理久押不决案件，依法纠正超期羁押1894人次。"2014年《工作报告》指出："注重保障被羁押人员合法权益，监督纠正刑罚执行和监管活动中的违法情形42873件次；督促清理久押不决案件，监督纠正超期羁押432人次。"2015年《工作报告》指出："在中央政法委统一领导和支持下，检察机关牵头，对政法各机关羁押3年以上仍未办结的案件持续进行集中清理；最高人民检察院对羁押8年以上的案件挂牌督办，逐案提出处理建议。经各机关共同努力，清理出的 4459 人现已纠正 4299 人。坚决贯彻保障人权、疑罪从无原则，对 32 件因存在疑点或证据不足难以定案、导致犯罪嫌疑人被长期羁押的案件分别依法作无罪处理，其中检察机关不起诉 10 人，并共同做好释法说理、司法救助、国家赔偿等工作。"2016 年《工作报告》指出："持续监督各政法机关清理久押不决案件，2013 年核查出的羁押 3 年以上未结案的 4459 人下降到 6 人。对阻碍律师依法行使诉讼权利的，监督有关机关纠正 1093 件。"2017 年《工作报告》指出："监督纠正违法取证、违法适用强制措施、刑讯逼供等侦查活动违法情形 34230 件次，同比分别上升 7.4%。持续监督纠正久押不决案件。经各政法机关共同努力，2013 年核查出的羁押 3 年以上未结案的 4459 人，至去年全国两会时下降为 6 人，去年 10 月已全部清理纠正完毕。"2018 年《工作报告》指出："在中央政法委统一领导下，检察机关牵头，对政法各机关羁押 3 年以上仍未办结的案件集中清理。经政法各机关共同努力，2013 年核查出的 4459 人，至 2016 年 10 月全部清理纠正完毕。"2019《工作报告》指出："对侦查机关违法取证、适用强制措施不当等提出书面纠正意见 58744 件次，同比上升 22.8%。"2020 年《工作报告》指出："常态化清理久押不决案件，对侦查、审判环节羁押 5 年以上未结案的 367 人逐案核查，已依法纠正 189 人。"2021 年《工作报告》指出："创新落实巡回检察制度，直接组织对 3 所监狱跨省交叉巡回检察，推进常态化省内交叉巡回检察，发现并纠正了一批严重违规违法问题。河南检察机关在交叉巡回检察中发现某监狱一度监管秩序混乱，对 7 名监管人员立案侦查，同时严肃追究 6 名派驻检察人员相应责任。"不可否认，这些数据中并非都是对在押人员基本人权的侵犯，但是通过这些数据我们更不能否认在审前羁押中存在侵犯基本人权的情况，并且这个数字应该不小。

（二）国务院新闻办公室发布白皮书载明的情况

国务院新闻办公室 2016 年 9 月 29 日发布了《国家人权行动计划（2016—2020年）》、2017 年 12 月 15 日发表《中国人权法治化保障的新进展》白皮书、2021 年6 月 24 日发表《中国共产党尊重和保障人权的伟大实践》白皮书、2021 年 9 月 9日发布《国家人权行动计划（2021—2025 年）》，四个文件对在押人员权益保障、监管场所管理和监督等进行了阐述，并载明了所取得的成就。

2016 年《国家人权行动计划（2016—2020 年）》①　提出，要在五年间"规范

---

①　中华人民共和国国务院新闻办公室：《国家人权行动计划（2016—2020 年）》，http：//www.gov.cn/xinwen/2016－09/29/content_ 5113376.htm，访问日期：2021 年 11 月 4 日。

监管场所，保障各类被限制人身自由人员的权利。制定看守所法，提升被羁押人权利保障的立法层级，完善配套法律法规和规章制度。严格落实监管场所的各项规章制度。完善被羁押人投诉处理机制，畅通被羁押人权利救济渠道。加强监管场所检察信息化建设，实现对监管场所的动态监督"。2021 年，中国人权研究会、西南政法大学人权研究院受国家人权行动计划联席会议机制委托，对《国家人权行动计划（2016—2020 年）》的实施情况开展评估，并形成《〈国家人权行动计划（2016—2020 年）〉实施情况评估报告》①，认为"《行动计划》得到全面实施，168 项目标和任务全部完成，其中很多指标和任务提前或超额完成"。

2017 年《中国人权法治化保障的新进展》白皮书②明确提及："改善羁押和监管条件，加强看守所和监狱的建设和管理，保障被羁押人、服刑人的人身安全和其他合法权利不受侵犯。截至 2017 年 6 月，全国看守所普遍建立被羁押人心理咨询室，有 2501 个看守所实现留所服刑罪犯互联网双向视频会见；全国 2400 多个看守所建立了法律援助工作站，为在押人员提供法律帮助。截至 2016 年，全国看守所均建立了在押人员投诉处理机制，有 2489 个看守所聘请了特邀监督员。"

2021 年《中国共产党尊重和保障人权的伟大实践》白皮书③指出："刑法确立罪刑法定原则、平等适用刑法原则、罪刑相适应原则，依法制裁侵犯公民生命、健康、自由等权利的犯罪行为。刑事诉讼法将'尊重和保障人权'写入总则，明确规定无罪推定原则、非法证据排除规则，保护犯罪嫌疑人、被告人和罪犯依法享有的人权。刑法、刑事诉讼法确立罪刑法定、无罪推定、非法证据排除等原则规则，明确禁止刑讯逼供；保障犯罪嫌疑人、被告人、服刑人员、社区矫正对象、戒毒人员及刑满释放人员的合法权利。""刑法、刑事诉讼法确立罪刑法定、无罪推定、非法证据排除等原则规则，明确禁止刑讯逼供。""保障犯罪嫌疑人、被告人、服刑人员、社区矫正对象、戒毒人员及刑满释放人员的合法权利。"

2021 年《国家人权行动计划（2021—2025 年）》④ 提出要"降低审前羁押率。落实社会危险性条件证明制度，对无社会危险性或者采取非羁押性强制措施足以

---

① 中国人权研究会、西南政法大学人权研究院：《〈国家人权行动计划（2016—2020 年）〉实施情况评估报告》，http：//www. humanrights. cn/html/2021/3_ 0929/61375. html，访问日期：2021 年 11 月 4 日。

② 中华人民共和国国务院新闻办公室：《中国人权法治化保障的新进展》，http：//www. scio. gov. cn/zfbps/32832/Document/1613514/1613514. htm，访问日期：2021 年 11 月 4 日。

③ 中华人民共和国国务院新闻办公室：　《中国共产党尊重和保障人权的伟大实践》，http：//www. scio. gov. cn/xwfbh/xwbfbh/wqfbh/44687/46065/xgzc46071/Document/1707311/1707311. htm，访问日期：2021 年 11 月 4 日。

④ 中华人民共和国国务院新闻办公室：　《国家人权行动计划（2021—2025 年）》http：//www. gov. cn/xinwen/2021 –09/09/content_ 5636384. htm，访问日期：2021 年 11 月 4 日。

防止社会危害性的依法不捕。健全羁押必要性审查机制，推进延长羁押期限实质化审查，规范和完善取保候审等非羁押监管措施""保障被羁押人、罪犯合法权利。完善看守所管理制度，加强被羁押人权利保障。严禁体罚、虐待、侮辱、殴打罪犯或纵容他人殴打罪犯。加强监所医疗卫生专业化建设，提升医疗救治能力，保障被羁押人的生命和健康"。

在中国共产党的领导下，依法治国和人权保障有机结合，在推进全面依法治国进程中，科学立法为保障人权提供了坚实的法律体系，严格执法为保障人权提供了良好的法治政府环境，公正司法为保障人权提供了有力的司法救济途径。在全面依法治国进程中，审前羁押率不断降低、刑讯逼供被明确禁止、在押人员权利得到保障、看守所管理制度日益完善，但是，53%的审前羁押率仍然过高、看守所立法仍未通过、超期羁押现象仍会出现、看守所卫生专业化水平仍待提高。

四、审前羁押基本人权的内容

（一）审前羁押中的人格尊严

尊严是人与生俱来的本性之一，是对被人尊重的需求及因获得尊重而在内心生成的满足感。正是由于每个人拥有不可侵犯的人格尊严，人才获得了自尊的内心力量，成为充满责任感的道德主体，在尊重他人成为道义责任的同时，也获得了受人尊重的道德权利。

国际公约对人格尊严的重视源于第二次世界大战后。1945年制定的《联合国宪章》开篇即表达了对人格尊严的重视，"为免后世再遭当代人类两度身历惨不堪言之战祸"，"重申基本人权、人格尊严与价值，以及男女与大小各国平等权利之信念"。《世界人权宣言》序言再次强调："对人类家庭所有成员的固有尊严及其平等的和不移的权利的承认，乃是世界自由、正义与和平的基础。"其第一条就规定"人人生而自由，在尊严和权利上一律平等"。《公民权利和政治权利国际公约》序言重申了人格尊严的重要性："依据联合国宪章所宣称的原则，对人类家庭所有成员的固有尊严及其平等的和不移的权利的承认，乃是世界自由、正义与和平的基础，确认这些权利是源于人身的固有尊严。"《公民权利和政治权利国际公约》还专门针对被剥夺自由的人的尊严问题做了规定："所有被剥夺自由的人应给予人道及尊重其固有的人格尊严的待遇。"直至1984年联合国通过的《禁止酷刑和其他残忍、不人道或有辱人格的待遇或处罚公约》详细规定了各成员国保护被羁押者人格尊严的要求。1993年制定的《维也纳宣言和行动纲领》在序言中也规定"一切人权都源于人类固有的尊严和价值"。《保护所有遭受任何形式拘留或监禁的人的原则》中的第一条原则就是"所有遭受任何形式拘留或监禁的人均应获得人道待遇和尊重其固有人格尊严的待遇"。《曼德拉规则》第一条就是"对待所有囚犯，均应尊重其作为人所固有的尊严和价值"。

国外立法也非常重视对人格尊严的保护。二战后的德国非常重视对人格尊严的保护，将人格尊严规定在《基本法》中，把对它的保护上升到了宪法高度。"德国联邦宪法法院在 1969 年'人口调查第一案'的判决中写道，'人格处于《基本法》价值秩序的首位。对人格的承诺决定着第二章第一节和《基本法》有其他条款的宗旨……根据对人的这一映像，每个人都有权在社团获得社会承认与尊重。一旦国家把人仅当作工具来对待，它就侵犯了人的尊严'。""《基本法》的宪法原则包括对人格的尊重与保护。只有人及其人格乃是宪法秩序的最高价值。国家的所有形式都有责任尊重并保卫之。"[①] 美国虽然在宪法及其修正案中没有明确规定尊重人格尊严，但是在以后的判例和法官的论述中多次强调了人格尊严的重要性。"大法官墨菲在 1944 年 Correlates 诉合众国案所持异议中最早使用了'尊严'一词。墨菲认为，残酷的手段和措施对个人尊严构成摧残，超越了宪法所列权限。""如果我们要建立一个基于人的尊严的有秩序的国际社会，则最重要的是对这些残暴罪行的惩罚，应该尽可能地不致沦为复仇和报复的丑陋代码。"[②]《日本国宪法》第十三条规定："一切国民都作为个人受到尊重。对于国民谋求生存、自由以及追求幸福的权利，只要不违反公共福祉，在立法及其他国政上都必须予以最大尊重。"1954 年日本最高法院通过的第二十九号判决书中指出："凡是犯罪行为均是对公共福祉的最大侵害，对该犯罪者科以刑罚要为当然，亦不能谓其有违反保障'个人尊严'与追求幸福之权利之宪法第十三条规定。"1957 年二百零一号判决中指出："宪法第十三条所规定，固然在于宣示对'个人之尊严'与'人格之尊重'，但如不能维持社会生活的秩序及共同的幸福，个人的生命、自由、权利，毕竟变成砂上之楼阁。"[③]《大韩民国宪法》第十条规定："一切国民都作为个人具有尊严和价值，享有追求幸福的权利。国家负有确认和保障个人享有的不可侵犯的基本人权的义务。"

罗纳德·德沃金指出："在大多数社会里，给予老人、儿童和残疾人以明确的法律保护。这样做的原因是这些群体的成员自我保护的能力较弱，而不是由于这些人对社会更有道德价值。与此相类似，给予个人的更多的权利保护，是因为面

---

① 张千帆：《西方宪政体系（下册·欧洲宪法）》，中国政法大学出版社 2005 年版，第 353 – 355 页。
② 327 U. S. 29（1946）（Murphy, J, dissenting）.
③ ［日］"司法院"秘书处：《日本国宪法判例译本第一辑》，1971 年版，第 30 – 46 页。

临政府滥用权力的时候，个人是脆弱的。权利理论强调个人权利，因为需要特殊保护的是个人而不是社会。"① 在我国，由于审前羁押的场所一般为看守所，而看守所可以被看作侦查机关的"后花园"，归公安机关领导、管理，不具有中立的性质。在此种环境下，作为被侦查者的犯罪嫌疑人、被告人的人格尊严很难得到保障。

要切实保障被羁押人的人格尊严，必须从三个方面做好充分的保障：其一，不能未经中立的司法机关审查就决定剥夺犯罪嫌疑人的自由，这是对人性尊严最严重的践踏。其二，必须明确羁押的场所问题，如果将被羁押人关押于追诉机关所控制的场所，基于控诉犯罪、获取证据的需要很可能对被羁押人进行刑讯逼供。在犯罪嫌疑人被羁押期间不能为了侦查犯罪的需要而对其进行刑讯逼供，刑讯逼供直接侵害到犯罪嫌疑人的身体健康、精神正常，是对人性尊严的直接侵害。其三，犯罪嫌疑人被羁押后要严格遵循无罪推定原则，不能将被羁押人作为犯罪人对待。只有这样才能从根本上保障其人格尊严不受侵犯。

关系到在押犯罪嫌疑人、被告人人格尊严的因素很多，本章拟从最小的方面入笔，希望以小见大，能对保障嫌疑人、被告人的人格尊严有所帮助。根据我国公安机关看守所的有关规定，在押人员的被服统一由看守所配发。为了整齐、清洁和便于识别，被服是统一式样、统一颜色、统一标记的。所以，在以往的大部分刑事案件中，刑事被告人大都穿看守所统一服装出庭受审，这些统一服装通常都印有看守所的名称，诸如"某看"等字样。更有甚者，嫌疑人一旦进入羁押场所就被剃光头，美其名曰"干净、卫生"。根据无罪推定原则，在没有经过合法的法庭依法审理、定罪之前，对任何人都不得确定有罪，嫌疑人、被告人有权保持自己的日常生活习惯，日常生活装束不被强迫。目前，我国政府正在创建社会主义和谐社会，和谐社会是以人为本的社会、充满人文关怀的社会，应该充分尊重人的自主选择，保障每个人的人格尊严。令人欣慰的是，在实践中，一些地方的司法机关已经开始关注这些"小问题"，为犯罪嫌疑人、被告人提供保障人格尊严的措施。

（二）审前羁押中的人伦亲情

"我们应当摒弃伦理和法律两极对立的思维方式，注意两者的结合，做到维护伦理而不违法，遵守法律而又维护伦理，从而使伦理、法律在尖锐的矛盾冲突中

---

① ［美］罗纳德·德沃金：《认真对待权利》，信春鹰、吴玉章译，中国大百科全书出版社 1998 年版，第 15 – 16 页。

得以两全。"① 这种观点看到了法律与伦理两者之间的辩证统一关系，对于深刻认识法律与伦理之间的关系具有重要的指导作用。家庭是社会的有机组成部分，而人伦亲情是维系家庭的重要纽带，在刑事诉讼过程中也要确立人伦亲情伦理观，加强对人伦亲情的维护。

"羁押意味着犯罪嫌疑人与家庭成员的隔离，这是对犯罪嫌疑人作为家庭成员的共同生活自由的剥夺，但是在羁押期间能够见到其家庭成员的自由不在剥夺之列，而只能对这种自由加以限制。"② 保障在押人员与其亲属进行接触、交流，有利于对其进行心理安慰，满足了在押犯罪嫌疑人、被告人与外界，尤其是与家庭联系的心理需求，符合人情和常理，也体现了法律的人道主义关怀。这里所说的接触包括在押犯罪嫌疑人、被告人与亲属当面会见、通过电话、书信以及传递物品等方式交流信息。会见交流权是犯罪嫌疑人和被告人的一项最基本的诉讼权利，是公民言论行为自由与法律帮助权的宪法基本权利和无罪推定的基本人权在刑事诉讼中的具体要求。③ 当然，会见、交流的内容可以是与犯罪嫌疑人、被告人所涉案件相关的内容，也可以是与所涉案件无关的内容。

国际刑事司法准则中对这一问题有相应的要求。《保护所有遭受任何形式拘留或监禁的人的原则》第十六条规定："被拘禁者有权要求有关部门在其逮捕后迅速通知其家庭成员或他选择的其他合适的人；通知他们逮捕或拘留的地点；在他们被转移到其他地方时得到及时的通知。"该原则第十五条规定："被拘禁者与外界，特别是与其家属或律师的联络，不应被剥夺数日以上。"第十九条规定："除须遵守法律或合法条例具体规定的合理条件和限制外，被拘禁者应有权接受特别是其家属的探访，并与家属通信，同时应获得充分机会同外界联络。"《联合国囚犯待遇最低限度标准规则》第三十七条规定："囚犯应准在必要监视之下，以通信或接见方式，经常同亲属和有信誉的朋友联络。"（此处的"囚犯"包括在押或等候审讯的囚犯）联合国《儿童权利公约》第三十七条 c 项规定："以羁押的例外为基本前提，被剥夺自由的儿童有权通过信件和探访同家人保持联系。"《保护被剥夺自由少年规则》第六十条还规定了其"原则上每周一次，至少每月一次"接受定期探访，第六十一条还规定羁押所内的少年"均应有权每周两次与其选择的人进行书面或电话联系"。《曼德拉规则》第二十九条规定："1. 允许儿童在监狱与自己

---

① 张国钧：《亲属容隐的合法性与合理性》，《伦理学研究》2005 年第 2 期，第 77 页。
② 李建明：《刑事司法改革研究》，中国检察出版社 2003 年版，第 88 页。
③ 谢进杰：《透视与反思：刑事辩护的困惑——以律师会见制度为基点》，《贵州民族学院学报（哲学社会科学版）》2003 年第 1 期，第 31 页。

父/母同住的决定应当基于相关儿童的最佳利益。如果允许儿童在监狱中与父/母同住，应在以下方面做好准备：（a）雇有合格工作人员的内部或外部育儿所，除由父/母照顾的时间外，儿童应放在育儿所；（b）专门的儿童保健服务，包括接收时进行健康检查和由专科医生持续监测其发育情况。2. 在狱中与父/母同住的儿童绝不应被视为囚犯。"《曼德拉规则》第四十三条第三项规定："纪律惩罚或限制措施不应包括禁止与家人联系。只可在有限的一段时间内限制与家人联系的方式，而且这种惩罚方式应确实是维持安全和秩序所必要的。"《曼德拉规则》第五十八条规定："1. 囚犯应准在必要监督之下，通过以下方式经常同亲属和朋友联络：（a）书面通信，以及使用电信、电子、数字和其他方式的通信（如有的话）；（b）接受探监。2. 如果允许配偶探访，则应无歧视地适用这一权利，而且女囚犯应能与男囚犯平等行使这一权利。应规定程序和提供场所，以确保公正而平等地提供机会，同时适当注意安全和尊严。"《曼德拉规则》第五十九条规定则对关押地点作了规定，要求"应尽可能将囚犯分配至接近其家庭或恢复社会生活的地点的监狱"。《曼德拉规则》第六十条规定对探监者权益保障作了规定："1. 在探监者同意被搜查后，视条件准许其进入监狱设施。探监者可以随时撤回自己的同意，在此情况下，监狱管理部门可以拒绝其进入。2. 针对探监者的搜查和进入程序不应有辱人格，应至少遵守第五十至第五十二条中所规定的保护性原则。应避免体腔搜查，不应对儿童进行这种搜查。"在针对特殊类别服刑中的囚犯，《曼德拉规则》第一百零六条规定："凡合乎囚犯及其家庭最大利益的双方关系，都应特别注意维持和改善。"《曼德拉规则》第一百零七条规定："从囚犯判刑开始便应考虑其出狱后的前途，并应鼓励和协助囚犯维系或建立同监狱外个人或机构的关系，以推动囚犯恢复正常生活并促进其家庭的最佳利益。"

除了国际刑事司法准则对被羁押人员与其亲属进行接触的权利有比较细致的规定外，一些刑事法治发达的国家也在其国内立法中对这一问题进行了规定。英国《警察与刑事证据法》第五十六条规定："让一名亲属、朋友或可能关心其利益的人得知他被捕的事实及被拘留的警署。"这也被称为打电话的权利，"虽然实际上被拘押人并无权利打这个电话——应该是警察有职责把消息传递给被拘押人指定的人"①。法国《刑事诉讼法典》第一百四十五条规定，"法国法在拘留之后保障嫌疑人的会见交流权以及通知家属的权利"。除此之外，第一百四十五条第一款

---

① ［英］约翰·斯普莱克：《英国刑事诉讼程序》，徐美君、杨立涛译，中国人民大学出版社 2006 年版，第 17 页。

还规定，"对于已经裁定先行羁押的被审查人，允许预审法官禁止该被审查人在十日内与任何人通信"。该条第二款规定："除前款规定情况外，任何被宣布临时羁押的人，在取得预审法官的允许后，可在羁押场所会见他人。"第三款规定："宣布临时羁押后满一个月，预审法官不得拒绝许可被羁押人会见其一名家庭成员，除非特别说明是基于预审的必要以书面作出相反的决定。"该条第四款对于该权利还规定了救济渠道，该款规定，被审查人对于预审法官的拒绝会见决定不服的，可以向刑事审查庭庭长提出申诉，由刑事审查庭庭长在五日内对该申诉作出附理由的书面决定。并且，如果刑事审查庭庭长认定预审法官的决定错误，可以签发会见许可证。德国《刑事诉讼法典》第一百一十四条 b 规定："对于逮捕事实、羁押期间的每一项新决定，法官应当不迟延地通知被逮捕人的亲属或者他所信赖的人；在不影响侦查目的的前提下，应当给予被逮捕人机会，由其本人亲自向亲属或他所信赖的人通知被捕事实。"意大利《刑事诉讼法典》第三百八十七条规定："经被逮捕人或被拘留人同意，司法警察应当立即通知其家属已经实行的逮捕或拘留。"日本《刑事诉讼法》规定："羁押嫌疑人或者被告人后，如果嫌疑人或被告人有辩护人的，必须立即通知其辩护人；没有辩护人的，应当通知嫌疑人从他的法定代理人、保佐人、配偶、直系亲属或兄弟姐妹中指定一人。"第三十九条第一款规定："身体受到拘束的被告人或者被疑人，可以在没有见证人的情况下，与辩护人或者受可以选任辩护人的人委托而将要成为辩护人的人（不是律师的人，以已有第三十一条第二款的许可时为限）会见，或者授受文书或物品。"第八十条规定："正在羁押中的被告人，在法令许可的范围内，可以与第三十九条第一款规定的人以外的人会见，或者授受文书或物品。根据拘传证而被留置于监狱的被告人，亦同。"国际刑事准则、英国、德国、法国、日本立法及相关实务对在押人员与其亲属的接触给予了具有可操作性的借鉴。随着世界各国法制的发展，法治观念的进步，对人权的保障越来越重视，反映在在押人员与亲属的接触权利上面，即是对该权利的保障力度逐渐加大，对该权利的限制逐渐缩小。

由于我国的羁押依附于拘留、逮捕，法律中没有关于羁押的告知规定，但是关于拘留、逮捕后及时告知亲属有规定。我国《刑事诉讼法》第八十五条规定："公安机关拘留人的时候，必须出示拘留证。拘留后，应当立即将被拘留人送看守所羁押，至迟不得超过二十四小时。除无法通知或者涉嫌危害国家安全犯罪、恐怖活动犯罪通知可能有碍侦查的情形以外，应当在拘留后二十四小时以内，通知被拘留人的家属。有碍侦查的情形消失以后，应当立即通知被拘留人的家属。"第九十三条规定："公安机关逮捕人的时候，必须出示逮捕证。逮捕后，应当立即将被逮捕人送看守所羁押。除无法通知的以外，应当在逮捕后二十四小时以内，通知被逮捕人的家属。"我国法律对告知的规定有利于及时告知被逮捕、拘留者的亲属，避免因长时间找不到亲属而出现的其他问题。羁押后及时告知被羁押者亲属让其知道其亲属因何事被羁押及羁押场所，使其产生心理上的安慰不至于因亲人的失踪而焦躁不安，这一制度很好地维护了人伦亲情。

审前羁押期间，犯罪嫌疑人、被告人与家庭成员接触以便会见交流的权利是嫌疑人、被告人在被羁押期间最为强烈的心理需求，是人类文明发展的必然要求，是社会发展、法治进步的重要体现，保障在押人员与家庭成员和其他人的会见交流不仅是国际人权法文件的要求，也是人道主义精神在刑事诉讼程序中的体现。家庭成员之间的联系是社会中最紧密的联系之一，符合中国传统的伦理道德，也是社会稳定的基础。虽然这种类型的会见交流不一定具有诉讼性质，对这种权利的缺失也不一定会妨碍犯罪嫌疑人、被告人自由行使诉讼权利，获得公正审判，但是，任何一种违背人伦道德甚至违背人性的制度都不具有长久的生命力，我们必须使我国《刑事诉讼法》跟上保障人权步伐、回应国际刑事司法准则的要求，这也是我国刑事诉讼发展的必然趋势。通过《刑事诉讼法》的规定及相关司法解释的保证性协助，确立在押犯罪嫌疑人、被告人与其家庭成员间的正常接触，是符合国际刑事司法准则规定的，与现代人道主义待遇相符合，也是我国刑事法治进一步发展的标志。

（三）审前羁押中的诉求表达

除了身体上的伤害，心理和精神上的折磨也属于不人道待遇，联合国反酷刑特别报告员和其他人权组织也将"长时间的隔绝式羁押"纳入酷刑或不人道待遇的范围。[1] "在人类社会中，交往是团结个体的方式，同时也是发展这些个体本身的方式。因此，交往的存在既是社会关系的现实，也是人际关系的现实；人的社会性正是在交往过程中实现的，因此，交往的根源就是个体的物质生命活动的本身。"[2] 与他人的交往是人的社会属性的要求，是人的本质属性的自然反应，应该是人的自然权利。剥夺在押人员与外界的交流将会成为对在押人员的最严厉惩罚，严重违背人的社会属性，正如美国学者奥托所说的"把一个人与世隔绝，是现在能够采用的、最严厉的刑法"[3]。在押的犯罪嫌疑人、被告人有权与他所认为有必要交流的人进行联系，这些人包括其家庭成员、委托的律师、法官甚至是新闻从业者。

① 陈光中主编：《21世纪域外刑事诉讼立法最新发展》，中国政法大学出版社2004年版，第328页。
② ［苏］安德列耶娃：《社会心理学》，南开大学社会学系译，南开大学出版社1984年版，第74页。
③ ［美］马斯洛等：《人的潜能和价值》，华夏出版社1987年版，第394页。

《公民权利和政治权利国际公约》第九条第三项规定："任何因刑事指控被逮捕或拘留的人，应被迅速带见审判官或其他经法律授权行使司法权力的官员，并有权在合理的时间内受审判或被释放。"《保护所有遭受任何形式拘留或监禁的人的原则》第四条规定："任何形式的拘留或监禁以及影响到任何形式拘留或监禁下的人的人权的一切措施，均应由司法当局或其他司法当局以命令为之，或受其有效控制。"第十一条规定："任何人如未及时得到司法当局或其他当局审问的有效机会，不应予以拘留。"《曼德拉规则》第五十六条规定："1. 囚犯应当每日都有机会向监狱长或奉派代表监狱长的监狱工作人员提出请求或申诉。2. 在监狱检查员进行检查时，应可向其提出请求或申诉。囚犯应有机会同检查员或其他检查官员进行自由和完全保密的谈话，监狱长或其他工作人员不得在场。3. 应允许囚犯向中央监狱管理部门、司法主管机关或其他主管机关，包括有审查或纠正权的机关，提出关于其待遇的请求或申诉，内容不受检查。4. 本项规则第 1 至第 3 款下的权利应当延至囚犯的法律顾问。如果囚犯或其法律顾问都不可能行使那些权利，囚犯的家属或任何了解案情的其他人均可予以行使。"《曼德拉规则》第五十七条进一步明确对囚犯各诉求的处置："1. 对每项请求或申诉都应迅速处理并毫无迟延地给予答复。如果请求或申诉被驳回，或有不当迟延，申诉人应有权提交司法主管机关或其他主管机关。2. 应当规定保障措施，确保囚犯可安全地提出请求或申诉，并在申诉人请求保密的情况下确保保密。不得使第五十六条第四款提及的囚犯或其他人因提出请求或申诉而承受任何报复、威吓或其他负面后果的风险。3. 对囚犯受到的酷刑或其他残忍、不人道或有辱人格的待遇或处罚的指控应当立即加以处理，并应依据第七十一条第一和第二款由独立国家机关立即开展公正调查。"

《欧洲人权公约》第五条第三款规定："依照本条第一款第三项的规定而被逮捕或拘留的人，应立即送交法官或其他经法律授权行使司法权的官员。"《美洲人权公约》第七条第五款规定："应将被拘留的任何人迅速提交法官或其他经法律认可的行使司法权的官员……"在英国，实施完逮捕"到达警察局后，实施逮捕的警官和被逮捕人向羁押官报告。羁押官的职责是确保被逮捕人在被拘留在警署中时得到《执行守则》和《警察与刑事证据法》规定的适当待遇。如果羁押官员与另一更资深的侦查警官在关于如何对待被拘留人的问题上存有分歧，这种冲突必须上报给警长。否则羁押官员在此类问题上总想要决定权"[①]。美国是这样规定的，

---

① ［英］约翰·斯普莱克：《英国刑事诉讼程序》，徐美君、杨立涛译，中国人民大学出版社 2006 年版，第 17 页。

"必须将被逮捕人'无不必要迟延地'——除周末外，一般是指 24 小时内——带至司法官面前接受听证。这就是首次聆讯"①。德国《刑事诉讼法典》第一百一十五条第一项规定被告经拘捕后"应立即最迟于次日解送于主管法官处"。意大利刑事诉讼中关于被逮捕人应及时送至司法官员处的规定是"司法警官和警员应尽快将被逮捕人或被拘留人交给公诉人，在任何条件下，该期限不得超过逮捕或拘留后的 24 小时，并移送有关笔录"。法国 2000 年 6 月 15 日的法律明确规定：侦查机关应在拘留一开始即通知共和国检察官。侦查机关在拘留第一时间通知检察机关的义务的明确化对于实现检察机关对司法警察的监督，防止嫌疑人权利遭受侵犯意义十分重大，是法国刑事诉讼改革的一大进步。② 虽然逮捕后移交的不是法官，但是交给公诉人也可以防止在侦查人员的拘押下被侵害权利。根据以上列举的国家公约、区域性公约及英国、美国、德国、意大利等国的规定，被拘押人在被逮捕或拘留的第一时间就应该解往法官或具有法律授权的司法官员面前，这一规定既能对拘押进行司法控制，又能保障被押人员与司法官的见面，他的辩护与诉求能顺畅地传递给法官。在押人员的另外一个诉求表达通道是媒体。关于人的诉求表达已经在多个国际的公约和文件中有明确规定，国际上也取得了保障每个人的诉求表达的一致，即使是在押的人员。《世界人权宣言》第十九条指出："人人享有主张和发表意见的自由；此项权利包括有主张而不受干涉的自由，和通过任何媒介和不论国界寻求、接受和传递消息和思想的自由。"也就是说享有任何主张和想法，并且将其通过任何形式表达出去是一项基本人权。保障这种诉求的通畅将构成人道主义待遇的一部分。《公民权利和政治权利国际公约》第十九条规定："一、人人有权持有主张，不受干涉。二、人人有自由发表意见的权利；此权利包括寻求、接受和传递各种信息和思想的自由，而不论国界，也不论口头的、书写的、印刷的、采取艺术形式的，或通过所选择的其他媒介……"

与人接触、与社会接触是非常重要的，但是，审前羁押期间在押人员与外界的接触毕竟是非常困难的，新闻媒介成为他们接触外界的一项重要方式。事实上，新闻媒介作为个人在信息社会了解和掌握信息的主要途径，对于身处几乎与外界隔绝的看守所的被押人员而言，这几乎成为他们了解外界信息的唯一途径。由于没有查到政府立法关于羁押期间羁押人员接触外界的相关规定，这里借用监狱方

---

① ［美］约书亚·德雷斯勒，艾伦·C. 迈克尔斯：《美国刑事诉讼法精解（第二卷·刑事审判）》，魏晓娜译，北京大学出版社 2009 年版，第 8 页。

② 陈卫东、刘计划、程雷：《法国刑事诉讼法改革的新进展——中国人民大学诉讼制度与司法改革研究中心赴欧洲考察报告之一》，《人民检察》2004 年第 10 期，第 67 页。

面的相关规定，希望有一定的借鉴意义。《中国的人权状况》白皮书指出：中国的罪犯在服刑期间可以阅读报刊、书籍、可以看电视、听广播、参加有益于身心健康的娱乐活动。《中国改造罪犯的状况》白皮书也指出：罪犯可以阅读报刊书籍、听广播、看电视，了解国内大事，与外部社会保持一定联系。监狱、劳改场所均设有图书馆、阅览室，备有政治、文化、文学、科技等书籍和各类报刊，供罪犯阅读，同时允许罪犯自行订阅报纸杂志。这是国家政策对监狱、劳改场所的已决罪犯所做的规定，相信在看守所等待判决的在押犯罪嫌疑人、被告人更应该有权接触社会、了解社会，从而不被信息社会所抛弃，这也是人之常情的要求。

与新闻媒介的联络也应该是双向的，在押犯罪嫌疑人、被告人也应该有权利向新闻媒介就自己目前的处境发表言论或发表与案件无关的言论。也就是他们不但有接受信息的权利，还应该有传播信息的权利。在我国的立法与实践中均没有涉及在押犯罪嫌疑人、被告人行使传递信息的权利。我国立法有必要就在押人员接受记者采访，向报社、网络、电台、电视台投稿或通过这些媒介发表看法以明确规定，保障公民的言论自由这一宪法权利。

（四）审前羁押中的免受酷刑

禁止酷刑，保持被羁押者身体和精神完整的权利，是基本人权的一个极其重要的方面。禁止酷刑已经被诸多国际条约所规定，而且国际社会普遍承认酷刑应为一般国际法所禁止。关于酷刑的规定最早出现于《世界人权宣言》，其第五条规定："任何人不得加以酷刑，或施以残忍的、不人道的或侮辱性的待遇或惩罚。"《公民权利和政治权利国际公约》第七条在继承人权宣言中的规定时对酷刑做了补充，它规定："任何人均不得加以酷刑，或施以残忍的、不人道的或侮辱性的待遇或惩罚，特别是对任何人均不得未经其自由同意而施以医学或科学实验。"人权委员会关于该条的相关评论表明："该条通过'任何人不得被'这一表达方式，禁止酷刑的主体性法律特征得到了强调；酷刑一词既指肉体的折磨，也指精神的折磨；而待遇这一词尽管比惩罚的含义要广，但不包括由社会经济条件而导致的屈辱待遇。这就意味着待遇标示某个人的、经其要求而为的或至少能归因于他的作为或不作为。"[①] 这两个重要的公约都没有对"酷刑"做出明确的界定，委员会认为没有必要为酷刑等禁止行为列一个清单或对各种不同的待遇、处罚进行区分。一项行为是否属于酷刑可以依照其行为的性质、目的和实施的严重程度加以判断。

[①] ［奥］曼弗雷德·诺瓦克：《民权公约评注：联合国〈公民权利和政治权利国际公约〉》，毕小青、孙世彦译，生活·读书·新知三联书店 2003 年版，第 129 页。

1975 年 12 月联合国大会通过的《保护人人不受酷刑和其他残忍、不人道或有辱人格待遇或处罚宣言》第一次对"酷刑"的含义进行了界定。该宣言第一条规定："一、为本宣言的目的，酷刑是指政府官员或在他怂恿之下，对一个人故意施加的任何使他在肉体上或精神上极度痛苦或苦难，以谋求他或第三者取得情报或供状，或对他做过的或涉嫌做过的事加以处罚，或对他或别的人施加恐吓的行为。按照囚犯待遇最低标准规则施行合法处罚而引起的、必然产生的或随之而来的痛苦或者苦难不在此列。二、酷刑是过分严厉的、故意施加的、残忍、不人道或有辱人格的待遇或处罚。"为了更好地执行该宣言的内容，1984 年联合国大会通过了《禁止酷刑和其他残忍、不人道或有辱人格的待遇或处罚公约》，公约第一条就明确对"酷刑"做了定义："一、为本公约的目的，'酷刑'是指为了向某人或第三者获取情报或供述，或因为他或第三者所做的或所涉嫌的行为对他加以处罚，或为了恐吓或胁迫他或第三者，或基于任何一种歧视的理由，蓄意使某人在肉体或精神上遭受剧烈疼痛或痛苦的任何行为，并且这种疼痛或痛苦是由公职人员或以官方身份行使职权的其他人所造成或在其唆使、同意或默许下造成的。纯属由法律制裁而引起或法律制裁所固有或附带的疼痛或痛苦不包括在内。二、本条规定并不妨碍载有或可能载有适用范围较广的规定的任何国际文书或国家法律。"根据公约的规定，酷刑是指"公职人员的行为，这些行为蓄意造成一个人肉体或精神上的剧烈疼痛或痛苦，乃是为了达到某一目的，诸如逼取情报或供认，或惩罚、恐吓、歧视该人"①。根据这一定义我们可以找出构成酷刑的三个条件，一是必须是公职人员以官方身份行使职权的积极行为。这个行为既可以是其亲自施行的，也可以是其唆使、同意或默许的。二是有使他人受到痛苦的意图，即蓄意造成一个人肉体或精神上的痛苦。三是实施这一行为要有目的性，是为了逼取情报或供认，或惩罚、恐吓、歧视等目的。《曼德拉规则》第一条规定："任何囚犯均不应遭受——且所有囚犯均应得到保护以免遭受——酷刑和其他残忍、不人道或有辱人格的待遇或处罚，对此，不得援引任何情形为例外理由。任何时候都应确保囚犯、工作人员、服务提供者和探访者的安全。"第三十条规定："医生或无论是否要向该医生汇报的其他合格医疗保健专业人员，应于囚犯入狱后，尽快与之会晤、交谈并予以检查，以后于必要时，亦应会晤、交谈和检查。应当特别注意：……（b）查明被送来的囚犯在入狱前可能受到的任何虐待。"第三十二条："1. 医生或

---

① ［奥］曼弗雷德·诺瓦克：《民权公约评注：联合国〈公民权利和政治权利国际公约〉》，毕小青等译，三联书店 2003 年版，第 103 页。

其他医疗保健专业人员与囚犯之间的关系应当遵守适用于社区中患者的道德标准和专业标准，特别是：……（d）绝对禁止积极或消极地进行可能构成酷刑或其他残忍、不人道或有辱人格的待遇或处罚的行为，包括可能损害囚犯健康的医学或科学实验，如摘取囚犯的细胞、身体组织和器官。"第三十四条规定："医疗保健专业人员若在囚犯入狱体检时或在此后为囚犯提供医疗服务时发现酷刑或其他残忍、不人道或有辱人格待遇或处罚的任何迹象，应将这些情况记录下来并报告医疗、行政或司法主管部门。应当遵循适当的程序保障措施，以使囚犯或相关人员不会面临可预见的受害风险。"《曼德拉规则》进一步将发现、报告囚犯遭受酷刑或其他残忍、不人道或有辱人格待遇或处罚并进行记录、报告的责任或权力赋予医生，通过与监管主体无关的第三方避免囚犯遭受酷刑。《曼德拉规则》第七十一条规定了调查与处置程序："1. 即便启动了内部调查，监狱长仍应毫不迟延地向司法或其他主管机关报告监禁中的死亡、失踪或严重受伤事件，该主管机关应独立于监狱管理部门之外并有权立即公正而有效地调查此类事件的背景和原因。监狱管理部门应与该机关充分合作并确保保全所有证据。2. 不论是否接到正式申诉，只要有合理理由相信狱中实施了酷刑或其他残忍、不人道或有辱人格的待遇或处罚行为，即应平等适用本项规则第一款中的义务。3. 只要有合理理由相信实施了本项规则第二款中提及的行为，即应立即采取步骤以确保可能牵涉其中的全部人员没有参与调查且没有与目击者、受害者或受害者家人接触。"

与"酷刑"概念同时出现在国际公约中的还有"残忍、不人道或有辱人格的待遇或处罚"这一法律术语，但是，《禁止酷刑和其他残忍、不人道或有辱人格的待遇或处罚公约》并没有对其进行定义，对二者的区分是以行为造成痛苦的剧烈程度为根据的。1988年联合国大会通过的《保护所有遭受任何形式拘留或监禁的人的原则》第六条注释指出："'残忍、不人道或有辱人格的待遇或处罚'一词应加以适当解释，借以提供最大程度的保护，以防止肉体或精神上虐待，其中包括使被拘留或被监禁人暂时或永久地被剥夺视觉或听觉等任何自然感官的使用，或使其丧失对地点或时间知觉的拘禁条件。"可以认为"酷刑"与"残忍、不人道或有辱人格的待遇或处罚"的区别是相对的、变化的，最终被认定为"酷刑"还是"不人道待遇"要根据侵害行为造成的剧烈程度来区分。诸如，有计划地被殴打、电击、火烧，或被用手铐、脚镣长时间吊起来长时间站立、威胁或模拟处决或砍断手足，或反复浸入血、尿、呕吐物、排泄物或混合物中，等等。这些行为都将构成酷刑。至于其他行为如蒙眼站立几十小时或一动不动地坐几天，或被羁押后连续四五天不给食物和饮水的做法都将构成残忍、不人道的待遇。

我国的酷刑问题主要表现为"刑讯逼供"。虽然法律中明确禁止刑讯逼供,但是基于破案的需要或其他原因,我国在遏制刑讯逼供方面所采取的措施基本上是不力的。要避免出现酷刑现象,除了在立法中明确赋予嫌疑人以沉默权、规定审讯时律师在场权、对审讯过程全程监控等方面,还必须做好以下的工作,如要禁止"与外界隔绝"的监禁,医生、律师、家人可定期探访被羁押人员,做好被拘禁者的所有登记和信息管理,禁止使用酷刑取得证据,等等。

(五) 审前羁押中的讯问环境

对被逮捕、羁押的人进行讯问,获取与案件相关的信息是拘留、逮捕犯罪嫌疑人的重要目的之一。基于此目的的讯问具有工具性的特征,是完成侦查任务的重要手段。但是,根据现代刑事诉讼理论,侦查阶段是刑事诉讼的过程之一,是刑事诉讼的一部分,因此讯问又具有程序的性质,要注重保障被讯问人的权利,不能将其视为讯问的客体。这两种性质也反映在了两种性质的教科书对讯问的定义中。如"侦查讯问是指侦查机关为了查明是否犯罪和犯罪情节的轻重,依法对犯罪嫌疑人进行审讯和诘问,以获取真实供述或者辩解的侦查活动"[1] "讯问是指公安机关和检察机关的侦查人员,为了查明案件的全部事实真相,揭露和证实犯罪,依法对被告人进行面对面审查的一项侦查活动"[2]。侦查专业的著作中将讯问视作一种工具,是对讯问工具性的重要体现。刑事诉讼学者编写的教科书中而还兼容了讯问的程序性,重视程序性要求。如"侦查人员依照法定程序以言词方式向犯罪嫌疑人查问案件事实和其他与案件有关问题的一种侦查活动"[3]。有的称"讯问犯罪嫌疑人是侦查人员依照法定程序,就案件事实和其他案件有关的问题以言词方式对犯罪嫌疑人进行审讯的一项侦查行为"[4]。既然重视讯问的程序性价值,在讯问的过程中不仅要保证被讯问者的诉讼权利,还应该给予被讯问者以人道主义的待遇。

国际公约中关于讯问中被讯问者享有的权利方面的规定主要是通过不能自证其罪来对讯问进行限制的。《公民权利和政治权利国际公约》第十四条第三款中有这样的规定:"在判定对他提出的任何刑事指控时,人人完全平等地享有资格享受以下的最低限度的保证:……(午)不被强迫作不利于他自己的证言或强迫承认犯罪。"《儿童权利公约》第四十条第二款第四项对儿童触犯刑法的讯问做出了规

---

① 郭晓彬主编:《刑事侦查学》,群众出版社 2002 年版,第 206 页。
② 徐立根主编:《侦查学》,中国公安大学出版社 1991 年版,第 151 页。
③ 陈光中、徐静村主编:《刑事诉讼法学》,中国政法大学出版社 2002 年版,第 229 页。
④ 樊崇义主编:《刑事诉讼法学》,中国政法大学出版社 2002 年版,第 216 页。

定"不得被迫做口供或认罪",《保护所有遭受任何形式拘留或监禁的人的原则》中的第二十一条规定:"1. 禁止不当利用被拘留人或被拘禁人的处境进行逼供,或迫其以其他方式认罪,或做出不利于他人的证词。2. 审问被拘留人时不得对其施以暴力,威吓或使用损害其决定能力或其判断能力的审问方法。"概括国际条约关于讯问的限制规定主要有两个方面即:"'不能被强迫作不利于自己的证言'和'不被强迫认罪'两个方面,不被强迫做出不利于自己的证言主要是在庭审阶段强迫被告人接受询问。"[①] 不强迫自证其罪不仅适用于审判阶段还适用于审前阶段,通常是从犯罪嫌疑人被限制人身自由时开始,当然包括侦查阶段的讯问。行使不强迫自证其罪权利的方式有很多种,最常用的是沉默权和任意自白规则。关于讯问中的人权保障问题本章将不做赘述,重点对在讯问中的基本人权问题进行陈述。

　　各国根据其签署的国际公约的规定,对本国讯问时应该给予被讯问人的待遇进行了规定,本部分将选取具有代表性的立法规定进行考察。

　　英国从嫌疑人被逮捕时就做出了规定,当嫌疑人被逮捕时,警察都会警告他:"你可以什么都不必说。但问到你以后要在法院上依赖的事项而你不说的话,将可能对你的辩护不利。你所说的一切将可能被作证据出示。"[②] 与英国《执行守则》第十条的规定"当嫌疑人被逮捕后必须立即被带往警署,除非当着他的面在警署外的某处展开合理侦查"一致。在带回警署的过程中如果"走观光路线"到警署,在此情况下得到的证据将被排除,因为"这可能给犯罪嫌疑人带来不适当的压力"[③]。因此,英国对被捕人的保护自逮捕时就开始了,不能走"观光路线"应该被认为是对嫌疑人的人道待遇。当侦查警员要对被押人进行讯问时则必须遵循以下规定,根据英国《执行守则》的要求,侦查警官对会见被押人须遵循以下规定:"侦查警官要会见被拘押人必须获得羁押官员的准许;在 24 小时期间内,讯问之余被拘押人必须有连续 8 个小时的休息时间,通常是在夜间,但是如果有很好的理由的话,休息的期间可以被打断(如为了阻止对他人的伤害或对财产的严重损害,需要得到及时的回答);如果可行讯问应在取暖、照明、通风良好的会见室里进行;必须准许被羁押人坐下;讯问每隔两个小时及在正常的就餐时间应当休息,除非基于合理理由作出迟延的自由裁量(比如,有危害他人或对财产有严重损害

　　① 杨宇冠:《人权法——〈公民权利和政治权利国际公约〉研究》,中国人民大学出版社 2003 年版,第 291 页。

　　② [英] 约翰·斯普莱克:《英国刑事诉讼程序》,徐美君、杨立涛译,中国人民大学出版社 2006 年版,第 16 页。

　　③ [英] 约翰·斯普莱克:《英国刑事诉讼程序》,徐美君、杨立涛译,中国人民大学出版社 2006 年版,第 16 页。

的危险）。"①

在德国，在讯问时应告知被告其依法对犯罪事实之讯问有拒绝陈述之权利，并且规定了禁止讯问的方法②：1. 正因为被告具有诉讼主体地位，故在其实行防御辩护行为时，不得对其意识自由及意识活动视为一证据种类而擅加损害，此在刑事诉讼法第一百三十六条有一系列的明文规定——a. 所有对生理有影响的方式（如虐待、使疲累、身体损害、施打药物）；b. 所有直接对心理造成影响之方式（如欺罔、催眠术、恐吓、诱以法所未规定之利益及使之痛苦等）；c. 违反刑诉法之强制措施；d. 有损记忆力及判断能力之措施。违反这些规定取得的证据将没有证明力。2. 上述条文中并没有涵盖所有的违法讯问方法，其实只要对自由陈述权有碍的方法，都应视为法所不许。如联邦最高法院的见解认为测谎仪的运用应被禁止，被告在谈话时的秘密录音因为可能违反被告的意志，不能被用作证据。3. 至于何时开始才得视一次讯问行为已经达到违法的疲累程度，此极具争议。夜间的讯问或审判，依联邦最高法院的见解未必均未禁止。使疲累的方法是否不法应受禁止，应视被告在讯问的当时是否已真的疲累而定，而该疲劳讯问是否会侵害其意识自由；这种疲惫状态不管是刻意造成的或是被告就是因讯问过程才导致疲惫的，都应视为禁止之方法。联邦人民法院的判例主张，如果被告在其自白前的30 小时未曾睡过觉时，则此讯问程序违反刑诉法一百三十六条 a 之规定。如果被告曾有睡眠时间，但却睡不着，而仅"假寐"则此不成立疲惫的情形；"因为精神上的能力也可经由休息及松弛后，即使不睡觉，亦能恢复"。

在美国，当代警察讯问策略具有"骗局的诸多基本特征"。有警察曾经指出："（现如今）讯问活动已经不再是强迫嫌疑人进行供述，而是对他们进行的操控。我们的实际做法就是糊弄这些嫌疑人。"有一位警察讯问策略的观察者则将当代的讯问活动描述为"尽管与过去相比暴力活动已经明显减少，有时候甚至可以说是'一种独具匠心的举动'，但是，至少依然是一种'不文明的活动'"③。总之，警察的讯问活动已经由对嫌疑人施以身体暴力转为对其施以心理操控。针对这些问题，美国从宪法角度对讯问活动进行了约束。首先在根源上通过《宪法第五修正案》规定"任何人未经正当法律程序，不得被剥夺生命、自由或财产""任何人不

---

① ［英］约翰·斯普莱克：《英国刑事诉讼程序》，徐美君、杨立涛译，中国人民大学出版社 2006 年版，第16 页。

② ［德］克劳思·罗科信：《刑事诉讼法》，吴丽琪译，法律出版社 2003 年版，第 232 – 234 页。

③ ［美］约书亚·德雷斯勒、艾伦·C. 迈克尔斯：《美国刑事诉讼法精解（第一卷·刑事侦查）》，吴宏耀译，北京大学出版社 2009 年版，第 8 页。

得被迫在刑事案件中作为对自己不利的证人"。1964 年的联邦最高法院通过判例确认该项权利为基本权利，适用于各个州。另外，除了法律的规定外，美国还有警告原则即米兰达规则，2000 年联邦最高法院通过判决确认米兰达规则为一项"宪法性裁判"和"宪法性要求"。联邦最高法院认为："通过羁押讯问从嫌疑人那里获得的任何陈述都不可能是嫌疑人自由选择的产物。"[①] 另外，联邦最高法院通过以每项权利为单位的方法对权利法案进行考量，最终得出结论：权利法案的相应规定"基于第十四修正案，应当将保护个人权利不受联邦政府侵犯的标准同样适用于各个州"；也就是说，地方警察不能不经正当程序对公民实行高压讯问。[②] 法律给予所有人平等保护。

意大利《刑事诉讼法典》对讯问的一般原则规定如下："不得适用足以影响被讯问者自主回答能力或者改变其记忆和评价事实的能力的方法或技术进行讯问，即使被讯问者表示同意。在讯问开始时除第六十六条第一款的规定外，还应告知被讯问者：他有权不回答提问，并且即使他不回答提问诉讼也将继续进行。"

讯问环节是刑事诉讼诸多环节中的重要组成部分，也是对嫌疑人影响最大的一个环节，基于侦查机关对口供的偏好，被讯问人员极有可能遭受不人道的待遇。因此，有必要对讯问者及讯问环境进行约束，以保障被讯问人的基本人权，这也是讯问者的义务。根据义务相伴性原理，侦讯行为实施中仍应遵循如哈特所言的"第一性规则"："第一性规则对侦讯者形成的约束实际上是其应尽的一定作为或不作为义务。如禁止不当方法的运用，保障应讯者享有意志自由和人身、名誉等权益等。这表明侦讯行为又有一定的义务属性。"[③] 日本学者松尾浩也认为："从法律上的义务来说，犯罪嫌疑人当然没有'供述的义务'，——也不应该承担接受的义务（这就是对所谓'忍受询问义务'的否定）。侦查机关虽然有询问犯罪嫌疑人的权力，但这是一种没有义务相伴随的具有'复杂内容'的权利。"[④] 应该从讯问主体和讯问环境两个方面按照不违反基本人权的要求进行，具体包括讯问时的语言、举止姿态、讯问空间及布置等方面。

在学者看来，语言不仅仅是一种表达的工具，它还是有感情的，"种种言说不仅仅是有待理解和解码的符码，它们还是希望得到赞美和欣赏的财富的符码，以

---

① ［美］约书亚·德雷斯勒、艾伦·C. 迈克尔斯：《美国刑事诉讼法精解（第一卷·刑事侦查）》，吴宏耀译，北京大学出版社 2009 年版，第 8 页。

② ［美］约书亚·德雷斯勒、艾伦·C. 迈克尔斯：《美国刑事诉讼法精解（第一卷·刑事侦查）》，吴宏耀译，北京大学出版社 2009 年版，第 8 页。

③ 牟军：《刑事侦讯：一种权力的表达》，《法学研究》2010 年第 5 期，第 149 页。

④ ［日］松尾浩也：《日本刑事诉讼法（上卷）》，丁相顺译，中国人民大学出版社 2005 年版，第 72 页。

及希望被相信和尊崇的权威符码"①。而在我国的审讯中有不少有罪推定的影子，将被讯问人当作罪犯看待，难有基本人权。以某一盗窃案为例，审讯者有如下一段问话："犯罪嫌疑人王某，2000 年 5 月 20 日晚 10 时你在何处做何事？""王某，在你家发现的这几辆摩托车是你的吗？你有合法手续吗？""正如你刚才所说，这些车都不是你的，那为何停放在你的家中？我国法律及政策你是清楚的，希望你把 2000 年 5 月 20 日晚 10 时在沈河区下洼里 54 号发生的事情经过讲清楚。"② 以上问话如果再加上冰冷而严厉的语气，将会对被审讯人造成严重的心理压力。审问的语气、语调以及语言方式本身与语言内容一起构成审讯的语言整体，是伴随语言信息所发出的自然音符，它们的每一部分都是讯问者思想、情感的流露，同时又通过这些音符的传播刺激受审讯者。为了体现基本人权的要求，语言内容可以是严肃的，但是语气、语调，特别是说话时的表情可以做到不那么冷酷。在审讯中避免出现暴力、威胁、引诱等不当言语。

除了语言上可以制造心理压力外，审讯者的姿势同样可以对被审讯者造成心理上的影响。因为命令式的行为举止和手势，一般是上级对下级、强者对弱者的习惯性举止和手势。这种具有干预性和征服力的随意举止和手势，不在乎被审讯者的感受。如对被审讯者指手画脚，在审讯室中急促来回踱步，有意敲打桌椅，迅速翻阅手中资料并制造响声等。这种命令式的行为举止和手势容易使被审讯者对讯问产生威严感甚至恐惧感，对于获取被讯问者的口供比较有效，同时也直接明了地表达了侦讯者的权威和地位。"侦讯者其他非标准姿态同样可以对其权力信息进行解读。如坐姿后倾，表明侦讯者对应讯者的漠视、轻蔑，显示侦讯者的优势地位。甚至侦讯者坐姿歪斜不正，或站立中双脚分离、双手叉腰等，则不适当地显示了侦讯者的权威。从效果上看，也表达了侦讯者对应讯者和侦讯过程加以控制和支配的权力意涵。"③ 在审讯中为了达到合法的审讯目的并且表现出对被讯问者的人道待遇，审讯者应该端正、无摇摆地坐着，不能来回走动，要与讯问的庄重、严肃一致。

审讯室尤其公安、检察机关审讯室的空间一般较大（10 至 20 平方米不等），视野开阔，侦讯者与应讯者容易形成对视。通过这种空间设置，审讯者在不经意间释放出对被审讯者的权威性和控制力，被审讯者由此产生犹如庭审空间所带来

---

① 朱国华：《权力的文化逻辑》，上海三联书店 2004 年版，第 98 页。
② 闫慧峥：《论侦查讯问中精确语言与模糊语言的运用》，《辽宁公安司法管理干部学院学报》2002 年第 2 期，第 70 页。
③ 牟军：《刑事侦讯：一种权力的表达》，《法学研究》2010 年第 5 期，第 152 页。

的受审之感。"就侦讯场所的空间设置而言，侦讯室面积保持适中是合理的。面积过大，缺乏侦讯应有的紧凑和安定感，可能使应讯者漫不经心，也可能因产生回声而无法集中注意力；面积过小又可能使人感觉侦讯较为随意，缺乏庄重性，从而造成侦讯对应讯者紧张感和压制力不够。侦讯室内部的色彩以较深的素色为宜。素色有利于应讯者集中注意力，也有一种庄重、严肃之感，而较深的色调则既可增加侦讯的严肃性和庄重性，也能使应讯者产生一定的压抑和受控之感。这些都有利于侦讯者的权威性和控制力的表达。"① 在审讯室的布置上，应该以让受审讯者感到庄严、严肃即可，不能布置一些容易让其产生压抑感与恐惧感的器械、家具等，如带镣铐的固定座椅、强力灯光照射等。

（六）审前羁押中的生活待遇

《曼德拉规则》对于在押人员的待遇问题做了规定，对不同囚犯给予不同的关押隔离措施，其第十一条规定："不同类别的囚犯应按照性别、年龄、犯罪记录、被拘留的法定原因和必需施以的待遇，分别送入不同的监所或监所的不同部分；因此：（a）应尽量将男犯和女犯拘禁于不同监所；兼收男犯和女犯的监所应将分配给女犯的房舍彻底隔离；（b）应将未经审讯的囚犯同已经判罪的囚犯隔离；（c）因欠债被监禁的囚犯和其他民事囚犯应同因犯刑事罪而被监禁的囚犯隔离；（d）青少年囚犯应同成年囚犯隔离。"这是《曼德拉规则》关押不同囚犯给予不同关押地方的规定，这个规定尤其是与青少年犯和未审犯有关的规定是对基本人权的体现。关于住宿条件，《曼德拉规则》对囚室人数、采光通风、卫生标准、沐浴洗漱、清洁维护等方面进行了规定，其第十二条规定了住宿标准和囚犯分配原则："1. 如就寝安排为单个囚室或单间，囚犯晚上应单独占用一间囚室或房间。除了由于特别原因，例如临时人多拥挤，中央监狱管理部门不得不对本项规则破例处理外，不宜让两名囚犯占用一间囚室或房间。2. 如设有宿舍，应小心分配囚犯，使之在这种环境下能够互相保持融洽。晚上应按照监狱的性质，按时监督。"第十三条规定："所有供囚犯占用的房舍，尤其是所有住宿用的房舍，必须符合保健规定，同时应妥为注意气候情况，尤其是立方空气容量、最低限度的地面面积、灯光、暖气和通风等项。"第十四条规定："在囚犯必须居住或工作的所有地方：（a）窗户的大小应以能让囚犯靠天然光线阅读和工作为准，在构造上，无论有没有通风设备，应能让新鲜空气进入；（b）应有充分灯光，使囚犯能够阅读和工作，不致损害视力。"第十五条规定："卫生设备应当充足，能随时满足每一名囚犯大小

---

① 牟军：《刑事侦讯：一种权力的表达》，《法学研究》2010年第5期，第155页。

便的需要，并应维持清洁和体面。"第十六条规定，为保障囚犯个人卫生，"应当供给充分的浴盆和淋浴设备，使每一名囚犯都能够及可被要求在适合气候的室温之下沐浴或淋浴，其次数依季节和区域的情况，视一般卫生的需要而定，但是，在温和气候之下，最少每星期一次"。第十七条规定："囚犯经常使用的监狱中各部分应当予以适当维护，始终保持绝对清洁。"第十八条规定："1. 囚犯必须保持身体清洁，为此目的，应当提供为维持健康和清洁所需的用水和梳洗用具。2. 为使囚犯可以保持整洁外观，维持自尊，应当提供妥为修饰须发的用具，男犯应得以经常刮胡子。"第二十三条规定："1. 凡是未受雇从事户外工作的囚犯，如气候许可，每天最少应有一小时在室外作适当锻炼。2. 青少年囚犯和其他在年龄和体力方面适宜的囚犯，在锻炼时间应获得体育和文娱训练。应为此目的提供场地、设施和设备。"根据《曼德拉规则》的要求，要保证被羁押人员的基本人权要做到：一间囚室内关押一人，也就是做到每人一室，防止出现交叉感染，特别是对一些未成年人犯罪嫌疑人，这样也可以更好地保障被羁押者的生命安全，避免出现"意外死亡"事件。所有的囚室内要暖和，清洁通风，有一定的光照，适合正常人居住。除非完全有必要，否则上锁的囚室内不需要给被囚禁的人另加禁锢，即使有此必要，如防止被关押者自杀等，可以给其戴手铐。给精神不健全者、未成年犯罪嫌疑人上器械时要更加谨慎。不得将未成年犯罪嫌疑人与成年犯罪嫌疑人关押在同一个地方。被羁押者每天要保证到室外活动一定时间。

衣服穿着对于人类而言大体有两种功能：一方面有防寒护体、保护生命安全的作用；另一方面在很多时候与场合穿着是人格尊严的一部分，体现出人的社会地位，具有社会和心理作用。《曼德拉规则》专门对衣服和被褥进行了规定，其第十九条规定："1. 囚犯如不准穿着自己的衣服，应发给适合气候和足以维持其良好健康的全套衣服。发给的衣服不应有辱人格或有失体面。2. 所有衣服应当保持清洁整齐。内衣应常常更换和洗濯，以维持卫生。3. 在特殊情况下，经准许将囚犯移至监狱之外时，应当准许其穿着自己的衣服或其他不惹人注目的衣服。"第二十条规定："如准许囚犯穿着自己的衣服，应于他们入狱时作出安排，确保衣服洁净和适合穿着。"第二十一条规定："应当按照当地或国家的标准，供给每一位囚犯一张床，分别附有充足的被褥，发给时应是清洁的，并应保持整洁，且常常更换，以确保清洁。"配给被关押者的被褥等床上用品要达到合理的卫生标准条件，防止出现传染病，且要配备厕所及洗刷的地方。在我国在押人员基本穿着自己的衣服外加"某看守所"字样的马甲。需要特别强调的是，统一配发的衣服不得有损被押人员的尊严或带有侮辱人格性质，并且要提供条件保持在押人员衣服的整洁、卫生。另外，在离开羁押场所时应该允许被羁押者穿自己的或其他不惹人注意的衣服。

民以食为天，被羁押人员的饮食问题同样是日常生活条件的中心环节。《曼德拉规则》对饮食进行了规定，要求营养、可口、及时。其第二十二条规定："1. 监狱管理部门应当于惯常时刻，供给所有囚犯足以维持健康和体力的有营养价值的饮食，饮食应滋养丰富、烹调可口和供应及时。2. 所有囚犯口渴时都应有饮用水可喝。"要保证被羁押者在关押期间的基本饮食，24 小时内至少要为被羁押者提供两顿便餐或一次主餐，供餐时要同时提供合理的饮品。另外，在供餐之外也要提供必要的饮品。不得将餐饮作为获得口供等证据的手段。对于某些对食物有特殊需要的人，如信教的人或有食物禁忌的人，所提供的食物应该具有可选择性以满足他们的特殊要求。另外，被羁押者可以接受家人或朋友提供的食物。

最高人民检察院在 2008 年颁发的《人民检察院看守所检察办法》中将"没有执行在押人员生活标准规定的"作为必须检察纠正的违法情形之一。在开展监所检察工作的司法实践中，我们发现看守所普遍存在在押人员伙食供给标准过低，达不到公安部、财政部制定的《看守所经费开支范围和管理办法的规定》和《看守所在押人员伙食实物量标准》的规定标准。由于这些问题的存在，在押人员的健康状况和身体免疫能力普遍下降，在押人员产生了反监管的对抗情绪，不仅威胁到监管场所的安全，而且还严重妨碍了刑事诉讼活动的顺利进行。[①] 根据公安部、财政部下发的《看守所在押人员伙食实物量标准》的通知，每名在押人员每月平均供应食物的种类和数量是：大米 17～20 公斤、蔬菜 10～20 公斤、食油 0.25～0.5 公斤、肉类 1～2 公斤、蛋类或鱼类 0.5～1 公斤。"按照此标准，大部分看守所中，大米的供应有 40% 未达最低标准，蔬菜和肉类的供应有 30% 未达最低标准，蛋类或鱼类有 50% 没有进行供应。个别看守所每天给在押人员提供的午餐经常是咸菜和菜汤，极少提供蛋、鱼和豆制品。肉类供应也达不到标准，少数看守所甚至半个月才给在押人员提供一次猪肉，导致在押人员的基本营养无法保证。另外，看守所出售给在押人员的饭菜价格由其自行决定，没有物价部门的监督，致使由看守所制作、出售的饭菜和食品定价偏高，给在押人员及其家属带来较重的经济负担。"[②] 在押人员能否吃饱、生活水平好坏，关系到在押人员的身体健康，关系

---

① 孙绪海：《浅议对看守所在押人员伙食供给情况的检察监督》，《经济研究导刊》2009 年第 26 期，第 260 页。

② 孙绪海：《浅议对看守所在押人员伙食供给情况的检察监督》，《经济研究导刊》2009 年第 26 期，第 260 页。

到监管场所的安全与稳定，关系到在押人员的教育转化，也关系到刑事诉讼活动的顺利进行。因此必须采用监管措施，保障羁押人员能在看守所吃好穿暖。

羁押场所作为国家的重要暴力机关之一，当然可以对被羁押者使用一定的武力，但是，必须有严格的限制。为了实现以下两个目的，可以使用一定的武力：一是，为了保证合理指令得到有效执行，包括根据羁押场所规则所下达的指令；二是，为防止越狱、伤害他人，损害财物或破坏证据等。羁押虽然将被羁押者拘束于一定场所，限制其人身自由，但是，对于审前羁押者其所受拘束的程度要加以限制。羁押场所约束被关押者的目的是顺利实现羁押目的和维护羁押场所的正常秩序及安全，只能在这个范围内实施管束职责而不是对被羁押者实施惩戒。被关押者除非有事实认定有暴行或逃跑、自杀可能的，否则不得使用武力束缚其身体；束缚身体的处分以紧急情况为限，由羁押场所的最高负责人执行，并及时报告羁押决定机关备案。

五、审前羁押基本人权的实现机制

（一）吸收无罪推定原则的合理内容促使立法确立底线人权标准

无罪推定"是有罪推定的对称，指在刑事诉讼中，任何被怀疑犯罪或者受到刑事控告的人在未经司法程序最终确认为有罪之前，在法律上均应假定其无罪或推定其无罪"[①]。也就是说，由于被羁押的人没有经过中立的司法机关即法院的依法判决认定有罪前，任何人不能将其视为罪犯，在羁押期间要给予其无罪待遇。"按照无罪推定原则，追诉者对被指控人有无罪行的评价在未经作为审判权行使结果的判决确定前，仍不能作为国家法律确认的犯罪。"[②] 联合国《世界人权宣言》第十一条第一款规定："凡受刑事控告者，在未经依法公开审判证实有罪前，应视为无罪，审判时并须予以答辩上所需之一切保障。"《公民权利和政治权利国际公约》第十四条第二款规定："受刑事控告之人，未经依法确定有罪以前，应假定其无罪。"《保护所有遭受任何形式拘留或监禁的人的原则》第八条规定："对被拘留人应给予适合其尚未定罪者身份的待遇。" 如今，无罪推定已成为世界大多数国家在刑事诉讼领域所采用的一项基本原则。

我国立法、司法中也体现了无罪推定的精神，但是没有完全引进无罪推定原则。如《刑事诉讼法》第十二条规定："未经人民法院依法判决，对任何人都不得

---

① 陈光中、［加］丹尼尔·普瑞方廷主编：《联合国刑事司法准则与中国刑事法制》，法律出版社1998年版，第101页。

② 宋英辉主编：《刑事诉讼原理》，法律出版社2003年版，第94页。

确定有罪。"第一百七十五条规定："对于二次补充侦查的案件，人民检察院仍然认为证据不足，不符合起诉条件的，应当作出不起诉的决定。"第二百条第三项规定："证据不足，不能认定被告人有罪的，应当作出证据不足、指控的犯罪不能成立的无罪判决。"这里的"不得确定有罪"与无罪推定需要的"假定无罪"是存在一定差异的，存在一种介于有罪、无罪之间的中间状态。另外《刑事诉讼法》第一百二十条的规定也印证了这种中间状态，其规定如下："侦查人员在讯问犯罪嫌疑人的时候，应当首先讯问犯罪嫌疑人是否有犯罪行为，让他陈述有罪的情节或者无罪的辩解，然后向他提出问题。犯罪嫌疑人对侦查人员的提问，应当如实回答。但是对与本案无关的问题，有拒绝回答的权利。侦查人员在讯问犯罪嫌疑人的时候，应当告知犯罪嫌疑人享有的诉讼权利，如实供述自己罪行可以从宽处理和认罪认罚的法律规定。"这说明在侦查中对待受审人员的态度还是认为其有罪的，否则怎么会让其"陈述有罪的情节或者无罪的辩解"呢？对于这一问题，我们可以理解为，带有法律强制性的陈述义务从根本上将犯罪嫌疑人作为人所应有的尊严和意志自由进行了否定，它所设定的情形是在强大的侦查机关面前，犯罪嫌疑人不是人，而是任其宰割的对象，侦查机关想要什么就能得什么。

被怀疑或被控刑事犯罪的被拘留者在经由他在其中享有辩护的一切必要保障的公开审判依法被证明有罪之前，应被推定为无罪，并享受无罪待遇。国际法律文件要求，所有以任何形式被拘留或监禁者应受到人道主义的待遇，且尊重其固有的人格尊严。这些原则适用于在任何特定国家领域内的所有人，不因种族、肤色、性别、语言、宗教信仰、政治观点、民族、社会出身及民族等不同而有所歧视，根据法律适用的专门用以保护妇女、儿童和少年、老年人、病人、残疾人的权利和特殊地位的措施不能被视为歧视。这些措施的需要和适用应始终由司法或其他当局进行审查。以任何形式被拘留或拘禁者不应遭受酷刑或残忍、不人道、有辱人格的待遇或惩罚。如果被拘留者抱怨他被逮捕后被对待的方式，或者警务人员注意到被拘留者受到了不恰当的对待，一旦情况允许，需向一名与本案无关的高级别警员报告。如果事件有可能造成对人身的侵犯或适用了不合理的武力，一旦可能必须请医生到场。

无罪待遇的最重要的代表性要求应该是被羁押人员的医疗条件得到满足。在有医疗保障的情况下当出现某些问题时，看守人员必须立即请医生到场（或者在紧急情况下，如被羁押人员有失去知觉或感觉的表现，应立即送其到医院或请附近的医生到场）。如果被羁押者出现一些情形，如看起来有病，或者精神不健全，或者受了伤，或者对向他提出的问题或谈话没有正常反应，或者因其他情形看起来需要医疗护理（即使被羁押者没有要求医疗护理），无论他是否已经正在其他地方接受治疗，上述原则均适用。如果被羁押者在羁押前遵医服药，被羁押后用药前，看守人员应向医生作相关咨询。看守人员负责保管所有药品并保证被羁押者服用经医生批准的药品。任何人员不得自行给被羁押者施用任何药品。被羁押者只有在医生亲自监督下才可以服用受控制药品。亲自监督的条件为：看守人员向医生咨询后，双方均认为被羁押人员服用受控制药品后不会使得他本人、警务人员、其他被羁押者有被伤害的危险。符合这一条件后，医生才可授权看守人员同意被羁押者服用受控制药品。

（二）通过与律师联络使侵犯人权的行为获得及时纠正

在押人员与律师的联络包括律师会见在押人员与在押人员主动要求会见律师两个方面。联络的方式可以是当面会见、电话、书信等可以进行信息交换的方式，也就是通常所谓的会见权与通信权。

关于被羁押人在被拘留、逮捕后即可以要求与律师联系，请求律师为其提供法律允许的服务，在羁押时可以与委托的律师联系，国际立法等相关国际刑事法律规则都有规定。我国《刑事诉讼法》第三十四条规定："犯罪嫌疑人自被侦查机关第一次讯问或者采取强制措施之日起，有权委托辩护人；在侦查期间，只能委托律师作为辩护人。被告人有权随时委托辩护人。侦查机关在第一次讯问犯罪嫌疑人或者对犯罪嫌疑人采取强制措施的时候，应当告知犯罪嫌疑人有权委托辩护人。人民检察院自收到移送审查起诉的案件材料之日起三日以内，应当告知犯罪嫌疑人有权委托辩护人。人民法院自受理案件之日起三日以内，应当告知被告人有权委托辩护人。犯罪嫌疑人、被告人在押期间要求委托辩护人的，人民法院、人民检察院和公安机关应当及时转达其要求。犯罪嫌疑人、被告人在押的，也可以由其监护人、近亲属代为委托辩护人。辩护人接受犯罪嫌疑人、被告人委托后，应当及时告知办理案件的机关。"2020 年修订的《公安机关办理刑事案件程序规定》第四十三条规定："公安机关在第一次讯问犯罪嫌疑人或者对犯罪嫌疑人采取强制措施的时候，应当告知犯罪嫌疑人有权委托律师作为辩护人，并告知其如果因经济困难或者其他原因没有委托辩护律师的，可以向法律援助机构申请法律援助。告知的情形应当记录在案。对于同案的犯罪嫌疑人委托同一名辩护律师的，或者两名以上未同案处理但实施的犯罪存在关联的犯罪嫌疑人委托同一名辩护律师的，公安机关应当要求其更换辩护律师。"2019 年修订《人民检察院刑事诉讼规则》第四十条规定："人民检察院负责侦查的部门在第一次讯问犯罪嫌疑人或者对其采取强制措施时，应当告知犯罪嫌疑人有权委托辩护人，并告知其如果因经济困难或者其他原因没有委托辩护人的，可以申请法律援助。属于刑事诉讼法第三十五条规定情形的，应当告知犯罪嫌疑人有权获得法律援助。人民检察院自收到移送起诉案卷材料之日起三日以内，应当告知犯罪嫌疑人有权委托辩护人，并告知其如果因经济困难或者其他原因没有委托辩护人的，可以申请法律援助。属于刑事诉讼法第三十五条规定情形的，应当告知犯罪嫌疑人有权获得法律援助。当面口头告知的，应当记入笔录，由被告知人签名；电话告知的，应当记录在案；书面告知的，应当将送达回执入卷。"由于大多数被羁押者缺乏法律知识，他们对自身在诉讼过程中享有哪些权利并不清楚。对于聘请律师和其他人当辩护人以及与辩护人和其他人会见交流的权利，如果不予告知，他们往往并不知道，因此也不能与律师或辩护人进行相关联络，其他诉讼权利的行使也就不能得到保障。根据我国法律规定，告知义务可以以口头形式履行，那么到底有关机关是否履行了该义务就不得而知。从福特基金会资助的"刑事辩护律师的执业状况与问题研究"项目所统计的数据可以看出，我国目前尤其是侦查阶段告知状况不佳。报告是这样表述的："75.7%的被调查者称侦查人员告知其可以在侦查阶段请律师，24.3%的人员则反映没有被告知；其中52%是在被侦查机关第一次讯问时告知的，23%是在被侦查机关第二次讯问时告知的，20%是在被宣布逮捕时告知的，另有3%在更晚的时候被告知。而对于在押犯罪嫌疑人有权会见律师的权利，侦查机关一般都没有明确地告知过。"① 如果被羁押者连获得律师帮助的权利都不知道，那么他们与律师进行联络将更不可能得到实现。

第二个问题即律师与在押人的联络，也就是通常所说的律师的会见权与通信权。《刑事诉讼法》第三十九条规定："辩护律师可以同在押的犯罪嫌疑人、被告人会见和通信。其他辩护人经人民法院、人民检察院许可，也可以同在押的犯罪嫌疑人、被告人会见和通信。辩护律师持律师执业证书、律师事务所证明和委托书或者法律援助公函要求会见在押的犯罪嫌疑人、被告人的，看守所应当及时安排会见，至迟不得超过四十八小时。危害国家安全犯罪、恐怖活动犯罪案件，在侦查期间辩护律师会见在押的犯罪嫌疑人，应当经侦查机关许可。上述案件，侦查机关应当事先通知看守所。辩护律师会见在押的犯罪嫌疑人、被告人，可以了解案件有关情况，提供法律咨询等；自案件移送审查起诉之日起，可以向犯罪嫌疑人、被告人核实有关证据。辩护律师会见犯罪嫌疑人、被告人时不被监听。辩护律师同被监视居住的犯罪嫌疑人、被告人会见、通信，适用第一款、第三款、

---

① 房保国：《当前"律师会见难"的现状剖析》，《中国刑事法杂志》2004年第3期，第70页。

第四款的规定。"第四十条规定："辩护律师自人民检察院对案件审查起诉之日起，可以查阅、摘抄、复制本案的案卷材料；其他辩护人经人民检察院、法院许可，也可以查阅、摘抄、复制上述材料。"《公安机关办理刑事案件程序规定》第四十四条规定了犯罪嫌疑人除了可以自己聘请律师，其亲属也可以代为聘请。同时，该规定还对侦查机关安排律师会见犯罪嫌疑人的期限作了明确规定，第五十三条规定："辩护律师要求会见在押的犯罪嫌疑人，看守所应当在查验其律师执业证书、律师事务所证明和委托书或者法律援助公函后，在四十八小时以内安排律师会见到犯罪嫌疑人，同时通知办案部门。侦查期间，辩护律师会见危害国家安全犯罪案件、恐怖活动犯罪案件在押或者被监视居住的犯罪嫌疑人时，看守所或者监视居住执行机关还应当查验侦查机关的许可决定文书。"《律师法》第三十三条规定："犯罪嫌疑人被侦查机关第一次讯问或者采取强制措施之日起，受委托的律师凭律师执业证书、律师事务所证明和委托书或者法律援助公函，有权会见犯罪嫌疑人、被告人并了解有关案件情况。律师会见犯罪嫌疑人、被告人，不被监听。"

要在未来的立法中真正实现被羁押者与律师的双向联络，我们必须学习借鉴国际刑事法律规则的规定及一些国家的立法，尽快建立健全我国的双向联络机制。不可否认，近年来，我国立法界、实务界都非常重视律师的会见权，也取得了很大的成就，但是，这种单向的联络是不完整的，有违人之常情、有悖法之常理。

（三）通过完善取保候审使审前羁押受到司法监督

我国刑事诉讼中的取保候审是指："公安机关、人民检察院和人民法院责令犯罪嫌疑人、被告人提出保证人或者交纳保证金，以保证其不逃避或妨碍侦查、起诉和审判，并随传随到的一种强制方法。"① 根据《刑事诉讼法》第六十七条、九十八条的规定，我国取保候审的适用对象可以归结为以下六类：可能判处管制、拘役或独立适用附加刑的；可能判处有期徒刑以上刑罚，采取取保候审不致发生社会危险性的；应当逮捕，但患有严重疾病不宜羁押的；依法应当逮捕，但正在怀孕或哺乳自己婴儿的；对已被依法拘留的犯罪嫌疑人，经过讯问、审查，认为需要逮捕但证据不足的；已经被羁押的犯罪嫌疑人、被告人，在法定的侦查、起诉、一审、二审的办案期限内不能结案，采用取保候审方法没有社会危险的。以上六类人是取保候审制度的适用对象，根据《刑事诉讼法》第六十八条的规定，"人民法院、人民检察院、公安机关决定对犯罪嫌疑人、被告人取保候审，应当责

---

① 陈光中、徐静村主编：《刑事诉讼法学》，中国政法大学出版社 2002 年版，第 173－174 页。

令犯罪嫌疑人、被告人提出保证人和缴纳保证金"。因此，取保候审的方式为人保和财产保，对于财保的金额没有相应规定。

《刑事诉讼法》中规定了取保候审制度是为了减少羁押的适用，是法治文明发展的重要标志，也是人道主义待遇的一个重要要求。但是，事实上我国的取保候审适用率一直偏低，立法设立取保候审制度的目的没有实现，也没有取得应有的法律效果、社会效果。在大多数案件中，侦查机关多采取有罪必捕、有捕必押的现象，取保候审制度成为点缀。"虽然 1996 年修改《刑事诉讼法》时对取保候审制度进行了完善，但近十年的实践表明，取保候审的适用率依然很低，其所应当承担的降低审前羁押率的预期功能并未得到充分发挥。"[1] "根据最高人民检察院提供的数字，2000 年全国检察机关批准逮捕 663518 人，起诉 672367 人，不起诉16172 人，进入诉讼程序的被追诉人只有 25021 人没有被采用逮捕措施，约占逮捕人数的 3.8%，其中还包括监视居住的人数，取保候审的比率显然还要低于此比率。由此可见，取保候审适用比率是很低的。"[2] 20 年来，随着法治观念的改变、司法实践的努力，审前羁押率大幅度降低，审前羁押从 2000 年占 96.8% 降至 2020年的 53%。[3]《公民权利和政治权利国际公约》第九条第三款明确规定："等候审判的人受监禁不应作为一般规则，但可规定在释放时应保证在司法程序的任何其他阶段出席审判，并在必要时候报到听候执行判决。"国外的保释制度与该款规定相一致，在降低羁押率上起到了极大的作用，对我国取保候审制度的完善也具有参考作用。

保释作为一项法律制度，源于 1679 年的《英国人身保护法案》，其理论基础是无罪推定原则。保释的基本含义是"指被逮捕人以财产或金钱为担保条件获得释放，同时要求他在随后的司法程序或其他程序中按照指定的时间和地点出庭或到场"[4]。尽管保释制度是英美法系中以保护人身自由为目的的程序法制度，但是由于它反映了国际立法精神及顺应了保障公民诉讼权利、人身自由权利的需要，逐渐为其他国家所借鉴、吸收。

英国的保释分为警察阶段的保释和法官阶段的保释。警察部门批准保释是指

---

[1]　宋英辉、何挺：《我国取保候审制度之完善——以加拿大的保释制度为借鉴》，《法学评论》2007 年第 5期，第 107 页。

[2]　李忠诚：《浅议取保候审制度的完善》，载陈卫东主编《保释制度与取保候审》，中国检察出版社 2003 年版，第 335 页。

[3]　张军：《最高人民检察院工作报告——二〇二一年三月八日在第十三届全国人民代表大会第四次会议上》，《人民日报》2021 年 3 月 16 日，第 3 版。

[4]　孙长永：《侦查程序与人权——比较法考察》，中国方正出版社 2000 年版，第 248 页。

在对被捕嫌疑人提出指控后由羁押官员以其于法院传唤时按照要求出庭为条件命令释放。根据1984年《警察与刑事证据法》第三十八条的规定，"在提出指控后，除非存在下列情形之一的，羁押官员应当命令释放嫌疑人：一、对嫌疑人的姓名和住址存在疑问的；二、羁押官员有合理的根据相信继续羁押对于保护嫌疑人自身或防止其对任何其他人造成身体伤害或财产损失是必要的；三、羁押官员有合理的根据相信嫌疑人如果予以保释，将不会自动到庭或羁押是预防其妨碍审判或侦查所必要的"[①]。在受到指控后被羁押官员决定羁押的嫌疑人必须被带到治安法院由治安法官决定对其继续羁押还是保释。根据《保释法》的规定，法官在以下情形可以拒绝保释："一、有足够理由相信不会按照保释要求出庭接受审判；二、有足够的理由相信可能会进一步犯罪；三、有足够的理由相信会威胁、干扰、伤害证人，或者有其他妨碍司法程序政策进行情形的。"[②] 保释包括无条件保释和有条件保释两种情形，通常的保释条件有：在指定的地点居住，宵禁，按时向警察局报到，不直接或间接接触控方证人，不得进入指定地点或区域等。无论是否是附条件的保释，嫌疑人在释放前都可能被要求交纳一定保证金或提出保证人。如果被保释者违反羁押官所做的保释规定，警察有权将其逮捕；对于法院作出的保释，如果没按照要求出庭，可被视为构成脱逃罪。

英国的保释制度取得了极大的成功，"1981年到1990年的十年间，警察部门对被指控有可诉罪的嫌疑人的羁押率占全部被捕人的15%以下，保释率在70%左右；被控犯有简易罪的羁押率更低，平均在5%以下，保释率为25%左右；其他案件都是通过传票传唤嫌疑人到案的。1986年到1990年间，在警察逮捕了嫌疑人的全部案件中，保释人数是羁押人数的6倍还多"[③]。"根据英国专家介绍，在英格兰和威尔士，每年在刑事诉讼中羁押的犯罪嫌疑人和被告人大约是5万人，平均羁押的时间是49天。但是在所有的刑事案件中，被羁押的犯罪嫌疑人和被告人大约只占所有嫌疑人、被告人的5%，95%的犯罪嫌疑人、被告人被保释。"[④] 通过这些数据可以看出英国运用保释制度替代羁押方面所取得的成果，实践也证明在保证刑事诉讼程序正常进行、不产生社会危险的情形下，扩大保释制度的运用降低羁押是可行的。

此外，通过律师会见权的保障和看守所的适当开放，也能对看守所中犯罪嫌

---

① 孙长永：《侦查程序与人权——比较法考察》，中国方正出版社2000年版，第248页。
② 郎胜主编：《欧盟国家审前羁押与保释制度》，法律出版社2006年版，第60–61页。
③ 孙长永：《侦查程序与人权——比较法考察》，中国方正出版社2000年版，第249页。
④ 郎胜主编：《欧盟国家审前羁押与保释制度》，法律出版社2006年版，第63页。

疑人的基本人权保障起到重要作用，这些内容我们将在其他章节进行论述。

结语

曼德拉曾经感慨："有人说，一个人只有进过一个国家的监狱才能真正了解这个国家。作为判断一个国家的标准，不应该看这个国家如何对待本国最上层的公民，而应该看这个国家如何对待最底层的公民。"① 相对于以前的监禁人权相关文件中提供的相对模糊的指导，《曼德拉规则》提供了内容更加丰富、具体且更具有可操作性的指导。最重要的也是具有里程碑意义的是，它认为应以人权理论作为构建刑罚体系的关键，反映了人类社会对监禁作用的态度发生了根本性转变。1955年通过的《联合国囚犯待遇最低限度标准规则》，已经难以适应时代的变化，世界人权标准已经提高，更重要的是人们对于囚犯待遇的观念已经发生了巨大的变化，如果还固守数年前的理念，囚犯就无法享受人类文明翻天覆地的发展成果，这当然是不公平的。《曼德拉规则》对囚犯待遇所作的修改，是囚犯人权保护与时俱进的结果，它必然将会给各国囚犯人权标准的确立和囚犯人权状况的实际改善带来巨大的影响。

2016 年 6 月，《国家人权行动计划（2016—2020 年）》② 中明确提出，制定看守所法，提升被羁押人权利保障的立法层级，完善配套法律法规和规章制度。2021年 9 月发布的《国家人权行动计划（2021—2025 年）》再次提出要"保障被羁押人、罪犯合法权利。完善看守所管理制度，加强被羁押人权利保障。严禁体罚、虐待、侮辱、殴打罪犯或纵容他人殴打罪犯。加强监所医疗卫生专业化建设，提升医疗救治能力，保障被羁押人的生命和健康"。通过参考国际人权规则制定"看守所"，保障看守所被羁押人合法权利，将是我们的努力方向。

《看守所法（公开征求意见稿）》在突出人权保障方面，具有明显进步，但也有少数需要完善的地方，我们建议扩充第四条的内容如下：

看守所管理犯罪嫌疑人、被告人和罪犯，实行警戒看守与管理教育相结合，做到依法、文明。必须坚持严密警戒看管与教育相结合的方针，坚持依法管理、严格管理、科学管理和文明管理，保障人犯的合法权益。严禁打骂、体罚、虐待人犯。

---

① 《联合国新的囚犯待遇最低限度标准规则正式出台》，http：//www. un. org/chinese/News/story. asp? NewsID＝24870，访问日期：2019 年 7 月 11 日。

② 《国家人权行动计划 2016—2020 年》，2016 年 9 月 29 日，http：//www. gov. cn/xinwen/2016－09/29/content_ 5113376. htm，访问日期：2019 年 7 月 11 日。

增加作为第三十四条第二款内容如下：

看守所在羁押过程中发现犯罪嫌疑人、被告人具有本法第三十条规定的不宜羁押情形的，可以向人民检察院建议进行羁押必要性审查。

第七十六条修改为：

哺乳自己不满一周岁婴儿的犯罪嫌疑人、被告人，可以将婴儿带入监室哺养。看守所应设置育婴室，并聘请有资质的人员，当犯罪嫌疑人、被告人不宜哺养或需要与婴儿暂时分开时，应将婴儿安置在育婴室。

婴儿满一周岁后，案件主管机关应当将婴儿送交家庭其他监护人。无法找到其他监护人或者监护人不愿接收的，案件主管机关应当将婴儿送交当地社会福利机构。

第九章
看守所的医疗社会化改革

　　近年来，看守所在押人员死亡事件频发，引起社会高度关注，给看守所管理带来了巨大压力和严峻挑战。在这些死亡事件中，由于监管民警渎职或者失职的非正常死亡占极少数，绝大部分皆属在押人员因病医治无效死亡。如笔者进行抽样调研的重庆市 D 区看守所，在 2002 年至 2013 年间在押人员死亡 6 人，皆系因病救治无效正常死亡。① 在对死者善后处理时，在押人员家属无一例外都指出看守所在医疗资质、医疗技术等方面存在的问题。

　　看守所本身是一个相对封闭的场所，人口密度大，生活条件有限，尤其是医疗条件不能和所外相提并论。加之看守所的很多在押人员本身健康状况就令人担忧，以重庆市 D 区看守所为例，1000 余名在押人员中就有 300 多人系吸毒人员，吸毒人员自身免疫力低下，易受感染并多发疾病。可以毫不掩饰地说，目前绝大多数看守所仅凭自身的医疗条件，要想完全保证在押人员的身体健康、杜绝在押人员死亡事件发生，几乎是不可能完成的任务。既然看守所自身的医疗条件已经难以满足现实的需求，那么我们可以将思路拓宽，让眼光越过看守所的高墙电网，去所外寻求社会力量的援助，走看守所医疗社会化的道路成为当下一个绝佳的选择。

　　看守所医疗社会化作为一个新兴事物，在我国的很多地区都进行了一定的探索，比较有代表性的有上海、天津、福建等，这些地方已经就看守所医疗社会化进行了大胆的尝试，并取得了一定的成效。但总体来看，看守所医疗社会化还处于萌芽状态，远未能形成气候，本书将在对重庆市 12 个看守所进行抽样调研、人所观察的基础上，结合全国各地医疗社会化的公开报道资料，对看守所医疗社会化问题做一个初步探讨。

---

　　① 本书有关重庆市 D 区看守所的相关资料，由笔者调研时该看守所的相关工作人员提供。

一、改革前看守所自立医疗机构存在的问题

顾名思义，看守所自立医疗机构指的是看守所内部设立的医疗机构，它隶属于看守所，其组织体系、人员构成、设备器材等都直接受看守所管理。看守所对内部医疗机构的垄断支配地位，决定了看守所自立医疗具有封闭、简单、专业性较弱的特点。在分析看守所自立医疗机构存在的问题之前，首先需要了解我国看守所医疗机构所承担的职能。根据国务院1990年颁布的《看守所条例》第十、二十五、二十六条规定，同时根据公安部1991年颁布的《看守所条例实施办法》第五、十、三十一条规定，可以将我国看守所医疗机构的职能概括为以下两个方面：

第一，负责收押前对在押人员的健康检查。

看守所在收押时，必须对在押人员身体进行健康检查，并制作《在押人员健康检查表》。① 健康检查的目的是通过考察收押人员的身体健康状况，防止把急性传染病带进看守所蔓延开来。看守所对被羁押人员的身体检查在刑事诉讼中发挥着重要的作用，根据体检情况制作的《在押人员健康检查表》是收押人员入所时身体状况最有力的证据，其能够直接反映出被羁押人员体表是否有伤痕、是否受到殴打等。法律禁止通过刑讯逼供等非法手段获取犯罪嫌疑人的供述，所以在收押前的身体检查是防止侦查人员非法取证的有效方式。

第二，对在押人员定期巡诊、流行病防疫和疾病治疗。

所医定期对监舍进行巡诊，查看在押人员患病情况，同时建立患病人员档案，以便后续进一步治疗的需要。所医应根据季节变化、天气状况进行相应的流行病防治，定期防疫消毒，以达到防患于未然之效。对于病情较轻的在押人员，给其服用相应的药物；对于病情较重在监舍内服药已不能解决问题的在押人员，及时送往所内的医务室进行打针或者输液治疗，待病情稳定后再送回监舍关押。如遇确需出所进行住院治疗的病重人员，在保证安全的前提下及时出所住院治疗。

在看守所医疗主要依靠看守所自身解决的模式下，很多问题与弊端已经暴露，在押人员死亡事件便是一种最为集中的表现。总体来看，我国看守所自立医疗机构存在的问题主要表现在四个方面。

---

① 我国《看守所条例》和《看守所条例实施办法》中只规定了在押人员入所前的身体检查，没有规定出所要进行身体检查。在实践中，有部分地方看守所会进行临时出、入所的健康检查。如山东临清市看守所对出所辨认、开庭等在押人员，进行出所前及回所健康体检，建立体检登记制度。赫新颖、郭汝强：《市看守所：我所规范完善出入所健康检查确保监所安全》，http：//www.linqing.gov.cn/2011/0330/wNMDAwMDAwODYwNQ.html，访问日期：2020年7月2日。

（一）医疗卫生主体不合法

医疗卫生主体不合法包括两个方面：一是从机构角度讲，看守所医疗机构不合法；二是从个体角度讲，医疗机构组成人员不符合法定人数。2009 年 12 月，公安部和卫生部联合下发了《关于切实加强和改进公安监管场所医疗卫生工作的通知》（以下简称《关于医疗卫生工作的通知》），要求看守所按照规定申请医疗卫生行政许可证。此外，公安部于 2011 年 6 月 29 日颁布的《看守所医疗机构设置基本标准》对看守所医疗机构的设置标准进行了规定。但就目前来看，由于受人员、场地、设施等客观条件的限制，大量的看守所没有医疗卫生行政许可证。这要么是因为不符合《关于医疗卫生工作的通知》规定的医疗人员的数量要求，要么就是不符合基本标准中规定的"卫生所""门诊部"的设置标准。

如根据《看守所医疗机构设置基本标准》要求，大型看守所必须配备至少医师 6 名、注册护士 5 名、医技人员 1 名，并必须确保全天 24 小时有所医在所值班。[①] 但是我们以进行调研的重庆市 D 区看守所为例，这种常年关押人数在千人左右的大型看守所，也只配备了 3 名专职所医和 1 名护士，还远未达到大型看守所的配备标准。由于医务人员的短缺，现有所医的工作时间、精力无法满足所有在押人员的诊疗需求，很多看守所日常巡诊治疗工作顾此失彼。尤其是在突发病患高发时段的夜间，有些看守所没有所医值班，值班民警无法确认病情，缺乏救治工作专业知识，一旦措施不到位，就容易诱发重大医疗事故。

（二）医疗经费不足、设备落后难以满足基本需求

根据公安部、司法部于 1996 年出台的《看守所经费开支范围和管理办法的规定》，看守所经费开支中的医疗费包括：人犯[②]看病、住院的医疗费、药费、体检费，以及看守所医务室购置的药品和一次性消耗（低值易耗品）医疗器械等费用。由于立法中概念和称谓的变迁，这里的人犯指的是被关押于看守所的犯罪嫌疑人、被告人和罪犯。由此可见，看守所医疗费涵盖的范围较广，不仅包括在押人员诊断、住院的费用，而且包括看守所医务室购置的药品、设备和医疗器具等费用，这对于看守所来说是一笔巨大的财政支出。

[①]　对于关押人数与看守所医护人员配置的关系，参见《看守所医疗机构设置基本标准》。该标准规定：1. 关押容量不满 300 人的看守所配置至少医师 2 名、注册护士 1 名；2. 关押容量 300 人以上不满 500 人的看守所配置至少医师 3 名、注册护士 2 名；3. 关押容量 500 人以上不满 1000 人的看守所配置至少医师 4 名、注册护士 3 名，医技人员酌情配置；4. 关押容量 1000 人以上的看守所配置至少医师 6 名、注册护士 5 名、医技人员 1 名，1000 人以上每增加 300 名被监管人员，至少增配 2 名医务人员。

[②]　我国刑事诉讼法中"人犯"这一称谓的删除是在 1996 年《刑事诉讼法》的修改实现的，该法于 1996 年 3 月 17 日的全国人民代表大会第四次会议通过的。而《看守所经费开支范围和管理办法的规定》是在 1996 年 1 月 29 日制定实施的，所以在该规定中会出现"人犯"的字样。

就目前来看，这笔开支主要是由财政部门列入预算统一拨付，而单纯地靠财政部门拨款存在很多问题，一是拨款经常不及时、不到位；二是就算拨款到位，也往往不能满足看守所日益增长的医疗需求。由于财政拨款为提前拨付，是按照预算、按照计划的拨付，所以其往往不能对于正常预算外的支出起到保障作用，而看守所内医疗花费是无法预见的，总会有意外支出的出现，这就会时常造成经费紧张。有些看守所诊疗设备只有体温计、血压计和听诊器，药品也只购置了简单的感冒、发烧等常规药，难以满足被羁押患者基本医疗需求。对于在押人员因特殊情况确需服用的其他药物，或者在押人员入所前已经长期服用的非常规性药，比如治疗高血压、冠心病、糖尿病等慢性病的药品，由于价格高昂，看守所无法正常全部提供。

（三）在押人员入所前健康检查不规范容易留下隐患

目前看守所自立医疗机构对在押人员收押时进行的体表检查，虽有指定项目，但往往敷衍了事、操作不规范。与此同时，侦查办案人员也希望尽快将人送进看守所，这一方面是由于基层公安机关办案数量多、压力大，办案机关空间有限；另一方面，如果侦查机关存在刑讯逼供的情形，其更希望入所检查草草了事，发现不出刑讯逼供的痕迹。基于以上两个方面的原因，只要检查对象健康状况符合送所的基本标准，看守所自立医疗机构能够出具身体健康证明，都不会对拟关押人员的身体条件给予足够的关注，入所身体检查不规范也就有其存在空间。

这种入所前身体检查不规范的危害主要表现在两个方面：一是不能有效检测出犯罪嫌疑人之前是否受到了侦查人员的刑讯逼供；二是不能检查出被羁押人是否有急性传染疾病或其他难以治愈的疾病。入所前的身体检查作为证明被羁押人员是否受到刑讯逼供的证据，可以起到威慑侦查机关使其非法取证止步的作用，如果入所前体检不规范，那么看守所对于侦查机关的制约作用也就降低了。患有传染性疾病和其他难以治愈疾病的被羁押人员，应当采取特殊措施进行关押，这样一方面可以防止其将病毒传染给其他在押人员，造成所内恐慌；另一方面也可以对其进行有针对性的治疗，保障其自身的身体健康。

（四）在押人员病重、病危存在安全风险和压力

在押人员的一般性疾病，完全可以由所内设医疗机构进行治疗。然而，当出现比较重大的疾病，所内医护人员无法发挥作用时，就需要将患有重大疾病的在押人员送往所外医院进行治疗。① 此时，就会出现两个方面的问题。一是在押人员

---

① 这里需要说明的是，重病转院是正常现象，即使是社会上的社区医院，在其治疗能力有限时也需要转往其他医院治疗。在看守所内设医疗机构存在的情况下，其医疗条件的不足必然会使得送往所外就医的情况较为普遍，而医疗社会化的进入促使许多疾病在所内就能够得到解决，这也就减少了出所治病带来的安全风险和成本压力的问题。

安全风险的问题。多数医院的安全设施不完善，没有单独加装钢窗的病房，只能同其他普通病人混住在一起，安全很难得到保障。监管民警带在押人员出所治疗有时要承担一定的风险和责任，例如河南汝州看守所两名工作人员，在医院看护外出就医的在押人员时，因擅离职守致使在押人员脱逃而承担了相应的刑事责任。① 二是外出看病带来的人力、财力的成本压力问题。在押人员住院治疗必须按至少2：1的警力部署，进行24小时不间断警戒看护，这就要占用大量的警力。部分在押人员经济状况不佳，再加上有的家属对在押人员持放任态度、对其不管不问，有时出现家属迟交、不交在押人员的治疗经费现象。而当财政部门未拨付该项费用时，就会造成治疗费用不能及时到位，影响救治的及时性。此时，这项治疗费的支付就成为看守所的责任，直接加重了看守所的财务负担。

相对于在押人员病重需要治疗的经济压力，看守所在面对那些病危、死亡的在押人员时的工作压力更加巨大。看守所自立医疗机构由于在客观上隶属于看守所管理，所以在押人员及其家属主观上难以对其产生信赖。在看守所内设医疗缺少公信力的情况下，对于经所内医疗机构治疗或是送往医院后医治无效死亡的，会产生较大医患矛盾，而这是难以通过正常的医疗纠纷解决机制进行处理的。特别是在处理与死者家属关系这一问题上，看守所在不能做到有效沟通与释疑时，就要承担因家属起诉、上访而产生的死亡事件影响扩大化的责任。即使是在押人员的正常死亡，看守所也往往通过高价赔偿息事宁人。由此产生的无形的社会舆论压力、工作机制的质疑以及社会公信力的受损给看守所正常的工作秩序带来了消极影响。

二、看守所医疗社会化的必要性

由上文可以看出，看守所自立医疗机构弊端丛生。针对这些问题，虽然可以通过看守所内部进行改进，但是仍无法彻底解决看守所自立医疗机构封闭、简单、责任心弱、公信力不足等问题。而这些问题产生的根源在于看守所医疗的管理体制，其医疗模式的"自立"难以让人产生信赖，更不利于看守所的社会化改革。要想从根本上解决看守所医疗的问题，就必须进行医疗社会化改革。

从理论界对于看守所医疗社会化的研究状况来看，目前学界并没有对看守所医疗社会化进行明确的定义。对看守所医疗社会化的界定，应该是与看守所自立

---

① 周涛：《人权保障视野下看守所医疗工作的改革研究》，《铁道警官高等专科学校学报》2013年第6期，第97页。

医疗相对的。与自立医疗不同，社会化的医疗则应具有开放、丰富、专业的优势，能够达到设备保障有力、队伍素质过硬、经费来源渠道更广的层级。而所谓"社会化"，实质上就是寻求看守所之外的社会力量的援手，发挥多重优势，各尽所能，让看守所的医疗能够达到或接近所外专业医院的水平。这里的社会力量，指的是面向社会公众提供医疗护理服务的社会医疗机构。实现看守所医疗社会化的必要性，体现在三个方面。

（一）在押人员有权与社会人员平等享受医疗待遇

人权是人之因其为人而应当享有的权利。[①] 尽管人们对于人权具体概念的认识莫衷一是，但是设立人权保障制度的价值目标殊途同归，那就是维护人之为人的固有的尊严。人权具有普遍性，《世界人权宣言》第二条指出："人人有资格享受本宣言所载的一切权利和自由，不分种族、肤色、性别、语言、宗教、政治或其他见解、国籍或社会出身、财产、出生或其他身份等任何区别。"这里的"人人"是指自然人、个人，但也包括由个人所组成的社会群体，如妇女、儿童、残疾人、少数民族与种族弱势群体，以及罪犯、战俘等特殊群体。[②] 当然，人权的普遍性并不是说人与人之间的一切权利都是一致的，在个人的权利没有被法律剥夺的情况下，其享有的权利才是平等的。如犯罪嫌疑人、罪犯与其他人相比就有所不同，他们在羁押期间是不具有人身自由权利和政治权利的。

人最基本的权利是生存权，人的生命、健康是人成为独立的意志个体的基础。《世界人权宣言》第二十五条规定："人人有权享受为维持他本人和家属的健康和福利所需的生活水准，包括食物、衣着、住房、医疗和必要的社会服务；在遭到疾病、残废、守寡、衰老时有权享受保障。"上述规定是对生存权及由其发展而来的医疗权的经典表述。生存权在没有被法院依照正当程序判处死刑的情况下是不可剥夺的，因此由其产生的医疗权也同样具有不可剥夺性，看守所在押人员对此也不例外。《曼德拉规则》第二十四条规定："为囚犯提供医疗保健是国家的责任。囚犯应享有的医疗保健标准应与在社区中能够享有的相同，并应能够免费获得必要的医疗保健服务，不因其法律地位而受到歧视。"《欧洲监狱规则》第三十九条规定："监狱当局应当保障由其管理的所有犯人的健康。"第四十条规定："监狱卫生政策应当纳入国家的卫生政策，并且与其相一致。犯人应当根据其法律情况获得国家提供的卫生服务，不得进行歧视。监狱内的医疗服务人员应当设法发现和

---

① 罗豪才、宋功德：《人权法的失衡与平衡》，《中国社会科学》2011 年第 3 期，第 4 页。
② 李步云、杨松才：《论人权的普遍性和特殊性》，《环球法律评论》2007 年第 6 期，第 6 页。

治疗犯人可能遭受的身体疾病、精神疾病或者缺陷。为此目的，应当向犯人提供所有必要的医疗、外科和精神病学服务，包括社区中可以得到的服务。"① 看守所在押人员同样应当享受社会公众普遍享有的维持基本生理需求、保障身体健康的生命健康权和医疗权。所以，在看守所处于羁押状态的犯罪嫌疑人、被告人以及罪犯应与社会人员平等地享受医疗待遇，同样有权获得社会医疗的救助。

（二）防止自立医疗机构隐瞒侵犯人权事实或者侵犯人权

近几年看守所"非正常死亡"现象频发，人们也开始深入思考这背后的原因。② 分析最近几年让看守所"登上头条"的"意外死亡事件"，可以看出各地看守所侵犯人权的事件时有发生，而看守所内设医疗机构没有能发挥其应有的作用。

在入所健康检查环节，有些看守所自立医疗机构往往敷衍了事、疏于检查，不能真实反映押送到看守所的人员的健康与否。对于已关押在看守所的人员，其同样可能面临着权利被侵犯的可能。如因侦查机关借指认现场之机，对在押人员提外讯时刑讯逼供；又如所内牢头狱霸因"被指使"对在押人员造成的身体伤害等。对于这种直接性身体伤害，所内自立医疗机构以其医学知识必然会发现，而对于这些侵犯人权的现象，所内医疗机构一般选择沉默和隐瞒。自立医疗机构是看守所的下属机构，存在领导与被领导的关系。而属于公安管辖的看守所，③ 同样遵循公安机关上命下从的一体化领导体制，上级机关和领导可以对其进行干预；与此同时，同级的侦查部门属于公安系统重要业务部门，具有强势地位。在这样的情况下，让自立医疗机构的医务人员来监督、发现、举报侵犯人权的事件，其难度是可以想象的。所以自立医疗必然对侦查机关有所偏袒，其非中立的性质使其会有意隐瞒收押人员受到刑讯逼供等侵犯人权的对待。

看守所自立医疗机构的直接侵犯人权有两个方面的表现。一是由于主观责任心和医学素养的缺失，在押人员的疾病无法治愈，健康受到损害。④ 而对于那些在看守所因医疗条件不足导致医治无效死亡的人来说，其基本的生命权可能受到侵犯。二是自立医疗机构医生有时直接为"施酷者"提供"帮助"，如为刑讯逼供的

---

① 吴宗宪：《〈欧洲监狱规则〉（2006 年版）》，《犯罪与改造研究》2019 年第 6 期，第 74 页。

② 钱贤良等：《从"躲猫猫"到"洗澡澡"——非正常死亡频发看守所怎么了？》，http：//www.jcrb.com/zhuanti/fzzt/kanshousuo/，访问日期：2019 年 5 月 30 日。

③ 对于看守所从属于公安机关的设置，学界大多持反对态度，有的学者对此提出了相应的改革建议。参见高一飞、陈琳：《我国看守所的中立化改革》，《中国刑事法杂志》2012 年第 9 期，第 97 - 103 页；陈瑞华：《问题与主义之间——刑事诉讼基本问题研究》，中国人民大学出版社 2008 年版，第 152 页。

④ 笔者在重庆某某看守所调研时曾遇到类似案例：所内关押着一名艾滋病患者，但由于所内医疗条件有限，其病情得不到治疗，而且看守所也并没有选择将其送到所外医院治疗，导致其身体状况与日俱下，这就直接侵犯了在押人员的健康甚至生命权。

顺利实施而设计刑讯逼供工具、亲身参与刑讯逼供或者拒绝及时治疗受害者。①

看守所医疗进行社会化改革，社会医疗机构就可以直接进入看守所内部。社会医疗机构相对于看守所来说是中立的，这种中立性使其不至于像看守所内设医疗机构那样被管理和约束。因此对于看守所出现的侵犯人权现象，可以通过看守所医疗社会化进行监督和制约。此外，看守所内设医疗机构与社会专业医疗机构相比，在医疗技艺和专业素养方面是不能相提并论的。社会医院进入看守所，可以将先进的医疗技术带到看守所，在押人员的身体健康会得到全面的保障。

（三）看守所医疗社会化是世界各国通行做法

在我国，关押未决犯的审前羁押场所是看守所。综观域外主要国家的相关规定，可将其未决羁押场所的设置归纳为三种模式：设置于独立监狱的模式、附设于法院的看守所模式、独立监狱与警察局内的"代用监狱"并用的模式。② 而且在这三个模式之中，处于主导地位的是第一种模式，即将审前羁押场所设置在监狱是世界大多数国家的普遍选择。由此可以看出，域外大多数国家中与我国看守所职能相对应的机构是监狱，而对于我国看守所相关问题的解决可以借鉴其监狱设置和管理的经验。

医疗服务在西方国家监狱被认为是最基本的服务计划之一，审前羁押机构的医疗社会化是世界各国通行做法。犯人虽然由于犯罪或者被指控犯罪而被送进监狱，但他们享有生命权、健康权，监狱必须保障他们的这些权利。③ 对此，羁押场所必须为被羁押者提供相应的医疗保障和服务，确保被监禁期间犯人的生命和健康，使所有患病者都得到医学治疗，而其中羁押机关与社会医院合作的举措较为普遍。正如《联合国囚犯待遇最低限度标准规则（纳尔逊·曼德拉规则）》所规定："应与普通公共卫生管理部门紧密合作安排医疗保健服务，确保持续治疗和护理，包括对艾滋病毒、肺结核和其他传染病以及毒瘾的持续治疗和护理。"④

从域外各国的情况来看，虽然都由监狱为被羁押者提供社会化医疗服务，但其做法不尽相同。以英国为例，在其承担审前羁押职能的监狱，被羁押人员的疾病治疗是由医疗卫生部门来承担的，被羁押者与狱外其他公民一样享有免费的医疗待遇；而且监狱设有医疗中心，医师、护士、牙医和药剂师等医务人员由地方

---

① 刘昂：《明确身体健康检查权有利于遏制刑讯》，《检察日报》2007 年 11 月 30 日，第 3 版。
② 高一飞、陈琳：《我国看守所的中立化改革》，《中国刑事法杂志》2012 年第 9 期，第 97 页。
③ 吴宗宪：《当代西方监狱学》，法律出版社 2004 年版，第 666 页。
④ 《联合国囚犯待遇最低限度标准规则（纳尔逊·曼德拉规则）》，https：//www.un.org/zh/node/182263，访问日期：2023 年 4 月 12 日。

卫生机构派出。① 又如德国，其监狱叫作司法矫正机构，实行治疗式的行刑模式，狱内生活设施与监外接近，其羁押管理体系的社会化体现在方方面面，当然也包括医疗社会化的设置。② 在奥地利，在其公共医院中设立了封闭式部门，用来收治需要住院治疗的犯人，这些部门有较大的病房，也有看守人员接待室。③ 而在美国，为了给有特殊需要的犯人提供特别的保健治疗，联邦监狱局系统专门设立了联邦医疗中心，专门用来治疗有特殊医疗需要的犯人。④

三、看守所医疗社会化的探索历程

通过上文的分析，可以看出我国看守所医疗社会化有其存在的必要性，这为我国进行看守所医疗社会化改革提供了理论依据。下文将对我国看守所医疗社会化的法律依据、发展状况和探索中出现的问题进行简单的梳理。

（一）看守所医疗社会化的法律依据

《看守所条例》，《看守所条例实施办法》是目前我国规范看守所各项制度的综合性法律。无论是《看守所条例》还是《看守所条例实施办法》，都对看守所医疗进行了相关规定，确立了在押人员的收押检查和疾病诊疗制度。虽然《看守所条例》和《看守所条例实施办法》对我国看守所医疗进行了规定，但是没有对其进行统一、规范化的制度设计，所以我国看守所医疗一直处于自我规范、良莠不齐的状态。多数看守所在押人员的医疗是通过其内设机构实现的，看守所内设医疗机构在医务主体和医疗设备上的不足，使得在押人员的健康权利在很大程度上难以实现。

从 2009 年 6 月开始，全国看守所试行逐步对社会开放，目前三级以上看守所已全部开放。⑤ 当然这种开放也是有限度的，看守所开放作为警务公开的一部分，必须遵循保护个人隐私和保障刑事诉讼顺利进行等的原则。⑥ 与看守所的社会化改革同步，我国看守所医疗社会化改革也在 2009 年初现端倪。随着《关于医疗卫生

---

① 左登豪：《英国监狱基本状况的考察及其启示》，http：//blog. sina. com. cn/s/blog_ 700110610100xdnj. html，访问日期：2021 年 6 月 1 日。

② 宫照军：《关于德国"监狱"制度的粗浅认识——写在德国北威州司法代表团来宁学术探讨会之后》，http：//www. jsjy. gov. cn/www/jsjy/2013927/n002784457_ 1. html，访问日期：2020 年 6 月 3 日。

③ Dirk wan Zyl Smit & Frieder Dunkel（eds），Imprisonment today and tomorrow：International perspectives on prisoners' right and prison conditions，2nd ed.（The Hague：Kluwer Law international，2001），p. 16.

④ U. S. Department of Justice Federal Bureau of Prisons，A judicial guide to the Federal Bureau of Prisons（1995），pp. 23 - 25.

⑤ 赵春光：《中国特色社会主义看守所管理之创新发展》，《公安研究》2013 年第 5 期，第 5 页。

⑥ 无论是从国际规则还是我国司法实践角度来看，警务公开应当遵循一定的原则，参见高一飞：《警务公开比较研究》，《中国人民公安大学学报（社会科学版）》2010 年第 5 期，第 7 页。

工作的通知》和《看守所医疗机构设置基本标准》的颁布和实施，我国看守所医疗社会化改革有了法律依据。在 2009 年 12 月由公安部、卫生部联合出台的《关于医疗卫生工作的通知》中，首次明确要求公安监管场所要积极探索医疗卫生工作社会化模式。该通知要求各级公安机关、卫生部门积极推进公安监管场所医疗机构建设，改善医疗条件，对看守所医疗机构的卫生资质、人员、医疗设施配备、职责任务都做出了明确规定。2010 年 5 月，公安部颁布了《关于规范和加强看守所管理确保在押人员身体健康的通知》，从加强在押人员入所健康检查、加强在押人员日常医疗、搞好在押人员个人和监室卫生等几个方面进行了详细的规定。2011 年公安部和卫生部出台的《看守所医疗机构设置基本标准》，标志着全国看守所医疗卫生工作走上了一条纳入卫生部门统一管理的崭新的医疗卫生社会化道路。① 该文件从机构设置标准、医务人员配置标准、医疗器材设备配置标准三个方面对我国看守所医疗机构进行了规范。2012 年 6 月 11 日，国务院新闻办公室颁布了《国家人权行动计划（2012—2015 年）》，提出"保障被羁押人的权利和保障人道待遇。完善看守所管理的法律规定。推动看守所医疗工作社会化，使被羁押人患病得到及时治疗"。国务院新闻办公室于 2014 年 5 月 26 日发表了《2013 年中国人权事业的进展》，在总结我国人权事业发展成果同时提到"深入推行看守所医疗卫生社会化，要求所有看守所都要向社会开放"。

（二）看守所医疗社会化的发展成果

从全国范围来看，我国看守所医疗社会化改革肇始于 2009 年，虽然从其产生到发展至今只有短短的 15 年时间，但其发展的迅猛之势和所取得的成果是有目共睹的。笔者在此将我国看守所医疗社会化的发展过程总结为三个阶段：2009 年的最初建立、2009 年到 2010 年的个别地区试点、2011 年至今的全国各地区相继确立。下面笔者将对其进行简单介绍。

根据笔者手中所掌握的资料，我国首家进行医疗社会化改革试点的看守所是厦门市第一看守所。2009 年 10 月，厦门市第一看守所与厦门大学附属中山医院合作，让社会医院进驻看守所的做法在全国尚属首次，同时对于需转到中山医院的危重及部分专科病人，院方也开通了绿色通道。② 此外，江苏丹阳市看守所的医疗社会化改革也走在了全国前列。2009 年 12 月底，丹阳市看守所就在江苏省率先建成投用了"阳光社区"医疗服务站，完成了监管医疗管理体制的一项创举，维护

---

① 赵春光：《中国特色社会主义看守所管理之创新发展》，《公安研究》2013 年第 5 期，第 6 页。
② 郑晓强：《厦门医生"驻点"给在押人员看病，开全国先河》，《福建日报》2009 年 10 月 13 日，第 3 版。

了在押人员的合法权益，取得了良好的社会效益。①

　　2009 年和 2010 年为我国个别看守所进行医疗社会化改革的尝试创新阶段。山东济南市公安局于 2010 年 7 月建成济南市看守所监管医院，又名育仁医院，该医院建设水平达到二级甲等医院的标准，大大地提高了济南市看守所卫生防疫、疾病诊治和医疗突发应急的能力。② 2010 年 7 月 21 日，河南新乡获嘉县看守所与获嘉县中医院合作，成立了"获嘉县中医院驻看守所医务室"，四名中医院的主治医师走入"高墙"，专门医治在押监管人员。③ 2010 年 9 月，上海市铁路看守所与同济大学附属医院建立了医疗互助协作关系，同济医院组织医护人员到看守所进行体检或巡诊，并为患急症重病人员提供优先救助的绿色通道。④ 在 2009 年和 2010 年，我国看守所推行医疗社会化的地区还是少数，进行试点的个别地区多属东中部较发达地区。

　　2011 年至今，我国看守所医疗社会化改革进入如火如荼的快速发展阶段，其中比较有代表性的有福建三明、江苏泗阳、辽宁营口、湖南耒阳等。三明市看守所与三明市中西医结合医院签订监所医疗卫生协作协议，并开通在押人员救治绿色通道；⑤ 泗阳县看守所与县人民医院成立了"泗阳县人民医院驻泗阳县看守所医务室"，建立了在押人员医疗救治"监管病房"；⑥ 营纺济生医院在营口市看守所成立，解决了所内医务人员短缺问题；⑦ 耒阳市看守所与市卫生局合作，成立耒阳市卫生局驻看守所医疗站。⑧ 之所以说这几个地区是具有代表性的，是因为这些看守所的医疗社会化改革取得了较好的社会效果，其经验也因此得到认可和推广。如泗阳县看守所被江苏省公安厅表彰为"安全文明示范监所"，为经济欠发达地区创新监所医疗卫生工作提供了经验；又如耒阳市看守所医疗社会化工作模式在湖

---

　　① 尤莉、林利敏、虞瑜方：《阳光社区实现多赢：丹阳市看守所探索医疗社会化新模式》，《江苏法制报》2010 年 4 月 14 日，第 A06 版。

　　② 周涛：《人权保障视野下看守所医疗工作的改革研究》，《铁道警官高等专科学校学报》2013 年第 6 期，第 98 页。

　　③ 海宁：《医疗社会化，监管更安全——获嘉县看守所医疗社会化侧记》，http://www.xxgaw.gov.cn/news/photos/2010 - 12 - 23/15439.html，访问日期：2014 年 6 月 28 日。

　　④ 林荣贵、钟海涛：《上海铁路公安处首推在押人员医疗社会化》，http://right.workercn.cn/c/2010/09/06/100906031329255282687.html，访问日期：2014 年 6 月 27 日。

　　⑤ 董继铿：《市看守所完成监所医疗社会化改革》，http://www.fjgat.gov.cn/action/article/displayArticle.action?articleId=50754，访问日期：2014 年 6 月 24 日。

　　⑥ 尤莉、陈宇、张大秋：《泗阳监所医疗社会化迈出扎实一步》，《江苏法制报》2011 年 4 月 27 日，第 A06 版。

　　⑦ 《营口看守所，全省监管走在前》，《营口日报》2011 年 11 月 30 日，第 1 版。

　　⑧ 黄振：《耒阳公安局：看守所医疗社会化工作模式在全省推广》，http://www.leiyang.gov.cn/main/gbxwzx/szyw/szyw/f9dc22c8 - 362b - 4581 - 9273 - 0a2dd51bd3ba.shtml，访问日期：2014 年 6 月 28 日。

南省公安监管工作会议上受到认可，其体现人文关怀的医疗社会化经验在全省推广。

从目前来看，经济较发达地区的看守所医疗社会化改革的步伐较快，部分省市已经全部实现看守所医疗社会化。北京市公安局监管场所目前已经实现了社会化医务室的全覆盖，全部建立起了在押人员就医的绿色通道，建立了患病在押人员实名制管理机制，且成立了首个为全市在押人员服务、规模最大的监管治疗中心和远程视频医疗会诊系统。① 此外，上海全市公安监所也已全部实现了医疗卫生工作社会化，医疗机构派驻监所医务人员达 120 余人，严格执行新入所人员"五项健康检查"和每半年定期健康检查，健全完善了日常巡诊、重病会诊、医疗档案、家属告知等医疗和管理制度。② 福建 71 个看守所全部设立了地方医院驻所医务室，设置率达到 100%。此外，为 21 个关押量 500 人以上的中型看守所配备了各类常规体检项目的医疗设备，监所医疗保障能力明显提高。③

与此同时，在经济欠发达的地区，看守所医疗社会化只在其省、自治区的首府或较大城市得到实现，其医疗社会化的进程还需要继续推进。如拉萨市所辖监管场所积极推进落实医疗卫生社会化工作，拉萨市看守所建立了卫生所，各县看守所均与所辖县人民医院、县防疫站建立了医疗卫生协作机制。④ 又如新疆伊宁市看守所把监所医疗社会化作为监所医疗卫生工作的一项重要举措，不断推进监所医疗社会化改革，被评为全区公安监所医疗社会化的先进集体。⑤

从抽样调研的结果来看，接受调研的看守所全部实现了医疗社会化，这在一定程度上反映出整个重庆地区的看守所医疗社会化实施状况较好。重庆属于经济较发达地区，当地政府财政承担了看守所在押人员的全部医疗费用。从人均每年的医疗花费情况看，主城区的看守所医疗费用支出较多，而随着与主城区的距离的增加，看守所的医疗费用支出呈现降低趋势。出现上述情形的原因是主城区或近主城区的经济发展状况较好，当地政府对看守所医疗费用的支持力度相对较大；远离主城区的县经济发展水平一般，其看守所获得政府财政支持的力度较小。从医疗社会化的具体表现形式来看，接受调研的看守所采用了"院所协作"机制、

① 李松、黄洁：《北京公安监所医务室均达国家医疗机构标准》，https://www.163.com/news/article/7CDHLABD00014AEE.html，访问日期：2014 年 6 月 27 日。
② 李家亮：《上海：全面推广看守所指挥室工作模式》，《人民公安报》2014 年 6 月 12 日，第 6 版。
③ 吴亚东：《福建看守所 100% 设立地方医院驻所医务室》，http://www.legaldaily.cn/index/content/2012-07/26/content_3731888.htm?node=20908，访问日期：2014 年 6 月 27 日。
④ 高原：《拉萨各级公安机关着力解决公安监管工作瓶颈》，《人民公安报》2013 年 7 月 11 日，第 6 版。
⑤ 于金健、刘雪芬：《伊宁市看守所推进监所医疗社会化改革》，http://news.ylxw.com.cn/news/content/2013-11/27/content_317173.htm，访问日期：2014 年 6 月 28 日。

医院驻所医疗室或者驻所小型医院两种模式。前者是与社会医院建立合作关系，在医院中设立针对看守所在押人员的"绿色通道"，优先对其治疗和救助；后者是直接在看守所内部建立医院驻所医疗室或驻所医院，使一般性疾病患者不出看守所就得到有效的治疗。配合调研的市一级看守所即 A 看守所，其医疗社会化的程度就相对较高，该市级看守所内部建立了驻所小型医院，除了治疗本所在押患者外，还负责收治全市看守所需住院治疗的部分重病在押人员。从这些看守所医疗社会化的功能来看，其不仅能满足一般社区医院所进行的体检、治疗要求，具有社会化医院的条件和作用，而且在保障在押人员平等享受预防和治疗疾病的权利、通过健康检查预防和发现侵犯人权的情况等方面发挥了重要的作用。（表 9 - 1）

表 9 - 1　2020 年 L 市 6 个看守所的医疗社会化情况

看守所名称	所处地理位置	是否社会化	采用何种方式	人均医疗费用（2020 年度）	本所医疗费用来源
L 市看守所	主城区	是	卫生室	660 元	地方财政
J 县看守所	主城区	是	县人民院驻所医务室	300 元	地方财政
W 县看守所	主城区	是	驻所小型医院	714.29 元	地方财政
X 县看守所	主城区	是	"院所协作"机制	1550 元	地方财政
H 市看守所	主城区	是	"院所协作"机制	250 元	地方财政
XZ 县看守所	主城区	是	"院所协作"机制	390 元	地方财政

在 6 年以后的抽样调查中，L 市检察院 6 个看守所同样全部实现了看守所医疗社会化，同时，全部没有出现非正常死亡的情况。

（三）看守所医疗社会化探索中的问题

我国看守所医疗社会化产生于近几年，它是对我国一直存在的看守所内设医疗体系弊端反思的产物，它的实践依据为各地看守所雨后春笋般的医疗社会化创新。作为近几年才发展而来的新兴制度，看守所医疗社会化有着许多无法比拟的优势，但作为新生事物，其自身也存在不少亟须解决的问题。

一是医疗社会化的具体制度构建没有明确、统一的立法规定。虽然看守所医疗社会化在相关规范性文件中被提到，但只是作为概念的提出，并没有实施样式和制度运行的规定。各地看守所医疗社会化是在监所管理探索的过程中，不断总结实践经验发展而来，其产生的时间较短、各地样式不一，立法部门并没有及时地对其进行法律层面的规范，这就使得看守所医疗社会化没有法律强制力保障。众所周知，任何新兴事物的出现都会受到旧事物的强力阻挠，对社会化改革的反对主要来自看守所内部，毋庸置疑这种改革会触动其既得利益。在这种没有统一立法支持的状况下，有的地方就会出现阻碍医疗社会化改革的力量。

二是医疗社会化需以充足的资金为保障。由于各地社会、经济发展水平不同，当地政府能够提供的资金也不同，对于医疗社会化这种先进的看守所医疗制度采取了不同的态度。在经济发展水平较高的地区，由于政府提供的财政支持力度较大，其医疗社会化改革的步伐较快，并产生了在看守所内建立医院这种较高级别的模式。① 而在经济发展水平相对落后地区，由于看守所拥有的财政支持力度较小，很多地方医疗社会化改革进程缓慢，有的相对落后的地区还没有进行医疗社会化改革。由此可见，政府财政的支持力度是影响看守所医疗社会化改革最直接的因素。

三是医疗社会化改革有滋生腐败的危险。正如阿克顿勋爵感慨的那样："权力导致腐败，绝对权力绝对导致腐败。"② 选择什么样的医院作为看守所医疗社会化改革的合作伙伴，这是看守所、公安机关独有的权力，而目前来说这一方面信息是不公开的。看守所医疗自身的最大优势是其垄断性，对于被羁押者来说，他在需要医治的时候是没有任何选择余地的，只能由看守所提供的医疗机构对其进行治疗。看守所这种垄断地位带来的是利益的垄断，而选择医疗合作伙伴过程的不透明和不受监督性，会给腐败的产生提供温床。

四是社会医院工作人员进驻看守所主观意愿迟疑。看守所医疗社会化毋庸置疑是对在押人员最为有利的一项措施，其可以有效治疗被羁押者的身体疾病，从社会效果角度来说，医疗社会化可以体现出看守所的人道关怀。但是，有很大一部分医务人员对入驻看守所持消极态度。如在看守所内设立医院的情形下，医务人员平时接触到的患者皆为在押人员，其工作环境较为封闭，社会交际范围也受到了限制。社会医院医务人员不愿进驻看守所，另一个重要的原因就是自身安全的考虑。被关押在看守所的人员为犯罪嫌疑人、被告人和短期刑罪犯，他们本身就存在较大的社会危险性，有着再次犯罪的可能，医务人员因此会产生畏惧心理。而且对于在押人员死亡等突发事件，医务人员同样也面临着强大的社会压力，有时也会承担不必要的风险。

四、看守所医疗社会化的模式评估

各地经济发展状况的差异导致了看守所医疗社会化发展程度的不同，可以依

---

① 吴碟：《天津市首家看守所医院落成并投入使用》，http://www.tianjinwe.com/together/zx/jkpd/tt/201110/t20111014_4397048.html，访问日期：2014年6月4日。

② ［英］阿克顿：《自由与权力：阿克顿勋爵论说文集》，侯建、范亚峰译，商务印书馆2001年版，第342页。

据看守所与社会医院的合作关系和紧密程度来对其进行模式化区分。从目前出现的各地看守所的试点情况看，可以将看守所医疗社会化的模式分为三种：一是建立"院所协作"和在押人员诊疗"绿色通道"模式，二是建立监所社区医疗卫生站的半封闭半开放模式，三是建立医院驻所医疗室或小型医院模式。

（一）　建立"院所协作"和在押人员诊疗"绿色通道"模式

根据各地看守所实际情况，在卫生部门支持的前提下，积极与社会医院协商建立"院所协作"机制。这种"所院协作"机制主要是通过签订协议书来明确双方各自权利和义务。合作医院首要任务是做好在押人员入所的身体检查，确保入所健康检查的准确性和全面性，严把入所体检关，从源头上消除在押人员因病死亡的隐患。其次是在医院设立既符合卫生要求，又符合安全要求的"在押人员病房"，满足在押人员入院治疗需要。对于较为严重的疾病可以将其安置于专门的病房中进行治疗，而对于轻微疾病则无须安排在病房中治疗。最后是合作医院也要承担起日常巡诊、发放药品、疾病预防的工作，真正做到防患于未然。

"绿色通道"是与看守所合作医院专门针对看守所在押人员设立的一种畅通无阻的治疗渠道，其充分考虑到了看守所工作的特殊性，并为其创造了许多便利条件。很多看守所对此都进行了一定程度的实施，如笔者调研的重庆市 D 区看守所。D 区看守所已经与该区第二人民医院建立起协作机制，在押人员均可以通过绿色通道到第二人民医院进行入所前体检或者诊疗疾病，免除了排队等候之忧，缩减了在医院停留的时间，降低了发生安全事故的风险。又如大连看守所就与某部队医院合作，由医院为在押人员设立综合病房，提供诊断、处置及住院治疗服务，这种"绿色通道"的设置既节约了警力，又提高了公正效率。[①] 这种模式为当前我国看守所医疗社会化的主要模式，在笔者进行调研的重庆 12 个看守所中，适用这种模式的有 8 个，大约占了全部调研对象的 66.6%。

（二）　建立监所社区医疗卫生站的半封闭半开放模式

作为看守所医疗社会化的第二种模式，这一模式充分体现了其他两种模式之间的过渡性。该模式的基本构造为监所与社区医疗机构合作，在监所或其附近设立社区卫生所或门诊部。该社区卫生所或者门诊部既服务于看守所，为被羁押者治疗疾病，也服务于周边社区群众，同样承担着社会医疗的职能。这两部分患者互不交叉，不能相互接触，但他们由相同的医务人员医治并使用统一的大型医疗

---

① 周涛：《人权保障视野下看守所医疗工作的改革研究》，《铁道警官高等专科学校学报》2013 年第 6 期，第 99 页。

设备。这种看守所社区医疗的模式是由上级政府或多个部门统一协调设立,仿照社区医疗卫生所的形式运营,这种模式优化了医疗资源布局。

在 2009 年 12 月底,江苏省丹阳市看守所在其所内建成了"阳光社区"医疗服务站,以社区卫生所的方式解决看守所医疗的问题。① "阳光社区"卫生站由丹阳市看守所提供场所并负责安全,由丹阳市云阳医院提供医疗设备和医务人员。"阳光社区"卫生站在对在押人员进行入所体检、疾病治疗,服务在押人员的同时,也满足了周围居民的需求,实现了在押人员合法权益和社会经济效益的双赢。这种看守所医疗的社会化模式在实践中使用得相对较少,在笔者进行的调研的重庆 12 个看守所中,未发现使用这种模式的看守所。

(三) 建立医院驻所医疗室或小型医院模式

建立医院驻所医疗室,一方面,需要由看守所提供场地,按照严格的安全标准加装钢窗和摄像监控设备,并能够获得财政支持购置齐全的医疗设备;另一方面,由医院派遣专职医务人员常驻看守所为在押人员提供专业的医疗服务。由此可见,医疗室的建立需要硬件和软件都符合一定的标准。如天津市西青区看守所,其在 2011 年底建立了西青区看守所门诊部,即泽健门诊部,率先让社会医院进驻看守所。② 门诊部实行公安主导、所部互助的监管医疗运行模式,即看守所无偿提供治疗室、诊断室、药房等功能用房,无偿提供水电,并负责医务人员和在押人员的戒护安全。门诊部自行购置 B 超诊断仪、心电图机、尿液分析仪等先进医疗设备,配备 16 名有资质的医务人员提供 24 小时医疗服务。在笔者调研的 12 个对象中,在所内建立医疗室的有 5 个,③ 使用比例达到了 41.6%,由此可见这种模式在实践中使用普遍。

此外,在条件允许的前提下,对于某些特大型看守所可以考虑尝试在所内直接建小型医院。比如,厦门市第一看守所与厦门大学附属中山医院合作,建立了全国第一家"犯人医院",实行 24 小时班内坐诊、班外值班和定期轮换制度。④ 在笔者进行调研的过程中,发现重庆市 A 看守所在其所内也建立了相对完备的小型医院,设备与技术都达到了较高的水平,在所内就可以满足在押人员的治疗需求。建立小型医院针对的对象为规模较大看守所,对设备、技术和资金要求较高,实

---

① 赵家新:《丹阳看守所医疗社会化年均节约 40 万元》,《人民公安报》2010 年 5 月 5 日,第 2 版。

② 朱诗瑶:《天津西青区看守所推进医疗社会化改革》,《法制日报》2013 年 5 月 27 日,第 3 版。

③ 这里同样存在使用多种模式而包含这一模式的,所以这种模式的使用数量与第一种模式的使用数量之和大于所调研的对象的总数。

④ 蔡立荣:《在押人员看病,不用再出高墙》,http://wmf. fjsen. com/cjtd/2009 – 09/15/content_ 1824201. htm,访问日期:2019 年 12 月 1 日。

践中使用较少。

（四）不同模式之间的比较

虽然对于看守所医疗社会化进行了模式的归纳与划分，但这并不是说在一个看守所内部就只会有单一医疗社会化的表现形式。如有的看守所在进行第三种模式的改革即建立医院驻所医疗室时，由于改革不完善，设备、技术未完全符合要求，也会同时存在着与医院建立相关的协议、走"绿色通道"的医疗方式。这样的例子很多，通过对于重庆F区看守所和L县看守所的调研，笔者发现其当前看守所中既有院所协作的绿色通道模式，又同时在所内建立了医院驻所医疗室。

看守所医疗社会化的三种模式，主要是以看守所与社会医疗机构的关系为依据划分的。以下是2014年C市12个看守所的医疗社会化情况（表9-2）。

表9-2　2014年抽样调研的C市12个看守所的医疗社会化情况

看守所名称	所处地理位置	是否社会化	采用何种方式	人均医疗费用（2013年度）	本所医疗费用来源
A市看守所	主城区	是	驻所小型医院	1124元	地方财政
B区看守所	主城区	是	"院所协作"机制	406.82元	地方财政
C区看守所	主城区	是	"院所协作"机制	670元	地方财政
D区看守所	主城区	是	"院所协作"机制	900元	地方财政
E区看守所	主城区	是	医院驻所医疗门诊部	2006元	地方财政
F区看守所	近主城区	是	"院所协作"机制、医院驻所医疗室	190元	地方财政
G区看守所	近主城区	是	"院所协作"机制	268.6元	地方财政
H区看守所	近主城区	是	医院驻所医疗室	1000元	地方财政
I县看守所	远离主城区	是	"院所协作"机制	158.5元	地方财政
J县看守所	远离主城区	是	"院所协作"机制	228元	地方财政
K县看守所	远离主城区	是	医院驻所医疗室	325元	地方财政
L县看守所	远离主城区	是	"院所协作"机制、医院驻所医疗室	830.35元	地方财政

看守所医疗社会化，保障了在押人员的生命健康，从2020年L市检察院6个看守所的情况来看，没有发生任何死亡事件。（表9-3）

表 9 - 3   2020 年 L 市检察院 6 个看守所建设情况及在押人员死亡人数

看守所名称	建筑面积（m²）	监房数	监房平均使用面积（m²/在押人员）	正常死亡人数	意外死亡人数
L 市看守所	20000	42	1.2	0	0
J 县看守所	2050	12	8	0	0
W 县看守所	5688.2	32	2.6	0	0
X 县看守所	4305	36	2.5	0	0
H 市看守所	1365	18	2.47	0	0
XZ 县看守所	3050	16	1.84	0	0

从第一种医疗社会化模式到第三种模式，所院之间联系越来越紧密。从第一种模式到第三种模式，是看守所医疗社会化从低级到高级发展的过程。无论是从初次的资金投入多寡，还是从后续的管理维护费用来看，高级阶段的社会化模式需要的财政支持力度最大。关于看守所医疗社会化模式的选择，可以以当前各地的经济、社会发展状况为依据。对于经济、社会发展状况一般的地方，其看守所医疗社会化可以选择所院协作、设立"绿色通道"的方式；对于经济、社会发展相对较好的地区，其看守所医疗社会化可以选择在监所附近设立社区医疗卫生站的形式；而对于经济、社会发达的地区，其看守所医疗社会化就可以选择在所内设立医院驻所医疗室或小型医院。

从安全管理角度考虑，第三种模式更有利于监所安全保障。此种模式将医疗机构设在看守所内部，能防止前两种模式下存在的在押人员外出看病时逃跑的风险出现。第三种模式应该算是看守所医疗社会化最为成熟的表现，是解决当前看守所医疗面临问题的最佳选择。虽然，设立医院驻所医疗室或者医院的一次性投入是巨大的，但从长远来看，它能够彻底地解决看守所医疗所面临的资质、费用、人员、安全等诸多难题，可谓大有裨益。但第三种模式牵涉的因素最多，所需财政支持力度最大，实施难度也最大。所以看守所医疗社会化应当根据各地的实际循序渐进，切忌急于求成，更切忌一劳永逸。

结语

我国清代著名学者孙雄曾经说过："欲知其国文明之程度，视其狱制之良否，可决也。"[①] 看守所和监狱一样，都为国家人权状况最敏感的部位，其在押人员的

---

① 孙雄编著：《监狱学》，商务印书馆 1936 年版，第 6 页。

状况也是一个国家文明程度的重要体现。① 虽然当前看守所医疗社会化存在或多或少的问题，但是其社会化改革的趋势是不可阻挡的。实现看守所医疗社会化，不仅能够保障在押人员的合法权益，有利于解决当前看守所医疗所面临的诸多难题，而且还能提高看守所的社会公信力，是践行国家人权行动计划的重要力量。当前我国的看守所医疗社会化尚处在起步阶段，需要相关部门齐心协作，共同探索。

当然，如前文所述，看守所医疗社会化在实施的过程中可能会出现一些问题，对此我们不应当因噎废食，而应当设法寻求解决的途径，如通过完善看守所医疗社会化改革的配套措施。

一是由立法部门在总结各地实践经验的基础之上，制定统一的具有约束力的规范标准，为看守所医疗社会化提供法律层面上的支撑。当前，各地看守所的医疗改革已经取得显著的成绩，部分地区改革成功的经验已推向本省。而我们可以在全国范围内总结看守所医疗社会化改革的经验，由公安部门、卫生部门等统筹规划，制定具体的看守所医疗行业准入、场所布局、设备配置、人员构成、管理维护的标准。在条件成熟时，由国务院制定行政法规，或者在刑事诉讼法中予以明确，使看守所医疗社会化有法律强制力保障。

二是地方政府加大财政支持，为看守所医疗社会化提供充足的资金保障。无论是医疗机构的场地建设、医疗设备的购买，还是与社会医院的协作、专业医务人员的聘任，都是以政府的强大财力为支撑的。看守所医疗社会化改革是需要大量资金支持的项目，政府应当在每年的财政预算中加大对此的投入。考虑到看守所医疗社会化改革后所带来的社会经济效益，政府的这项支出是"物超所值"的。

三是加强对于看守所与合作医院的监督，促使警务信息的公开，预防腐败的产生。看守所属于公安部门管辖，所以对于公安部门警务公开的要求同样适用于看守所。"阳光是最好的防腐剂"②，只有在公开的环境下，权力的运行才会合法有序。将看守所与合作医院的相关信息进行公开，使医疗社会化改革在"阳光"下运行，就可以使看守所与医院都处于社会监督之下，这就会有效地避免腐败行为的发生。

四是提高驻所医务人员的待遇水平，对其采取相应的人身安全保护措施，落实责任制以解除其后顾之忧。对于在看守所内工作的社会医院的医务人员，基于其工作的特殊性，建议增加特殊补贴，通过提高待遇避免其产生心理落差，吸引

---

① 高一飞、聂子龙：《论我国看守所立法》，《时代法学》2012 年第 2 期，第 44 页。
② 中共中央文献研究室编：《十八大以来重要文献选编（上）》，中央文献出版社 2014 年版，第 720 页。

其参与看守所医疗项目。看守所民警要负责起对合作医院医务人员的安全保护工作，在被羁押人员看病时全程在场。进一步明确医疗责任制，对于医疗技术等客观原因引发的在押人员死亡事件，不应当追究医务人员的责任。

《看守所法（公开征求意见稿）》第二十一条已经对建设监区医院提出了具体要求，这将是立法层面所取得的进步。可增加以下内容作为第二十二条：

看守所应当与社区保健医疗机构合作，为在押人员提供持续的保健服务。具体内容包括为：

（一）看守所应当为在押人员逐人建立医疗档案，详细记载其病史、入所健康检查情况、在所期间每次健康检查情况、患病情况、每次服药情况、在所和出所治疗情况、与家属联系情况以及提请办案机关变更强制措施情况等。（二）看守所医生应当每日上、下午各巡诊一次，逐监室了解在押人员身体健康状况。看守所应当加强对民警基本医疗知识的培训，使民警懂得常见病的识别和预防，将疾病预防纳入谈话教育和巡视监控等日常管理工作中。（三）在押人员每羁押超过6个月后，看守所应当按照入所健康检查的标准对其进行一次健康检查。（四）看守所应当对患病、有伤的在押人员及时给予治疗，病情严重的应当及时送医院治疗。

第十章
侦查阶段律师会见的分级监督机制

律师会见被追诉人（犯罪嫌疑人、被告人）的权利，简称"律师会见权"。律师会见既可以在被追诉人没有被羁押的情况下进行，也可以在被追诉人被羁押（包括被监视居住，下文不再特别说明）的情况下进行。前者属于没有现场监督的自由会见，后者则会受到现场监督，因而在会见的申请、许可，会见过程中的监督上都有特定程序。在我国，公诉阶段和审判阶段的律师会见问题已经彻底解决，律师会见难是指侦查阶段会见在押的犯罪嫌疑人存在很多困难，因此，本书只研究侦查阶段辩护律师的秘密会见权及其监督机制。

律师会见权在整个刑事诉讼程序中极为重要，它在保护被追诉人合法权益、制约侦查权、实现控辩双方平等等方面意义重大。《公民权利和政治权利国际公约》第十四条规定，律师会见"应当在完全保密的条件下进行"，据此，学者把在完全保密的条件下的律师会见称为律师秘密会见。① 秘密会见的含义是：除场所安全方面的一般监督外，律师会见过程不会受到监视和监听，或者只受监视不受监听，会见交流的内容对外是保密的。律师秘密会见不被监听的意义已经有很多论证，在此不再赘述，本书关注的是其不足之处。

我国律师秘密会见权的不足之处主要表现在：法律规定对于所有案件的律师会见都不被监听和监视，但对于特殊犯罪案件，律师需要经过批准才能会见。由于缺乏对特殊案件在必要监督形式（监视或者监听）下允许会见的中间方案，违背了侦查规律，也不利于犯罪嫌疑人的权利保障。有律师提出，为了取得侦查机关的会见许可，可以律师会见被监视监听为条件，但由于我国法律没有规定监视监听下的律师会见制度，侦查机关也就没有批准这种请求的法律依据。

本书将在分析我国律师会见监督的现状、比较与借鉴国际准则和域外规则的

---

① 陈学权：《侦查期间合理限制律师会见权研究》，《现代法学》2011 年第 5 期，第 56 – 65 页。

前提下，提出分级设置律师秘密会见监督机制，以及在特定案件中允许对律师会见进行监视监听的设想。

一、我国律师会见监督机制的形成

（一）允许监视监听阶段（1979—2007年）

1979年，我国第一部《刑事诉讼法》第二十九条①对律师会见权首次作了规定，但是会见时间、地点以及会见能否被监听都未作规定。这是因为在当时的社会大环境下，国家注重打击犯罪，对律师权利和被羁押的犯罪嫌疑人、被告人的权利保障重视不够。

1996年修改的《刑事诉讼法》第九十六条规定："律师会见在押的犯罪嫌疑人，侦查机关根据案件情况和需要可以派员在场。涉及国家秘密的案件，律师会见在押的犯罪嫌疑人，应当经过侦查机关批准。"这里的"在场"是指现场监视监听，在这种情况下，侦查机关有权知晓律师会见的谈话内容，律师不再享有秘密会见权。当然，该条中的"可以"一词，意味着并非所有案件中的律师会见都要派员在场，是否派员在场由侦查机关自主决定。

2004年，司法部制定的《律师会见在押罪犯暂行规定》第十一条规定：监狱安排律师会见在押罪犯，也适用律师会见未决犯罪嫌疑人的规定，可以根据案件情况和工作需要决定是否派员在场。

1979年至2007年的法律法规并未规定律师会见不被监听的权利，而是对特殊案件的律师会见，侦查机关根据案件情况和需要可以派员在场。对没有派员在场的律师会见，是否可以通过秘密录音录像的方式监视监听，法律规定并未明确。

（二）禁止监视监听阶段（2007年至今）

在认真总结1996年《律师法》实施经验的基础上，2007年全国人大常委会修订了《律师法》，对律师会见作了新规定。《律师法》第三十三条明确规定"律师会见犯罪嫌疑人、被告人，不被监听"。当时，实务界有不少人认为"不被监听"的含义是：不得利用技术设备手段进行监听，基于中国国情，可以派员现场监听。② 理论界则倾向于不得通过所有手段和人员监听。③ 理论界和实务界的观点出

---

① 1979年《刑事诉讼法》第二十九条："辩护律师可以查阅本案材料，了解案情，可以同在押的被告人会见和通信；其他的辩护人经过人民法院许可，也可以了解案情，同在押的被告人会见和通信。"

② 蒋安杰、贾志军：《新律师法如何与刑事诉讼法衔接》，《法制日报》2008年2月24日，第9版。

③ 江雁飞：《审前程序中辩护权运作的实践生态与立法完善——以我国新〈律师法〉文本为基点的分析》，《法学杂志》2011年第3期，第87页。

现了分歧。

2012 年《刑事诉讼法》吸收了《律师法》的相关规定，在第三十七条第四款重申了辩护律师会见不被监听的规则，取消了 1996 年《刑事诉讼法》规定的办案机关对涉及国家秘密的案件的律师会见的批准权力。2012 年《刑事诉讼法》第三十七条规定："危害国家安全犯罪、恐怖活动犯罪、特别重大贿赂犯罪案件，在侦查期间辩护律师会见在押的犯罪嫌疑人，应当经侦查机关许可。"同时，2013 年实施的《公安机关办理刑事案件程序规定》第四十九条规定，对危害国家安全犯罪、恐怖活动犯罪、特别重大贿赂犯罪等三类案件的律师会见申请，"除有碍侦查或者可能泄露国家秘密的情形外，应当作出许可的决定"，限制了办案机关许可律师会见的权力。另外，由于 2012 年《刑事诉讼法》增加了指定监视居住的强制措施，第三十七条律师会见在押犯罪嫌疑人的规定，也适用于律师会见被监视居住的人，2018 年的《刑事诉讼法》重申了这一规定。

2015 年 9 月 16 日，最高人民法院、最高人民检察院、公安部、国家安全部、司法部印发颁布了《关于依法保障律师执业权利的规定》。该规定第七条重申了律师会见不被监听的规则。除此之外，该规定还指出在律师会见室不足的情况下，看守所经辩护律师书面同意，可以在讯问室会见，但应当关闭录音、监听设备，细化了辩护律师会见不被监听的实施机制。

2017 年，新修订的《律师会见在押罪犯规定》第十一条明确：律师会见监狱内又重新犯罪或者发现漏罪的罪犯，也有不被监听的权利。

2018 年，《刑事诉讼法》再次修改，维持了 2012 年《刑事诉讼法》关于律师会见的主要规则，但侦查期间许可会见的案件从三类即"危害国家安全犯罪、恐怖活动犯罪、特别重大贿赂犯罪案件"修改为两类，即"危害国家安全犯罪、恐怖活动犯罪案件"（以下简称"两类案件"）。"特别重大贿赂犯罪案件"的律师会见不再需要经过许可，减少了许可会见的案件类型，这是一个重大进步。2013 年实施的公安部《公安机关办理刑事案件程序规定》第四十九条对两类案件的律师会见申请的批准权加了限制，要求对两类案件的律师会见申请，"除有碍侦查或者可能泄露国家秘密的情形外，应当作出许可的决定"。2020 年修订后的《公安机关办理刑事案件程序规定》第五十二条保留了这一条款。

律师会见监督的发展，从立法初期至今，经历了从无到有、逐步完善的过程，体现了国家司法人权保障的发展和完善。应当特别指出的是，"不被监听"在实践执行中同时包括不被监视。在实践中，律师会见室内没有监视人员在场，同时也无监视设备，监督性监视仅仅存在于律师在会见室以外，以保障会见安全。在我国，通过透明的会见室对律师会见进行监视，即律师在侦查人员或者监管人员"看得见而听不见"的条件下会见，没有先例可查，也没有法律规定。我们对中国律师会见监督的讨论就是建立在这样一种现实前提下的：根据立法和执法实践，我国律师会见在押（包括被监视居住的）犯罪嫌疑人、被告人，不被监视监听。

从我国律师会见的发展过程看，从最开始的一律允许派员在场监视监听，逐步发展为一律不允许监视监听，这是立法的进步。

二、律师会见一律不被监视监听的局限

律师会见不被监视监听权的设立初衷，是保障律师与在押未决犯之间的秘密交流权。我国社会对律师的地位和作用一直存在偏见，这种偏见成为侦查机关限制律师与在押未决犯之间会见交流的观念基础。为此，我国立法采用了矫枉过正的做法：一方面，对于允许会见的情况，执法机关一律不能对会见进行监视监听；另一方面，对两类案件一律不允许会见。这样会导致缺乏"监视监听下的律师会见"这一中间状态。上述规则的弊端是：

限制了两类案件的律师会见权。两类犯罪往往案情复杂、证据隐蔽、取证困难，对两类案件律师会见实行许可制有利于侦查的正常进行。带来的问题是，侦查机关对两类案件行使会见批准权时，往往片面考虑侦查的方便，滥用自由裁量权，对这两类案件一般不批准会见；或者仅仅在实际上侦查已经终结，但移送起诉之前批准会见。在上述情况下，律师会见对侦查的监督作用实际上是事后的，没有充分发挥律师辩护权对侦查的全程监督作用。

违背了保护犯罪嫌疑人权利的初衷。与两类案件一般不允许律师会见的现状相比，犯罪嫌疑人及其家属出于对亲属在羁押期间是否安全健康、案件办理程序是否正当的关注，希望嫌疑人能够有会见律师的机会——尽管这种会见是发生在监视监听的情况下，这也比完全不允许会见要好得多。在实践中，嫌疑人家属经常会提出在监视监听下给予律师会见机会的请求，但根据现行法律的规定，批准这一请求没有法律依据，犯罪嫌疑人只能得到"要么全有、要么全无"的结果，缺乏符合情理的中间状态。

三、律师会见监督机制的比较与借鉴

（一）全球性准则

1955 年，联合国经社理事会通过的《联合国囚犯待遇最低限度标准规则》第九十三条规定："未经审讯的囚犯为了准备辩护，而社会上又有义务法律援助，应

准申请此项援助……并准会见律师。警察或监所官员对于囚犯和律师间的会谈，可用目光监视，但不得在可以听见谈话的距离以内。"联合国人权事务委员会通过的一般性意见《第13号一般性意见：第十四条（司法）》［第二十一届会议（1984年）］对《公民权利和政治权利国际公约》的解释之九指出："律师应可在充分守秘的情况下与被告联络。"前者确立了"不被监听"标准，后者只是抽象规定了秘密会见标准。

1988年联合国大会通过的《保护所有遭受任何形式拘留或监禁的人的原则》第十八条规定："被拘留人或被监禁人与其法律顾问的会见可在执法人员视线范围内但听力范围外进行。"1990年联合国预防犯罪大会通过的《关于律师作用的基本原则》第八条规定："遭逮捕、拘留或监禁的所有的人应有充分机会、时间和便利条件，毫无迟延地、在不被窃听、不经检查和完全保密情况下接受律师来访和与律师联系协商。这种协商可在执法人员能看得见但听不见的范围内进行。"以上两个国际规则对律师会见监督采用的都是可以监视、不能监听的标准。

对于少年在押犯的会见交流权，国际规则有特殊的规定。1990年12月联合国大会批准的《保护被剥夺自由少年规则》第十八条第一款明确规定了被拘捕的少年有权"经常和其法律顾问进行联系。这种联系应当保证能够秘密进行"。该规则第六十条也详细规定了少年在押犯的对外联系交流权："应当尊重少年的隐私及其与家人和律师接触并进行无拘束交谈的需要。"这一规定用"无拘束交谈"一词抽象地规定了秘密会见权，但没有涉及秘密的程序，即如何对待监视监听。

1998年在罗马召开的联合国大会表决通过的《国际刑事法院罗马规约》于2002年7月1日生效，国际刑事法院自此成立，该规约第六十七条明确：被告人有权"在保密的情况下自由地同被告人所选择的律师联系"，用"保密""自由"等词语强化了对律师会见权利的保障，但对"保密"的含义没有进一步解释。

综上，在律师会见方面，国际准则的标准是：律师与在押犯罪嫌疑人、被告人会见时，不允许监听，但可以监视，目的在于保护在押人员的人身安全，防止出现自杀、逃跑等情况；同时，也要求充分保障律师和在押人员之间谈话内容的秘密性。

（二）区域性准则

对律师秘密会见权在一些区域性人权公约中也得到了充分保障。

《美洲人权公约》第八条第二款第四项明确了每个被追诉者拥有"自由地私下里与其律师进行会见"的权利。《美洲人权公约》对律师与在押人员进行会见时不被监视监听的保障措施没有进一步予以详细规定，仅仅是以"秘密会见"来表达，还需要相应的条约机制进行解释。

非洲人权委员会强调，对于 1992 年 3 月提出的《关于获得救济和公正审判的权利的决议》，根据《非洲人权宪章》第七条第一款第三项的规定，每个被追诉者在面临对自己不利的指控时，有权"有适当的时间和便利准备辩护，并且与自己所聘请的律师进行秘密会见"。2014 年，非洲人权与民族权利委员会通过了《非洲逮捕、警察拘留和审前羁押处遇的指南》，该指南第八条 d 项进一步指出："尊重被拘留者与律师会见、通信、通话的秘密性，对律师与被拘留人的此种交流可以在执法人员看得见但听不见的条件下进行，侵犯交流秘密性所获证据应当排除。"非洲人权保障机制虽然发展较晚，但其区域性公约条款及解释对被拘留者与其律师会见交流权的保障与国际准则基本一致。

《欧洲保障人权和基本自由公约》对律师与被追诉人的会见交流不受干扰的权利并未明确规定，欧洲理事会部长委员会在 1973 年通过的《在押犯待遇最低标准》第九十三条所规定的以"看得见但听不见"的方式进行监控并未成为一项绝对的规则。不过，根据这一规定，欧洲人权法院在 1991 年针对瑞士政府监听犯罪嫌疑人与其律师之间的会见交流一案[1]中判决认为：民主社会公正审判的基本要求之一就是律师秘密会见交流权。判决中指出：如果律师不能在不受监控的情况下会见和秘密交流，那他的帮助可能是无效的。

在上述案件确立"看得见而听不见"原则之后，争议焦点已不是是否允许监听，而是监听的容许例外情形。在 2002 年的兰兹诉奥地利一案[2]中，欧洲人权法院重申了在押被告与辩护律师在无第三人监视之下的会见权利，是民主社会公正审判的基础。本案中，奥地利政府下令监听会见的理由是存在串供和毁灭证据的危险，然而这也正是下令羁押而没有保释兰兹的根本理由，欧洲人权法院认为已经因此被羁押了，再通过监听限缩其会见权是不必要的，最后判决奥地利政府违反公约规定的律师协助权。奥地利政府因本案而修订了法律，规定：调查人员如果要在特定期间内监听会见谈话，必须具有特别的、极其严重的情况存在，若不予监听会见谈话，有导致证据串证灭证的危险。[3]

上述规则在 2015 年得到了进一步的发展。欧洲人权法院最新的判例表明了它的立场：律师与被追诉人之间交流的秘密性是可以受到限制的。法院认为，若存

---

[1]　ECHR, S v. Switzerland, Judgment of 28 Nov 1991, Series A No. 220.

[2]　ECHR, Lanz v. Austria, Judgment of 31 Jan 2002, Appl. No. 24430/94.

[3]　刘学敏、刘作凌：《在押被告与律师会见通信权的保障与限制——以欧洲人权法院裁判为借镜》，《现代法学》2011 年第 4 期，第 165 页。

在令人信服的理由认为这种限制是正当的，且这种限制没有对诉讼的整体公平性造成损害，那么对在押犯与其律师的会见进行限制本身并不违反《欧洲人权公约》。在 2015 年 R. E. 诉英国①一案中，R. E. 因牵涉一起谋杀案被逮捕，被认定为"脆弱个体"，第一次被逮捕时律师得到警方关于不会秘密监听和 R. E. 之间交谈的保证，但在第三次被逮捕时，警方却表示不能保证一定不进行秘密监听，R. E. 因此认为其与律师私下进行有效交流的权利受到了侵害，并提出了司法审查。经历国内程序后，R. E. 向欧洲人权法院提出上诉，欧洲人权法院审理此案时采取了整体平衡办法，考虑到 R. E. 最终未被交付审判、国内法院已经命令警方不得监听等事实，得出结论认为：R. E. 获得公正审判的权利未受到侵犯。

综上，《欧洲人权公约》和欧洲人权法院对监听规则的立场是：一般情况下，律师有秘密会见权，但在特定情况下，律师会见可以受到监听。

（三）各国规则

美国。《美国联邦法规》② 对于在押犯的会见权作了明确的规定，除了会见律师之外，监管场所的负责人出于安全或者管理上的考虑，可以限制会见的频率、时间、人数等。联邦法规特别规定：对于在押未决犯与其聘请的或者指定的律师进行会见时，"在可行的情况下，应当在保密的会议室内进行，或者在固定的会见室内可以保持一定程度的私密性的区域和时间段进行"。同时，律师会见在押未决犯，监管场所不得要求律师提供会见或者涉讼案件的主题，不得监听律师会见内容。③

在 2001 年的"9·11"事件之后，美国进一步加强了对在押犯的会见交流权的限制。2001 年 10 月 31 日修改的联邦法律中规定，如果存在在押犯和外界的交流或者联络有致人死亡或者重伤、导致财产受到重大损失的实质性危险，可以对在押犯会见交流权按程序加以限制。除了上述理由之外，根据联邦执法机构或者情报机构提供的信息，如果有合理怀疑认为某一特定在押犯有利用和律师或者其他人之间的联络交流促成恐怖活动的可能的，在司法部部长给予特别命令的前提下，监狱管理局局长可以出于预防人员伤亡的目的对律师会见按适当程序进行监控或者审查。

除实施的这种监控或者审查的程序已经事先获得法院授权的情形外，监狱管理局局长应当先向权利受到损害的律师和在押犯送达书面通知，说明以下事项：

---

① ECHR 27 October 2015，R. E. v. The United Kingdom，No. 62498/11.
② Code of Federal Regulations，即联邦法规汇编，简称 CFR。
③ CFR § 543. 13.

一是为了防止可能出现的暴力或者恐怖事件，在必要的合理限度内，可以对在押犯和律师之间的所有联络进行监控；二是在押犯和律师之间的联络交流被用于促成犯罪的发生或者被用于密谋实施犯罪，或者与寻求和提供律师帮助无关的，不受律师和当事人之间作证特免权的保护。[①]

总体来说，美国不允许对律师和在押犯之间的谈话进行监听。但美国禁止监听却不意味着禁止监视，法规中也没有明确说明，因为监视并不妨碍秘密交流和自由会见；同时，对于一些可能造成生命或者财产重大损失的会见，可以按程序进行监控或审查。

英国。英国1984年《警察与刑事证据法》第五十八条第一款规定了警察局羁押的犯罪嫌疑人有权随时与律师私下交流。为了保障被追诉人与辩护律师自由会见的一般原则，法律要求两者的会谈必须在第三人听力所及范围之外的地方进行，尤其是"必须不被警官听到"。[②] 对于因涉嫌恐怖犯罪而被拘捕的人，律师会见可能会妨碍收集有关恐怖活动的煽动、准备或实施的情报，或者惊动某些人而导致预防恐怖活动或者对涉嫌恐怖犯罪的任何人的逮捕、起诉和定罪更加困难的时候，可以根据不参与本案侦查的警察局局长或者助理局长的指示，让在押人员在警察"看得见且听得见"的情况下会见其律师，即其会见可以受到监视监听。

根据英国《1999年监狱规则》第三十九条和第三十九条的规定，在押犯的法律顾问会见在押犯时，应当对其提供必要的便利，会见应当在官员的听力范围以外进行。

2010年英国内政部制定了《关于执行秘密监听和财产干预的规定》，对审批程序、持续时间、所获信息的使用等作了明确规定。之后，北爱尔兰警方颁布了《关于秘密监听法律咨询与处理法律特权资料的办案程序》，对监听所获得信息资料的处理、传播、保管、销毁等问题进行明确。

英国与欧盟的规则相似，律师与在押犯原则上应当在警察"看得见听不见"的情形下进行会见。对于因涉嫌恐怖活动犯罪被拘捕的人，会见会给案件侦查带来阻碍的，可以在警察"看得见且听得见"的情况下会见律师，但监听需要严格的审批程序。

德国。在1963年以前，德国对在押犯罪嫌疑人的会见交流权施加了诸多的司法限制，其中包括：在押的犯罪嫌疑人与外界进行口头交流时，法官有权亲自在

---

① 孙长永等：《犯罪嫌疑人的权利保障研究》，法律出版社2011年版，第283-284页。
② ［英］约翰·斯普莱克：《英国刑事诉讼程序》，徐美君、杨立涛译，中国人民大学出版社2006年版，第51页。

场或者指令其他法官在场。1963 年 3 月德国联邦议会通过决议，废除了对在押犯罪嫌疑人会见交流权的限制，无条件保障其与辩护人之间的秘密会见交流权。①
1975 年，德国《刑事诉讼法典》修改后增加了对恐怖活动犯罪案件的会见交流权的限制性规定。

德国《刑事诉讼法典》第一百四十八条规定，被指控人即使在被羁押期间，也有权与辩护人进行书面或者口头的交流；对于涉嫌组织、参加恐怖活动组织犯罪的在押未决犯，原则上只能和辩护人进行口头上的交流。被羁押人与其辩护律师之间的会见交流被严格禁止使用监听设备或者窃听器来进行控制，非恐怖活动犯罪案件中的被指控人的书面通信也被禁止阅读和扣押。② 1977 年，根据德国修改的《法院组织法》第三十一条和第三十三条的规定，符合下列条件时，经法院批准，可以完全中断在押未决犯与外界（包括与辩护人）的口头和书面交流：（1）有伤及他人身体、生命或者自由的现实危险存在；（2）有特定的事实显示，这种危险是由恐怖组织引起的；（3）要排除这一危险，必须中断涉嫌组织或者参加恐怖组织的在押犯和外界的联系。

德国对会见交流权的限制不多，明确禁止对被羁押人与其律师之间的会见进行监听，唯一的限制是涉及恐怖活动等严重犯罪的，律师会见交流只能口头进行；而一旦有证据证明这样的会见交流存在现实危险时，可以完全中断律师会见。

（四）国际规则与域外规则的特点与借鉴

通过前面的分析，可以看出，国际准则和域外规则对于律师秘密会见的规则有以下几个特点：第一，秘密会见主要是指禁止对会见进行监听，禁止监听的情况下也并不意味着禁止监视，因为监视并不妨碍秘密交流和自由会见；第二，除德国外，大部分国家秘密会见存在例外情况，在特殊案件中，可以对律师会见进行监听；第三，德国还规定了经法院批准完全中断律师会见的制度，实际上存在律师会见许可制。

对照国际准则和域外规则，我国目前对律师会见权规定得过于简单、绝对，只有许可和不许可会见两种情形，一旦会见都是禁止监视监听的秘密会见，这样的规则既不利于保障在押嫌疑人人权及其律师辩护权，也不利于侦查活动的顺利进行。我们应当在满足侦查需要和保障会见交流权动态平衡的前提下，借鉴域外做法，对律师秘密会见权分级设置。这表面上看是增加了对律师会见权的限制，

---

① ［日］光藤景皎：《刑事诉讼行为论》，有斐阁 1974 年版，第 141 – 145、252 – 253 页。
② ［德］托马斯·魏根特：《德国刑事诉讼程序》，岳礼玲、温小洁译，中国政法大学出版社 2004 年版，第 63 页。

实际上扩大了律师会见权的范围。

四、我国律师会见监督机制的分级设置

我国律师秘密会见监督机制调整的设想是：在保留和完善一般案件秘密会见制度、两类案件会见许可制度的前提下，分级设置律师秘密会见权。

（一）一般禁止对律师会见监视监听

对于一般案件，对律师会见不进行监视监听，这是世界各国的通行做法，是律师秘密会见权的一般规则。保障律师自由秘密会见的前提是明确监视监听的含义。2013 年 1 月 1 日起施行的《公安机关办理刑事案件程序规定》第五十二条（2020 年 9 月 1 日起施行的《公安机关办理刑事案件程序规定》第五十五条）明确规定："辩护律师会见犯罪嫌疑人时，公安机关不得监听，不得派员在场。"会见不被监听规则还有两条派生规则：一是不得在律师会见犯罪嫌疑人之前通过各种方式来限制谈话内容；二是不得在会见后追问谈话内容。[1] 这两条派生规则实质上是律师秘密会见权向前和向后延伸的整体规制，能够更加全面地保障律师会见权的有效行使。

律师会见犯罪嫌疑人，必须在具有安全措施的场所内进行。如果以保障律师安全为由，在可以听到谈话内容的地点监视，与立法本意不符。当然，我国实践做法中，律师完全在封闭的会见室会见，会见室内既无现场监视，也无监视器监视，避免监视对律师与其当事人之间的交流产生心理上的影响。因此，我国实现了彻底的律师秘密会见权。

律师会见不被监视监听的意义在于：保障会见的秘密性、单独性，赋予律师与被追诉人自由交流的权利。但是，这一规则也增加了辩护律师滥用会见权的可能性。律师会见时，交流内容将不可控，可以交流案情和辩护方案，但也可能教唆嫌疑人通过非正当手段提高反侦查、反讯问能力，使侦查机关对案件的侦破陷入被动。[2] 但立法者在设计这一制度时可以预料到上述情况，司法机关将承担律师谈话不合法但又没有证据证明律师谈话内容的必要风险。这是权衡利弊之后赋予律师的特权，这种特权，与域外国家法律保护牧师与忏悔者、医生与病人之间的谈话秘密一样，是文明社会为了一种更重要的价值而对另一些社会价值所作的必要牺牲。

---

① 黄文旭、袁博、周嫣：《论刑事辩护律师会见权的实现》，《中国刑事法杂志》2013 年第 12 期，第 78 页。
② 宋昱：《律师会见不被监听权对自侦工作的挑战与应对》，《淮海工学院学报（人文社会科学版）》2012 年第 12 期，第 17 页。

（二）秘密会见并不排除对律师会见进行监视

如前所述，特殊情况可以对律师会见进行监视，是因为监视会对律师会见交流产生心理上的影响。但是，在恐怖犯罪等案件中，这种完全秘密的交流可能难以保障人员的绝对安全。另外，在特殊的案件中，侦查阶段还可以防止律师向嫌疑人展示材料、物品等违规行为。所以，在这些特殊案件中，看守所可以采取适当措施进行必要监视，这种监视以不能获悉会见谈话内容为限，即律师会见在"看得见而听不见"[①] 的地方进行。

《看守所法（征求意见稿）》专门设置了"辩护人会见和通信"一节，第五十条的内容为：辩护人会见犯罪嫌疑人、被告人时不被监听，办案机关和看守所不得派员在场。但又规定：为了保护人员安全，看守所可以采取适当措施对辩护人进行必要监视，以不能获悉会见谈话内容为限。有律师十分赞同这一规定，认为对律师会见进行监控还是必要的。[②] 当然，监控并不等于监听，只需要通过摄像头实时查看会见过程，确保人员安全，及时发现、防止会见中的违规现象。

（三）特殊情况下可以对律师会见监视监听

特殊情况下律师会见可以有侦查人员在场，是大多数国家的通行做法。我国1996年《刑事诉讼法》第九十六条规定："律师会见在押的犯罪嫌疑人，侦查机关根据案件情况和需要可以派员在场。"这一制度被2012年《刑事诉讼法》矫枉过正地彻底废除，前面我们已经论述过这样规定的弊端。

我们建议，对于两类案件，可以在二个月的一般侦查羁押期限内许可律师会见，可以对会见过程进行监视监听；二个月后羁押时间需要延长的，应当在决定延长之日起48小时之内安排律师会见，但可以对会见过程进行监视监听。建议的目的是：在侦查羁押期限二个月内增加律师会见的可能性，在侦查羁押期限二个月期满后全面保障律师会见的机会，尽管这种会见可能是被监视监听的。当然以上情况下的监视监听都不是"应当监视监听"而是"可以监视监听"。

这样建议的理由是：规定可以监视监听的案件为两类案件是合理的。因为两类案件以外的其他案件，侦查机关应当遵守《刑事诉讼法》第三十九条规定："及时安排会见，至迟不得超过四十八小时。"这种情况下，律师会见权已经得到随时会见、秘密会见的充分保障。

---

① 李红：《律师会见"不被监听"内涵理解之国际视角：以新〈刑事诉讼法〉为参考》，《警察实战训练研究》2012年第4期，第103页。

② 周斌：《看守所法公开征求意见稿贯彻人权保障　侦查阶段可见近亲属显人道精神》，https://www.chinanews.com/sh/2017/06－21/8257240.shtml，访问日期：2021年10月3日。

不能让嫌疑人长时间无法会见律师。我国《刑事诉讼法》第一百五十六条规定："对犯罪嫌疑人逮捕后的侦查羁押期限不得超过二个月。"但根据《刑事诉讼法》第一百五十六、一百五十七、一百五十八条的规定，案件还可以多次延长，可能导致侦查羁押期限长达七个月甚至更长。在长达两个月以上的时间里，律师无法会见嫌疑人，亲属担忧、外界关注，不利于行使辩护权，对嫌疑人权利是否被侵犯、侦查行为是否合法无法进行有效监督。对犯罪嫌疑人逮捕后的侦查羁押期限一般为二个月，在二个月后延长侦查羁押期限时仍然不允许律师会见，律师难以开展有效辩护，律师监督难以发挥实质作用。

经过二个月的侦查羁押，律师会见对侦查的消极影响已经大大减弱。在二个月的侦查羁押期间，侦查机关已经展开了最重要的调查；侦查机关对于律师会见可能导致串供、可能对嫌疑人对抗心理形成精神激励等情况采取了必要的预案。这时允许律师会见，不会妨碍侦查。

在监视监听情况下的律师会见能够受到充分监督。在监视监听下的会见，可以根据情况采取派员在场或者全程视频监视监听的措施，在这种环境下，律师会见中如果出现影响侦查的情况，可以监督、可以控制，对于律师会见中出现违规情况的，侦查机关有权立即中断会见。

（四）保留特定案件类型的许可会见制度

许可会见的本质是：在极端特殊情况下，侦查机关可以禁止律师会见，除非侦查机关许可。对于许可会见的两类案件，《刑事诉讼法》和司法解释都明确了侦查机关可以"有碍侦查或者可能泄露国家秘密"为由拒绝律师会见被追诉人。

对于我国执法规范中"有碍侦查或者可能泄露国家秘密"的情况，域外国家也有规定。英国 1984 年《警察与刑事证据法》第五十八条表述为"干扰或妨害与严重可逮捕罪行相关的证据之收集"；在日本表述为"为实施侦查而有必要"[①]；在荷兰《刑事诉讼法典》中的规则[②]和我国台湾地区有关刑事诉讼的规则[③]表述复杂一些，但是实质含义相同。当然，各国刑事诉讼法规定的不许可会见都是暂时的，一旦限制会见的理由消失，侦查机关就不应当再继续拒绝律师会见。联合国

---

① ［日］田口守一：《刑事诉讼法》，张凌、于秀峰译，中国政法大学出版社 2010 年版，第 114－117 页。

② 荷兰《刑事诉讼法典》第五十条第二款规定："如果在某种情况下，严重怀疑辩护人和犯罪嫌疑人之间的自由来往会使犯罪嫌疑人了解案情的某一情况，为了调查案情暂时不让他知道，或者为了防止犯罪嫌疑人试图妨碍查清事实，预审法官可以在预审中，检察官可在审理前的刑事侦查中发布命令限制辩护人和犯罪嫌疑人之间的接触。"

③ 台湾地区有关刑事诉讼的规定第三十四条："辩护人得接见犯罪嫌疑人及羁押之被告并互通书信，但有事实足以确认其有湮灭、伪造、变造证据或勾串共犯或证人之虞者，始得限制之。"

国际准则以及英国、美国、日本等域外国家规则对特殊案件中律师会见都允许对时间、日期、次数等进行限制，但并未剥夺律师的会见权。

为此，我们可以保留侦查机关对两类案件律师会见的许可权。当然，根据前述建议，侦查机关许可会见的权力要受到一般侦查期限二个月届满后应当安排会见的限制。

结语

律师"会见不被监听权"是整个会见权中的一小部分，但这并不意味着这是个可有可无的权利。现阶段我国的法律法规对于这一权利规定的缺陷，成了解决律师"会见难"问题的重要障碍。我国应当借鉴国际准则和其他域外法的规定，结合国情，通过分级设置律师秘密会见权来破解律师会见困境。为此，我们建议：

《看守所法（公开征求意见稿）》第四十六条修改为：

辩护律师持律师执业证、律师事务所证明和委托书或者法律援助公函要求会见犯罪嫌疑人、被告人的，看守所应当及时安排，至迟不得超过四十八小时。

危害国家安全犯罪、恐怖活动犯罪案件在侦查期间，辩护律师会见犯罪嫌疑人还应当持有侦查机关的许可决定书。侦查羁押期限超过二个月，需要延长侦查羁押期的，在延长期限开始之日起，辩护律师要求会见在押的犯罪嫌疑人的，侦查机关和监管机构应当及时安排会见，至迟不得超过四十八小时，侦查机关应当事先通知看守所。

辩护律师会见犯罪嫌疑人、被告人需要翻译人员参与的，应当持有案件主管机关的许可决定书。

《看守所法（公开征求意见稿）》第五十条修改为：

辩护人会见犯罪嫌疑人、被告人时不被监听，办案机关和看守所不得派员在场。

辩护律师会见犯罪嫌疑人、被告人时，侦查机关可以用"看得见而听不见"的方式监视。对于危害国家安全犯罪、恐怖活动犯罪案件，可以由侦查人员派员在场或者通过视频进行监视监听。

第十一章
侦查初期律师帮助权的欧洲标准及其启示

一、问题的提出

2012 年修改《刑事诉讼法》后，犯罪嫌疑人自被侦查机关采取强制措施或第一次讯问之日起就有权委托辩护律师，除"三类案件"外，律师在侦查阶段即可持"三证"到看守所会见。同时，《刑事诉讼法》还要求侦查机关和看守所及时转达犯罪嫌疑人委托辩护人的申请，并限缩了拘捕时可以不通知家属的情形。此外，在刑事法律援助范围扩大并全面覆盖审前阶段的背景下，最高人民法院、最高人民检察院、公安部、国家安全部、司法部于 2017 年 8 月联合发布的《关于开展法律援助值班律师工作的意见》更是要求法律援助机构在看守所设置值班律师工作站，为有需要的犯罪嫌疑人提供法律咨询，并免除了"经济困难"这一前置条件。不过，我国犯罪嫌疑人仍然没有权利在讯问前咨询律师或要求律师在讯问时在场。值得注意的是，《刑事诉讼法》仅规定了看守所应当及时安排会见，并没有提及侦查机关是否需要安排律师会见。这似乎意味着，侦查初期辩护律师无权到办案场所要求会见，即使其已经接受了委托。犯罪嫌疑人受到羁押后，通知家属或法律援助机构为其委托或指定辩护律师的流程所消耗的时间，使得其在侦查终结前都不一定能聘请到辩护律师或是得到辩护律师的帮助。[1] 在绝大多数看守所，除非是适用认罪认罚程序或是符合既有的法律援助条件，犯罪嫌疑人并不能根据自己的意愿直接咨询值班律师。[2] 因此，在绝大多数场合，我国犯罪嫌疑人仍然只能独自面对侦查讯问，直至作出有罪供述。

---

[1] 刘方权：《侦查阶段律师辩护问题实证研究》，《四川大学学报（哲学社会科学版）》2016 年第 3 期，第 143 页。

[2] 笔者调研了 25 家看守所，其中有 9 家建立了值班律师工作站。仅有 H 省 H 市 W 县看守所允许在押人员随时向管教提出咨询值班律师的申请，由其安排并陪同咨询，另外 8 家看守所的值班律师工作站，只接受符合法律援助条件或是适用认罪认罚从宽程序的在押人员的咨询。

反观欧洲，受欧洲人权法院萨多斯诉土耳其（Salduz v. Turkey，2009）等系列案件以及欧盟立法的影响，侦查阶段律师帮助权的保障得到进一步发展。现在，即使在具有较强职权主义传统的国家和地区，律师在侦查初期特别是在讯问中的作用也显著增强。侦查初期排斥律师参与的做法逐渐被新的立法所改变，在绝大多数案件中，律师不仅能够在初次讯问前与犯罪嫌疑人交流，还被允许在讯问时在场。如此反差，让笔者不禁思考，该案究竟确立了何种标准？为何会在不到 10 年的时间内，引发众多欧洲国家的立法变革？各国改革过程中遇到了怎样的难题？其又能够为我国提供怎样的启示？

二、萨多斯案的意义：摒弃整体平衡原则

传统上，就审前限制律师帮助权是否会侵害公正审判权的问题，欧洲人权法院采取了一种整体平衡的方法，认为只要不影响程序的整体公正性，相关限制造成的损害就可以在事后予以补救。自萨多斯案开始，欧洲人权法院逐渐摒弃了整体平衡原则，转而尝试建立一套相对严格的标准。

2001 年 5 月 29 日晚上 10 点 15 分，时年 17 岁的萨多斯因涉嫌参加非法游行活动、悬挂非法旗帜被土耳其警方逮捕。此后，萨多斯在没有咨询律师的情况下接受警察讯问，并承认自己参加了当日的游行，被捕时就在游行地点附近，萨多斯还承认于同年 4 月 26 日在一座桥上悬挂了非法旗帜。警方提取了其笔迹样本并与查获的旗帜上的文字进行对比。鉴定结果表明，虽然笔迹有相似之处，但不足以证明旗帜上的文字就是萨多斯所写。6 月 1 日，萨多斯被带见检察官后推翻了之前所作供述，称自己不属于任何政治组织，也没有参加非法游行活动、悬挂非法旗帜，其被捕时只是在附近探访朋友。其后，萨多斯对侦查法官作了同样的陈述，并称在警局的供述系受到强迫后作出的。在预审法官作出羁押决定后，萨多斯被允许接受律师会见。需要注意的是，根据彼时的《土耳其刑事诉讼法典》第一百三十五条、一百三十六条和一百三十八条的规定，任何人自被警察羁押时就有权获得律师帮助，未成年人则应当获得律师帮助。但是，如果被拘捕人涉嫌的犯罪属于国家安全法庭管辖，上述条款就不适用。

此案由国家安全法庭审理，萨多斯及其律师做了无罪辩护。同案被指控的另外 8 人均当庭翻供，否认了参与非法游行的指控。经多次审理后，法庭判决萨多斯罪名成立，最终判处有期徒刑二年零六个月。同案的被告人有 5 人被宣告无罪，3 人被定罪。宣告萨多斯有罪的证据基础包括其对警察所作的供述，同案犯对检察官的供述（称萨多斯指示他们参加游行），以及笔迹鉴定意见。此后，萨多斯向土

耳其最高行政法院提出上诉后被驳回。至此，萨多斯已经穷尽了国内救济途径。

（二）欧洲人权法院大法庭的裁判

萨多斯依据《欧洲保障人权与基本自由公约》（以下简称《公约》）第六条向欧洲人权法院提出申诉，主张自己的辩护权受到了侵害。2007 年 4 月 26 日，欧洲人权法院小法庭作出裁判，认为萨多斯的公约权利未受到侵害。其主要理由是萨多斯在审判和上诉阶段均有律师为其辩护，因而有机会在平等对抗的基础上回应检察官的指控；且其对警察所作的供述并非定罪的唯一依据，土耳其国家安全法庭还同时考虑了萨多斯被捕时的情况（在游行地点附近）、笔迹鉴定意见以及同案犯的证言。综合来看，萨多斯国内所受审判的公正性，并没有因为其在警察羁押阶段未能获得律师帮助而受损。

萨多斯不服小法庭的裁判并提出申诉，后该案由欧洲人权法院大法庭审理。大法庭推翻了小法庭的判决，一致裁决萨多斯享有的《公约》第六条所规定的权利受到了侵害。大法庭首先指出，虽然《公约》第六条的主要目的是保障公正的审判，但其也适用于审前阶段，《公约》第六条第三款 C 项中关于获得律师帮助的规定，是构成该条第一款关于公正审判概念的一个要素。① 大法庭同时指出，在本案之前，对于律师帮助权是否受到侵害，欧洲人权法院采取了一种整体平衡的方法。获得律师帮助权可以依法限制，主要需要考虑的问题是，结合刑事诉讼程序的整体来看，相关限制是否会剥夺犯罪嫌疑人获得公正审判的权利。② 应当说，小法庭的裁判正是遵循了这种整体平衡的方法。随后，大法庭进一步强调了保障审前阶段律师帮助权的重要意义，指出侦查环节获取的证据决定了刑事审判的范围，且犯罪嫌疑人在侦查阶段往往处于极易受到侵害的地位，特别是考虑到刑事诉讼程序日益复杂，超出了一般人的理解能力。大法庭据此认为，在绝大多数情况下，犯罪嫌疑人的这种"弱势地位"只能通过律师的法律帮助来弥补，而律师的主要作用是保障"不被强迫自证其罪"的原则能够落实。③ 在此基础上，大法庭就律师帮助权的一般规则作出了如下裁判：

在此背景下，本院认为为了保障获得公正审判的权利是"实际且有效的"，

---

① ECtHR, Salduz v. Turkey, 36391/022008, para. 50. 《公约》第六条第一款规定："在决定某人的公民权利和义务或者在决定对某人确定任何刑事罪名时，任何人有理由在合理的时间内受到依法设立的独立而公正的法院的公平且公开的审讯……"该条第三款 C 项规定："凡受刑事罪指控者具有下列最低限度的权利：……由他本人或者由他自己选择的律师协助自己辩护，或者如果他无力支付法律协助的费用的，则基于公平利益的考虑，应当免除他的有关费用。"

② ECtHR, Salduz v. Turkey, 36391/022008, paras. 51－52.

③ ECtHR, Salduz v. Turkey, 36391/022008, para. 54.

《公约》第六条第三款要求犯罪嫌疑人自第一次被警察讯问起就应当获得律师帮助（access to lawyer），除非在个案中有迫不得已的（compelling）理由限制此项权利。即使有充分的理由可以在例外的情形下阻止犯罪嫌疑人获得律师帮助，但无论如何这样的限制都不能过度妨碍犯罪嫌疑人就《公约》第六条所享有的权利。如果在没有获得律师帮助的情况下获取的有罪供述被作为定罪的基础，犯罪嫌疑人的辩护权所受到的侵害是无可挽回、不可补救的。[1]

就本案而言，萨多斯在警局所作的有罪供述被作为最终判决的基础，因此，无论是此后获得了律师帮助，还是程序本身的对抗性，都不能弥补在警察羁押阶段剥夺律师帮助权所造成的损害，其依据《公约》第六条第三款 C 项所享有的权利无疑被侵犯了。

应当注意到，《公约》缔约国多达 47 个，各国在政治、经济、文化、历史方面的差异巨大。因此，欧洲人权法院长期坚持"尊重差异原则"，即尊重各国在履行公约义务具体方式上的自由。[2] 相应的，就律师帮助权而言，萨多斯案以前，欧洲人权法院的一贯立场是接受各国不同的权利保障模式，仅审查其整体上是否满足公正审判的要求。[3] 与之对应的，就是在个案中采取整体平衡的方法，而不提出明确的规则。萨多斯案的革命性意义在于其摒弃了此种整体平衡方法，提出了自初次讯问起，犯罪嫌疑人就应当获得律师帮助这一相对明确的规则，并且指出侦查阶段对律师帮助权的侵害在特定情况下是不可补救的。这一强烈的措辞无疑加强了犯罪嫌疑人在侦查阶段获得律师帮助的权利，从而开启了欧洲刑事司法领域的一场革命。

三、萨多斯规则后的人权法院判例与欧盟立法

考虑到侦查阶段律师帮助权的重要性，欧洲人权法院在萨多斯案之后的 100 多

---

① ECtHR, Salduz v. Turkey, 36391/022008, para. 55.

② 这一原则并没有直接规定于《公约》文本，其第一次提出是在欧洲委员会 1968 年就希腊指控英国在塞浦路斯地区侵犯人权的系列案件中所作的报告中。关于这一原则是否适用于《公约》的全部条款，仍有争议。一般而言，如果所涉及的权利越重要，缔约国自由裁量的空间就越小，如其在《公约》第五条、第六条的问题上适用余地就非常有限。关于该原则的一般介绍，参见 Steven Greer, The Margin of Appreciation: Interpretation and Discretion under the European Convention on Human Rights, Human Rights Files No. 7, Council of Europe Publishing (2000).

③ 欧洲人权法院曾经指出："关于受刑事指控的人有权自我辩护或由其选择的律师协助辩护，《公约》第六条第三款 C 项并没有具体规定行使这一权利的方式。因此，各成员国可以选择自己的方式来确保这一权利在其司法制度中得到保障，本院的唯一职责是确认其所采取的方式是否符合公正审判的要求。"参见 ECtHR, Imbrioscia v. Switzerland, 13972/881993, para. 38.

个案件中进一步巩固和发展了相关规则，形成了更加明确的"萨多斯规则体系"。①
与此同时，欧盟于 2009 年采纳了一项旨在加强刑事嫌疑人程序性权利的计划，②
并随着《里斯本条约》的生效，③ 欧盟相继就刑事诉讼中的翻译、信息告知、律师
帮助等问题制定了指令，从而在欧盟立法层面补充并发展了前述"萨多斯规则体
系"。

（一）律师帮助权的告知

犯罪嫌疑人有效行使权利的前提是知晓并理解其所享有的权利。根据《欧盟
关于刑事诉讼中信息告知的指令》④（以下简称《信息告知指令》）第三条的规定，
有关部门应当立即向被逮捕或羁押的犯罪嫌疑人告知其有权获得律师帮助，获得
免费法律咨询的权利及条件，以及保持沉默的权利。权利告知应当采用通俗易懂
的语言，并考虑到脆弱嫌疑人的特殊需求。另外，根据第四条的规定，除口头通
知外，有关部门还应当以权利告知书的形式进行书面告知。权利告知书中应当包
含前述权利，犯罪嫌疑人应当有机会阅读并保留权利告知书。通常情况下，权利
告知书应当以犯罪嫌疑人能够理解的语言书写。

正如有研究表明，告知权利的方式对于犯罪嫌疑人是否行使权利起到重要影
响。如果犯罪嫌疑人认为提出咨询律师的请求会导致案件拖延或者带来不利后果，
其就不会积极申请获得律师帮助。相反，如果他们得知能够免费获得律师帮助，
且在咨询律师前侦查人员不能进行讯问，就更有可能寻求律师帮助。⑤

（二）律师帮助权的放弃

作为一项权利，犯罪嫌疑人当然可以放弃。欧洲人权法院判例及欧盟立法尚
未明确在何种情形下获得律师帮助是强制的。根据欧洲人权法院的判例，放弃律
师帮助权的意思表示必须是明确而不含糊的，而对于未成年人等特殊群体则应当
给予更多的关照，若犯罪嫌疑人宣称了解自己的权利后又继续回答警察的提问，

---

① Anna Ogorodova & Taru Spronken, Legal Advice in Police Custody: From Europe to a Local Police Station, 7 Erasmus L. Rev. 191, 191 (2014).

② 这一路线图是一个为期 5 年的立法计划，旨在加强刑事嫌疑人以下 5 个方面的程序权利：获得翻译；获得关于程序权利以及指控犯罪的信息；法律建议和法律援助；与亲属、雇主和领事官员的交流；对脆弱人群的特殊保障。参见 Roadmap with a View to Fostering Protection of Suspect and Accused Persons in Criminal Proceedings, 1 July 2009, 11457/09 DROIPEN 53 COPEN 120.

③ 《里斯本条约》于 2007 年 12 月 13 日为欧盟所有成员国签署，2009 年 12 月 1 日正式生效。该条约生效后，刑事司法领域的欧盟立法不再需要全体一致通过，仅需要加权多数（qualified majority）同意即可。

④ Directive 2012/13/EU of the European Parliament and of the Council of May 2012 on the right to information in criminal proceedings.

⑤ Ed Cape & Jacqueline Hodgson, The Right to Access to a Lawyer at Police Stations, 5 New J. Eur. Crim. L. 450, 457-458 (2014).

并不能认为其放弃了咨询律师的权利。① 在欧洲人权法院判例的基础上，《欧盟关于在刑事诉讼和欧盟逮捕令中获得律师帮助及通知第三方的指令》②（以下简称《获得律师帮助指令》）第九条作了更为详细的规定。根据这一条款，有效的弃权应当具备三项条件：第一，犯罪嫌疑人已经充分了解权利的内容及弃权的后果；第二，弃权的表示必须是明确而不含糊的，可以是口头的也可以是书面的；第三，对于弃权的意思表示应当加以记录，具体的方式由各成员国决定。此外，应当允许其撤回弃权的表示。

可见，欧洲标准下的放弃律师帮助权的标准，明显是高于美国"米兰达规则"体系的。前者不仅要求弃权表示是明确而不含糊的，且要求对弃权的意思表示予以记录，而后者则允许从犯罪嫌疑人最终回答警察提问的事实来推知其已经弃权。③ 相对严格的弃权规则，能够防止侦查机关通过告诉犯罪嫌疑人寻求律师帮助会导致案件拖延、需要自己付费来促使其放弃咨询律师，从而保证弃权的自愿性。

（三）律师帮助权的范围

关于律师在侦查阶段究竟应当为犯罪嫌疑人提供何种法律帮助，欧洲人权法院并未在萨多斯案中予以明确。考虑到萨多斯案直接涉及警察讯问的问题，一种狭义的解读是律师在侦查阶段的主要作用是向犯罪嫌疑人提供法律意见，保障其能够有效行使沉默权。在补充意见中，萨格柏斯、卡萨德沃尔和图尔曼法官已经表达了对这种狭义理解的担忧。他们认为，处于羁押状态下的犯罪嫌疑人有权获得律师的全面法律帮助，包括讨论案件、考虑辩护思路、收集有利证据、准备警察讯问、给予心理支持、确保羁押环境合法等。④ 萨多斯案的判决并未列举上述事项，也没有明确律师能否在场，此后的欧洲人权法院判例和欧盟立法对此作了进一步发展。

1. 讯问时应当允许律师在场

欧洲人权法院在之后的判例最终确认，犯罪嫌疑人有权在讯问过程中获得律师的帮助，从而肯定了讯问时律师可以在场。⑤《获得律师帮助指令》第三条第三

---

① ECtHR, Panovits v. Cyprus, 4268.04（2008）, paras. 67 – 68. ECtHR, Pishchalnikov v. Russia, 7025/04 (2009), paras. 79 – 80.

② Directive 2013/48/EU of the European Parliament and of the Council of 22 October 2013 on the right of access to a lawyer in criminal proceedings and in European arrest warrant proceedings, and on the right to have a third party informed upon deprivation of liberty and to communicate with third persons and with consular authorities while deprived of liberty.

③ Stephen C. Thaman, Constitutional Rights in the Balance: Modern Exclusionary Rules and the Toleration of Police Lawlessness in the Search for Truth, 61 U. Toronto L. J. 691, 715 (2011).

④ ECtHR, Salduz v. Turkey, 36391/022008, concurring opinions of Judge Zagrebelsky, Casadevall and Türmen.

⑤ ECtHR, Brusco v. France, 1466/072010, para. 45.

款 b 项规定，犯罪嫌疑人在讯问时不仅有权要求律师在场，还有权让律师积极参与。确保律师的积极参与，是对欧洲人权法院相关判例的重要发展。具体而言，《获得律师帮助指令》前言部分的第二十五段指出律师可以通过提出问题、要求澄清、进行陈述等方式参与讯问。

2. 侦查阶段的律师参与不限于讯问中提供法律建议

在之后的判决中，欧洲人权法院完全采纳了萨格柏斯等法官在萨多斯案中的补充意见，认为犯罪嫌疑人有权获得全方位的法律帮助，而不限于在讯问时获得法律建议。[①] 法律帮助的概念大于法律建议，这意味着律师在侦查阶段应当承担更多的角色、发挥更大的作用。[②] 根据《获得律师帮助指令》第三条第三款 a 项，犯罪嫌疑人应当有权与其律师进行私下交流，包括在被警察等相关部门讯问之前。同时，根据《信息告知指令》第七条，嫌疑人及其律师有权及时查阅为相关部门所掌握的案件证据材料。这样的设置，能够保障律师在侦查初期就了解案情，帮助犯罪嫌疑人准备辩护，积极参与案件调查，而不是仅仅就是否行使沉默权提出建议。此外，根据《获得律师帮助指令》第三条第三款 c 项的规定，律师至少应当能够参加列队辨认、对质以及犯罪现场重构等侦查活动。总的来看，欧洲标准下律师帮助权的范围经历了一个由窄到宽的发展过程。

（四）及时获得律师的帮助

不难发现，萨多斯规则主要调整的是侦查初期这一阶段，即犯罪嫌疑人与侦查机关的"初次接触"。这一阶段时间短暂，犯罪嫌疑人的人身自由又通常处于侦查机关的绝对控制之下，且此时搜集的证据和获取的口供将决定案件的走向。在侦查机关看来，犯罪嫌疑人毫无疑问是重要的案件信息来源，处于客体地位，相应的，其程序权利极易受到侦查权的侵害。因此，保障犯罪嫌疑人能够及时获得律师帮助，对于遏制非法取证、实现程序公正、预防冤错案件至关重要。但是，考虑到刑事诉讼程序中的利益平衡，在特定情形下获得律师帮助的权利亦可能会被推迟或受到其他限制。就及时获得律师帮助，欧洲人权法院及欧盟立法主要确立了以下四个方面的标准。

1. 享有律师帮助权的时间起点

如前文所述，萨多斯案最初设置的时间起点是第一次讯问。此后，欧洲人权法院提出，犯罪嫌疑人自被羁押之日起就有权获得律师的帮助，并不限于讯问之

---

① ECtHR, Dayanan v. Turkey, 7377/032009, para. 32.

② Fiona Leverick, The Right to Legal Assistance During Detention, 15 Edinburgh L. Rev. 352, 354 (2011).

时。①《获得律师帮助指令》第二条、第三条第二款则设置了一个复合标准：在刑事诉讼的任何阶段，只要嫌疑人的自由被剥夺了，其就依据该指令享有获得律师帮助权；而无论嫌疑人的自由是否被限制，只要侦查机关向嫌疑人告知怀疑或指控其构成犯罪（具体包括被讯问，被通知出庭或侦查机关采取了列队辨认、对质、重构犯罪现场等侦查措施），其也依据该指令享有律师帮助权。

2. 要求获得律师帮助的效果

欧洲人权法院指出，如果犯罪嫌疑人明确表示其只愿意通过律师参与侦查，那么在其有机会咨询律师前，就不能够再行讯问。② 这就意味着，除下文介绍的例外情形外，犯罪嫌疑人要求获得律师帮助能够起到暂时不被侦查机关讯问的效果。

3. 选择律师的权利

与律师间的相互信任关系，对于犯罪嫌疑人获得有效的法律帮助发挥着重要的作用，《公约》第六条第三款 c 项的用语也是"由他自己选择的律师协助自己辩护"。《获得律师帮助指令》中并没有涉及选择律师的问题，主要的渊源还是欧洲人权法院的判例。一般的规则是，如果律师费用由国家支付，选择律师的权利就是有限的。③ 有关部门应当尊重犯罪嫌疑人自由选择律师的权利，但若存在相关且充足的理由认为这对于实现公正的利益是必要的，司法机关也可以不受犯罪嫌疑人委托特定律师的意愿的拘束。④ 但是，缺少限制自由选择律师权利的正当理由，只有在影响程序的整体公正性时，才构成对《公约》第六条第一款和第六条第三款 c 项的违反。⑤ 这里，欧洲人权法院仍然采取的是一种整体平衡的标准。可见，与获得律师帮助相比，获得特定律师的帮助受保障程度较低。

4. 国家对律师帮助权的限制

欧洲人权法院在萨多斯案中已经指出，如果存在迫不得已的理由，也可以限制犯罪嫌疑人获得律师帮助的权利。但是，欧洲人权法院的判例并未指明何为"迫不得已的理由"，《获得律师帮助指令》第三条第六款对此作了细化，规定只有存在防止对人的生命、自由和健康造成不利后果的紧急需要，或是侦查机关采取紧急行动非常重要，为了避免对侦查活动造成实质损害时，才能在审前阶段临时性地限制被追诉人会见律师的权利。又，根据第八条的规定，此种限制必须符合

---

① ECtHR, Dayanan v. Turkey, 7377/032009, para. 32.
② ECtHR, Pishchalnikov v. Russia, 7025/042009, para. 79.
③ ECtHR, Lagerblom v. Sweden, 26891/952003, para. 54.
④ ECtHR, Dvorski v. Croatia, 25703/112015, para. 79.
⑤ ECtHR, Dvorski v. Croatia, 25703/112015, para. 81.

比例原则、有严格的期限、不影响程序的整体公正，且不能仅仅基于犯罪的类型和严重程度，限制的决定应当由司法官员通过个案审查作出，如果由其他适格人员作出这一决定，则应当受到司法审查。这些限制，主要表现为推迟犯罪嫌疑人与律师的初次会见和交流。

上文分析表明，在欧盟甚至是更大的欧洲理事会范围内，已经建立了一套关于侦查初期律师帮助权的国际标准。这一标准着重保障犯罪嫌疑人在讯问时获得法律建议并得到律师的支持，从而有效行使沉默权，并有向其他法律帮助事项拓展的趋势。需要特别说明的是，按照欧洲人权法院的一贯立场，其并不会就证据的可采性作出具体裁判，[1] 因而关于违反萨多斯规则所获证据是否应当排除的问题，仍然需要适用国内法进行判断。只是在欧洲人权法院看来，使用这样的证据很可能导致程序的不公正。在此方面，《获得律师帮助指令》第十二条也有着同样的立场。可见，获得律师帮助权的救济主要是一个国内法问题。保障犯罪嫌疑人能够实际且有效地获得律师帮助，必须依赖各国具体的法律规范和工作机制，因而有必要继续考察萨多斯规则对欧洲各国立法及司法起到的影响。

四、萨多斯规则打破侦查讯问的封闭性

萨多斯规则对于《公约》缔约国的刑事司法制度产生了巨大冲击，这在同时是欧盟成员的国家表现得更为明显。毫不夸张地说，一场萨多斯"风暴"席卷了整个欧洲，很多国家因此修改了相关立法。[2] 本书仅选取法国和荷兰的改革情况作一介绍，因为这两个国家一度允许警察在较长的时间内拘留犯罪嫌疑人并进行讯问，受萨多斯案的影响才先后修改国内立法，允许律师及时介入，使得警察难以连续讯问。

（一）法国

萨多斯案之前，律师在警察拘留阶段的作用非常有限。法国国内司法机关对萨多斯案的迅速回应，一定程度上推进了立法的修改。修改后的法律在实践中得到较好的执行，但距离改革预期仍有一定差距。

---

[1] ECtHR, Schenk v. Switzerland, 10862/841988, paras. 45–46.
[2] 受到萨多斯案影响而修改立法的国家和地区至少包括法国、荷兰、比利时、苏格兰、爱尔兰、德国等。其中，一向就律师在场问题持保守态度的德国，也于2017年修改了立法。根据修改后的《德国刑事诉讼法典》第一百六十三条a第四款的规定，警察讯问参照第一百六十八条c律师参与司法调查（检察官、法官的讯问）的规定，允许律师在场。

1. 前萨多斯时期的警察拘留：律师参与受限

在法国，刑事拘留是侦查初期的一个核心环节，很多证据材料特别是口供都是在这一阶段搜集的，其对于刑事诉讼程序的最终结果发挥着重要影响。[①] 根据法国《刑事诉讼法典》第六十三条、第七百零六条，经检察官或自由与羁押法官的批准，刑事拘留可以分别延长到 48 小时和 96 小时。需要说明的是，法国 96% 以上的案件不再经过预审，刑事拘留主要受检察官的监督，但实证研究表明，此种监督通常因为检察官对警察的过度信任而流于形式。[②] 虽然涉及未成年人犯罪和最严重的犯罪案件中，讯问需要同步录音录像，但其他大多数刑事案件并无此项要求。因深受职权主义的影响，传统观点认为警察侦讯权力不应受到外部干涉，故刑事拘留中的律师参与尚属于比较晚近的现象。直到 1993 年立法修改，犯罪嫌疑人才获准在拘留 20 小时后会见律师，且时间不超过 30 分钟。此后的立法虽然有所发展，如将这一 30 分钟的私下咨询提前到了刑事拘留开始之初，并明确犯罪嫌疑人享有沉默权。[③] 但直到 2011 年以前，警察都没有法定义务向犯罪嫌疑人告知其有权保持沉默，律师不能在讯问时在场，且在刑事拘留阶段无法查阅任何卷宗材料。[④] 在此背景下，律师在侦查初期所能发挥的作用主要是提供心理支持，并向犯罪嫌疑人解释程序事项。

2. 通向萨多斯之路：司法先行，立法迅速

虽然萨多斯案并不是直接针对法国的，但该案的判决公布不久之后，法国开始陆续出现下级法院援引萨多斯规则而宣告刑事拘留程序无效的司法个案。2010 年 6 月 30 日，法国宪法委员会裁决法国《刑事诉讼法典》中关于刑事拘留阶段获得律师帮助的相关条款违宪，但为了给予议会以充分的时间修改立法，这一裁决的生效时间是 2011 年 7 月 1 日。[⑤] 2010 年 10 月 19 日，法国最高法院作出了三份

[①] Jodie Blackstock, Ed Cape etc., Inside Police Custody: An Empirical Account of Suspects' Rights in Four Jurisdictions 84 – 85 (Intersentia, 2014).

[②] Jacqueline S. Hodgson, The French Prosecutor in Question, 67 Wash. & Lee L. Rev. 1361, 1393 – 1396 (2010).

[③] 法国 2000 年修改的《刑事诉讼法典》要求告知嫌疑人其有权拒绝回答侦查人员的提问，这一条款在 2002 年被修改为嫌疑人有权选择供述、回答提问或者保持沉默，到 2003 年，上述条款均被删除。参见 Aude Dorange & Steward Field, Reforming Defense Rights in French Police Custody: a Coming Together in Europe? 16 Int'l J. Evidence & Proof 153, 163 – 164 (2012).

[④] 关于 2011 年以前法国刑事拘留及警察讯问的简要介绍，参见 Dimitrios Giannoulo poulos, Custodial Legal Assistance and Notification of the Right to Silence in France: Legal Cosmopolitanism and Local Resistance, 24 Criminal Law Forum 291, 297 – 302 (2013).

[⑤] 这一裁决的英文版参见：http://www.conseil-constitutionnel.fr/conseil-constitutionnel/root/bank/download/ 201014_ 22QPCen201014qpc.pdf，访问日期：2017 年 6 月 23 日。

判决，提出如下原则：警察不能在律师不在场的情况下讯问犯罪嫌疑人；除非有充分的理由予以限制，或者犯罪嫌疑人明确放弃，自刑事拘留开始犯罪嫌疑人就有权获得律师帮助，警方也应当告知其有权保持沉默；仅仅因为犯罪的性质，不能限制犯罪嫌疑人获得律师帮助的权利。[①] 最高法院设置的判决生效时间，同样是2011年7月1日。就在最高法院的判决公布前的5天，欧洲人权法院也作出了法国版的萨多斯判决——布鲁斯库诉法国[②]，谴责了法国刑事拘留中对沉默权及律师帮助权的不当限制。在此背景下，经过一系列讨论和妥协后，法国议会不得不在2011年4月14日通过立法，修改了法国《刑事诉讼法典》的相关内容，使其满足欧洲人权法院判例的要求。

3. 萨多斯规则执行情况：实际效果有待观察

根据修改后法国《刑事诉讼法典》的第六十三条，警察在执行刑事拘留时就应当告知犯罪嫌疑人，其可以作供述、回答警方提问或是保持沉默，其有权在讯问前、讯问时获得律师帮助。但是，权利的告知并没有固定的形式，不同的警察有不同的告知方式。个别警察可能并不会说明获得律师帮助是免费的、与律师的交流不受监听且这一权利贯穿羁押始终，实践中有很多犯罪嫌疑人可能并不清楚律师可以在讯问时在场以及获得律师帮助是免费的。[③] 2013年法国开始推广使用书面的标准权利告知书，笔者在法国司法部网站查阅了其中的中文版和英文版，发现上述文本并未说明律师服务不收费，也未提及讯问时律师可以在场，这在一定程度上可能会促使犯罪嫌疑人放弃寻求律师帮助。实践中，大约有35%至50%被拘留的犯罪嫌疑人要求获得律师帮助，而根据法国《刑事诉讼法典》第六十三条第一款的规定，弃权必须记录在讯问笔录中并由犯罪嫌疑人签字确认。[④] 此外，根据法国《刑事诉讼法典》第六十三条第四款第一项的规定，律师可以查阅犯罪嫌疑人签署的权利告知书、体检记录以及所作供述，但不能查阅其他卷宗材料，这一定程度上影响了律师帮助的有效性。在实践中，除了极少数由预审法官侦查的案件外，律师无法参加除讯问以外的侦查活动，且在提起指控前，也很少和检察官交流案情。因而，律师提供的法律帮助仍然限于在讯问前后提供法律建议。

---

① 这三份判决的分别是 Cour de cassation, Chambre criminelle, 19 octobrer 2010, Bulletin criminel 163, 164, 165.

② ECtHR, Brusco v. France, 1466/07 (2010).

③ Ed Cape& Jacqueline Hodgson, The Right to Access to a Lawyer at Police Stations——Making the European Union Directive Work in Practice, 5New J. Eur. Crim. L. 450, 457 (2014).

④ Jodie Blackstock, Ed Cape etc., Inside Police Custody: An Empirical Account of Suspects' Rights in Four Jurisdictions 84-85 (Intersentia, 2014). p. 97.

主要的问题是，对于那些要求获得律师帮助的犯罪嫌疑人来说，其是否有机会及时咨询律师，并在讯问中得到律师精神和法律上的支持，从而有效行使沉默权。法国《刑事诉讼法典》第六十三条第四款第二项、第六十三条第四款第三项规定，如果犯罪嫌疑人要求咨询律师，那么在其会见律师前，警察不能进行讯问，若等待超过 2 小时，检察官方能授权开始讯问。如果在讯问过程中律师到达，犯罪嫌疑人可以要求中止讯问接受律师会见。私下会见时间均不超过 30 分钟，除拘留之初外，每一次拘留的延期后犯罪嫌疑人同样有权要求会见律师，但讯问开始不再受 2 小时等待时间的限制。讯问时律师可以在场并作笔记，但在讯问结束前不能提问。如果警察认为律师妨碍讯问，可以停止讯问并要求重新指定律师。在有碍侦查或危及他人的情况下，检察官可以将律师的初次会见推迟 12 小时，若经过自由与羁押法官的审批，可以再推迟 12 小时。又根据法国《刑事诉讼法典》第七百零六条第八十八款的规定，在有组织犯罪案件中，检察官和自由与羁押法官分别有权推迟律师会见至 24 小时和 72 小时。提供法律帮助的都是在值班律师名单上的执业律师，大城市会有一个调度协调中心，警察只需打电话给协调员就可以安排律师。接到通知后，绝大部分律师都会前往警察局会见犯罪嫌疑人，而不会仅通过电话提供咨询意见。在一些案件中，如果律师未能在 2 小时内到达，警察会直接开始讯问。很多值班律师并没有刑事专业背景，也不会在之后的程序中继续为犯罪嫌疑人辩护。实证研究表明，很多律师不会建议嫌疑人行使沉默权，讯问中律师表现消极，不会打断讯问。有律师表示其在讯问中仅仅是一个观察者，除提供心理支持外发挥不了太多实际作用。

按照先前地方法院和法国最高法院的判例，未能保障犯罪嫌疑人获得律师帮助的权利，会导致刑事拘留程序无效，所获供述不能作为指控证据使用。但是，2011 年修改立法时法国《刑事诉讼法典》的序言部分增加了一条表述："在没有获得律师帮助的情况下所作的供述不能作为定罪的唯一根据"，这一"补强规则"似乎弱化了司法判例的立场，其意味着如果在有其他证据能够印证的情况下，所获供述仍然能够使用。同时应当注意到，前述法律规定仅适用于刑事拘留，如果犯罪嫌疑人根据法国《刑事诉讼法典》第七十三条的规定，自愿前往警察局接受询问，那么就没有要求获得律师帮助的权利，这是落后于《获得律师帮助指令》的。

（二）荷兰

萨多斯案之前，荷兰警察可以长时间拘留犯罪嫌疑人并进行讯问，这一期间律师难以参与。在一些案件中，警方开展了讯问同步录音录像制度和律师在场制度的试点，但未能推广。直至萨多斯案宣判近 6 年之后，荷兰最高法院才确认律师在讯问时可以在场。此后，立法机关修改了相应立法。

1. 前萨多斯时期的警察拘留：律师难以介入

根据修改前的荷兰《刑事诉讼法典》第五十二条、五十三条、五十九条、六十一条和一百五十四条的规定，经过助理检察官的批准，警察可以拘留犯罪嫌疑人3天15小时，再经预审法官的批准，则可以延长到6天15小时。① 可见，荷兰的警察拘留时段远长于法国。在荷兰刑事司法程序中，犯罪嫌疑人同样被视作重要的证据来源，人们普遍认为，具有监督职责的检察官能够保障犯罪嫌疑人的审前权利，而在检察官监督下由警察讯问犯罪嫌疑人的程序构造，能够产生真实而准确的侦查结果。因此，获得律师帮助似乎并没有什么实际意义，仅仅会阻碍发现真相的过程。② 因此，尽管根据修改前的荷兰《刑事诉讼法典》第一百八十六条的规定，犯罪嫌疑人接受预审法官讯问时，律师有权在场，但此项权利却一直未能延伸适用到警察讯问中。然而，实践中出现的错案以及警察不当审讯行为的曝光，促使荷兰在萨多斯案以前就已经开展了讯问录音录像以及杀人案件中律师在场制度的试点，③ 以期规范警察讯问、防止虚假供述。可见，荷兰面临与法国类似的困境，即检察官不能有效监督侦讯活动。

2. 通向萨多斯之路：司法保守，立法缓慢

相较于法国，荷兰对萨多斯案的回应是缓慢而曲折的，但如上文所述，其同样面临警察拘留期间讯问不受监督的问题，也有加强侦查初期律师帮助权，特别是律师在场权的现实需求。不同于法国的最高司法机关迅速承认萨多斯案的国内法效力，荷兰最高法院在很长一段时间内都对萨多斯规则持保留态度。在2009年6月20日的判决中，荷兰最高法院裁判认为，除非存在紧急情况或是自行放弃，所有犯罪嫌疑人在第一次讯问前都有权咨询律师，但无权要求律师在场。不过，未成年人接受讯问时，可以要求律师或者其信任的人在场。④ 即使是在《获得律师帮助指令》公布之后，讯问时律师可以在场已经成为欧盟立法的要求，荷兰最高法院仍然坚持之前的立场，主要理由是上述欧盟立法2016年11月27日才生效，在此之前，欧盟应当允许成员国暂时不满足该指令的要求。⑤ 直至2015年12月22日，荷兰最高法院才作出如下裁判：自2016年3月1日起犯罪嫌疑人有权在讯问

---

① 需要说明的是，高级警官一般都是助理检察官。

② Chris je Brants, The Reluctant Dutch Response to Salduz, 15The Edinburgh L. Rev, 2011, p. 298, pp. 299 – 300.

③ Chris je Brants, The Reluctant Dutch Response to Salduz, 15The Edinburgh L. Rev, 2011, p. 301.

④ ECLI：NL：HR：2009：BH3079, paras. 2. 5, 2. 6.

⑤ ECLI：NL：HR：2014：770, para. 2. 5. 2.

中获得律师帮助。①

与司法保守相对应的，是立法修改过程缓慢。公共安全和司法部 2011 年就提出了立法草案并几经修改，却一直未能通过。② 在 2017 之前，侦查初期律师帮助权的主要规范依据是检察长委员会 2010 年颁布的《警察讯问中获得法律帮助的规则》。③ 根据这一规则，警察应当向犯罪嫌疑人告知其有权获得律师帮助，讯问开始前其有权与律师私下交流 30 分钟，但是，只有未成年嫌疑人才有权要求律师或者其信任的人在场，且这些人在场时不得干扰讯问。同时，免费的律师帮助并没有涵盖所有的刑事案件的嫌疑人，若所涉犯罪轻微，犯罪嫌疑人与律师的交流只能通过电话进行，且需要其自行承担费用。2016 年 3 月，受最高法院判决的影响，检察长委员会修改了上述规则，增加了律师在场的内容：条件允许时律师可以坐在嫌疑人身旁，除非讯问人员同意，律师不得代替嫌疑人回答问题，若讯问人员同意，律师或嫌疑人可以要求暂停讯问进行私下交流，律师只能在讯问开始或结束时提问或发表意见。④

最终，为了达到欧盟立法的要求，荷兰于 2017 年 3 月修改了荷兰《刑事诉讼法典》的部分条款，对侦查初期的律师帮助权进行了较为详细的规定。根据第二十八条 b 款，当弱势的或可能被判处 12 年以上有期徒刑的犯罪嫌疑人未委托辩护人时，应当通知法律援助机构为其指定律师；当犯罪嫌疑人因涉嫌可能遭受审前羁押的犯罪而被拘留且要求获得法律咨询时，应当通知法律援助机构为其指定律师；当犯罪嫌疑人因涉嫌不会遭受审前羁押的犯罪而被拘留时，虽不需要为其指定律师，但应当允许其联系自己选任的律师。如果等待律师到来的时间超过 2 小时，助理检察官（通常是警察）可以决定开始讯问。又根据第二十八 c 款，犯罪嫌疑人在讯问开始前可以与律师私下交谈 30 分钟，经批准可以延长到 60 分钟。若属于应当为其指定律师的情形，犯罪嫌疑人在咨询律师并由律师告知后果前，不得放弃这一交流权利。第二十八条 d 款则明确规定犯罪嫌疑人有权要求律师在讯问时在场，其在接受讯问过程中也可以要求暂停讯问并与律师交流。不过，根据第二十八条 e 款的规定，在例外情形下，为了防止对他人生命、自由、安全造成严重伤害，或是为了防止严重阻碍侦查，也可以经检察官批准直接开始讯问，不给

---

① ECLI：NL：HR：2015：3608，para. 6. 4. 3.

② 关于立法草案的评析和相关争论，参见 Paul Mevis& Joost Verbaan, Legal Assistance and Police Interrogation, 7 Erasmus L. Rev. 2014, pp. 175 – 190.

③ 这一文本可以参见（荷兰语）https：//zoek. officielebekendmakingen. nl/stcrt – 2010 – 4003. html。

④ Beleid Om RaadsmanBijVerhoor Per 1 Maart 2016, https：//zoek. officielebekendmakingen. nl/stcrt – 2016 – 8884. html，访问日期：2021 年 10 月 1 日。

犯罪嫌疑人先行咨询律师的机会。

3. 相关改革：警察拘留阶段快速处理轻微刑事案件的 ZSM 政策

根据荷兰《刑事诉讼法典》第二百五十七条 a 款的规定，如果被追诉人涉嫌可判处 6 年以下有期徒刑的犯罪，那么检察官可以在不经其同意的情况下，通过处刑命令施加社区劳动（180 小时以内）、责令赔偿、吊销驾驶执照（6 个月以内）等处罚，从而不经过审判就办结刑事案件。被追诉人可以在 2 周之内向法院提出异议，否则该处刑命令便生效，具有和法院判决相同的执行效果。通过替代措施来减少进入审判程序的刑事案件数量是一种世界性趋势，在德国、法国等国家均存在类似的处刑令制度。真正值得注意的是，荷兰检察机关极力推动的一项旨在警察拘留阶段便通过处刑令办结 70% 轻微刑事案件的政策。该项改革措施被称为 ZSM，要求快速、有选择地处理常见轻微犯罪，兼顾保护受害人利益，通常在逮捕后的 7 天或者更短的时间内办结。① 在如此短的办案时间内，相关证据材料搜集并不充分，且很多犯罪嫌疑人将在没有律师协助的情况下接受处刑命令，使得这一处理模式的正当性受到质疑。虽然犯罪嫌疑人可以被立即释放，但却不得不面对定罪而带来的附带性影响，例如因无法提供"良好品格证明"而失业。②

ZSM 政策自 2011 年起实施并于 2013 年在全国范围内推广，几乎是在同一时期，荷兰检察机关也在参照萨多斯规则加强侦查初期的获得律师帮助权，从而引发了关于律师在侦查初期作用的激烈讨论。一种观点认为，在没有律师帮助的情况下，犯罪嫌疑人无法就是否接受处刑命令等重大事项作出明智的选择。③ 另一种观点则认为，警察拘留阶段获得律师帮助存在诸多不便，且案件信息记录不全，律师没有可靠的信息来源，此时律师参与反而会导致程序延误，并有可能给犯罪嫌疑人带来错误的预期，使其错过了从轻处理的机会。④ 例如，一名警官看见了犯罪嫌疑人偷钱包，但没有形成书面报告。协商交流过程中，律师可能不相信该警官的陈述，进而建议犯罪嫌疑人不接受处刑命令。这对于明显有罪的犯罪嫌疑人来说，意味着可能将遭受监禁刑。

（三）比较分析

在萨多斯案之前，荷兰与法国侦查体制的一个共同特征是允许警察在较长的

---

① 相关介绍，可以参见 https：//www. om. nl/vaste-onderdelen/zoeken/@29312/versnelde-afdoening/.

② Pauline Jacobs&Petra van Kampen, Dutch "ZSM Settlements" in the Face of Procedural Justice：the Sooner the Better? 10 Etrecht L. R, 2014, pp. 73 - 79.

③ Pauline Jacobs&Petra van Kampen, Dutch "ZSM Settlements" in the Face of Procedural Justice：the Sooner the Better? 10 Etrecht L. R, 2014, pp. 73 - 78.

④ Commissie Innovatie Strafrechtadvocatuur, Herbezinning van de rol van de raadsman in de voorfase van het strafproces, 2012, pp. 15 - 17.

拘留期间讯问犯罪嫌疑人以获取口供，不受律师参与的干扰。可以说，封闭的审讯室是有利的侦查工具。在此方面，荷兰的情况更加突出，因为其警察拘留时间明显长于法国。反对改革者一方面担心律师的积极参与会阻碍获取口供，另一方面则认为既有的监督机制能够有效规制侦讯权力。事实证明，来自检察官的监督流于形式，而在同步录音录像未能覆盖所有讯问的背景下，因虚假供述导致的错案时有发生，故需要扩展监督侦查权力的形式。因此，这两国加强侦查初期律师帮助权不完全是为了履行国际公约，还有一定的现实需求。

虽然均是《公约》缔约国，但法国和荷兰接受和采纳萨多斯规则的过程并不完全相同。萨多斯案件之后，法国国内司法机关迅速做出回应，先是个别地方法院援引欧洲人权法院判例宣告拘留程序无效，再是宪法委员会宣告相关立法违宪，此后最高法院又予以跟进，裁定撤销了一些拘留期间限制律师帮助权的案件。宪法委员会和最高法院裁判生效的预期时间，实际上为议会修改立法设置了最后期限。因此，在 2011 年立法修改前，留给有关部门的论证和试点时间非常有限。与之不同，荷兰的最高司法机关更为保守，直至 2015 年才承认犯罪嫌疑人在讯问过程中也有权获得律师帮助。不过，萨多斯案件之后，荷兰检察部门即展开了加强警察拘留期间律师帮助权的改革，并呈现出逐步推进的趋势。虽然其修改后的立法规定与法国基本相同，但在这样一个渐进的过程中，检察官、警察、律师等主体将有更充分的时间适应新的制度。

加强侦查初期的律师帮助权，最重要的作用是打破侦查讯问的封闭性，保障犯罪嫌疑人不受非法审讯。法国和荷兰的立法规定都在侦查需要和人权保障间进行了平衡，对侦查初期的律师帮助权进行了一定限制，例如特殊情形可以推迟初次会见、等待 2 小时后可以开始讯问、律师与犯罪嫌疑人私下交流时间一般限定为 30 分钟、律师不能积极参与讯问过程等。法国的情况表明，尽管迅速修改了立法，但司法实践中仍然存在着警察鼓励犯罪嫌疑人放弃咨询律师、对律师的参与存在抵触情绪，律师在讯问中表现被动、对自己能够发挥的作用持消极态度等问题。不过，律师的早期介入毫无疑问会从根本上打破侦查讯问的封闭性构造，进一步加强犯罪嫌疑人的权利保障。对此，侦查人员的适应和调整，可能只是一个时间问题。①

萨多斯规则最初关注的重点是侦查讯问中获得法律建议及律师支持，并逐渐

---

① 早在 1984 年《警察与刑事证据法》颁布之后，英格兰和威尔士就开启了类似的改革进程。经过长时间的发展，警察已经能够接受侦查初期的律师参与，并适应在律师在场时展开讯问。

向更广泛意义上的法律帮助扩展。但是，法国、荷兰的改革经验表明，相关改革博弈的核心问题仍然是律师在多大程度上能够帮助犯罪嫌疑人应对讯问，从而有效行使沉默权。在法国，除了讯问外，律师很难参与其他侦查活动，阅卷范围也非常有限。从实际效果来看，律师并不会不加区别地建议犯罪嫌疑人保持沉默，因而并没有给侦查工作带来过多冲击。实际上，受限于各方面条件，侦查初期律师能够提供的帮助本身就非常有限。荷兰的 ZSM 政策极力推动侦查初期即办结刑事案件，此时律师参与反而有可能让犯罪嫌疑人丧失从轻处罚的机会。欧洲人权法院 2017 年最新的判例也表明，如果不涉及有罪供述被作为指控证据使用，其还是会采取整体平衡的方法审查审判的公正性。① 应当认识到，侦查初期的律师帮助范围是相对有限的，不能对此抱有过多不切实际的期望。

五、对我国的启示和借鉴意义

在我国，侦查人员仍然可以在封闭的审讯室长时间讯问犯罪嫌疑人而不受外界干扰，直至获取有罪供述。对此，本书介绍的欧洲标准提供了一个解决思路，其着重强调了侦查初期特别是讯问对于刑事诉讼最终结果的决定性影响，进而要求加强这一阶段的律师帮助权，以免犯罪嫌疑人在经受长时间封闭审讯后违背意愿作出有罪供述。虽然欧洲标准全面而细致，但不能据此认为我国应当予以全盘引进。结合我国司法改革的情况来看，相关欧洲标准的启示包括重视侦查初期的律师帮助权，并从"权利监督"的角度进一步遏制非法审讯，着重解决律师及时介入与提供有效法律帮助的问题。

（一）重视侦查初期的律师帮助权

最高人民法院、司法部于 2017 年 10 月联合发布了《关于开展刑事案件律师辩护全覆盖试点工作的办法》，要求在试点地区为所有没有委托辩护人的刑事被追诉人指派免费的律师。具体而言，在适用普通程序审理的一审案件、二审案件、按照审判监督程序审理的案件中，应当指派律师为其提供辩护；在适用简易程序、速裁程序审理的案件中，则应当由值班律师为其提供法律帮助。此前，根据《关于在部分地区开展刑事案件认罪认罚从宽制度试点工作的办法》第五条、第八条、第十条的规定，律师也应当全面参与认罪认罚案件的审查起诉程序，特别是见证

---

① 实际上，尽管在萨多斯案不久之后，欧洲人权法院就提出侦查初期律师应当提供全面的法律帮助，并不限于在讯问中提出意见。但最新的判决表明，主要的问题还是律师能否帮助嫌疑人行使沉默权，如果不涉及有罪供述，欧洲人权法院还是倾向于采用整体平衡的观点：嫌疑人被羁押三天后都没有获得律师帮助，但考虑到在此期间嫌疑人并未作出供述，也没有获得相关证据被用于指控，所以审判的整体公正性没有受到影响。

认罪认罚具结书的签署。可见，确保犯罪嫌疑人、被告人在关键性阶段能够不同程度地获得律师帮助，已经成为当前司法改革的一项重要内容。审判作为诉讼程序的中心环节，其决定性作用不必多言。认罪认罚案件中，法院的判决一般也不会超出审查起诉阶段达成的认罪认罚具结书范围，这一阶段的决定性作用凸显。然而，尚没有改革举措保障犯罪嫌疑人在侦查初期即能及时获得律师帮助。

需要特别注意的是，我国刑事司法呈现出较强的口供中心主义色彩，侦查破案、审查起诉和法庭审判主要围绕犯罪嫌疑人、被告人的口供进行，并且把口供作为定案处理主要依据。[①] 因为庭前供述通常与其他证据相互印证，反而比当庭供述具有更强的证明力。《最高人民法院关于执行〈中华人民共和国刑事诉讼法〉若干问题的解释》第八十三条第二款规定："被告人庭审中翻供，但不能合理说明翻供原因或者其辩解与全案证据矛盾，而其庭前供述与其他证据相互印证的，可以采信其庭前供述。被告人庭前供述和辩解存在反复，但庭审中供认，且与其他证据相互印证的，可以采信其庭审供述；被告人庭前供述和辩解存在反复，庭审中不供认，且无其他证据与庭前供述印证的，不得采信其庭前供述。"可见，有罪供述一旦作出便无法撤回，将对最终的定罪量刑产生决定性影响。侦查初期获取口供的过程也应当属于"关键阶段"，并引起足够的重视。

关于刑事案件律师辩护全覆盖，目前的改革思路是重大复杂、存有争议案件的被告人将获得完整的辩护服务，而对于简单轻微且认罪案件的被告人，将由值班律师为其提供有限的法律帮助。[②] 实践中反映出来的问题是值班律师阅卷、会见权利受限，角色定位不清、法律帮助流于形式，因此有意见认为应当明确值班律师的辩护人身份，以提高"辩护"的有效性。[③] 然而，在犯罪嫌疑人、被告人已经作出有罪供述且与其他证据相互印证的前提下，律师又有多大的协商余地和辩护空间呢？律师帮助的范围，根本上取决于两个方面：一是司法成本的投入，二是相关诉讼程序中关键问题。全面的辩护自然需要更多的投入，例如增加法律援助律师的数量、报酬等，区分辩护律师和提供有限法律帮助的值班律师，正是为了实现司法资源的合理配置。认罪认罚案件追求效率，其正当性基础在于犯罪嫌疑人、被告人自愿放弃程序性权利，因此这一程序的关键问题是认罪认罚的自愿性、

---

① 闫召华：《口供中心主义评析》，《证据科学》2013 年第 4 期，第 437－453 页。

② 根据《关于开展法律援助值班律师工作的意见》第二条的规定，值班律师的职责主要包括解答法律咨询、协助申请法律援助、转交申请材料，见证认罪认罚具结书的签署，对刑讯逼供、非法取证情形代理申诉、控告，等等。

③ 张泽涛：《值班律师制度的源流、现状及其分歧澄清》，《法学评论》2018 年第 3 期，第 73－75 页；姚莉：《认罪认罚程序中值班律师的角色与功能》，《法商研究》2017 年第 6 期，第 49 页。

真实性，而不是案件事实的准确性。与其期待值班律师在审查起诉和审判阶段的辩护"实质化"，并为此加大司法投入，还不如着重加强侦查初期特别是讯问阶段的律师帮助机制建设，从根源上保障认罪认罚的自愿性。

（二）兼顾对非法审讯的"权力制约"与"权利监督"

羁押状态下讯问的强迫性与生俱来，如不加以规制，就可能出现刑讯或变相刑讯。保障犯罪嫌疑人供述自愿性存在两种模式：一种是以包括获得律师帮助权在内的诉讼权利体系为中心的"权利保障"模式；另一种是通过控制审讯的时间、空间、主体、工具等要素，对审讯的结果和过程加以管控的"权力保障"模式。[①]从遏制非法审讯的角度来看，其分别对应了"权利监督"和"权力制约"两种模式。对此，欧洲人权法院已经明确指出：犯罪嫌疑人在侦查中的"弱势地位"只能由律师的法律帮助来弥补。[②]可见，欧洲标准显然更加侧重对非法审讯的"权利监督"，通过保障律师参与来打破讯问的封闭性。

相较于加强律师参与的路径，我国公安司法机关更加乐于推进执法场所规范化建设和讯问同步录音录像这样的"权力制约"。目前最为有效的"权力制约"措施是压缩看守所外的讯问时间，即法定的拘传、传唤时间不能超过24小时，采取拘留措施后应当24小时内送看守所，并严格控制在看守所羁押期间将犯罪嫌疑人提出所外。早在十余年前，中国政法大学"刑事审前程序改革示范（试验）"课题组就曾协同实务部门开展了讯问中的"三项制度"试验，结果表明，律师在场、讯问录音、录像对于遏制刑讯逼供具有积极意义。时至今日，讯问录音、录像已经规定于《刑事诉讼法》第一百二十三条，并有逐渐全面覆盖的趋势。[③]然而，犯罪嫌疑人仍然没有权利在讯问前咨询律师，更不用说让律师在场。更多的时候，犯罪嫌疑人只能独自面对侦查人员的轮番拷问。可以推断，侦查机关并不希望第三方打破侦讯的封闭性，从而降低其有效性。律师不要说是直接参与讯问，哪怕是希望通过查阅录音、录像来间接监督讯问过程也是非常困难的。实践中，辩护律师查阅、复制讯问录音、录像的要求，可能会以"不是诉讼文书和证据材料"

---

① 马静华：《供述自愿性的权力保障模式》，《法学研究》2013年第3期，第159–171页。

② ECtHR, Salduz v. Turkey, 36391/022008, para. 54.

③ 人民检察院立案侦查的职务犯罪案件早已实现所有讯问均进行同步录音录像，而公安部在《关于印发〈公安机关讯问犯罪嫌疑人录音录像工作规定〉的通知》中也提出各地应当根据实际情况，于2017年前实现刑事案件讯问同步录音录像的全面覆盖。

为由被拒绝。① 从根本上来说，现有模式难以摆脱权力的自我监督、事后监督的困境。以讯问录音、录像制度为例，如何避免选择性录制、先供后录就是一大实践难题。② 在此背景下，虽然法定到案时间被严格控制，看守所普遍设置物理隔离，但审讯的封闭性仍然为侦查人员非法审讯提供了充分的便利条件，疲劳审讯等变相刑讯时有发生。

不过，也应当认识到，在我国通过加强律师帮助权来实现对非法审讯的"权利监督"存在一定的障碍。与欧洲国家普遍承认犯罪嫌疑人享有沉默权不同，我国《刑事诉讼法》第五十二条虽已明确规定不得强迫任何人证实自己有罪，但该法第一百二十条同时要求犯罪嫌疑人如实回答侦查人员的提问。不过，这并不影响我们从另一个角度达成一致，即犯罪嫌疑人不受非法审讯。③ 法国已经赋予犯罪嫌疑人以沉默权，绝大多数律师却不会建议其保持沉默，通常也只能以旁观者的角色参与讯问。即使我国律师在侦查初期即获准介入，也不会比他们的法国同行发挥更积极的作用。但是，提高律师的参与程度，本身就是对侦查权力的一种外部监督，能够帮助克服权力自我监督的弊端。为了进一步遏制非法审讯，应当加强侦查阶段的特别是侦查初期的律师帮助权，与既有的同步录音、录像等制度相配合，形成"权力制约"与"权利监督"有机结合的模式。具体推动方式上，荷兰的试点渐进模式可能更加符合我国的实际情况。

（三）着重解决犯罪嫌疑人获得律师帮助的及时性和有效性

在中国刑事诉讼程序中，犯罪嫌疑人到案后直至送入看守所前是突破口供的关键阶段，④ 侦查机关自然不希望律师参与。从根本上来说，这是因为侦查机关仍然希望利用相对封闭的侦讯环境来有效获取口供，短期内也很难发生重大改变。现阶段，我国需要用律师参与的"权利监督"措施来推动"权力制约"手段更为有效地落实。其中，重点需要解决律师及时介入与提供有效法律帮助两个核心问题。

---

① 最高检法律政策研究室《关于辩护人要求查阅、复制讯问录音、录像如何处理的回复》规定："根据《人民检察院刑事诉讼规则（试行）》第四十七条第二款的规定，案卷材料包括案件的诉讼文书和证据材料。讯问犯罪嫌疑人录音、录像不是诉讼文书和证据材料，属于案卷材料之外的其他与案件有关的材料，辩护人未经许可，无权查阅、复制。"

② 王超：《全程录音录像制度的功能异化——以侦查讯问录音录像的选择性录制与播放为视角》，《华中科技大学学报（社会科学版）》，2014年第1期，第66-67页。

③ 全国人大常委会法工委副主任郎胜在回答记者提问时指出："为了进一步防止刑讯逼供，为了进一步遏制可能存在的这样一种现象，这次刑事诉讼法明确规定不得强迫任何人证实自己有罪，这样的规定对于司法机关是一个刚性的、严格的要求。"参见http://legal.people.com.cn/GB/17332533.html，访问日期：2017年10月1日。

④ 马静华：《侦查到案：查证功能与期限配置》，《中国刑事法杂志》2009年第5期，第103-106页。

1. 应当允许犯罪嫌疑人在讯问前咨询律师

在欧洲标准下，犯罪嫌疑人自侦查之初就有权获得律师帮助并与之交流。在中国，虽然《刑事诉讼法》第三十四条第一款已经明确规定犯罪嫌疑人自被采取强制措施或第一次讯问之日起，就有权委托辩护律师，该法第三十九条第二款同时规定看守所应当在48小时内安排律师会见。但是，尚没有立法规范或工作机制保障犯罪嫌疑人到案后就能够立即咨询律师并获得法律帮助，这使得律师帮助权在侦查初期基本落空。更为严重的问题是，《刑事诉讼法》第三十九条第三款规定，在危害国家安全犯罪、恐怖活动犯罪案件中，侦查阶段辩护律师会见犯罪嫌疑人需要经过侦查机关批准。① 毫无疑问，如果犯罪嫌疑人在长达数月的侦查羁押期间都不能与辩护律师会见并交流，就无法获得实际且有效的法律帮助。

一个较大的突破是，2018年修改《刑事诉讼法》时增加了第三十六条，赋予了看守所在押犯罪嫌疑人约见值班律师的权利。目前，至少应当允许犯罪嫌疑人在进入看守所后的第一次讯问前咨询律师，这既能够充分保障犯罪嫌疑人了解自身权利，避免侦查人员"说服"其放弃咨询律师，也能够及时发现看守所前阶段的非法审讯，起到更有效的遏制作用。今后，值班律师工作站普遍设立、覆盖范围增加、电话咨询服务建立时，则应当允许一般案件的犯罪嫌疑人在第一次讯问前就通过会见或者电话的方式咨询律师。至于特殊案件中律师会见难问题，则应当逐步限制拒绝会见的条件、限缩拒绝会见的持续时间并将审批权统一交给人民检察院侦查监督部门行使。同时，也应当允许犯罪嫌疑人在到案48小时后能够咨询值班律师。考虑到值班律师相对中立，与犯罪嫌疑人没有直接的利益关系，这样的安排，既有利于保障犯罪嫌疑人不受非法审讯，也不必担心出现毁灭、伪造证据，干扰证人作证或者串供，引起犯罪嫌疑人自残、自杀或者逃跑，引起同案犯逃避、妨碍侦查等风险。

2. 应当允许律师在侦查阶段查阅特定案卷材料

目前，讯问时中国律师不能在场，其在遏制非法审讯上的作用很大程度上受到了限制，对此应当通过加强事后的申诉、控告和排除非法证据的权利来弥补。《刑事诉讼法》第三十八条规定辩护律师在侦查阶段可以代理申诉控告，《关于开展法律援助值班律师工作的意见》第二条也将对刑讯逼供、非法取证情形代理申

---

① 需要说明的是，为配合国家监察体制改革，2018年修改《刑事诉讼法》时删去了"重大贿赂犯罪案件"这一情形。

诉控告列为值班律师的工作职责之一。① 《关于办理刑事案件严格排除非法证据若干问题的规定》第十四条特别规定："犯罪嫌疑人及其辩护人在侦查期间可以向人民检察院申请排除非法证据。对犯罪嫌疑人及其辩护人提供相关线索或者材料的，人民检察院应当调查核实。调查结论应当书面告知犯罪嫌疑人及其辩护人。对确有以非法方法收集证据情形的，人民检察院应当向侦查机关提出纠正意见。"但是，律师在侦查阶段无法查阅、复制犯罪嫌疑人供述、提讯记录、体检证明等证据材料，也就无法提供非法审讯的相关线索和材料，其提出申诉、控告或申请排除非法证据的有效性也因此会受到影响。因此，应当允许律师查阅犯罪嫌疑人供述、提讯记录、体检证明，方便其代理对非法审讯提出申诉、控告，并申请排除相关非法证据。

结语

综合来看，结合新近值班律师制度的发展，为了更好地落实侦查初期律师帮助权保障，将来制定"看守所法"时，应该设置相关条文。

以《看守所法（公开征求意见稿）》为例，第五十三条应增加相关内容，修改后的条文为：

犯罪嫌疑人、被告人向看守所提出要求会见辩护人的，看守所应当及时通知案件主管机关。

犯罪嫌疑人、被告人要求约见值班律师的，看守所应当立即安排驻所值班律师或通知法律援助机构指派值班律师为其提供法律咨询等帮助。

---

　①　值得注意的是，2018 年修改后的《刑事诉讼法》第三十六条将值班律师的职责定义为"为犯罪嫌疑人、被告人提供法律咨询、程序选择建议、申请变更强制措施、对案件处理提出意见等法律帮助"，没有列举对刑讯逼供、非法取证情形代理申诉控告。从合理解释的角度来看，代理犯罪嫌疑人、被告人就非法取证情形提出申诉、控告，当然应当包含在"等法律帮助"的范围内。

第十二章
在押被追诉人与亲友交流权保障

　　"未经审判不得剥夺公民的基本权利"的司法理念已经为世界各国所普遍接受，依据无罪推定原则，在押被追诉人仍然应当享有自由之外的其他公民权利。因此，被追诉人所享有的表达自由、家庭权利等基本权利不会因受到羁押而被同时剥夺，这意味他们与亲友的交流也不应被完全禁止，因为这一交流对于行使前述权利来说是不可替代的。在我国，现实与理论背离之处集中表现为，相比于被推定为无罪的在押被追诉人，已经定罪的监狱服刑人员与外界交流的权利反而得到了更加充分的保障。犯罪嫌疑人、被告人一旦被拘捕，便意味其在开庭前都无法见到亲友或以便利的方式与之保持联系，普遍处于与家庭社会关系完全隔绝的状态。① 早已有实务工作者对此质疑，认为出于人道主义考虑，未决犯也应当有权会见亲属。② 从长远来看，加强在押被追诉人的对外交流权保障是一种发展趋势，而当前制度中存在与此趋势不相适应的部分。受此影响，公安司法人员不仅没有将其视为在押人员的合法权益，也缺乏相关操作经验。这说明，在修改立法和完善配套机制前，需要进一步调研和梳理实践情况。为此，笔者选取了 25 家看守所进行了实证研究，以期在揭示在押被追诉人与亲友交流权保障的现状和问题的基础上，分析其背后的原因并提出更加具有针对性的改革建议。③

---

　　① 根据《看守所条例》第二十八条、第三十一条以及《看守所执法细则》等规定，在押人员与近亲属会见、通信，需要经过办案机关和公安机关（看守所主管部门）的双重许可。与此不同，按照《监狱法》第四十七条、四十八条的规定，监狱服刑人员有权与近亲属会见通信，无须监管机构另行批准。

　　② 肖明月：《未决犯可否会见亲属》，《人民检察》2002 年第 11 期，第 39 页。

　　③ 这些看守所包括：C 市 Y 区看守所；J 省 Z 市看守所，J 省 N 市 Q 区看守所；G 省 D 市某看守所，G 省 G 市 H 区看守所，G 省 T 市看守所，G 省 J 市 X 区看守所；S 省 A 县看守所；S 省 T 市 3 个看守所；H 省 H 市 14 个看守所。笔者在 C 市、S 省、J 省、G 省、H 省实地参观了 9 家看守所，并在 G 省 T 市、G 省 J 市 X 区、H 省 H 市 G 县、C 县看守所与所长及部分管教民警进行了座谈。对于未能实地参观的看守所，笔者采取了委托调查的方式，由对应的人民检察院刑事执行监督部门工作人员根据访谈提纲向管教民警了解情况，并形成汇总材料。从研究方法上来看，这应当属于定性访谈，以了解具体的工作流程和工作方法为目标。

一、在押被追诉人与亲友交流权保障的现状

在押被追诉人是一个庞大的群体，其权利保障理应受到高度重视。① 在关涉文明司法的权利保障领域，相比于饮食、医疗、监管安全等物质性保障来说，未决在押人员与亲友以适当的方式保持联系这一精神性、社会性的权利所受到的关注更少，尚无系统理论阐释。② 下文将结合实证调研情况，从交流形式及其受到的限制两个方面揭示在押被追诉人与亲友交流保障的现状。

（一）交流的形式

实践中，在押被追诉人与亲友交流的方式包括通信、当面会见、通话、单向视频会见、探视等多种形式。但是，他们并没有自行选择交流方式的自由。

1. 通信

从现有规范的来看，在押被追诉人与亲友通信的权利尚未得到完全确认。根据《看守所条例》第二十八条的规定，在押被追诉人与近亲属通信需要经过办案机关和公安机关的同意，《看守所条例实施办法（试行）》第三十四条对此作了规定，但是，《看守所执法细则（2013）》并未提及通信需要办案机关同意或分管领导批准。除此之外，上述规范还将通信对象限定为近亲属、监护人，不包括关心其利益的朋友。与此不同，《监狱法》第四十七条允许服刑人员与他人通信，不限于近亲属。

实践中，在押被追诉人通常会获准与近亲属通信，并不需要经过办案机关批准。③ 在笔者调研的 25 家看守所中，有 23 家允许在押犯罪嫌疑人、被告人与近亲属互相通信，另有 2 家看守所禁止相互通信，仅允许某种书面形式的消息传递。④ 虽然相关规范将通信对象限于近亲属、监护人，但一些看守所也允许在押被追诉人与朋友通信，如 G 省 D 市某看守所。在 23 家允许在押人员与外界互相通信的看

---

① 根据最高人民检察院工作报告，2013 年至 2017 年间全国检察机关共批捕各类犯罪嫌疑人 453.1 万人。而被采取拘留措施的犯罪嫌疑人数量更多，甚至难以统计。

② 经过各方共同努力，看守所在押人员基本生活需求、人身安全和健康已经得到了较为充分的保障，但看守所仍然普遍禁止在押被追诉人与亲友会见。被拘捕者的物质性权利得到基本保障的同时，很大一部分公安司法人员根本就没有认识到与亲友保持联系是人的一项与生俱来的需求，更没有认识到这对于被拘捕者行使各项基本权利也是不可替代的。这种实践观点也反映在学术研究中。例如，在一项相对详尽的审前羁押期间权利保障情况调查中，与外界交流并没有被列为一个考察因素。参见林莉红、邓刚宏：《审前羁押期间被羁押人权利状况调查报告》，《中国刑事法杂志》2009 年第 8 期，第 107 - 126 页。

③ 关于近亲属的理解一般是参照《刑事诉讼法》，即夫、妻、父、母、子、女、同胞兄弟姐妹。

④ G 省 D 市某看守所的管教民警指出，该看守所曾与公安分局会签内部文件，只要办案机关没有另行通知，在押犯罪嫌疑人、被告人就可以通信。与之形成对比的是，S 省 T 市看守所和 H 省 H 市看守所禁止在押人员与外界互相通信。

守所，收信的形式并无特别要求，但在押人员寄信的形式却受到一定限制，其中13.1%只允许寄出明信片，26.1%只允许使用平邮，60.8%允许使用特快专递和平邮。此外，一些看守所还创新了收信的形式，例如在 G 省 D 市某看守所，在押人员的亲友可以给他们写留言卡，费用 1 元，不需要经过邮政投递，送达更加及时；而在 G 省 G 市 H 区，会见接待区专门设置了在押人员信箱，其亲友可以直接将信件投递到该信箱，然后由管教民警转交。邮费原则上由在押人员或其通信对象支付，看守所没有为此提供经济帮助的义务。① 需要指出的是，笔者在 G 省 T 市、J 市 X 区、H 省 H 市 G 县、C 县看守所与管教民警座谈时，参会人员均反映很多在押人员不具备书写信件所需的文化水平，有时由他们代为书写。此外，在押人员书写信件也不具备便利条件，41.7%的看守所要求在押人员到管教办公室书写信件，另外 58.3%的看守所则让他们在监室内书写。至少在笔者实地参观的 9 家看守所，其监室内都没有设置供书写的桌椅。

2. 当面会见

按照现有规范，如果经办案机关和公安机关的同意，在押被追诉人也可以会见近亲属、监护人。《看守所条例》第二十八条规定了"公安机关同意"的要求。《看守所条例实施办法》第三十四条规定："人犯与其居住在境内的近亲属通信，须经办案机关同意，要求会见的须经县级以上公安机关或者国家安全机关的主管局、处长批准。"笔者所调研的 25 家看守所均禁止在押被追诉人与近亲属当面会见，大部分受访的管教民警无法回忆出曾有允许会见的先例。笔者在 S 省 A 县看守所调研时曾进入监室参观，注意到墙上张贴的在押人员权利义务告知书写明：未决犯有权按照法律规定与近亲属通信，留所服刑人员则有权依照法律规定与近亲属会见、通信。相应地，看守所中的亲属会见室也只供留所服刑的罪犯使用。

笔者到访的 9 家看守所都有亲属会见室，采用钢化玻璃隔离，以防止双方传递物品。除 G 省 G 市 H 区看守所的亲属会见室是单独的房间外，其他看守所的亲属会见区都是联排设置，可以安排多名在押人员同时会见。因留所服刑人员大幅减少，除 G 省 D 市某看守所外，其余看守所的亲属会见室已经很少使用。在这些看守所，虽然亲属会见室安装了内线电话供双方交流，但实际上亲属会见时都是直接与服刑人员交谈，不再通过电话进行，也就无法录音、监听，需要依靠管教民警现场监督。除了 G 省 D 市某看守所外，其余看守所亲属会见室均没有技术条件

---

① 不过，来自在 G 省 D 市某看守所管教民警表示，因为在押人员会被要求做一些简单的手工活，每个监室都有一些公共资金，如果其中有人需要邮票、书写材料，管教民警可以向其免费提供。

对会见内容进行实时监听并录音。

不过，在极其例外的情况下，经过严格的审批程序，也的确发生过安排在押被追诉人会见亲属的个案。例如，G 省 T 市看守所曾收押过一名患有精神病的故意杀人嫌犯，在等候精神病鉴定期间，看守所完全没有办法予以正常管理，后经请示分管领导，安排他的女儿前来会见，试图安抚他的情绪。不过，考虑到他当时的精神状态，亲属会见并没有达到安抚情绪的效果。又如，G 省 D 市某看守所一名在押被告人处在法庭审理阶段时，其亲属经常到法院"施压"并要求与之会见。迫于这一压力，经法院与公安机关协调，安排了他们与该被告人会见。关于未成年人案件中的"亲情会见"制度，笔者在 G 省 J 市 X 区以及 G 市 H 区看守所调研时，管教民警均反映没有遇到过单独安排与亲属会见，通常的做法是检察院前来提审时，一并将家属带至看守所。① 换言之，一些情况下为了工作便利，讯问时合适成年人在场与亲情会见制度被合并执行了。

3. 通话

《看守所条例》制定时间较早，故并没有涉及在押人员使用电话的问题。从合理解释的角度看，为顺应时代的发展趋势，通信应当包含通话的概念。在笔者调研的 25 家看守所中，只有 G 省 D 市某看守所因为留所服刑人员较多，安装了十几部专供留所服刑罪犯使用的电话。② 这些电话没有录音、监听的功能，通话时民警需在场监督。

例外情形下，在押被追诉人可以获准间接使用电话与亲友联系。如果遇到亲属病重等紧急情况，64% 的受访看守所表示允许在押人员在管教民警的监督下与亲属通话，但必须得到办案机关批准；36% 的看守所则表示绝对禁止在押被追诉人使用电话，无论是间接的还是直接的。不过，笔者没有充分的数据说明，究竟有多大比例的在押被追诉人曾经直接或间接地通过电话与亲友进行过交流。

为避免出现办案风险，通话由管教民警代为进行更为合适。例如，在 S 省 A 县看守所，在押人员如有急事，可以将消息写在纸条上，由管教通过电话代为通知其亲友；但是，在 G 省 J 市 X 区看守所、H 省 H 市 C 县看守所，按照内部管理程序，只有经过分管副所长同意后，才能由内勤拨打电话为在押人员转达信息。

---

① 根据《人民检察院办理未成年人刑事案件的规定》，案件进入审查起诉后，人民检察院可以安排未成年的犯罪嫌疑人与近亲属会见。这两家看守所的确关押了少量未成年犯罪嫌疑人、被告人。

② 笔者 2018 年 1 月份在该看守所调研时，了解到该所总羁押人数达到了 8000 多人，其中留所服刑罪犯有300 余人。

4. 单向视频会见

因为当面会见需要经过复杂的审批程序，除未成年人案件中的亲情会见外，实践中罕见。为了照顾在押被追诉人亲属的情绪，管教民警必须发挥其主观能动性，创造情感交流的条件。例如，笔者在 S 省 A 县看守所调研时了解到这样一个案例：某犯罪嫌疑人因涉嫌抢劫罪被羁押于该看守所，他由爷爷、奶奶抚养长大，二人均年事已高，得知孙子涉嫌犯罪后情绪非常激动，为照顾二人情绪，管教民警不仅安排他们通话，还拍摄了该嫌疑人的照片寄送给二位老人。

类似地，单向视频会见也是源于实践的创造性做法，目前已经写入《看守所执法细则（2013）》，并在一定范围内得到推广。所谓单向视频会见，就是一种亲属可以看到在押人员，而在押人员不能看到对方，双方不能通话的特殊交流方式。最早关于单向视频会见做法的报道来自宁夏，该自治区于 2009 年 11 月 1 日起实施阳光工程，在 51 个公安监管场所推行视频会见制度，允许在押犯罪嫌疑人与亲属单向视频会见。时任公安部监所管理局局长赵春光认为，这种做法解决了严防犯罪嫌疑人串供和亲属迫切想了解在押人员生活实况的矛盾。①

此后，公安部 2012 年出台了《看守所在押人员视频会见工作规范》，并于 2013 年修订《看守所执法细则》时增加了相关内容。根据《看守所执法细则（2013）》第三章第十二节的规定，患有较为严重疾病、羁押时间较长以及未成年的犯罪嫌疑人、被告人的近亲属、监护人可以提出申请，经所长批准后，可以安排他们到看守所进行单向视频会见。但是，涉及危害国家安全犯罪、恐怖活动犯罪、特别重大贿赂犯罪，严重扰乱监管秩序或外国籍的犯罪嫌疑人、被告人不予安排。单向视频会见每月安排不超过 1 次，每次会见不超过 5 分钟，不通知犯罪嫌疑人、被告人，由管教民警以谈话教育等形式进行。在笔者调研的 25 家看守所中，有 40% 可以安排单向视频会见。此外，全国范围内不少看守所已经开放了单向视频会见网上预约平台，在押被追诉人的近亲属可以通过网络提出申请。在单向视频过程中显然不存在互动交流。

5. 探视

《看守所条例》第二十九条规定："人犯的近亲属病重或者死亡时，应当及时通知人犯。人犯的配偶、父母或者子女病危时，除案情重大的以外，经办案机关同意，并经公安机关批准，在严格监护的条件下，允许人犯回家探视。"在笔者的

---

① 陈维松：《宁夏：在押犯罪嫌疑人将可通过视频会见亲属》，http：//www.china.com.cn/news/law/2009-10/23/content_ 18759470.htm，访问日期：2018 年 4 月 9 日。

调研中，没有管教民警能够回忆出近期曾安排过在押被追诉人离所探视。据媒体报道，重庆渝北区两路派出所曾与看守所协调，安排涉嫌贩毒被捕的在押人员出所与怀孕的女友领取结婚证，充分体现了人道主义关怀。[①]

上述情况表明，绝大多数在押被追诉人与亲友进行情感交流的唯一途径就是通信，还颇为不便，当面会见、通话很少适用，单向视频会见也不能进行互动交流，离所探视本身就只适用于极其例外的情况。至于电子邮件、即时通信软件等现代技术，则更加没有适用的空间。

（二）交流受到的限制

如前文所述，在我国刑事司法中，绝大部分在押被追诉人只能以通信的方式和亲友保持联系。因此，限制交流措施的适用对象也主要采用通信方式与外界交流。这些限制措施由看守所单方决定即可适用，不需要经过严格的审批程序，也无须说明具体理由。

1. 检查通信内容

在押被追诉人与亲友通信内容受到普遍检查，共通的审查标准是不可以涉及案情。根据《看守所条例》第三十一条、《看守所条例实施办法（试行）》第三十八条，如果看守所接受办案机关委托，可以对在押人员收发信件进行检查。发现可能有碍侦查、起诉、审判的，可以扣留并移送办案机关处理。如果未受办案机关委托，则一律交给办案机关处理。《看守所执法细则（2013）》中的规定与此一致，只是强调需要办案机关书面许可。在笔者调研的 25 家看守所中，只有 2 家看守所未接受办案机关委托对信件进行检查，信件一律交给办案机关处理，管教民警并不清楚是否投递。看守所代为检查的工作方式也有所区别，23 家看守所中有 13% 由内勤统一检查，另外 87% 由分管该监室的管教自行检查。23 家看守所共通的通信检查标准是一律不允许涉及案情，有 8 家明确表示如果发现信件有违规内容，管教不会告知在押人员，而是直接采取不予投递或划去违规内容等措施。在押被追诉人不能对审查结果提出异议，也不一定有机会修改违规的信件内容。可见，管教民警在信件审查方面享有极大的裁量权，且没有详细的工作程序可供参考。

据了解，G 省 D 市某看守所关押了近 200 名外籍犯罪嫌疑人、被告人，因为语言不通，如果他们希望通信，则一律交给办案机关处理。至于办案机关如何处理，

看守所方面并不清楚。考虑到看守所检查通信的权力源于办案机关委托，办案机关当然可以要求将个别在押被追诉人的信件交给其处理。对于管教民警而言，允许在押被追诉人通信最大的风险是他们可能通风报信、改变口供、干扰诉讼。对通信内容进行审查，不能完全消除这种风险。例如，笔者在 G 省 T 市和 J 市 X 县与管教民警座谈时，与会者提出犯罪嫌疑人、被告人可能会使用暗语、暗号进行交流，因此他们认为通信内容一定不能涉及案情。

2. 限制通信目的

调研情况表明，限制通信频率的做法并不常见，但部分地区对通信目的施加了额外要求。为便于管理，主要法治国家也会限制在押人员与亲友交流的频率和方式。在我国刑事司法中，绝大部分在押被追诉人只能以通信的方式和亲友保持联系，但实践中明确限制通信频率的做法却不常见，《看守所执法细则（2013）》也没有提及。

从 H 省 H 市辖区内 14 家看守所反馈的情况来看，虽然这些看守所允许在押被追诉人通信，但很少有在押人员写信，完全没有必要限制通信频率。与此不同，G省 4 家看守所的调研情况表明，在押人员通信频率较高，某种程度上已经给管教工作造成了负担。之所以出现这样一种地区差异，是因为 H 市看守所管理部门限定了在押被追诉人与外界通信的目的。笔者在 H 市 C 县、G 县看守所与管教民警座谈时了解到，他们认为在押犯罪嫌疑人、被告人与近亲属联系，主要是为了通知其汇款寄物，或代为聘请律师。C 县看守所所长表示："犯罪嫌疑人、被告人如果需要钱物，写信给亲属是可以的，我们也可以代为电话通知。但是，如果他们想写信说些其他事情，可能还是不合适的。"类似地，在 S 省 T 市某一看守所，只有当在押人员需要亲属汇款寄物时才获准寄出明信片。

3. 暂时禁止通信

作为一种交流方式，通信本身就不太便利，而即使是这种有限的交流手段，在特定情况下还会被暂时禁止。很多看守所原则上允许在押被追诉人与外界通信，根据《看守所条例》等规范，这种做法源于办案机关的事先许可，办案机关当然可以随时撤回这一许可，要求看守所禁止特定在押人员与外界的通信。同时，管教民警在检查通信内容方面享有极大裁量权，有权对个别在押人员的信件一律不予投递，办案机关还可以直接要求看守所将信件交给自己处理。因此，在我国的刑事司法中，如果办案机关基于侦查需要希望暂时禁止在押被追诉人与亲友通信，并不需要经过严格的申请审批程序，只需通过内部工作联系渠道即可实现。

暂时禁止通信还可以作为一项纪律惩戒措施使用。根据《看守所条例》第三十六条、《看守所条例实施办法（试行）》第四十七、四十八条，以及《看守所执法细则（2013）》第二章第五节、第三章第九节的规定，可以对严重违反监管规定的在押被追诉人处以禁闭，单独关押（或在普通监室）严管，禁闭期限为 1 至 10 日，最长不超过 15 日，严管期限一般为 1 个月，情节严重时可以达到 2 个月或者延长到整个羁押期间。禁闭期间不得通信，而严管将使其通信将受到限制。笔者调研的 25 家看守所均未设置禁闭室，不具备执行禁闭的条件；相关负责人同时表示，除非是被羁押人身患传染病，否则不会采取单独关押措施的。不过，考虑到管教民警负责检查通信且不需要说明理由，他们本来就可以根据在押人员的现实表现选择性地控制其通信，比如一段时间内不予投递信件，这实际上也构成暂时禁止通信。

上述分析表明，无论是限制通信目的还是暂时禁止通信，都可由看守所单方决定，被追诉人没有任何救济途径。至于通信检查，除了"不可涉及案情"的共通标准外，没有其他规则可供参考，被追诉人甚至不知道信件是否顺利投递。

二、权利保障存在的不足及其危害

调研情况表明，随着人权保障观念深入人心，实践中的做法已经超越现有规范，一些情况下在押被追诉人也可以获准与值得信赖的朋友联系，且手段不限于会见、通信等传统方式。在上述积极趋势之外，相关权利保障仍然存在诸多不足，并因无法满足在押人员与亲友交流的需求而产生一些现实危害。

（一）存在的主要不足

1. 交流形式单一

羁押期间，被追诉人与外界保持联系是其作为人的一项基本需求，有利于促进其身心健康，因而也是人的尊严的重要组成部分。在国际人权法中，与亲友交流权对实现人格尊严或人的完整性的重要意义已经得到普遍认可。主要法治国家普遍采取"权利模式"，允许在押被追诉人与亲友通过多种方式沟通情感，并为之提供便利条件。然而，前文的分析表明，在我国刑事司法中，绝大多数在押被追诉人与亲友直接联系的唯一方式就是通信，会见、通话几乎不可能，更不用说电子邮件、短信等便捷通信方式，完全不存在任何即时、互动的情感交流。应当说，目前在押被追诉人与亲友交流形式单一，缺乏及时性，交流不够充分且普遍受到限制，现有制度无法为在押被追诉人及其亲友提供有效的情感交流平台。

2. 限制措施过于严格

按照基本权利干预理论，在押被追诉人在人身自由受到限制的同时，并未同时失去作为公民的其他基本权利，除非法律另有规定。在主要法治国家，限制在押被追诉人与外界交流主要有三项正当依据，一是侦查需要，二是监管安全，三是公共安全，均需要满足特定条件、遵循既定程序。与之对比，我国限制在押被追诉人与亲友交流的做法不仅过于严格，而且非常随意：通信目的仅限于特定事项且被追诉人不享有重写、申诉等救济权利。在此背景下，在押被追诉人与亲友交流的权利属性受到抑制，本已非常有限的交流手段的实际效果进一步降低。

3. 执法标准不统一

在押被追诉人名义上可以与近亲属（有时包括朋友）会见、通信、单向视频会见，但当面会见、单向视频会见都需要经过领导审批，实践中几乎不太适用。受保障人权观念的影响，经济发达的沿海省份允许在押被追诉人和亲友以通信的方式沟通感情，但一些内陆省份却禁止其互相通信，或者将通信目的严格限制为要求汇款寄物。然而，对于黄光裕这样具有较高社会地位的人来说，其在看守所羁押期间甚至还可以签署文件，指挥上市公司的日常运营。①

（二）可能的危害

在一项针对 1918 名监狱服刑人员的调查中，71% 的被调查者（有效回答 1899份）表示曾经通过监狱内部通信设施与外界联系，84% 的被调查者（有效回答1843 份）表示偶尔想过或非常期待亲属前来探望。对监狱服刑人员的调查表明，他们非常希望见到家人并与之保持联系。② 这说明，监狱服刑人员非常需要和亲友保持联系。至于看守所在押人员与亲友交流的需求，尚没有类似的调研成果公开发表。按照常理来说，在押被追诉人也处于封闭的羁押环境，也应该具有相同的交流需求。现状表明，既有的权利保障机制不能满足在押被追诉人与亲友交流的现实需求，可能导致多重危害。

1. 增加侵权虐待事件风险

联合国关于酷刑问题的特别报告员在其提交的报告中指出，酷刑"最经常发生在被断绝对外联络的羁押期间"，并且建议将断绝对外联系的羁押定性为"非法羁押"。③ 有研究者指出："在押人员的近亲属是在押人员的直接利益相关者，是最为关心在押人员合法权利的群体，如果在押人员受到非法行为侵害，其家属具有

---

① 庄胜春：《黄光裕看守所内签署公司文件 特权还是应得权利》，http：//www. chinanews. com/fz/2010/10 - 02/2568473. shtml，访问日期：2018 年 8 月 30 日。

② 冀祥德、沈明云：《中国改造罪犯模式之转型——兼论改造犯罪的中国模式》，方志出版社 2014 年版，第 165 - 167 页。

③ Report of Special Rapporteur in the question of torture, UN doc. E/CN. 4/1995/34, para. 926 (d).

最大不满与保护欲望。"① 如果在押人员受到了不人道的对待，亲友可以帮助其进行申诉、控告。而这一外部救济渠道，一般更易引起社会舆论、有关部门的重视。因为外界知晓在押被追诉人遭受酷刑或其他不人道待遇后，将使侦查机关和羁押机构面临巨大社会和舆论压力。相反，若这一交流途径不畅，那么对羁押场所的外部监督就打了折扣，更易发生侵权虐待事件。正如有研究者所指出的，亲属会见权受限损害了被羁押者的救济权利。②

２. 加剧在押人员情绪波动

在押被追诉人不适应羁押环境的同时，还面临着不确定的诉讼结果，难免会经历复杂的情绪波动。管理情绪不稳定的在押人员，对于监管机构来说是一个巨大的挑战。高度紧张、焦虑的在押人员，不仅可能自伤、自残，还极易与他人发生冲突。特别是审前羁押场所不一定具备组织劳动生产的条件，在押人员绝大多数时间都处于"枯坐"状态，整日无所事事，精力无处发散，更加容易与他人发生口角甚至打斗。国外有研究表明，与外界联系特别是接受会见，能够减少被羁押人的紧张情绪，从而有利于维持监狱和看守所的秩序。相反，与亲友交流不畅的现状，将进一步加剧在押人员情绪的不稳定性，从而增加监管难度。③

３. 阻碍在押人员回归社会

极度有限的交流手段和在押被追诉人强烈的交流需求间存在着直接矛盾，这不仅会损害在押被追诉人及其亲友的情感，破坏其家庭社会关系，还会带来一些现实损害。因为与亲友交流不畅，被追诉人受到羁押后难以安排子女教育等重要家庭事项，其正在进行的商业活动或科研创作也不得不中止，并因此遭受经济损失。从更长远的角度来看，大多数在押被追诉人仍有较为稳定的家庭社会关系，其被释放后本可以在亲友的帮助下顺利回归社会，但长期没有情感交流的事实将削弱其家庭社会关系，而人际交往的本能需求将使他们与其他在押人员深入交流。在此过程中，没有前科劣迹的在押人员逐渐脱离正常的家庭社会关系，转而融入羁押场所的亚文化，甚至与一些惯犯、累犯建立"友谊"。本可以教育挽救的对象，很可能就这样转变为社会不稳定因素。对个人权利的漠视，最终将影响到社

---

① 高一飞等：《看守所观察与研究》，中国民主法制出版社 2015 版，第 161 页。
② 郭菲：《从监管角度审视刑事诉讼中被羁押人员的权利保障》，《法治研究》2013 年第 7 期，第 52 页。
③ 需要注意的是，与亲友交流的情绪稳定作用并不是普遍的，在某些场合，在押被追诉人从外界了解到特定的信息，反而会使得其更加激动，对此，监管机构在日常管理中应当加以甄别。

会公共利益。

4. 导致监管人员司法腐败

区别对待在押人员的做法，明显有悖于公民在法律面前一律平等的宪法原则，还可能导致司法腐败。究竟如何管理在押被追诉人与亲友的交流，没有程序性规范可供参考，主要取决于分管领导的意志。同时，管教民警享有的裁量权不受限制，其不仅能够控制在押被追诉人的通信，有时还可以就特定事项帮助在押被追诉人与亲友通话。被羁押人多大程度上能够与亲友保持联系，完全取决于管教民警的意愿。与管教民警建立良好的关系，能够帮助在押被追诉人行使与亲友交流权。反之，如果得罪了管教民警，在押人员与外界联系将更加困难。在押被追诉人与外界交流的渠道被管教民警完全控制，这种不受限制的裁量权有时会滋生腐败。司法实践中，有不少看守所管教民警（协警）因帮助在押人员通风报信而遭受行政处罚。[1]

5. 诱发律师违规执业

亲属与在押被追诉人交流以信件为主，投递缓慢且内容受到普遍检查，对于文化水平较低的人来说，也很难利用这一交流手段。在此背景下，辩护律师常常会被要求担任被追诉人及其亲属间的"信使"，为他们传递信息。因为绝大多数被追诉人需要依靠亲属为其委托辩护人，律师费基本都是由被追诉人亲属支付，面对这样的请求，接受委托的辩护律师很难拒绝。然而，《律师执业管理办法》第三十九条列举了律师执业过程中的禁止行为，该条第（一）项规定的情形是：会见在押犯罪嫌疑人、被告人时，违反有关规定，携带犯罪嫌疑人、被告人的近亲属或者其他利害关系人会见，将通信工具提供给在押犯罪嫌疑人、被告人使用，或者传递物品、文件。按照《律师协会会员违规行为处分规则（试行）》第三十五条的规定，律师可能因此面临中止会员资格六个月以上一年以下的纪律处分，情节严重的还会被取消会员资格。如果情节特别严重，违规律师还有可能会遭受行政或刑事处罚。[2]

---

① 司法实践中这样的个案很多。参见苏定伟：《给嫌犯通风报信　看守所协警被开除》，《华西都市报》2010年1月4日，第16版；刘少利：《为犯人通风报信开脱罪名　登封一看守所民警领刑》，《郑州晚报》2014年12月31日，第D6版。

② 常见的违规行为包括携带家属会见、将手机给在押人员使用、传递信件、文件等。可以参见以下由司法部网站公开的处罚或惩戒决定书：参见三亚市司法局行政处罚决定书，三司罚决字2017第2号；海南省司法厅行政处罚决定书，琼司律罚决字2017第1号；苏州市律师协会决定书，苏律2017惩字第1号、苏律2017惩字第2号；上海市闵行区司法局行政处罚决定书，沪闵罚决字2017第1号。

三、在押人员与亲友交流权存在问题的原因分析

调研反映，在押被追诉人与亲友交流权未能得到充分保障，并由此延伸出一系列问题。采取"特许模式"的看守所管理规范仅是表象，究其根本，落后的执法观念是决定性因素，欠缺的配套设施和机制是无法回避的客观条件。

（一）执法观念相对落后

对于部分看守所管理人员来说，在押被追诉人与亲友进行情感交流根本就不是一项必须满足的基本需求，因而才会有将通信目的限定为要求汇款寄物的做法。在我国刑事司法中，被追诉人遭受羁押后，其各项基本权利将同时受到限制。研究表明，我国刑事被追诉人在行使多项基本权利时都会遭遇歧视和不公正对待，不人道和有辱人格的待遇较为普遍。[①] 基本权利尚且如此，由其衍生出来的与亲友交流权也不会例外。根据《看守所条例》第二十八条等规范，在押被追诉人与近亲属会见、通信都需要经过办案机关和公安机关的事先批准，并不是一项当然的权利，属于一种"特许模式"。在形式上，拘捕决定本身就已经授权看守所根据办案和监管需要限制被追诉人与外界的交流。这就是为什么拘留、逮捕决定书不需要额外附加限制对外交流的条件，看守所就可以禁止在押被追诉人与律师以外的其他对象的一切交流，且不需要说明理由，也没有明确的期限。

阻碍我国充分保障在押被追诉人与亲友交流权的另一个重要因素是，办案人员和监管人员过度放大了在押被追诉人干扰诉讼的抽象风险，完全不区分个案的差异。在 H 省 H 市 C 县、G 县，G 省 T 市、J 市 X 区看守所，笔者与管教民警分别进行了四场座谈会，与会人员均表示，被追诉人与亲友通信绝对不能涉及案情，因为这样会存在串供、威胁证人、隐匿毁灭证据的风险，通信双方可能会使用暗语、暗号。在管教民警看来，在押被追诉人都有干扰诉讼的危险，并且具备使用难以破解的暗语、暗号的能力。受此观念影响，在押被追诉人与亲友的交流形式限于通信这种延时交流方式，而不能当面会见或是通话，这是因为即时交流更难审查和控制。更为极端的例子是，即使双方不能交谈，公安机关也仅允许单向视频会见，亲属可以看见在押人员，但在押人员无法看到其亲属。据了解，这样安排是为了避免双方通过手势、暗号交流。这说明管教民警普遍不相信干扰诉讼的风险可以通过对交流内容审查予以控制，在他们看来，所有在押人员都有可能使用暗语、暗号。即使是被追诉人已经认罪认罚，或是案件本身证据确凿，他们也

---

① 孙长永等：《犯罪嫌疑人的权利保障研究》，法律出版社 2011 版，第 68－76 页。

不能与亲友会见，无法与外界通话。因为从理论上讲，这些在押被追诉人仍然有可能串供或是毁灭证据。

正是因为办案人员和监管人员普遍存在"严加防范"的观念，在押被追诉人与亲友的联系才会被降至最低程度，以致无法进行情感交流。应当认识到，目前管理看守所的公安机关同时负责绝大多数刑事案件的侦办，这种侦押合一的机制是监管人员漠视在押人员基本权利的根源。不过，积极的趋势是，至少在未成年人的案件中，与亲友交流权的积极作用已经得到普遍认可。①

（二）保障机制欠缺

很多看守所的警力维持监管安全已经非常勉强，无法兼顾与亲友交流权的保障。目前通信审查主要由管教民警执行，44%的受访看守所表示审查信件给他们造成了较大的工作负担。律师会见时，看守所需要安排民警将在押人员从监室押送到会见区域，还需要安排人员在窗口接待、在会见区域维持秩序。如果今后允许亲属会见，并设置可供在押人员使用的电话，相关保障工作将进一步占用警力。据笔者了解，G省的4家看守所民警人数严重不足，最高警押比也未能达到1：10。因此，这些看守所同时聘请了大量辅助人员参与日常管理。就现有条件而言，充分保障在押被追诉人的与亲友交流权将给其带来无法承受的工作负担。

此外，看守所管教民警不一定具备管理羁押场所所需的背景知识，如监狱学、心理学等，他们中很多之前在一线执法部门工作，因为各种情形才被调至看守所。笔者在G省J市X区看守所调研时，该所所长指出，不少管教民警是因为不能胜任原岗位才来看守所工作，本身就不太好管理，至于大量聘请辅助人员完全是迫不得已，这部分辅助人员不能承担敏感性工作。实际上，监管人员缺乏专业性只是看守所管理专业化不足的表现之一。专业化的一个必然要求是制定细致的操作规程，但看守所目前没有详细的程序规范可供参考，管教民警裁量权不受制约，一些事项经常需要领导批示或报上级审批，这才使得保障与亲友交流权执法标准不统一。

（三）配套设施简陋

应当认识到，与发达国家相比，我国看守所的羁押条件仍存在较大差距。在笔者实地到访的9家看守所中，只有2家实现了床位制度，至少有4家面临羁押人数超过设计容量的问题。特别是在G省D市某看守所，每一个监室关押人数达到

---

① 例如，浙江省海宁市的一名检察官表示：事实证明，亲情会见能够安抚未成年犯罪嫌疑人的情绪，有利于诉讼程序的顺利进行，也有利于对其更好地教育挽救。参见黄爱丽：《海宁市检察院试水未成年嫌犯"亲情会见"制度》，http：//www.zjjcy.gov.cn/art/2016/10/24/art_33_26218.html，访问日期：2018年4月9日。

了 40~50 人。这些看守所的月伙食标准目前为 230~280 元之间，勉强能够满足在押人员日常需求。因样本有限，并不能代表全国的总体情况，但至少反映出部分看守所在满足在押人员物质需求方面已经捉襟见肘，更不用说对外交流等精神方面的需求，这就不难理解为什么看守所的对外通信设施相对简陋。

允许在押被追诉人通过多种方式与外界保持联系的一个前提条件是，其与外界交流可能导致的风险可以通过技术手段予以控制，这就要求羁押场所提供相应的场所、设备。从调研的情况看，很多看守所并不具备这样的条件。在笔者到访的 9 家看守所中，只有 G 省 D 市某看守所的亲属会见室具有监听、录音的功能，其他看守所的亲属会见室已经不太使用，通信设备年久失修；也只有 G 省 D 市某看守所安装了供在押人员使用的电话，但该电话系统不能录音、计时，需要管教民警现场监督，另外 8 家看守所则根本没有安装可以供在押人员使用的电话。

四、保障在押被追诉人与亲友交流权保障的建议

充分保障在押被追诉人的与亲友交流权，必须确立一个基本观念：被追诉人受到羁押后，仍然享有自由之外的其他基本权利，拘捕决定本身不能成为限制其与外界交流的依据。但从各方面条件来看，让公安司法人员完全接受上述观念比较困难。一方面，我国刑事被追诉人在行使多项基本权利时都会遭遇歧视和不公正对待，不人道和有辱人格的待遇较为普遍，与亲友交流权这种精神性权利更加得不到尊重，相关部门也没有强烈的愿望进一步改善羁押场所生活条件；另一方面，侦查机关已经习惯于通过连续高压审讯来获取口供，不希望受到外界干扰，更不希望存在任何干扰诉讼的风险。

调研表明，在押被追诉人及其亲友具有互相交流的强烈愿望，部分看守所管理人员已经承认和尊重此项需求。对于办案人员和看守所管理者来说，其主要需求是防止干扰诉讼的风险。在现有规范框架内，经与主管公安机关协调，很多看守所原则上允许在押被追诉人与外界通信，不需要办案机关的特别批准。顺应这一积极趋势，并综合考虑现实困难，笔者拟就加强被追诉人与亲友交流权保障提出如下阶段性建议。

（一）完善相关规范

1. 确认在押被追诉人的与亲友交流权

虽然《看守所法（公开征求意见稿）》未能改变看守所由公安机关主管的管理体制，但相较于《看守所条例》来说，一些条款已经取得明显突破，笔者对此持欢迎态度。《看守所法（公开征求意见稿）》第九十一条规定："犯罪嫌疑人、被告

人可以与近亲属、监护人会见、通信。会见可以当面进行，也可以通过视频进行。案件在侦查阶段的犯罪嫌疑人与近亲属、监护人会见、通信，以及外国籍、少数民族或者聋哑犯罪嫌疑人会见时需要翻译人员在场的，应当经案件主管机关许可，案件主管机关视情况派员在场。"同时，《看守所法（公开征求意见稿）》第九十二条授权看守所暂时停止严重违反监管规定的犯罪嫌疑人、被告人的会见、通信。如按此执行，一般情形下，犯罪嫌疑人、被告人自案件移送审查起诉之日起就可以同近亲属、监护人会见、通信，而不需要经过办案机关许可。这已经非常接近"权利模式"，与《看守所条例》下的"特许模式"相比有了很大进步。

《看守所法（公开征求意见稿）》第九十一条存在的主要问题是以阶段划分是否需要经过办案机关许可过于绝对，一些案件可能侦查阶段就不存在干扰诉讼的风险，另一些案件可能到了审查起诉阶段仍有限制对外交流的必要。将交流的对象限定为近亲属、监护人过于狭窄，应当包括值得信赖的朋友。仅仅因为会见需要翻译，就予以区别对待，要求获得案件主管机关许可，有歧视之嫌，完全可以通过程序细则另行规定。建议将该条第一款调整为："犯罪嫌疑人、被告人有权与亲属、监护人和值得信赖的朋友会见、通信。会见可以当面进行，也可以通过视频进行。"同时增加第三款"本法另有规定指的是看守所可以基于监管秩序的需要，暂时禁止在押人员的会见、通信"，这样体例上更为合理。相应地，可以直接删去第九十二条，在"奖惩"部分规定具体后果。具体执行时，应当参照《刑事诉讼法》第七十一条授权办案机关根据案件情况责令被告人不得从事特定活动的规定，由拘留、逮捕审批主体在作出拘捕决定的同时，附加限制会见、通信的要求，并赋予被追诉人及其律师申请解除的权利。落实这一制度安排，需要在制定"看守所法"后，修改《刑事诉讼法》中关于拘留、逮捕的规定，短期内可能无法实现，目前可以通过公、检、法、司会签解释性文件的办法予以规定。具体可以参考如下内容：

在押犯罪嫌疑人、被告人有权与亲属、监护人和值得信赖的朋友会见、通信，公安机关、人民检察院、人民法院在办理刑事案件过程中应当予以充分保障。公安机关、人民检察院在作出拘留决定时，可以附加禁止犯罪嫌疑人与他人会见、通信的条件，但原则上不应完全禁止其与近亲属通信；人民检察院、人民法院在批准或决定逮捕犯罪嫌疑人、被告人时，可以附加禁止犯罪嫌疑人、被告人与他人会见、通信的条件，但原则上不应完全禁止其与近亲属会见、通信。犯罪嫌疑人、被告人可以向作出决定的单位提出复议，要求变更、解除禁止会见、通信措施。羁押时间超过三个月的，如需要继续禁止其与近亲属会见、通信的，应当经省级人民检察院批准。

毫无疑问，改变公安司法人员相对落后的执法观念需要时间。积极的趋势是，我们已经看到在未成年人刑事案件中，亲情会见制度的价值得到普遍认可。通过立法对在押被追诉人的与亲友交流权予以确认，可以在更普遍的意义上推动保障与亲友交流权的共识形成。

2. 制定操作性程序细则

为了避免执法标准不一，防止管教民警滥用裁量权，应当就在押被追诉人与外界交流的问题上制定专门的程序细则。在规范体例上，考虑到我国幅员辽阔、地区差异较大的现实，可以采取如下模式：公安部制定指导性规范，以部门规章的形式发布并定期修改完善；各地公安机关可以根据该指导细则，结合本地实际情况，制定更为全面的程序细则，但其权利保障程度不应低于公安部的指导性规范。相关细则均应当公开，以保障公众能够知晓如何同在押被追诉人保持联系。必要的时候，可以在相关网站或建立专门的网站予以公开。

关于在押被追诉人与亲友的交流，至少应当包含以下内容：列举交流方式，至少包括当面会见、视频会见、通信、通话，其中通信应当包含邮政特快专递；拘捕后通知家属的方式，除非拘留、逮捕决定另有说明，看守所应当以电话的方式将拘捕情况告知在押被追诉人指定的家属，条件允许时，可以由在押被追诉人自行通知，更换羁押场所时应当另行告知；确认亲友身份的程序，例如填写信息审核表，亲自到看守所提交身份证明等；交流内容的限制，例如不能讨论具体案件；通信检查、会见、通话监听的规则，以及所获材料的处理；交流的语言，在押被追诉人可以用本民族语言或本国语言同亲友交流，但应当自行承担翻译费用；① 作为惩戒手段的单独关押、禁闭以及禁止会见、通信措施，原则上不应当超过 15 日；会见、通话的程序和规则等。

（二）健全保障机制

权利的落实离不开有效的保障机制，在此方面，实务工作者具有无穷的创造力，既需要鼓励，也应当加以引导。

1. 推广和发展留言卡制度

在押被追诉人与亲友交流的主要问题是缺乏情感互动的渠道，受限于看守所设施和人力，推广亲友会见、通话尚需时间，上述问题暂时难以解决。目前相对

---

① 可以同时增设例外情形，如在押被追诉人较长时间没有与亲属联系，或是家中发生重大变故时，可由看守所或办案机关承担翻译费用。

有效的做法是为通信提供便利。不知道通信地址以及信件投递导致的延误，都会阻碍在押被追诉人及其亲友保持联系，可以考虑借鉴实践中的做法，推广留言卡制度。具体操作方式是，亲友到看守所办理身份确认手续，说明与在押被追诉人的关系后，可以选择寄送留言卡。该留言卡不经邮寄，经检查后直接送达给在押人员，可收取一定费用。留言卡可采取明信片的形式，这样有利于减少内容检查的工作量。在留言卡中，亲友可以提供自己的通信地址和电话号码。这种安排，有利于在押被追诉人与亲友保持联系。在押被追诉人收到留言卡后，可以选择以信件或留言卡的方式回复。如果选择前者，那么就按照寄信的程序处理。如果选择后者，则需要自行支付一定的费用，看守所工作人员对回复卡片进行检查后，可以电话告知收件人前往看守所领取。条件允许的看守所，可以将文字内容编辑成短信，由电脑系统发送，全程留痕以备之后审查。看守所会见大厅应当张贴关于留言卡制度的说明，确保公众知晓。

留言卡是延时而可控的，便于看守所进行内容检查，更易被公安司法人员所接受，也的确能够帮助在押被追诉人就聘请律师、告知通信地址等重要事项与亲友进行交流。不过，留言卡对于弥补在押被追诉人与亲友情感互动缺失的作用比较有限，只是当前的一种折中措施。考虑到被追诉人受到羁押后聘请律师需要依靠亲友的帮助，留言卡制度有利于帮助在押被追诉人及时获得律师帮助。但从长远来看，如果经过实践探索，逐渐实现留言卡的电子化、网络化，类似于国外的监所短信或邮件，那将是一项制度创新。

2. 建立科学的风险防范制度

充分保障在押被追诉人的与亲友交流权，离不开有效的风险防范机制。如果针对保障会见权而采取的管理措施和监控办法适当，会见所带来的不利影响也是完全可以避免的。制约我国在押被追诉人行使与亲友交流权的一个重要因素便是，办案机关和看守所均没有信心和能力防范相关风险，进而采取一刀切的隔绝羁押做法。为了改变这一现状，至少应当从两个方面建立风险防范机制。

一是实现风险等级评估和分类管理。不同的在押人员对办案需要和监管安全的危险程度有所不同，并随着羁押的持续而发生相应的变化。因此，有必要设计和发展出一套行之有效的机制，对入所人员进行评估，并根据评估结果确定其在一定时期内的对外联系方式、对象、频率等。考虑到监管人员不了解案情，如果办案机关需要对在押人员的对外交流施加额外限制，应当根据事先制定的规范向有权机关提出申请（通常是人民检察院）。

二是加强专业化建设。如前文所述，看守所民警数量普遍不足，保障监管安全本已捉襟见肘，更不要说是落实对外交流权。因而，实现专业化的前提条件是增加看守所管教民警的数量。在此基础上，应当通过培训在管教民警中普及矫正学、司法心理学等专门知识。关于会见、通信等交流内容的审查，应当交由专人进行，避免裁量标准不一。对于可能发生的风险，应当按照事先规定的程序，向有权主体报告并予以适当处理。

（三）加强设施建设

实际上，我国已经是世界第二大经济体，并非缺乏相应的财政实力和技术条件，只是相比于监狱来说，看守所的建设已经相对落后。作为比较，笔者实地考察了 J 省 N 市某监狱，以了解监狱的通信设施情况。[①] 笔者注意到，该监狱的每一个监区均设置了 4 部电话供服刑人员使用，每个监区大约有 120 人。这些电话由电脑系统控制，只能拨打事先经过审核的电话号码，通话时长为 8 分钟，并且会实时录音备份。具体审核方式是：服刑人员入监后需要提出书面申请，填写联系人电话号码、与其的关系，由监狱民警电话核实后将该号码加入亲情电话系统，此后服刑人员可以按照不同监管等级享受每月 1～3 次的亲情通话。该监狱的家属会见区安装了隔离玻璃，环绕长方形的会见区共有 30 个会见窗口，双方通过内线电话交流。该内线电话同样由电脑系统控制，自动计时，并可以实施监听、录音。据狱政科民警介绍，他们会安排人员听取所有录音并形成简要记录。另外，为满足外籍服刑人员与亲属交流的需要，该监狱还在调研设置电子邮件系统的可行性。在笔者看来，该监狱的通信设施与主要法治国家相比也没有明显的差距。眼下的问题是，如何借鉴监狱系统已经成熟的经验，分批次改造看守所的通信交流设施。

1. 安装供在押人员使用的电话

理想状态下，供在押人员使用的电话应当由电脑系统控制，只能拨打事先经过审核的号码，可以进行监听、录音，并可以随时由监管人员挂断，如果条件允许，还可以加装语音识别、关键词自动报警等功能。据笔者了解，上述要求在技术上均没有任何困难，只是看守所管理部门不一定能够承担相应的费用。按照人权标准一元化的要求，今后看守所安装的电话系统至少不应低于监狱的标准。

具体实施需要分步进行，逐渐推进。第一阶段是安装供在押被追诉人与律师交流的电话，应当集中设置在办公场所，可以是不具备录音功能的普通电话，但电话的接听、拨打均由管教民警操作，律师通话前应当前往看守所办理号码确认

---

① 该监狱投入使用已经超过 20 年，羁押人数在 2600 上下，民警数量达到了 400 余人，警囚比超过 0.15，周边地区的外籍服刑人员均在此关押。据 J 省监狱管理局同志介绍，该监狱设施、条件属于中等。

手续。第二阶段是安装供在押被追诉人与亲友交流的电话，仍应当集中设置在办公场所，应当具备录音功能，如没有电脑系统控制，则电话的接听、拨打均由管教民警操作，管教民警应当现场监督，通话对象应当前往看守所办理身份确认手续，电话录音应当制作成内容摘要备查。第三阶段是参照监狱的标准，在监室安装由电脑系统控制、可以识别号码并自动录音保存的电话。

2. 改善会见场所条件

如果《看守所法（公开征求意见稿）》相关内容正式成为立法，前往看守所申请会见的亲属数量必然迅速增加，现有的亲属会见室就不能满足实际需求。应当维修或更新亲属会见室的内线电话，至少保证其具有录音、监听功能。条件允许的，还应当将亲属会见室尽量布置得更为温馨，减少羁押场所的负面色彩。当面会见需要提解在押人员，将占用大量警力，还容易导致安全事故，对于较大的看守所来说尤其如此。这些看守所可以引进视频会见设备，让在押被追诉人不离开本监区便可通过视频系统与亲属面对面交流，省去了提解人员带来的麻烦。

结语

坚持人民主体地位是全面依法治国的力量源泉，法治建设要为了人民、依靠人民、造福人民、保护人民。绝大多数因涉嫌犯罪而遭受羁押的公民，依然属于人民的范畴，其依据《中华人民共和国宪法》所享有的基本权利和自由仍应当受到全面保护。尤其应当认识到，当他们重返社会时，先前对刑事司法系统的感受与经历，将在很大程度上影响其今后对社会的态度及人生选择。

国务院新闻办于2016年发布了《中国司法领域人权保障的新进展》，其中专门介绍了我国在保障被羁押人合法权利方面所做的努力。从这份白皮书的内容来看，监狱、看守所的羁押环境、伙食、医疗等方面条件已经取得较大发展，被羁押人员基本物质需求得到较为充分的保障。此外，在押人员的精神需求逐渐受到重视，如看守所普遍设立被羁押人心理咨询室，实现留所服刑罪犯互联网双向视频会见等。按此趋势，在不久的将来，政策制定者必然会认识到，在押被追诉人作为人的各项基本需求，不论是物质的还是精神的，都应当得到满足，其中当然包括与亲友保持联系。从长远来看，落实在押被追诉人的与亲友交流权是提升司法人权保障水平的应有之义。更为彻底的立法改革应该是在制定"看守所法"时，以"对外交流"的概念取代"会见、通信"，并赋予在押人员对停止对外交流的管理决定向司法机关申请救济的权利。

总的来说，我国未决羁押者是一个庞大的群体，如何有效地保障他们的对外交流权，不仅关系到刑事诉讼能否以公众可以接受的方式（正当程序）进行以及刑事诉讼本身的效率，也关系到公权力支配下的普通民众的个体尊严和社会整体的文明程度，值得在全面建成小康社会和实现中华民族伟大复兴的大背景下持续予以关注和研究。

我们建议将《看守所法（公开征求意见稿）》第九十一条修改为：

犯罪嫌疑人、被告人有权与亲属、监护人和值得信赖的朋友会见、通信。会见可以当面进行，也可以通过视频进行。本法或《中华人民共和国刑事诉讼法》另有规定的除外。

本法另有规定指的是，看守所可以基于监管秩序的需要，暂时禁止在押人员的会见、通信。

第十三章
看守所被羁押人控告申诉处理机制

在实践中，公安监所管理部门揭开看守所的"神秘面纱"，推行监所的适度公开，接受社会各界的监督，欲借"公开"之名探索监所管理创新，防止被羁押人的权利遭受侵害，《努力实现公安监管场所主动全程长期公开》①《罪犯家属走进监狱参与执法监督》②《知名法学家"零距离"接触看守所》③等报道频频见诸媒体。在学界，陈卫东教授从事了题为"看守所法律法规改革与完善"的专项研究。中国人民大学诉讼制度与司法改革研究中心课题组与吉林省辽源市人民检察院合作开展羁押巡视制度试点工作。自 2010 年以来，课题组在安徽芜湖等部分看守所开展"看守所投诉处理机制项目"试点工作，研究初见成效。至 2012 年 8 月，投诉处理机制二期项目启动会在芜湖市召开，试点范围扩大到三个省份共四个地方，包括宁夏吴忠市、浙江宁波北仑区及安徽芜湖市的无为县、南陵县。

"看守所投诉处理机制项目"试点工作进行了一系列的制度创新：第一，丰富了被羁押人的投诉渠道，如律师或亲属代为投诉、呼叫器、约谈机制、投诉信箱等；第二，明确了投诉的接受主体，使得不同类型的投诉能够得到不同主体的解决，体现了层次性；第三，规定了投诉处理主体的调查方式，包括调取、查询、询问等非强制手段；第四，在一定条件下可开展听证活动，体现了公开性、参与性的程序理念；第五，规定投诉处理不得超过 15 个工作日，体现了及时性原则；第六，赋予投诉者上诉的权利，使得被羁押人获得进一步救济的途径。试点工作还大胆借用了国外的成功经验，设立了投诉处理委员会，委员会的成员吸收了司法机关以外的人员，他们的参与体现了投诉处理主体的中立性，使法律监督者亦

---

① 邹伟、周英峰：《努力实现公安监管场所主动全程长期公开》，http://www.gov.cn/jrzg/2010 - 05/14/content_ 1606437. htm，访问日期：2013 年 7 月 3 日。
② 张淑云、侯艳华：《罪犯家属走进监狱参与执法监督》，《北方法制报》2007 年 9 月 11 日，第 A06 版。
③ 李娜：《知名法学家"零距离"接触看守所》，《法制日报》2010 年 11 月 10 日，第 5 版。

受到监督。①

经过一系列的探索实践，试点工作已初见成效：自机制运行以来，截至 2012 年 10 月 8 日，安徽芜湖共接到被羁押人投诉 60 起，其中对被羁押人投诉 52 起，对管教民警投诉 8 起，被羁押人违反监规纪律次数环比下降 3.2%。② 截至 2013 年 4 月，宁夏已受理各类投诉案件 76 件，与 2012 年的总数 17 件相比，同比上升 347.06%。③ 党的十八大以来，人民检察院对受理申诉或办案中发现的"张氏叔侄强奸杀人案""沈六斤故意杀人案""卢荣新强奸杀人案""李松故意杀人案"等 18 起重大冤错案件及时提出抗诉或再审检察建议。④ 2020 年，检察机关创新落实巡回检察制度，河南检察机关在交叉巡回检察中发现某监狱监管秩序一度混乱，对 7 名监管人员立案侦查，同时严肃追究 6 名派驻检察人员相应责任；全国检察机关监督纠正减刑、假释、暂予监外执行不当 5.1 万人次，同比上升 33%。⑤ 但其中也存在一些问题需要进一步研究和完善：投诉处理委员会职责主要是咨询性质的，即对投诉案件的处理结果提出参考意见，并不能做出具有法律效力的决定，其职能有待增强；监所检察监督的法定手段、法定程序缺乏，影响作为其组成部分的投诉处理工作的开展，监所检察监督的作用应进一步发挥。

被羁押人控告申诉处理机制⑥的构建具有重要意义。片面地追求惩罚犯罪而忽视人权保障是有悖刑事诉讼法目的的，而在刑事诉讼过程中，最需要予以保障的人权无疑是被追诉者的人权，由于处于弱势一方，其权利最易被侵害；而在被追诉者人权中，最需要予以呵护的是被羁押人人权，因为其人身自由已被剥夺，权利呈脆弱运行状态。对于被羁押人而言，明确其享有的权利并采取措施防止其被侵害固然十分重要，而一旦其权利已遭受侵犯，赋予其有效的救济渠道则是弥补权利损害的最后机遇。在我国，一方面被羁押人控告申诉权的立法尚不完善，另一方面被羁押人权利实现的情况还不理想，因此，对被羁押人控告申诉处理机制

① 陈卫东、孙皓：《构建中国式在押人员投诉处理机制》，《中国检察官》2013 年第 7 期，第 4 页。
② 关清、王海根：《芜湖：在押人员投诉机制推进看守所规范化建设》，《人民公安报》2012 年 10 月 8 日，第 5 版。
③ 李松川、李树国：《完善看守所在押人员投诉处理机制之我见》，《中国检察官》2013 年第 7 期，第 8 页。
④ 曹建明：《最高人民检察院工作报告——2018 年 3 月 9 日在第十三届全国人民代表大会第一次会议上》，《人民日报》2018 年 3 月 26 日，第 3 版。
⑤ 张军：《最高人民检察院工作报告——二〇二一年三月八日在第十三届全国人民代表大会第四次会议上》，《人民日报》2021 年 3 月 16 日，第 3 版。
⑥ 一些学者使用的是"投诉"一词，并将被羁押人权利救济制度设计命名为"看守所投诉处理机制"，严格来说，投诉的外延更加广，能包涵"控告""申诉""检举"等词的应有之义。我国的《刑事诉讼法》和与看守所设置、管理相关的法律、法规、规章中均未出现"投诉"一词，本书认为使用"控告""申诉"表述更为恰当。

的研究有待进一步深化和挖掘。

一、看守所被羁押人控告申诉权的法律依据

我国关于被羁押人控告申诉权利保障的法律规定并不多,粗略规定于《刑事诉讼法》和《监狱法》之中。

根据我国现行《刑事诉讼法》的规定,我国的申诉制度分为两种类型:一是针对不起诉决定的申诉,二是引起审判监督程序的申诉。前者又包括被害人对不起诉决定的申诉和被不起诉人对微罪不起诉决定的申诉。《刑事诉讼法》第一百八十条规定:"对于有被害人的案件,决定不起诉的,人民检察院应当将不起诉决定书送达被害人。被害人如果不服,可以自收到决定书后七日以内向上一级人民检察院申诉,请求提起公诉。人民检察院应当将复查决定告知被害人。对人民检察院维持不起诉决定的,被害人可以向人民法院起诉。被害人也可以不经申诉,直接向人民法院起诉。人民法院受理案件后,人民检察院应当将有关案件材料移送人民法院。"此即被害人对于不起诉决定的申诉。根据《刑事诉讼法》第一百八十一条的规定,对于检察院做出的微罪不起诉决定,"被不起诉人如果不服,可以自收到决定书后七日以内向人民检察院申诉。人民检察院应当作出复查决定,通知被不起诉的人,同时抄送公安机关"。引起审判监督程序的申诉规定在《刑事诉讼法》第二百五十二条中,"当事人及其法定代理人、近亲属,对已经发生法律效力的判决、裁定,可以向人民法院或者人民检察院提出申诉,但是不能停止判决、裁定的执行"。

我国的控告制度分为三种类型:一是《刑事诉讼法》第十四条规定的诉讼参与人对于司法工作人员侵犯诉讼权利和人身权利行为的控告:"诉讼参与人对于审判人员、检察人员和侦查人员侵犯公民诉讼权利和人身侮辱的行为,有权提出控告。"二是第一百一十条规定的作为立案来源的控告:"被害人对侵犯其人身、财产权利的犯罪事实或者犯罪嫌疑人,有权向公安机关、人民检察院或者人民法院报案或者控告。"三是第一百一十七条规定的对于侦查违法行为的申诉控告:"当事人和辩护人、诉讼代理人、利害关系人对于司法机关及其工作人员有下列行为之一的,有权向该机关申诉或者控告:(一)采取强制措施法定期限届满,不予以释放、解除或者变更的;(二)应当退还取保候审保证金不退还的;(三)对与案件无关的财物采取查封、扣押、冻结措施的;(四)应当解除查封、扣押、冻结不解除的;(五)贪污、挪用、私分、调换、违反规定使用查封、扣押、冻结的财物的。受理申诉或者控告的机关应当及时处理。对处理不服的,可以向同级人民检

察院申诉；人民检察院直接受理的案件，可以向上一级人民检察院申诉。人民检察院对申诉应当及时进行审查，情况属实的，通知有关机关予以纠正。"

本书所称的被羁押人控告申诉权利，主要是指《刑事诉讼法》第一百八十一条被不起诉人对微罪不起诉的申诉、第二百五十二条引起审判监督程序的申诉和第一百一十七条当事人、辩护人、诉讼代理人及利害关系人对侦查违法行为的申诉控告。《中华人民共和国监狱法》第七条规定："罪犯的人格不受侮辱，其人身安全、合法财产和辩护、申诉、控告、检举以及其他未被依法剥夺或者限制的权利不受侵犯。"第二十一条规定："罪犯对生效的判决不服的，可以提出申诉。对于罪犯的申诉，人民检察院或者人民法院应当及时处理。"第二十三条规定："罪犯的申诉、控告、检举材料，监狱应当及时转递，不得扣压。"《司法部关于在监狱系统推行狱务公开的实施意见》附件的《监狱狱务公开内容》"罪犯的基本权利"部分也明确规定了"罪犯有辩护、申诉、控告和检举的权利"。

上述规定充分肯定了被羁押人申诉控告权的合法性，但关于对被羁押人的控告申诉权利的规定较为概括笼统，立法的不完善集中体现在缺乏对控告申诉的受理范围和控告申诉处理机制的规定上。

其一，控告申诉的受理范围不明确。鉴于立法上缺乏具体细化的规定，在实践中监所检察部门对于控告申诉案件的办理主要依据各级检察机关发布的内部规定。例如，重庆市人民检察院下发的《重庆市检察机关监所检察部门处理控告、举报、申诉工作规定》就详细规定了控告申诉案件的受理范围，其中第十五条第一款规定："下列线索，由监所检察部门办理：1. 违法扣押被监管人款物不还的控告；2. 刑期折抵有误的控告；3. 不服刑罚执行变更的控告；4. 不服人民法院死刑终审判决、裁定尚未执行的申诉；5. 刑罚执行和监管活动中发生的违法犯罪案件；6. 对在侦查、审判中违反法律规定的羁押和办案期限的控告；7. 其他应当由监所检察部门办理的涉及刑罚执行和监管活动的控告、举报、申诉案件。"① 结合《重庆市检察机关控告申诉首办责任制实施办法》，重庆市看守所驻所检察室受理的控告申诉案件具体包括以下几类：1. 违法扣押被羁押人款物不还的控告；2. 刑期计算有误的控告；3. 不服刑罚执行变更决定的控告；4. 超期羁押的控告；5. 被羁押人破坏监管秩序的控告；6. 监管人员违规监管、贪污、受贿、渎职的控告；7. 办案人员刑讯逼供、非法取证等违法行为的控告；8. 对看守所内饮食、住宿、卫生

---

① 该规定还明确了部分控告申诉可移送控告申诉检察部门处理："1. 对不服原审判决和裁定的刑事申诉，经监所检察部门审查，认为原判决、裁定有错误可能，需要立案复查的；2. 对人民检察院办理案件中的违法行为的控告、申诉，以及对其他司法机关对控告、申诉的处理不服向人民检察院提出的申诉的。"

等监管环境提出的控告；9. 对公安司法部门判决、裁定提起的申诉。

　　其二，缺乏对控告申诉处理机制的规定。正如孟德斯鸠所言："对公民荣誉、财富、生命与自由越重视，诉讼程序也就越多。"① 只有完备的行为规则指导和约束行为主体的行为，我们才能期待理性和公正的处理结果，公民的权利才能真正实现。2017 年最高人民法院、最高人民检察院、司法部也发文《关于逐步实行律师代理申诉制度的意见》，要求保障当事人依法行使申诉权利，实现申诉法治化，促进司法公正，提高司法公信，维护司法权威。然而，当前对于看守所中被羁押人控告申诉处理机制如何运行，《刑事诉讼法》、《人民检察院组织法》及最高人民检察院下发的《人民检察院刑事诉讼规则》、《检察机关执法工作基本规范》等司法解释和规范性文件中均无细致规定。较为权威性的规定仅有 2012 年《监狱法》第二十二条的规定："对罪犯提出的控告、检举材料，监狱应当及时处理或者转送公安机关或者人民检察院处理，公安机关或者人民检察院应当将处理结果通知监狱。"实践中，驻所检察室的控告申诉工作的主要依据是地方各级检察机关下发的各种内部文件。例如，重庆市人民检察院下发了《重庆市检察机关控告申诉首办责任制实施办法》《重庆市检察机关监所检察部门处理控告、举报、申诉工作规定》、重庆市渝北区检察院内部制定了《渝北区人民检察院驻所检察室受理控告申诉和接待来访制度》。

　　控告申诉处理机制面临的最大问题是软弱的监督权力和实权强大的监督对象之间的矛盾。申诉检察官需要清楚被羁押人在所内的真实生活情况，才能监督看守所的监管活动是否合法；需要了解案件处于何种诉讼阶段，延长羁押的理由是否充分，才能判断是否存在超期羁押；需要查找到案件疑点、顺利启动对申诉案件的纠错程序，才能为被羁押人提供最后的救济渠道；需要对责任单位的处理结果进行后续监督，才能真正纠正违法行为，切实维护被羁押人的合法权益。然而在实践中，驻所检察室寄人篱下的状况使得其不可避免地处于弱势地位，调查权的欠缺使得对控告申诉的调查处理需要监管部门的配合，对处理结果后续监督的缺乏使得一些违法行为屡纠屡犯，这些都严重影响着控告申诉处理机制的顺利运行，使被羁押人的控告申诉权流于形式，口惠而实不至。

　　由于现行立法对被羁押人控告申诉案件范围和控告申诉处理机制规定的缺失，实践中控告申诉工作主要依据地方各级检察机关下发的各种内部文件，由此产生了下列问题：一是由于内部文件缺乏权威性，均由各级检察机关自行制定，在实

---

　　① ［法］孟德斯鸠：《论法的精神》（上册），张雁深译，商务印书馆 1961 年版，第 76 页。

践中难以得到公安机关的认可，有人甚至质疑驻所检察官对控告申诉的处理缺乏法律依据，这就增加了开展控告申诉处理工作的难度；二是由于各种内部文件过于分散而缺乏统一性，其中一些条款彼此交叉、重合，甚至若干条款产生冲突，这在一定程度上损害了法治的统一性。

二、看守所被羁押人控告申诉处理机制的实证考察

　　C 市是我国西南部的重要城市，C 市所选取的数据统计于 2013 年，覆盖范围为该市 A、B、C、D 四区的 4 个看守所。L 市为我国华南地区重要城市，数据统计于 2020 年，覆盖范围为该市的 6 个看守所。数据的科学性在于，通过对比不同时期、不同地区看守所的基本情况和羁押情况，能更直观反映看守所改革在不同地区的问题与成效。

（一）两市不同时期看守所基本情况

表 13－1　2013 年 C 市四区看守所的基本情况

看守所名称	A 区看守所	B 区看守所	C 区看守所	D 区看守所
建筑年代	1996 年	2000 年	2006 年	2005 年
建筑面积	2500m²	4678m²	3400m²	2679m²
设计羁押量	655 人	500 人	380 人	300 人
实际羁押量	801 人	949 人	255 人	148 人
监房数	50 间	44 间	38 间	25 间

表 13－2　2020 年 L 市看守所的基本情况

看守所名称	L 市看守所	J 县看守所	W 县看守所	X 县看守所	H 市看守所	XZ 县看守所
建筑年代	2008 年扩建	1989 年	2012 年	2003 年	1984 年	1985 年
建筑面积	28666.7m²	2050m²	5688.2m²	4305m²	1365m²	3050m²
设计羁押量	580 人	72 人	500 人	250 人	120 人	96 人
实际羁押量	900 人	92 人	214 人	134 人	74 人	137 人
监房数	42 间	12 间	32 间	36 间	18 间	16 间

　　《看守所条例》第二十二条规定："被羁押人犯的居住面积，应当不影响其日常生活。"该条例虽并未明确规定看守所羁押的人数限制，但原则上规定不能影响被羁押人的日常生活，何谓影响日常生活，需根据看守所的具体情况和日常生活的最低标准而定。《看守所条例实施办法》第二十七条规定："人犯居住的监室面积平均每人不得少于二平方米。"从表 13－1 中可见，2013 年，C 区和 D 区看守所的实际羁押量均未超过设计羁押量，而 A 区和 B 区看守所监室面积约 20 平方米，

羁押人数从 12 人到 18 人不等，最多时达到 20 人，明显达不到平均每人 2 平方米的标准。据 A 区看守所监管民警反映，看守所近三年来，月均关押量为 800 人左右，有时羁押量甚至近千人，远远超过了看守所最大关押量。A 区和 B 区看守所超员羁押现象严重，看守所建设的速度远远落后于现实需要，这也是目前我国看守所普遍存在的现象。到 2020 年，除 X 县、H 县和 W 县，其余县都不同程度超过最大关押量（表 13 - 2），这说明当前看守所超羁押严重的问题仍存在，也侧面反映出我国看守所繁重的工作压力和被羁押人员的权利保障制度改革势在必行。

（二）被羁押人情况

表 13 - 3　2013 年 C 市四区看守所被羁押人数量（单位：人）

看守所名称		A 区看守所	B 区看守所	C 区看守所	D 区看守所
性别	男	801	846	237	137
	女	0	103	18	11
特殊群体	60 岁以上	6	8	4	2
	残疾人	2	4	0	0
	患病人（不含患艾滋病人）	15	54	10	5
	患艾滋病人	0	4	0	0

表 13 - 4　2020 年 L 市看守所被羁押人数量（单位：人）

看守所名称		L 市看守所	J 县看守所	W 县看守所	X 县看守所	H 市看守所	XZ 县看守所
性别	男	819	92	214	134	74	137
	女	81	0	0	0	0	0
特殊群体	残疾人	2	0	0	0	0	0
	患病人（不含患艾滋病人）	161	8	6	0	0	2
	患艾滋病人	8	2	0	0	0	0

各看守所内均实行分押分管制度，将男性被羁押人与女性被羁押人予以分押[1]，将一般被羁押人与 60 岁以上、患病、残疾被羁押人予以分押（表 13 - 3、表 13 - 4），这一方面方便了对所内特殊人群的管理和救助，另一方面也防止了一些传染疾病的扩散，保障了所内其他被羁押人的健康安全。

---

[1]　2012 年 6 月以后，为方便监管，A 区女性被羁押人均被转移到 C 市女子看守所。

（三）管理机关

《看守所条例》第五条规定："看守所以县级以上的行政区域为单位设置，由本级公安机关管辖。"第七条规定："看守所对人犯的武装警械和押解由中国人民武装警察部队担任。看守所对执行任务的武警实行业务指导。"第八条规定："看守所的监管活动受人民检察院的法律监督。"根据《看守所条例》的规定，C 市四区看守所实行的是公安机关管辖，武警看押，检察院监督。武装警察隶属于公安系统，与公安存在一种双重的领导关系，因此总的来说，四个区看守所分别由四个区的公安局控制，隶属于公安局，看守所的人员编制、人事任免也都由公安局决定。所内设有驻所检察室，负责对看守所管理工作的合法性和刑事裁判的执行进行监督，维护在押人员的合法权利，同时也配合监所民警做好监所管理工作。

所内根据部门职能分为管教、巡控、接待、后勤四大岗位，各岗位定人、定职、定责，力求实现岗位的精细化、专业化。同时，以严密看管与教育相结合为管理方针，一方面，要求看守所"依法管理，严格管理"，切实履行《看守所条例》和相关法律法规，对看守工作实行严格周密的有效管理，保障监管依法有序进行；另一方面，要求"科学管理，文明管理"，在监管中引入科学的管理方法，增加人道主义关怀，对在押人员进行教育，维护在押人员的合法地位和权利。区公安局还出台了规范执法十不准、办案人员九不准等规章制度，希望最大限度地减少所内刑讯逼供等违法现象的发生。

（四）管理人员

A 区看守所在编民警 82 人，B 区看守所在编民警 82 人，C 区看守所在编民警 29 人，D 区看守所在编民警 30 人。实践中，一般根据看守所所型[1]按以下标准配备民警：小型看守所配备民警 8 人以上；中型看守所配备民警不低于在押人数的 8%；大型看守所配备民警 40 人以上，且不低于月均在押人数的 7%；特大型看守所配备民警 70 人以上，且不低于月均在押人数的 6% 或者不低于本级公安机关在编民警总数的 10%。[2] 可见，A 区、B 区、C 区、D 区看守所均符合民警配备的一般要求，民警除极少数为高中或初中文化程度外，一般均为大专以上文化程度。B 区看守所对民警每年进行一个月的思想道德和职业道德专题讲座和不少于 15 天的

---

[1]　我国从 1997 年开始对看守所实施等级化管理，1997 年 4 月 9 日颁布实施《公安部关于看守所等级评定办法》，2003 年对该办法进行了全面修改，2009 年再一次进行全面修改。按照该办法的规定，看守所根据本年度关押人数分为特大、大、中、小四种所型：关押 1000 人以上的为特大型看守所；关押 500 人以上不足 1000 人的为大型看守所；关押 100 人以上不足 500 人的为中型看守所；关押不足 100 人的为小型看守所。由此可知 A 区与 B 区看守所为大型看守所，C 区与 D 区看守所为中型看守所。

[2]　薛伟宏：《羁押制度创新热点问题研究与法律适用》，人民法院出版社 2007 年版，第 509 页。

专业技能培训，并于每月开展争当"优秀监管民警"评比活动，提高了民警们的工作积极性。

驻所检察室内在所检察官 2～4 人不等，均为法律本科学历，职责是对看守工作的合法性进行监督，对发生在所内的侵权、渎职等案件进行侦查以及对在押人员重新犯罪案件批捕、起诉，同时，也为在押人员提供法律咨询，受理在押人员的申诉、控告。2004 年 1 月，A 区驻所检察室在该所民警的配合下，举行了"春节特别见面活动"，利用在押人员家属前往看守所探视之机，为他们提供法律咨询，并现场受理所内羁押过程中发生的违法犯罪的举报。

除了管理人员之外，看守所根据工作需要，配备有医务、财会、炊事等工作人员若干。医务人员在看守所中设的卫生所内每日轮流值班，卫生所备有必要的医疗器械和常规药物，负责常见病的治疗、被羁押人身体健康检查和监室卫生保洁，需要住院治疗的被羁押人会被送至看守所外的医院医治。

三、被羁押人控告申诉处理机制运行情况

检察机关监所检察部门按照告知、受理、审查、分流、办理、回复等流程开展控告申诉工作，依法独立行使检察监督权，保障控告申诉工作依法、有序地进行，做到全面、客观、规范，切实维护被监管人的合法权益。具体而言，看守所的控告申诉处理机制运行如下：

（一）告知权利

《曼德拉规则》第五十四条规定："（1）因犯入狱时应发给书面资料，载述有关同类囚犯待遇、监所的纪律要求、领取资料和提出申诉的规定办法等规章以及使囚犯明白其权利义务、适应监所生活的其他必要资料。（2）如果囚犯为文盲，应当口头上传达上述资料。"[1] 高墙电网中的看守所对于被羁押人来说，是封闭且令人恐惧的地方，对于看守所的制度规定和相关情况，被羁押人均有必要了解，如此，才能树立维权意识，在权利受到侵害时，寻求法律的保护。看守所的每名被羁押人入所时，均会领取一份《在押人员告知书》，告知其羁押期间必须遵守的管理规定和依法享有的选举权（对未被判决剥夺政治权利的人）、不受刑讯体罚虐待权、检举揭发控告权、辩护权、上诉申诉权五项基本权利，并承诺其在生活、医疗、卫生等方面享有的合法权益不受侵犯。

---

① 郭建安：《联合国监狱管理规范概述》，法律出版社 2001 年版，第 171 页。

（二）开设渠道

驻所检察官通过与被羁押人约见谈话、接见被羁押人的监护人或近亲属、律师来访等方式，获取控告申诉线索。驻所检察室在各监区设立"检察官信箱"，在办公室设举报电话，在"会见室"设检察官接待室，受理被羁押人及其家属、律师的控告、申诉信件及来电举报，受理有关部门转办的案件、上级机关或院领导批办的案件。驻所检察室设立的"检察官信箱"，应醒目且具有统一的标识，信箱每周开启一次，填表注明开箱人、开箱时间、开箱地点、信件数量等内容，由开箱人负责拆检收到的信件，填写《检察室来信来访登记表》，写明拟办意见，于当日交内勤登记。

（三）接收案件

驻所检察室对于被羁押人及其监护人、近亲属、律师通过各种渠道提出的控告、申诉，都应当积极接收。检察人员在接收后及时填写《控告、举报和申诉登记表》，填入《全市监所检察部门接受分流线索、办理案件情况季报表》并逐案编号。检察室定期对控告申诉线索进行清理和梳理，并根据案件的办理进度，更新《全市监所检察部门接受分流线索、办理案件情况季报表》。各基层检察院的监所检察科每季度汇总本院驻所检察室更新的《全市监所检察部门接受分流线索、办理案件情况季报表》，并上报市检察院监所检察处。

（四）审查分流

驻所检察室对接收的控告、申诉线索确定专人进行审查，一般采取走访、约谈、询问、调取证据等措施，对可能涉及职务犯罪的线索保密。对于线索要进行分类，根据不同的类别在七日内转交相关部门处理：对于违法扣押被羁押人款物不还的控告，刑期计算有误的控告，不服刑罚执行变更决定的控告，超期羁押的控告，被羁押人破坏监管秩序的控告，监管人员违规监管、贪污、受贿、渎职的控告，办案人员刑讯逼供、非法取证等违法行为的控告，对看守所内饮食、住宿、卫生等监管环境提出的控告由监所检察部门办理；对不服原审判决和裁定的刑事申诉，经监所检察部门审查，认为原判决、裁定有错误可能，需要立案复查的，移送检察院控告申诉部门处理；当前不具备办理或查处条件的线索，或者内容不具体的匿名线索，应当存档备查。对线索的审查分流后填写《监所检察部门接受分流控告、举报、申诉线索审查呈批表》，并报分管检察长审批。

（五）办理案件

驻所检察室接收的控告申诉案件，遵循"谁主管谁负责，谁办理谁负责"的归责原则，由主任指定专人办理，检察人员不得私自处理控告、申诉案件和私自会见案件有关人员。办理案件前首先要制定调查方案，明确调查的方法步骤、重点，以及如何排除调查工作的障碍和阻力，对复杂的控告申诉案件，还要有保障措施和安全防范预案。驻所检察室应当在规定的时限内办结控告申诉案件，确实不能办结的，应说明不能办结的原因并回复和报告进展情况。案件办结后，要认真梳理案件材料，建立档案，备案备查。下级监所检察部门受理的案件自行办理困难时，会提请上级监所检察部门另行指定承办部门，上级监所检察部门有时也将受理案件交由下级部门办理。某些控告申诉案件需要移交控告申诉部门等相关部门进行办理，承办部门提审服刑人员等调查活动需要协助的，监所检察部门要予以支持配合。

（六）回复结果

被羁押人的控告申诉应当得到及时的回复，如果看守所对被羁押人的控告申诉置之不理或不及时答复被羁押人，会严重挫伤被羁押人控告申诉的积极性。1955年的《联合国囚犯待遇最低限度标准规则》第三十六条规定："除非请求或申诉显然过于琐碎或毫无根据，应迅速加以处理并答复，不得无理稽延。"[1] 《曼德拉规则》第五十七条规定："如果请求或申诉被驳回，或有不当迟延，申诉人应有权提交司法主管机关或其他主管机关。"因此，驻所检察室在案件办结后，要及时回复控告、举报人，对移送控告申诉部门等部门办理的案件，应当跟踪案件的办理情况和办理结果，控告申诉部门等承办单位将案件办结后，也要及时回复给监所检察部门。回复内容包括办理过程、认定的主要事实和证据、处理的结果和法律依据。回复可以采取书面或口头的方式，采取口头方式回复的，要制作回复笔录，载明回复内容和回复意见。

（七）被羁押人控告申诉处理机制的实施成效

表 13-5 的数据为 2010 年 1 月 1 日到 2012 年 12 月 31 日 C 市四区看守所接到控告申诉案件数量的统计情况。

表 13-5　2010 年 1 月 1 日到 2012 年 12 月 31 日 C 市四区看守所接到控告申诉案件数量

年份	A 区看守所	B 区看守所	C 区看守所	D 区看守所	合计
2010 年	7	22	16	9	54
2011 年	15	14	17	10	56
2012 年	17	18	29	20	84

看守所的被羁押人控告申诉处理机制改变了过去控告申诉权长期被忽视的状况，随着近年来看守所执法引起社会的广泛关注，被羁押人的控告申诉权也受到

---

[1]　郭建安：《联合国监狱管理规范概述》，法律出版社 2001 年版，第 172 页。

了重视。我们可以看到，2010—2012 年，C 市四个区控告申诉案件的数量在总体上是逐年上升的，所内控告申诉机制的实施也取得了一定的成效，主要表现为以下三方面。

其一，有利于稳定被羁押人情绪，实现监管执法工作最终目标。监管执法工作有两大任务：一是限制和剥夺被羁押人的人身自由，保证刑事诉讼活动的顺利进行；二是管理、教育被羁押人，消除其对抗情绪，矫正其不良心理，促使其改过自新。监管秩序的安全稳定是看守所监管工作的生命线和首要目标。被羁押人的人身自由被剥夺，会催生强大的心理压力，产生无力感和孤立感，此时如果合法权益受到侵害又无处申冤，容易激起其拒绝改造、仇视社会的消极情绪，产生不服管理的过激行为，破坏看守所的正常秩序。看守所的安全和稳定有赖于监管民警与被羁押人之间建立互信、积极的关系，监管民警了解被羁押人的心理状态和日常行为，在其遭到侵害时允许其控告申诉并予以调查处理，如此，才能保证看守所的内部安全（免于混乱）和外部安全（免于脱逃）。

其二，有利于促进公安司法机关公正执法，提高司法公信力。公安司法机关不仅肩负着打击犯罪的任务，保障被羁押人合法权益也是其法定职责。然而在司法实践中，办案人员往往只侧重于打击犯罪，忽视被羁押人权利保障，导致看守所内刑讯逼供、超期羁押现象时有发生。由于发生在处于环境封闭的看守所中，除所内民警和被侵犯对象之外，第三方很难知晓，只有通过被侵犯对象的控告申诉才能纠正执法者的违法行为，维护司法公正。控告申诉机制的运行，能促使看守所规范监管活动，强化所内制度规章的落实，严格监管纪律，提高看守所的管理水平；能提高驻所检察官处理控告申诉案件的能力和监督能力，增强驻所检察室的监督力度，真正发挥监所检察的职能。

其三，有利于实现刑事诉讼根本目的，保障被羁押人人权。刑事诉讼的直接目的即为惩罚犯罪和保障人权，二者必须并重，不能片面地追求一方面而牺牲另一方面。如果片面强调打击犯罪，忽视程序正义，势必会造成滥捕滥判、刑讯逼供，侵犯犯罪嫌疑人的权利，也会导致错案率较高，不能有效地惩罚犯罪。在侦查阶段，为了保证刑事诉讼的顺利进行，犯罪嫌疑人的人身自由被剥夺，羁押于看守所中的他们的权利呈脆弱运行状态，最需要予以保障。此类特殊公民的人权处于人权保障的前沿阵地，是体现一国宪法精神、衡量一国社会政治文明程度的基本参数。明确被羁押人应享有的权利并采取措施予以保护固然十分重要，若其权利已遭到刑讯、有辱人格待遇等行为的侵犯，赋予其有效的救济途径则是其弥补权利损害的最后机遇。

控告申诉处理机制虽然取得了一定的成效，但其作用的发挥往往受制于实践运行中的障碍，或仍存在一些不足之处，使得被羁押人的控告申诉权没有切实得到保障，为此，需要在现有机制的基础上进一步完善。

四、看守所被羁押人控告申诉处理机制存在的问题

（一）控告申诉渠道方面

疏通被羁押人控告申诉渠道，为其开辟绿色通道，是发现刑事诉讼中违法滥权行为、保障被羁押人合法权益、切实发挥被羁押人控告申诉处理机制作用的前提和基础。通过对 C 市（表 13－6）和 L 市（表 13－7）共 10 家看守所的调查，笔者发现实践中被羁押人控告申诉渠道并不畅通，主要原因是渠道设置不合理和被羁押人对驻所检察官不信任。

表 13－6　2010 年到 2012 年 C 市四区看守所
被羁押人行使控告申诉权的渠道及数量

看守所名称		A 区看守所	B 区看守所	C 区看守所	D 区看守所
渠道	检察官信箱	5 例	0 例	32 例	13 例
	约见检察官	21 例	54 例	20 例	10 例
	检察官接见	6 例	0 例	9 例	4 例
	转办	4 例	0 例	1 例	0 例
	其他	3 例	0 例	0 例	10 例

表 13－7　2020 年 L 市看守所接到控告申诉渠道

看守所名称	L 市看守所	J 县看守所	W 县看守所	X 县看守所	H 市看守所	XZ 县看守所
检察官信箱	√	√	√	√	√	√
约见检察官	√	√	√	√	√	√
检察官接见	√	√	√	√	√	√
转办	√	√				

按规定看守所中存在着多种控告申诉渠道：向民警口头提出、在检察官例行巡查时提出、约见检察官、写投诉信、律师会见时提出或接受家属的来电来访等。在实践中，由于看守所的开放性不足，律师的会见权得不到保障，家属代为控告申诉的方式也缺乏可操作性。从表格中可以看出，被羁押人主要通过检察官信箱和约见检察官这两种渠道提出控告申诉。

约见检察官的程序在不同的看守所中存在差异。B区看守所的具体做法是：被羁押人首先向监管民警提出约见检察官的请求，由监管民警转达驻所检察官，再由驻所检察官安排见面谈话的时间、地点，这也是实践中的一般做法。在B区看守所中，三年来检察官信箱未收到一起控告申诉，驻所检察室除收到少数转办的案件之外，其他控告申诉一律是通过约见检察官的方式。笔者了解到，B区看守所之所以出现这一奇怪现象是因为被羁押人害怕监管民警的打击报复。我们可以发现，约见检察官制度中间要经过监所民警这"不可或缺"的一环，可以让监管民警知晓何人、何时提出了约见检察官的请求，而其他的控告申诉方式均是在监管民警掌控之外的，被羁押人认为通过这些方式可能让监管民警怀疑自己提出了对其不利的控告申诉而遭到打击报复。在被羁押人普遍存在这种担忧的情况下，检察官收到的控告申诉不可能存在对监管民警不利的内容，当然也就无法知晓其监管过程中是否存在着违法违规行为，检察监督权就这样被虚置了。

检察官信箱作为一种最直接有效的救济途径，让其成为看守所中主要的控告申诉渠道是值得提倡的，但笔者发现，一些看守所设置检察官信箱的位置并不合理，把检察官信箱置于监区的走廊入口处，会使得监管民警能轻易知晓何人进行过投诉、何时投诉及投诉内容，此种不具有任何保密性的方式无疑会增加被羁押人的心理负担导致其不敢投诉。

控告申诉渠道不畅通的另一个重要原因是，被羁押人普遍对驻所检察官存在不信任心理。他们除了害怕监管民警的打击报复外，对驻所检察官也心存戒备，不愿主动向检察官反映羁押期间监管活动存在的问题，甚至在检察官主动找其谈话的情况下，也不愿意说出实情。当问及为什么在受到侵害的情况下也不愿控告申诉时，其回答是，检察官和民警都是一样的，即使控告申诉也不可能有结果，甚至还可能会给自己带来更多的麻烦。以下是2010年到2012年C市四区（表13-8、表13-10）和2020年L市各看守所（表13-9、表13-11）控告、申诉涉及的对象和控告、申诉针对的事项的统计情况：

表13-8 2010年到2012年C市四区看守所接到控告、申诉涉及对象情况表

看守所名称		A区看守所	B区看守所	C区看守所	D区看守所
控申对象	看守所	5例	0例	0例	0例
	法院	17例	27例	20例	19例
	侦查机关	15例	27例	36例	20例
	其他	2例	5例	6例	0例

表 13 - 9　2020 年 L 市看守所接到控告、申诉涉及对象情况表

看守所名称	L 市看守所	J 县看守所	W 县看守所	X 县看守所	H 市看守所	XZ 县看守所
公安侦查	0 例	0 例	0 例	0 例	0 例	0 例
看守所	0 例	0 例	0 例	0 例	0 例	0 例
检察	0 例	0 例	0 例	0 例	0 例	0 例
法院	0 例	0 例	0 例	0 例	0 例	0 例

表 13 - 10　2010 年到 2012 年 C 市四区看守所接到控告、申诉针对事项情况表

看守所名称		A 区看守所	B 区看守所	C 区看守所	D 区看守所
控申事项	违法扣押财物	15 例	24 例	10 例	20 例
	监管民警违法行为	5 例	0 例	2 例	0 例
	刑罚执行变更不当	0 例	0 例	0 例	0 例
	刑期计算错误	17 例	27 例	20 例	19 例
	判决、裁定不当	0 例	0 例	0 例	0 例
	其他	2 例	8 例	30 例	0 例

表 13 - 11　2020 年 L 市看守所接到控告、申诉事项情况表

看守所名称	L 市看守所	J 县看守所	W 县看守所	X 县看守所	H 市看守所	XZ 县看守所
违法扣押财物	0 例	0 例	0 例	0 例	0 例	0 例
监管民警违法行为	0 例	0 例	0 例	0 例	0 例	0 例
刑罚执行变更不当	0 例	0 例	0 例	0 例	0 例	0 例
刑期计算错误	0 例	0 例	0 例	0 例	0 例	0 例
判决、裁定不当	0 例	0 例	0 例	0 例	0 例	0 例

从表中可以看到，看守所中控告申诉主要涉及法院和侦查机关的行为，涉及看守所执法行为只有 C 市 A 区看守所存在 5 例，其他看守所均没有。在 C 市 B 区和 D 区看守所中，控告的内容十分单一，均为违法扣押被羁押人款物不还的控告、刑期计算有误的控告，三年来没有一起对于监管民警违规监管、办案人员非法取证、部分被羁押人破坏监管秩序等行为的控告，在 C 市 A 区和 C 区看守所中，控告监管民警违法的案例也十分稀少，分别只有 5 例和 2 例。这样的情况显然不合常理，充分

显示了被羁押人对驻所检察官和控告申诉制度的不信任。而更不合理的在于，L市的全部统计均为0，这充分反映了该地区对于被羁押人控告申诉保障的不到位。

被羁押人对驻所检察官不信任是有原因的。一方面，看守所平时不注意向被羁押人宣传驻所检察官的职责，导致他们连驻所检察官是干什么的都不知道，他们看见驻所检察官和民警一样在所内办公，会觉得二者都是打击犯罪的，没什么区别，作为犯罪嫌疑人和被告人的他们自然会心存芥蒂。另一方面，检察官很少主动发现问题，走进监室与被羁押人谈话，了解其情况，与被羁押人缺乏互动。同时，一些检察官不履行职责，对所内的违法犯罪、滥用职权现象视而不见，甚至由于与监管民警朝夕相处而被其同化，更加深了被羁押人对检察官的怀疑和不信任。

（二）控告申诉程序方面

被羁押人控告申诉处理机制是监所检察监督的组成部分。所谓监所检察监督，是指检察机关根据法律的授权，运用法律规定的手段对监狱、看守所等监管场所的法律实施情况进行监察、督促并能产生法律效力的专门工作。

监督是指察看并督促，"监"可发展为了解权、观察权，"督"可引申为督促权、纠正权，"监"是"督"的前提和基础，"督"是"监"的结果和目的。一项完整的检察监督权能应当包括调查权、建议权及对处理结果的监督权。通过调查发现违法，通过建议启动纠正违法程序，通过对处理结果的监督确保之前监督行为的有效性。目前看守所中控告申诉程序存在的主要问题是：驻所检察官缺乏调查权和对处理结果的后续监督权，通过建议行使的程序启动权也受到限制。

一是驻所检察官缺乏调查权。调查权对于驻所检察官是不可或缺的，因为驻所检察官要履行检察监督的职责，必须及时而准确地发现违法滥权现象，并且能够提出充分的证据证明违法滥权现象是客观存在的。第一，调查权是其积极主动发现犯罪的前提。因驻所检察官承担着对看守所执法进行监督的职责，必须具有能够及时发现看守所中违法滥权行为的权力，必须了解看守所内发生了什么违法滥权情况，违法滥权的具体事实如何，如果没有调查权，就无法知晓这些情况，维护监管活动秩序，保障被羁押人人权就无从谈起。如果驻所检察官不享有独立的调查权而要事先得到其他机关的许可，看守所检察监督就会处处陷入被动，看守所检察也就失去了独立存在的价值。第二，调查权是保证检察监督有效性的基础。检察监督的根本任务是督促纠正违反法律的行为。检察机关所提出的检察建议要想具有说服力，就必须有充分的证据支撑，充分而有力的证据是进行检察监督的基础。没有证据证明，看守所或任何单位都不会承认自己做出了违法决定或者实施了违法行为；没有充分的证据，有权对违法行为进行处罚的机关也不敢轻易地相信检察机关的一面之词，并做出相应的决定。特别是在追究犯罪嫌疑人刑事责任的时候，检察机关若不能向法庭提交充分确凿的证据证明犯罪事实的存在，法庭是不可能接受检察机关公诉主张的。

在我国看守所中，如果监管人员对调查工作不予配合，检察官将无能为力，控告申诉将无法得到公正处理。据 B 区看守所一位出所人员反映，其因有一对金耳环等饰品被看守所扣押而向驻所检察官提出了控告，按规定每一位刚入 B 区看守所的被羁押人都要交出随身物品且在《入所人员随身物品登记表》上签字，该登记表无疑是关键物证，可检察人员调查时却被告知登记表已无法找到，调查工作因此中断。可见，检察人员调查权的缺乏使控告申诉处理工作处处掣肘。

通过询问 A 区的一位驻所检察官，笔者了解到，检察人员与看守所之间的关系是相当微妙的，存在着一种制约彼此的"潜规则"。作为法律监督者的检察官会让周围的看守所民警感到几分压力，对民警来说，对监督者不尊重是不明智的。看守所对每一位驻所检察官都会礼遇，目的是让他少挑毛病，让一些问题可以内部解决。但对于"不明事理"的检察官，他们会实施"报复行为"。例如对于针对违法行为提出的检察建议阳奉阴违，对于检察官的调查取证请求，看守所以某个文件暂时找不到的理由让其调查工作受阻。如此，让检察官明白"只有先配合，然后才能监督"，否则检察工作就无法顺利开展。检察人员为了争取看守所的配合，往往会少挑毛病，少上报，对所内的违法现象睁一只眼闭一只眼，一些检察人员认为，"对遭到投诉的监管民警要限制适用党纪处罚"，"投诉机制能够运转良好的基础在于监管民警，他们参与的积极性在一定程度上决定了在押人员投诉风险的大小"。[①] 这种"先配合，后监督"的思想使得控告申诉机制的作用难以发挥，被羁押人的合法权益难以得到保障。

二是启动申诉案件的纠错程序困难。驻所检察官并不能对看守所民警等被监督者直接制裁，其处理决定并不具有直接强制力。如果驻所检察官经过调查，发现被羁押人提出的控告申诉属实，则发出纠正违法通知或提出检察建议，提请看守所纠正自己的违法行为，或者提请具有实体处分权的国家机关追究其法律责任。[②] 可见，

---

① 李松川、李树国：《完善看守所在押人员投诉处理机制之我见》，《中国检察官》2013 年第 4 期，第 8 - 9 页。

② 无论是发出纠正违法通知还是提出检察建议，驻所检察官的监督程序可分为两点：一是异议处理阶段。看守所等被监督单位收到纠正违法通知书或检察建议后，可以提出澄清自己的没有实施违法行为的异议，驻所检察室应当复议。二是在被监督单位置之不理的情况下采取的措施。如果被监督单位在法定期限内既没有纠正违法行为也没有提出异议，那么驻所检察室可将此情况上报上一级检察机关主管部门，上一级检察机关主管部门经审查认为被监督单位的违法现象属实，会将情况通报给被监督单位的上一级主管部门，让其运用行政层级权威纠正下级部门的行为。

驻所检察官不能直接通过自身来实现对其他主体权利的剥夺,[①] 他拥有的只是启动程序的权力。被羁押人控告申诉处理机制的案件范围是针对违法扣押被羁押人款物不还、超期羁押、监管人员违规监管、办案人员刑讯逼供等行为的控告和对法院判决、裁定的申诉。驻所检察官在司法实践中对于控告案件启动纠错程序并不存在大的问题,但对于法院裁判的申诉案件启动纠错程序则困难重重。

2013 年 3 月 20 日,浙江省高级人民法院开庭再审的张高平、张辉叔侄"十年冤狱"案[②]引起了媒体的关注,案件于 2013 年 3 月 20 日公开宣判,撤销原审判决,宣判张高平、张辉无罪。张高平、张辉在监狱服刑的期间,向派驻监所检察机关申诉,寻求监所检察监督的帮助是其获得救济的最后一条途径,在张氏叔侄案的纠正过程中,监所检察的纠错功能发挥了关键性作用。张飚这一富于公正良知、践行检察官职业道德的新疆石河子市检察官受到了社会各界的赞扬。

从此案中我们可以看出,驻监检察官启动对申诉案件纠错程序是十分不易的,张飚克服了多重困难才使张高平、张辉得以平冤昭雪。事实上在实践中,驻所检察官也同样难以启动对申诉案件的纠错程序。一方面,我国的监所检察以上下级的纵向联系为主,跨部门、跨地区的横向联络机制缺乏,信息交流不顺畅。为核查此案中证人袁连芳的信息,张飚曾去函杭州市和河南鹤壁市两地的检察机关,费了很多周折才调取到相关证据,在将获取的证据与司法材料比对后,才发现案件的关键疑点。另一方面,监所检察监督的方式单一且制约力不足,检察官在提出检察建议或发出纠正违法通知后,一旦得不到有权机关的重视,除了向上级检察机关反映外别无他法。张飚整理了本案证据和张高平的申诉材料,附上谈话笔录,先后五六次寄给浙江省的相关部门,均不见回复,使得错案的纠正一再被延误。

三是对控告申诉处理结果缺乏后续监督。仅仅提出建议、启动纠正违法程序是远远不够的,只有对违法行为的处理结果进行后续监督,才能真正纠正违法行为,保证之前检察监督的效果。

---

① 张智辉:《检察权研究》,中国检察出版社 2007 年版,第 305 页。

② 本案的基本案情是:2003 年 5 月 18 日,张高平、张辉叔侄开货车从安徽省歙县运货去上海,途中顺路搭载 17 岁的小姑娘王冬到杭州,之后王冬被强奸致死,作为嫌疑人的叔侄二人相继被侦查、逮捕、提起公诉。2004 年,浙江省杭州市中级人民法院判处张辉死刑,张高平无期徒刑。二人不服判决上诉,二审改判张辉死缓,张高平有期徒刑 15 年。叔侄俩之后从浙江监狱分别调到新疆库尔勒监狱和石河子监狱服刑。在服刑期间,张高平不断申诉,申诉书足足可以装一麻袋。这不同寻常的申诉引起了新疆石河子市原驻监检察官张飚的重视,并和其同事就该案进行了调查,认为本案有重大疑点。最后,在多方努力下,浙江省高级人民法院于 2012 年 2 月 27 日对叔侄案进行立案复查,另行组织合议庭调查核实,2013 年 2 月 6 日,该法院决定对本案再审。2013 年 3 月 20 日,浙江省高级人民法院开庭再审了张高平、张辉叔侄案,于 2013 年 3 月 26 日宣判撤销原判,张高平、张辉无罪。

在 C 市四区的看守所中，若检察官经调查发现对监管民警的控告属实，便会向看守所发出纠正违法通知，但看守所对责任民警的处罚一般情况下只是通报批评，最严厉的也不过是扣发一个月奖金。根据 1999 年司法部颁发的《监狱劳教人民警察执法过错责任追究办法（试行）》（对看守所民警的处罚适用此办法）第五条的规定，对违法行为人的处分分为四种：（1）情节较轻的，可责令检查，给予通报批评，扣发岗位津贴、奖金或警告处分；（2）情节较重的，可给予记过、记大过，调整警察工作岗位处分；（3）情节严重的，给予降级，撤职，开除处分；（4）构成犯罪的，移交司法部门依法处理。可见，看守所有认定情节轻重的裁量权，对违法的监管民警均是按情节最轻的情形处罚的。两次以上的违法行为有时是同一民警所为，看守所也没有考虑到其累犯情节而对其加重处罚。

虽此种情形难免让人觉得看守所有放纵违法之嫌，但检察官却对此束手无策。因为立法虽然规定看守所要将处理结果回复给检察官，但对检察官如何对此提出异议，异议如何解决都没有规定，所以实践中检察官几乎不对处理结果提出异议。看守所对本单位的监管民警的处罚本来就有手下留情的倾向，若还不对此进行监督，则放纵违法很难避免。被羁押人的控告申诉程序本来就是为了防止违法滥权行为的再次发生，但对责任人的处罚力度不够会使一些违法行为屡纠屡犯。后续工作不能跟进，使得被羁押人控告申诉程序前面的工作功亏一篑。

（三）控告申诉保障机制方面

任何工作的开展都需要经费的保障，看守所检察工作也不例外。被羁押人控告申诉处理机制的运行，没有足够的人力、物力予以保障，工作很难开展。目前，看守所检察工作的开展没有统一的保障标准，看守所检察部门的财力、物力、人力的投入是否到位取决于检察机关对看守所检察的重视程度、当地的财政水平及检察机关和当地政府的关系。一些驻所检察室由于经费紧张、待遇差，不仅办公用房需要看守所提供，甚至办公设施、福利待遇等也由看守所解决，此种情况加剧了驻所检察人员与监管人员的同化，造成一些驻所检察人员监督工作不到位、权威性不足，纵容监管人员的违法滥权行为，对于被羁押人控告申诉的处理也流于形式。

驻所检察室与看守所管理信息系统联网，有利于被羁押人控告申诉处理机制的顺利运行，但因财政供给有限，信息联网没有得到落实。2002 年，最高人民检察院联合公安部下发了《关于加快看守所监管信息系统与驻所检察管理信息系统联网建设推行监所网络化管理和动态监督工作的通知》，2010 年又下发《关于人民检察院对看守所实施法律监督若干问题的意见》，再次强调了驻所检察室要与看守所实现信息联网。截至 2013 年，我国驻所检察室中，有监控联网且可存储可播放的有 1316 个，占总数的 49%；已实现与检察专线联网的有 1854 个，占总数的 69%。[①] 可见，驻所检察室与看守所的信息联网并没有完全得到落实。除了一些地方因为公安机关与检察机关就安装防火墙问题不能达成共识，信息联网无法实现之外，大部分不能实现信息联网的驻所检察室是因为经费问题。一些驻所检察室现有的监控系统设备陈旧，无法满足当前监管需求；一些驻所检察室没有资金对监控软件系统进行升级，不能实现与看守所信息联网。[②]

英国当代经济学家肯宾默尔曾说："一个社会仅仅有了监督者是不够的，问题是谁来监督监督者。"[③] 如同经济领域需要打破垄断才能增强经济活力，如果看守所监督完全由驻所检察室垄断，监督权力也会产生惰性，发生异化。一些看守所的驻所检察室工作设施、日常生活，甚至家属就业都有赖于监管场所解决，造成了驻所检察人员与看守所的同化，他们忘记了自己的职责，因照顾关系、碍于情面不敢或不愿对看守所进行监督，对于被羁押人提出的针对看守所的控告申诉也不认真对待，一味地祖护看守所。甚至有一些驻所检察人员成为实施违法滥权行为的帮凶，与监管人员共同徇私枉法。2009 年在 C 市看守所监管专项检查行动中，C 市检察院向服刑人员发放了 3000 余份调查问卷，[④] 调查事项包括看守所的监管活动是否合法，驻所检察人员的监督是否到位等。调查结果显示，一些看守所执法很不规范，相当一部分的驻所检察室监督工作不到位，控告申诉处理机制没有发挥应有的作用。

可见，缺乏对驻所检察机构本身的监督，监督权力就会存在异化的风险。驻所检察人员若只重配合而忽视自身的监督职责，被羁押人控告申诉处理机制会无法发挥作用，名存实亡。

五、被羁押人控告申诉处理机制的改革设想

（一）控告申诉渠道方面

目前检察监督是唯一楔入看守所二元法律关系的第三方力量，我国的刑事诉

[①] 周伟：《刑事执行检察：监所检察理论与实践的发展》，《国家检察官学院学报》2013 年第 4 期，第 73 页。

[②] 易从中、黄家楷：《驻所检察室与看守所监控联网要落实到位》，《检察日报》2011 年 2 月 20 日，第 3 版。

[③] 兵临：《公民监督新闻媒体的理想与现实》，《法制日报》2009 年 11 月 13 日，第 4 版。

[④] 考虑到在押人员在看守所的羁押期间会因有思想顾虑不敢反映问题，所以问卷调查的对象是监狱的服刑人员，他们已脱离看守所的控制，会更加客观真实地反映其在看守所的情况。

讼程序没有给其他力量的介入留下接口，因此检察监督可以打破看守所的封闭执法，大大增强看守所监管工作的透明度，从而保护被羁押人人权这一人权保护体系中最薄弱的一环。畅通的被羁押人的控告、申诉渠道是检察人员发现所内违法滥权问题的重要途径，是检察监督发挥作用的基础和前提。

检察官信箱安装在走廊的入口保密性太差，为使被羁押人完全打消顾虑，不再害怕打击报复，检察官信箱应安装在更加保密合理的位置，使被羁押人在投递信件时不被监管民警和其他被羁押人发现，最大限度地为控告申诉提供便利条件。在荷兰，投诉箱被设置在视线的盲区，比如厕所的抽水马桶旁，但考虑到如此一来收集不太方便，更合理的安排应是在每个监室的门旁边设置信箱，使被羁押人在打饭时，可不经意地放入信件，同时，信箱旁边应配备笔、纸，由驻所检察官定期开启信箱收集控告申诉材料。

现有的通过监管民警转达的约见检察官制度存在很大的缺陷，会增加被羁押人的心理负担。2011 年 7 月 1 日，海南省昌江县检察院实行了全新的检察官约见制度。该院制作了"检察官约见卡"，将其发放给每位被羁押人，当被羁押人有问题需要反映时，可将约见卡投入监室旁的检察信箱，驻所检察官在收到约见卡后及时安排会见，对控告申诉进行调查处理。此种做法同时发挥了检察官信箱和约见检察官制度的作用，能够较好地打消被羁押人的顾虑。[①]

另外，我们需要提高看守所的开放性，保障律师权利，方便家属和律师代为控告申诉。在芜湖市的试点工作中，芜湖市公安局在江淮平安网、芜湖公安公共关系网等多家网站上设立投诉栏目、公开投诉电话，在芜湖市人民广播电台也公布了驻所检察室的投诉电话，在看守所的家属接待大厅中摆放投诉处理机制告知书、设置检务公开栏和举报信箱，便于家属在会见在押人员时发现情况进行投诉。[②] 这些方式都使得看守所拓宽了控告申诉渠道，积极接受社会各界监督，值得借鉴。

被羁押人进行控告申诉，需要一个基本前提，即接受和处理控告申诉的主体是值得信赖的。只有增强被羁押人对驻所检察官的信任，才能真正畅通被羁押人控告申诉渠道，发现所内违法滥权行为和其他刑事诉讼过程中的不合法行为。增强被羁押人对驻所检察官的信任主要从以下方面入手。

第一，建立被羁押人与检察官的互动机制，消除被羁押人的顾虑，增强其对

---

① 李轩甫、曾高文、罗其寿：《检察官约见卡进监所》，《检察日报》2011 年 8 月 7 日，第 2 版。
② 关清、王海根：《芜湖：在押人员投诉机制推进看守所规范化建设》，《人民公安报》2012 年 10 月 8 日，第 5 版。

检察人员的信任。在落实约见检察官制度，使其真正发挥效用的同时，应鼓励检察官积极走进监室，定期或不定期地与被羁押人谈话，一方面使被羁押人真正了解检察官的监督职责，另一方面也使检察官了解被羁押人的情况，主动发现并解决问题。例如，河南新乡县检察院建立了一套完备的检察长接见制度：驻所检察室制作了"检察长接待日指南"在看守所内予以张贴，并设立了专门的检察长接待室，检察长每月入所接待一次，主管检察长每半月接待一次，零距离为被羁押人提供法律咨询，受理被羁押人的控告、申诉。

第二，检察人员在与被羁押人进行个别谈话了解情况时，要注意选择谈话的时机和方式，提升谈话教育工作的有效性和针对性。对于提出控告申诉主动要求约见检察人员的必须谈，对于有自杀自残行为的立即谈，对于即将给予假释、减刑、暂予监外执行的扩大谈，对于因突发变故影响本人情绪稳定的选择谈。首先，要善于倾听谈话对象的诉说，第一时间拉近双方的距离，表明谈话教育的诚意，营造良好的谈话氛围。其次，要打消谈话对象的思想顾虑，冲破其思想障碍，用真挚的语言进行引导和激励，激起其谈话的欲望，从而了解到想要了解的内容。最后，检察人员切忌急功近利，要循序渐进，由浅入深，控制进程，反映监管民警职务犯罪等情况的重要谈话，要在谈话室里进行同步录音录像，防止日后出现反复而使谈话工作陷入被动。

第三，积极向被羁押人宣传法律知识，使其能够了解驻所检察官的法律职责。所内要定期举办法律知识讲座，邀请法律工作者讲授法律知识，摆放法律类图书，方便被羁押人在空闲时间了解法律知识，还可采取板报、广播等形式进行法律宣传，使被羁押人明白检察人员和监所民警具有不一样的法律地位，了解驻所检察官的职能和监所检察的监督作用，也使被羁押人更加清楚自己享有的权利，在权利受到侵害时，敢于拿起法律武器同违法犯罪作斗争。《看守所检察办法》规定："驻所检察室实行检务公开制度。对新收押人员，应当及时告知其权利和义务。"因此，每一位被羁押人在进入羁押场所之后，都应当接受充分的权利告知，确保其了解享有的权利、掌握控告申诉的方法和渠道。

除了以上方面之外，驻所检察官应当积极履行职责，独立行使检察监督权，检察工作做到客观、规范、合法，保障刑事诉讼活动的公平公正，切实维护被羁押人的合法权益，才能真正从根本上赢得被羁押人的信任。

（二）控告申诉程序方面

控告申诉能否得到公正的处理，调查活动的质量至关重要。虽然畅通控告申诉渠道、与看守所信息联网等方式可以在一定程度上弥补驻所检察官缺乏调查权的不足，但其作用是有限的，它们毕竟只是发现违法滥权现象的辅助手段，切实地赋予驻所检察官调查权才是解决问题的关键。赋予驻所检察官调查权可以从以下几方面入手：

第一，明确驻所检察官享有对控告申诉的调查权。应明确规定驻所检察官可以依法审查案卷材料，调查核实被羁押人提出的控告申诉。在调查过程中，驻所检察官有权要求看守所等单位及相关人员提供与控告申诉事项有关的财务账目、文件、资料以及其他材料，有权要求有关单位和个人就控告申诉涉及的问题做出解释和说明。驻所检察官可以查阅、复制、调取有关法律文书、入所登记材料、罪犯改造材料、案卷材料等，可以对控告人进行伤情检查。

第二，规定看守所等单位有配合驻所检察官调查的义务。调查权作为一种权力，与调查对象的法定义务是紧密相连的。要改变"只有先配合，然后才能监督"的病态现象，应明确规定驻所检察官在依照法定职权和法定程序对控告申诉进行调查的过程中，看守所等有关单位和个人有义务接受和配合驻所检察官的调查，如实提供相关资料和情况。相关单位还应向检察机关及时公布执法信息，并完善档案管理制度，对重要法律文件妥善保管以备检察机关核查。看守所等相关单位和个人违反以上配合义务的，检察机关有权追究其法律责任。

第三，赋予检察机关保护证人的权力。在被羁押人向检察人员提供证言的情况下，检察人员应当能够"保护证人"。被羁押人在被看守所控制的处境下，由于害怕遭到打击报复，就算受到不法侵害或者了解案件情况也不敢向检察人员坦言，因此检察官必须争取他们的信任来扩宽了解看守所民警违法滥权行为的渠道。在被羁押人反映情况时，监管民警不得在场。检察官还应为被羁押人保守秘密，密切关注被羁押人的处遇，保证其没有因控告申诉而遭致报复，并且，应获得法律授权在必要时将提供证言的被羁押人调换至其他羁押场所。

有效的调查活动应当具备以下要素：迅捷、独立、全面。因此，驻所检察官除了享有法律认可的必要权限外，还应当保证调查活动的迅捷性，在收到被羁押人的控告申诉后，立即开展调查工作，防止迟延导致的证据灭失；保证调查活动的独立性，独立客观地开展调查工作，杜绝看守所及相关利害人的干扰；保证调查活动的全面性，对与控告申诉有关的人详细地询问，对与控告申诉有关的财务账目、医疗记录、体检报告等资料详尽地参考，以全面了解案件真相。

强化看守所检察对申诉案件的纠错功能，可以从两方面入手：

第一，加强看守所检察的网络建设，改善我国监所检察部门跨部门、跨地区信息交流不畅的现状。在张氏叔侄案中，监所检察部门的纠错功能发挥了关键作用，但从中我们也发现我国监所检察跨部门、跨地区信息交流不畅的问题。统计数据显示，截至 2011 年底，我国共有派驻检察室 3204 个，监所派出检察院 80 个，在这些派驻、派出机构中有 9000 多名检察人员，总体而言，全国 95% 的监管场所实行了派驻检察。① 然而这些数量庞大的监所检察机关实行块状管理，以上下级的纵向联系为主，跨部门、跨地区的横向联络机制缺乏，影响了监所检察职能的发挥。要解决这一问题，改变手抄脑记、所内巡视的传统工作方式，加强看守所的网络建设，运用信息化手段进行管理成为新时期驻所检察工作的必然要求。推进"两网一线"② 建设可以改变目前跨地区、跨部门检察机关联络机制缺失的现状，推进不同地区、不同部门之间信息的交流，增进它们之间的联系与配合，更加便于看守所检察监督纠错程序的启动。同时，也使得驻所检察室能实时获取看守所的监控图像和信息数据，实现了对看守所无方位盲区、无时空缝隙的监督，变事后监督为事中、事前监督，使看守所检察监督更加及时、准确、有效。

第二，加强对被羁押人申诉的调查核实，进一步强化看守所检察对申诉案件的纠错功能。对于身处监管场所的被羁押人和罪犯来说，其人身自由已被剥夺，权利呈脆弱运行状态，若其遭受冤屈，向监所检察部门申诉是其最后的救济渠道。此时驻所检察人员能否查找到案件疑点、顺利启动纠错程序，决定了这根救命稻草能否发挥作用。所以，驻所检察官对被羁押人的申诉应当进行认真的核查。对于被羁押人或其法定代理人、近亲属屡次申诉的案件，尤其要认真对待，应由驻所检察室建立专门档案，进行重点监督。对于案件中所有可能导致冤假错案的证据都要予以调查，并深入地分析、梳理、核实，在此基础上，要进行甄别分类，辨别哪些案件较大可能性地存在冤假错判，哪些是抗拒改造、拒不认罪。对于发现重大疑点，有较大可能性属于冤假错案的案件，及时向上级机关反映。

只有完善检察官对控告申诉处理结果的后续监督，才能防止看守所等被监督单位放纵违法者。给予违法者应有的惩罚，才能预防违法行为的再次发生，被羁押人控告申诉处理机制的目的才能得以实现。完善对控告申诉处理结果的后续监督可以从以下两方面入手：

其一，充实纠正违法通知书的内容。C 市四区看守所的纠正违法通知书内容均非常单薄，检察官并没有提出自己的处理意见，当然，检察官的处理意见若过于确定会有越俎代庖之嫌，但提出相对确定的处理意见仍然是有必要的，否则事后

---

① 袁其国：《论刑罚执行和监管活动监督权的合理配置》，《人民检察》2011 年第 4 期，第 18 页。
② 指驻所检察室与看守所之间，驻所检察室与检察机关之间实现信息系统联网。

再对被监督单位的处理结果提出异议就会陷入被动。

其二，完善控告申诉的后续处理程序。检察官在纠正违法通知书中提出相对确定的处理意见后，责任人可以对此提出申辩，被监督单位在充分听取双方意见之后再做出处理决定，并在法定期限内将处理决定通报检察机关。检察机关若认为处理不当，可以要求被监督单位复议，在收到复议的处理结果后若仍不满意，可以向上一级检察机关报告。上级检察机关经审查若认为被监督单位的处理适当，应要求下级检察机关撤销异议；若认为被监督单位的处理确实不当，则向被监督单位的上一级主管部门提出异议，让上一级主管部门做出最终处理决定。

（三）控告申诉保障机制方面

针对驻所检察机关缺乏经费保障的现状，应当加大对其的财政投入，制定驻所检察机关的公用经费保障标准，为被羁押人控告申诉处理机制的顺利运行提供物质保障。对驻所检察机关的经费划拨主要用于以下方面：第一，用于驻所检察人员福利待遇发放、驻所检察室基本办公设施建设、看守所检察工作的顺利开展，逐步改变福利待遇、办公设施、办公用房等由看守所提供的状况，使驻所检察室从经济上独立出来，同时也可鼓励驻所检察人员的积极性，稳定驻所检察人员队伍。第二，用于推进信息化建设，实现看守所与驻所检察室的信息联网。联网后，驻所检察官可以通过微机查询到各监室被羁押人的活动情况和看守所民警的看守、管理情况，随时调看每名被羁押人的诉讼进程和羁押期限，使得对被羁押人控告申诉的调查处理全面、及时、准确、有效。同时，通过监控联网，看守所传统的静态管理模式可以转变为一种全新的动态管理模式。驻所检察官可以通过监控器随时察看被羁押人的生活、改造、学习状况，了解其反常举动，清除所内隐患和不安定因素，有效防止问题的出现和事故的发生，能防患于未然，而不是等到控告申诉发生之后才有所反应。

一些地方加大了对信息联网的资金投入和技术研发力度。如南京市就研制出了全新的驻所检察室信息管理软件，该软件通过身份认证、计算机防火墙等技术，将驻所检察室的计算机进行 IP 地址绑定，允许驻所检察人员通过电脑直接进入公安看守所网络平台，准确而全面地了解看守所的执法信息。该软件还开发了一些新的功能，例如可以直接检索超过一定诉讼期限的未结案件。对于这样一些比较好的软件系统，可以在全国范围内进行推广。①

---

① 崔洁、肖水金、雒呈瑞：《南京：成功研制驻所检察室信息管理系统》，《检察日报》2011 年 7 月 20 日，第 2 版。

结语

控告申诉权是被羁押人员依法享有的一项重要权利。对于那些因冤假错案被判入狱的人来说，控告申诉是他们平冤昭雪的最后一根稻草。随着社会法治水平的提高，与被羁押人员控告申诉权相关的法律规定正在不断出台和完善，这充分体现了我国对服刑人员人权保障的高度重视，但在司法实践中依然存在着很多问题。要想扭转现在的局面，就需要多措并举，通过完善配套制度和监督体系以及构建其他申诉渠道等方式，使被羁押人员的控告申诉权得以实现。对于保障看守所被羁押人这一项基本权利，必须要做到立法先行，以立法为导向，合理配置司法资源；在实践中不断探索新的申诉机制和渠道，并确保申诉渠道的有效畅通；强化监督机制，做到全方位监督，使各项保障申诉权的法律制度得以贯彻落实。

在完善立法和司法解释的过程中，更应重视整合法律及司法解释的相关规定。从法律层面来说，我国目前明确规定服刑人员申诉权的只有《刑事诉讼法》和《监狱法》。2017年，"两高一部"也发布《关于逐步实行律师代理申诉制度的意见》，要求保障当事人依法行使申诉权利，实现申诉法治化，促进司法公正，提高司法公信力，维护司法权威。因此，在《律师法》的修改中，建议明确监狱服刑人员享有聘请律师提供法律咨询、代理申诉、提供法律援助的权利，从而在国家法律层面为服刑人员申诉权的实现提供更多专业上的帮助。

《看守所法（公开征求意见稿）》第六十一条关于投诉的规定应增加委托律师代理控告申诉的权利，建议修改为：

看守所应当建立犯罪嫌疑人、被告人投诉调查处理制度，设置投诉信箱，受理犯罪嫌疑人、被告人投诉、控告、检举。犯罪嫌疑人、被告人可以约见看守所负责人、驻所检察官，也可以直接向看守所人民警察投诉、控告、检举或委托律师代为申诉。

第六十二条需要明确接受控告检举材料的机关是看守所、公安机关和人民检察院。从国家机关机构改革的实际出发，需要对受理检举材料的机关重新进行规定。建议修改为：

犯罪嫌疑人、被告人提出控告、举报的，看守所应当在五个工作日内将有关材料转送有关部门处理。

犯罪嫌疑人、被告人向公安机关、人民检察院、监察委员会提出控告、举报的，公安机关、人民检察院、监察委员会应当及时调查、核实，并将处理结果书面通知看守所，由看守所通知当事人。控告、举报内容涉及看守所及其民警的，由公安机关、人民检察院、监察委员会直接通知当事人。

附录一
《看守所法（公开征求意见稿）》
重点条文原文与建议修改条文对照表

注：本表格中，新增内容统一用加下划线的方式体现（实例）；加删除线字体（实例）为删除的内容；其余字体表示建议稿与原条文内容一致。

《看守所法（公开征求意见稿）》涉及的条款原文	建议修改条款	本书论证的章节
第四条【管理原则】 　　看守所管理犯罪嫌疑人、被告人和罪犯，实行警戒看守与管理教育相结合，做到依法、文明。	第四条【管理原则】 　　看守所管理犯罪嫌疑人、被告人和罪犯，实行警戒看守与管理教育相结合，做到依法、文明。<u>必须坚持严密警戒看管与教育相结合的方针，坚持依法管理、严格管理、科学管理和文明管理，保障人犯的合法权益。严禁打骂、体罚、虐待人犯。</u>	第八章
第六条【隶属关系】 　　国务院公安部门主管全国看守所工作。县级以上地方大民政府公安机关主管本行政区域看守所工作。	第六条【隶属关系】 　　国务院<u>司法行政部门</u>主管全国看守所工作。县级以上地方<u>人民政府司法行政机关</u>主管本行政区域看守所工作。	第二章
第十一条【设置方式】 　　看守所由县级以上人民政府根据需要设置。设区的市级人民政府可以根据羁押数量、分押分管的需要，设置若干个看守所。	第十一条【设置方式】 　　看守所由县级以上人民政府根据需要设置。设区的市级人民政府可以根据羁押数量、分押分管的需要，设置若干个看守所。<u>看守所狱警统一行使刑罚执行权，增设短期余刑执行专职干警，专职人员按照监狱警察的任职条件招录。</u>	第四章

（续表）

《看守所法（公开征求意见稿）》涉及的条款原文	建议修改条款	本书论证的章节
第二十一条【医疗保障】 犯罪嫌疑人、被告人和罪犯的医疗卫生工作应当列入当地疾病预防控制工作计划，当地公立医院或者社会医疗机构应当在看守所设立卫生所和医院分院承担医疗工作。 每个地、市、州、盟应当依托看守所建设监区医院，由当地公立医院或者社会医疗机构承担所辖看守所患有艾滋病、传染病或者其他严重疾病的犯罪嫌疑人、被告人和罪犯，以及必须羁押的怀孕或者哺乳自己未满一周岁婴儿的女性犯罪嫌疑人、被告人和罪犯的疾病治疗、医疗保健工作。	第二十一条【医疗保障】 犯罪嫌疑人、被告人和罪犯的医疗卫生工作应当列入当地疾病预防控制工作计划，当地公立医院或者社会医疗机构应当在看守所设立卫生所和医院分院承担医疗工作。 每个地、市、州、盟应当依托看守所建设监区医院，由当地公立医院或者社会医疗机构承担所辖看守所患有艾滋病、传染病或者其他严重疾病的犯罪嫌疑人、被告人和罪犯，以及必须羁押的怀孕或者哺乳自己未满一周岁婴儿的女性犯罪嫌疑人、被告人和罪犯的疾病治疗、医疗保健工作。 第二十二条 看守所应当与社区保健医疗机构合作，为在押人员提供持续的保健服务。具体内容包括： （一）看守所应当为在押人员逐人建立医疗档案，详细记载其病史、入所健康检查情况、在所期间每次健康检查情况、患病情况、每次服药情况、在所和出所治疗情况、与家属联系情况以及提请办案机关变更强制措施情况等。 （二）看守所医生应当每日上、下午各巡诊一次，逐监室了解在押人员身体健康状况。看守所应当加强对民警基本医疗知识的培训，使民警懂得常见病的识别和预防，将疾病预防纳入谈话教育和巡视监控等日常管理工作中。 （三）在押人员每羁押超过 6 个月后，看守所应当按照入所健康检查的标准对其进行一次健康检查。 （四）看守所应当对患病、有伤的在押人员及时给予治疗，病情严重的应当及时送医院治疗。	第九章

（续表）

《看守所法（公开征求意见稿）》涉及的条款原文	建议修改条款	本书论证的章节
第三十四条【羁押的必要性审查】 犯罪嫌疑人、被告人及其法定代理人、近亲属或者辩护人向看守所提出羁押必要性审查申请的，看守所应当在二个工作日内将申请材料转交人民检察院。 人民检察院收到申请后，应当及时对羁押的必要性进行审查，并将审查结果书面告知看守所。	第三十四条【羁押的必要性审查】 犯罪嫌疑人、被告人及其法定代理人、近亲属或者辩护人向看守所提出羁押必要性审查申请的，看守所应当在二个工作日内将申请材料转交人民检察院。 <u>看守所在羁押过程中发现犯罪嫌疑人、被告人具有本法第三十条规定的不宜羁押情形的，可以向人民检察院建议进行羁押必要性审查。</u> 人民检察院收到申请后，应当及时对羁押的必要性进行审查，并将审查结果书面告知看守所。	第八章
第四十六条【律师会见凭证】 辩护律师持律师执业证、律师事务所证明和委托书或者法律援助公函要求会见犯罪嫌疑人、被告人的，看守所应当及时安排，至迟不得超过四十八小时。 危害国家安全犯罪、恐怖活动犯罪、特别重大贿赂犯罪案件在侦查期间，辩护律师会见犯罪嫌疑人还应当持有侦查机关的许可决定书。 辩护律师会见犯罪嫌疑人、被告人需要翻译人员参与的，应当持有案件主管机关的许可决定书。	第四十六条【律师会见凭证】 辩护律师持律师执业证、律师事务所证明和委托书或者法律援助公函要求会见犯罪嫌疑人、被告人的，看守所应当及时安排，至迟不得超过四十八小时。 危害国家安全犯罪、恐怖活动犯罪案件在侦查期间，辩护律师会见犯罪嫌疑人还应当持有侦查机关的许可决定书。<u>侦查羁押期限超过二个月，需要延长侦查羁押期的，在延长期限开始之日起，辩护律师要求会见在押的犯罪嫌疑人的，侦查机关和监管机构应当及时安排会见，至迟不得超过四十八小时，侦查机关应当事先通知看守所。</u> 辩护律师会见犯罪嫌疑人、被告人需要翻译人员参与的，应当持有案件主管机关的许可决定书。	第十章

《看守所法（公开征求意见稿）》涉及的条款原文	建议修改条款	本书论证的章节
第五十条【会见保障】 　　辩护人会见犯罪嫌疑人、被告人时不被监听，办案机关和看守所不得派员在场。 　　为保证大员安全，看守所可以采取适当措施对辩护大会见情况进行必要监视，但以不能获悉会见谈话内容为限。	第五十条【会见保障】 　　辩护人会见犯罪嫌疑人、被告人时不被监听，办案机关和看守所不得派员在场。 　　<u>辩护律师会见犯罪嫌疑人、被告人时，侦查机关可以用"看得见而听不见"的方式监视。对于危害国家安全犯罪、恐怖活动犯罪案件，可以由侦查人员派员在场或者通过视频进行监视监听。</u>	第十章
第五十三条【当事人要求会见的处理】 　　犯罪嫌疑人、被告人向看守所提出要求会见辩护人的，看守所应当及时通知案件主管机关。	第五十三条【当事人要求会见的处理】 　　犯罪嫌疑人、被告人向看守所提出要求会见辩护人的，看守所应当及时通知案件主管机关。 　　<u>犯罪嫌疑人、被告人要求约见值班律师的，看守所应当立即安排驻所值班律师或通知法律援助机构指派值班律师为其提供法律咨询等帮助。</u>	第十一章
第六十一条【投诉】 　　看守所应当建立犯罪嫌疑人、被告人投诉调查处理制度，设置投诉信箱，受理犯罪嫌疑人、被告人投诉、控告、检举。犯罪嫌疑人、被告人可以约见看守所负责人、驻所检察官，也可以直接向看守所人民警察投诉、控告、检举。	第六十一条【投诉】 　　看守所应当建立犯罪嫌疑人、被告人投诉调查处理制度，设置投诉信箱，受理犯罪嫌疑人、被告人投诉、控告、检举。犯罪嫌疑人、被告人可以约见看守所负责人、驻所检察官，也可以直接向看守所人民警察投诉、控告、检举<u>或委托律师代为申诉</u>。	第十三章

（续表）

《看守所法（公开征求意见稿）》涉及的条款原文	建议修改条款	本书论证的章节
第六十二条【控告、举报】 犯罪嫌疑人、被告人提出控告、举报的，看守所应当在五个工作日内将有关材料转送有关部门处理。 犯罪嫌疑人、被告人向公安机关、人民检察院提出控告、举报的，公安机关、人民检察院应当及时调查、核实，并将处理结果书面通知看守所，由看守所通知当事人。控告、举报内容涉及看守所及其民警的，由公安机关、人民检察院直接通知当事人。	第六十二条【控告、举报】 犯罪嫌疑人、被告人提出控告、举报的，看守所应当在五个工作日内将有关材料转送有关部门处理。 犯罪嫌疑人、被告人向公安机关、人民检察院、监察委员会提出控告、举报的，公安机关、人民检察院、监察委员会应当及时调查、核实，并将处理结果书面通知看守所，由看守所通知当事人。控告、举报内容涉及看守所及其民警的，由公安机关、人民检察院、监察委员会直接通知当事人。	第十三章
第七十六条【母婴保护】 哺乳自己不满1周岁婴儿的犯罪嫌疑人、被告人，可以将婴儿带入监室哺养。 婴儿满1周岁后，案件主管机关应当将婴儿送交家庭其他监护人。无法找到其他监护人或者监护人不愿接收的，案件主管机关应当将婴儿送交当地社会福利机构。	第七十六条【母婴保护】 哺乳自己不满1周岁婴儿的犯罪嫌疑人、被告人，可以将婴儿带入监室哺养。看守所应设置育婴室，并聘请有资质的人员，当犯罪嫌疑人、被告人不宜哺养或需要与婴儿暂时分开时，应将婴儿安置在育婴室。 婴儿满1周岁后，案件主管机关应当将婴儿送交家庭其他监护人。无法找到其他监护人或者监护人不愿接收的，案件主管机关应当将婴儿送交当地社会福利机构。	第八章
第七十七条【参考性分押分管】 对暴力犯罪和非暴力犯罪，故意犯罪和过失犯罪，初犯和累犯，性犯罪和其他类型犯罪等的犯罪嫌疑人、被告人，视情实行分别关押和管理。	第七十七条【参考性分押分管】 对暴力犯罪和非暴力犯罪，故意犯罪和过失犯罪，初犯和累犯，性犯罪和其他类型犯罪等的犯罪嫌疑人、被告人，视情实行分别关押和管理。老弱病残在押人员可根据其年龄和身体特殊化的程度，作为参考性分押分管的依据。	第三章

《看守所法（公开征求意见稿）》涉及的条款原文	建议修改条款	本书论证的章节
第九十一条【近亲属会见、通信】 犯罪嫌疑人、被告人可以与近亲属、监护人会见、通信。会见可以当面进行，也可以通过视频进行。 案件在侦查阶段的犯罪嫌疑人与近亲属、监护人会见、通信，以及外国籍、少数民族或者聋哑犯罪嫌疑人会见时需要翻译人员在场的，应当经案件主管机关许可，案件主管机关视情派员在场。	第九十一条【近亲属会见、通信】 犯罪嫌疑人、被告人有权与亲属、监护人和值得信赖的朋友会见、通信。会见可以当面进行，也可以通过视频进行。本法或《中华人民共和国刑事诉讼法》另有规定的除外。 案件在侦查阶段的犯罪嫌疑人与近亲属、监护人会见、通信，以及外国籍、少数民族或者聋哑犯罪嫌疑人会见时需要翻译人员在场的，应当经案件主管机关许可，案件主管机关视情派员在场。 本法另有规定指的是，看守所可以基于监管秩序的需要，暂时禁止在押人员的会见、通信。	第十二章
第一百一十条【法律监督内容】 人民检察院应当对看守所的以下执法活动进行法律监督，发现看守所有违法情形的，应当提出纠正意见： （一）收押、换押； （二）羁押犯罪嫌疑人、被告人； （三）安排讯问、提解、律师会见； （四）使用警械、戒具和武器； （五）执行判决、裁定； （六）执行刑罚； （七）释放、交付执行； （八）其他执法活动。	第一百一十条【法律监督方式与内容】 人民检察院根据检察工作需要，可以在看守所设立检察室，行使派出它的人民检察院的部分职权，也可以对上述场所进行巡回检察。巡回检察包括常规巡回检察和专项巡回检察。 人民检察院应当对看守所的以下执法活动进行法律监督，发现看守所有违法情形的，应当提出纠正意见： （一）收押、换押； （二）羁押犯罪嫌疑人、被告人； （三）安排讯问、提解、律师会见； （四）使用警械、戒具和武器； （五）执行判决、裁定； （六）执行刑罚； （七）释放、交付执行； （八）其他执法活动。	第五章

（续表）

《看守所法（公开征求意见稿）》涉及的条款原文	建议修改条款	本书论证的章节
第一百一十二条【社会监督一】 　　看守所应当主动公开有关办事程序和监督方式，接受社会监督。	第一百一十二条【社会监督一】 　　看守所应当依法、准确、主动公开有关办事程序和监督方式，接受社会监督。 　　【公开的方式】 　　对在押人员公开，可以通过看守所公开专栏、报刊、广播、闭路电视、电子显示屏、在押人员教育网等方式，在其学习、生活、劳动区域及时公布看守所公开的相关信息；还可以通过在看守所内设置公开信息查询终端，实现在押人员计分考评、分级处遇、行政奖惩、羁期变更等重要信息的自助查询。 　　对在押人员近亲属公开，可以通过在会见场所设置电子显示屏、看守所公开信息查询终端，为其提供信息查询服务；也可以通过设立看守所公开服务热线，及时解答在押人员近亲属对看守所执法管理工作提出的疑问。 　　对社会公众公开，可以通过门户网站、政务微博、微信公众平台等新兴媒体，增强看守所公开的影响力和舆论引导力；还可以通过召开执法情况通报会等方式，主动向社会人士、执法监督员介绍看守所执法管理及保障在押人员合法权益的情况，听取意见和建议。 　　【看守所公开的内容】 　　对社会公众，看守所应当依法公开以下内容： 　　（1）看守所的性质、任务和职责权限。 　　（2）看守所人民警察的权利、义务和纪律要求。 　　（3）对看守所和看守所人民警察执法、管理工作进行举报投诉的方式和途径。 　　（4）看守所收监、释放的法定条件和程序。 　　（5）在押人员的基本权利和义务。 　　（6）在押人员申诉、控告、检举的方式和途径。 　　（7）变更强制措施的法定条件、程序和结果。 　　（8）短期刑罪犯减刑、假释、暂予监外执行的法定条件、程序和结果，罪犯暂予监外执行决定书。 　　（9）在看守所内又犯罪的处理程序和结果。 　　（10）在押人员在看守所期间应当遵守的行为规范。 　　（11）对在押人员在看守所服从管理的表现进行考评的条件和程序。 　　（12）分押分管的条件和程序。 　　（13）在押人员获得表扬、记功或物质奖励等奖励的条件和程序。 　　（14）在押人员受到警告、记过或者禁闭等处罚的条件和程序。	

（续表）

《看守所法（公开征求意见稿）》涉及的条款原文	建议修改条款	本书论证的章节
	（15）在押人员立功和重大立功的条件和程序。 （16）在押人员通信、会见的条件和程序。 （17）在押人员离所探亲、特许离所的条件和程序。 （18）在押人员思想、文化、职业技术教育有关情况。 （19）短期刑罪犯劳动项目、岗位技能培训、劳动时间、劳动保护和劳动报酬有关情况。 （20）在押人员伙食、被服实物量标准，食品安全、疾病预防控制有关情况。 （21）看守所执法管理重大事件的处置及调查情况。 （22）看守所工作相关法律法规和规章。 （23）法律、法规、规章和其他规范性文件规定的应当向社会公开的内容。 　　除向社会公众公开的内容外，看守所还应当依法向在押人员近亲属公开以下 10 类信息： （1）看守所的名称、地址及联系方式。 （2）对短期刑罪犯提请罪犯减刑、假释、暂予监外执行建议有异议的处理方式。 （3）看守所对在押人员实行分级处遇、考评、奖惩的结果，以及对结果有异议的处理方式。 （4）在押人员立功或重大立功的结果，以及对结果有异议的处理方式。 （5）看守所批准在押人员通信会见、离监探亲、特许离监的结果。 （6）在押人员参加文化、职业技术教育、社会自学考试、考核的结果。 （7）短期刑罪犯从事的劳动项目、岗位和劳动报酬以及劳动技能、劳动绩效和劳动素养的评估等情况。 （8）在押人员食品、日用品消费及个人钱款账户收支等情况。 （9）在押人员身体健康状况、体检结果以及疾病诊治等情况。 （10）看守所认为需要向在押人员近亲属公开的其他信息。 　　除向社会公众和在押人员近亲属公开的内容外，看守所还应当以监区或分监区为单位，向在押人员全面公开看守所执法和管理过程中的法律依据、程序、结果，以及对结果不服或者有异议的处理方式，但对涉及国家秘密、工作秘密和在押人员个人隐私的信息不得公开。	第七章

（续表）

《看守所法（公开征求意见稿）》涉及的条款原文	建议修改条款	本书论证的章节
第一百一十三条【社会监督二】 　　看守所应当聘请执法监督员，建立执法监督员巡查制度。	第一百一十三条【社会监督二】 　　<u>建立执法监督员巡查制度。省级看守所可以在机关、团体、企事业单位及社会人士中聘任执法监督员，明确执法监督员工作职责，定期邀请执法监督员检查、监督监狱执法情况。执法巡查监督工作由司法行政机关组织开展，司法行政机关作为巡视总负责机关，负责接收巡视反馈，对整改情况进行后续追踪以及安排后续巡视等工作。</u>	第六章

从世界范围来看，刑事未决羁押场所主要有四种模式：独立监狱模式、附设于法院的看守所模式、隶属于公安机关的看守所模式、独立监狱与附属于警察署的代用监狱并用模式。① 综合来看，侦查与羁押分离是总趋势，所以各国采取"侦查机关管理未决羁押场所"的做法极少，而日本和中国大陆恰恰属于这极少之列。

在日本，羁押场所包括临时羁押（逮捕）犯罪嫌疑人的警察拘留所（留置所），羁押犯罪嫌疑人、被告人的未决人员监狱（拘置所），羁押已决犯的监狱/少年监狱（刑务所/少年刑务所，死刑犯除外）。② 拘留所由承担侦查任务的警察署管理，监狱全部由中立化的法务省管理，立法上采取的是羁押机构整体独立于侦查机构的安排，以防止司法警察利用羁押未决犯的权力而滥用侦查权。然而，受客观条件限制，日本未决人员监狱的数量与被羁押人数不成合理比例，所以在羁押场所不足时便有了允许将"逮捕后至提起公诉前"的犯罪嫌疑人仍然羁押在警察拘留所的做法，这就是所谓的代用监狱制度。

但是，学界在提及代用监狱时往往忽略了其还包括以警察拘留所充当拘留监狱（拘留场）执行刑罚（拘留刑③）的情形。只是这一问题在二战结束后已经基本解决。具体表现在，1948 年至 2010 年，因违反《轻犯罪法》被处以拘留刑的人数从 1600 人减少到 6 人，2011 年至 2019 年分别为 8 人、5 人、4 人、4 人、5 人、6 人、5 人、1 人、3 人。④ 犯罪人数的绝对减少也就意味着警察拘留所充当监狱执行拘留刑的情况极少发生，甚至可以忽略不计。

因此，今天所谈及的代用监狱，一般是指未决羁押中警察拘留所作为未决人

---

① 高一飞：《人权保障视野下的看守所立法建议》，《中国法律评论》2014 年第 4 期，第 231 页。
② 日本监狱与我国不同，不仅包括已决羁押场所，也包括未决羁押场所。
③ 日本刑法中的拘留是一种刑罚，与作为刑事强制措施的拘留不同，前者针对的是已决犯，后者针对的是未决犯。
④ 参见 1989 年日本《犯罪白皮书》第 4 编第 5 章第 3 节以及 2019 年《检察统计年报》。

员监狱的问题。日本法务省公布的数据显示，1971 年至 2004 年，警察拘留所日均羁押未决犯的人数从 2258 人增加到 5444 人，拘留所作为未决人员监狱羁押犯罪嫌疑人的占比从 81.52% 上升到 98.27%。2014 年至 2018 年，日均羁押人数分别为 9078 人、8871 人、8395 人、7947 人、7760 人，相比 2004 年至少增长了 42.5%，拘留所的羁押占比仍居高不下。① 代用监狱从制度上的例外演变为实践上的常态，羁押权对侦查权的制约形同虚设。

日本学者的实证研究还指出，20 世纪 60 年代至 70 年代后期，日本发生的 14 件无罪冤案都与警察在代用监狱非法取证有关。② 1983 至 1989 年，日本最高法院纠正的 5 件冤案中有 4 件直接指向警察在代用监狱刑讯逼供。③ 早在 19 世纪 70 年代，就有人指出：代用监狱是制造冤错案件的元凶、侵犯人权的温床。④ 长期以来，一直存在代用监狱的存废之争。

日本代用监狱制度中侦押合一的矛盾也同样存在于我国的看守所制度之中。有鉴于此，我们考察日本代用监狱制度的成因、流变、实践，对其反思并与我国类似问题进行比较，可以更好地为我国正在进行的看守所立法提供借鉴。

一、军国主义时代的日本代用监狱

明治维新是日本法制史上的转折点，也不可避免地面临法律体制的西方化。但是，法律移植及其本土化的过程仍没有摆脱封建时期纠问主义的诉讼模式，本质上是在以天皇为中心的政治体制下的制度改良。在国家本位、天皇主权的观念下，以警察为代表的行政权在刑事司法权力体系中占据主导地位，羁押的目的是控制和惩罚犯罪，对保障人权的目的有所忽视。代用监狱正是在这样的背景中产生的。

（一）用于未决羁押的代用监狱

随着日本社会的发展，打击犯罪和保护人权之间平衡程度也在发生变化，对于如何对待未决犯也有不同的做法。日本历史上不同时期关押未决犯的机构有以下三个：

① 参见 1972 年至 2005 年，2014 年至 2018 年日本《犯罪白皮书》。
② ［日］日本辩护士联合会人权保护委员会编：《误判原因的实证研究》，现代人文社 1998 年版，第 413－415 页。
③ ［日］小池振一郎、青木和子编：《为何，现在是代用监狱？》，岩波书店 2006 年版，第 23 页。
④ 参见大阪地方法院决定 1972 年 12 月 7 日，《判例时报》第 675 号，第 112 页。

1. 监狱未决犯专区

明治维新肇始，日本就在监狱中设立了羁押未决犯的专门监区（监仓），由负责重大案件审理、监狱和刑罚执行工作的刑部省管理，1869 年在歌山监狱设立的未决犯专门监区便是例证。监狱未决犯专区在管理主体上经历了以下变化：

1871 年 8 月，法院和监狱都由司法省①管理，司法省又将专门监区的部分工作交由法院直接管理，也就形成了监狱中存在司法省管理的未决犯专区和法院管理的未决犯专区两种情形。

1874 年 11 月，由于司法省领导人江藤新平政治失势以及维护社会治安需要，包括未决和已决羁押在内的全部监狱工作开始由领导警察机构的内务省（1873 年11 月成立）管理，于 1876 年 4 月设立管理全国监狱工作的内务省警视局，又于1879 年 7 月改为内务省监狱局。② 管理侦查机关的部门同时也管理羁押工作和刑罚执行工作，即出现了我国通常所说的"侦押合一"问题。

2. 法院和警察署的拘留监室

1881 年 9 月《监狱规则》规定：未决羁押除设在监狱未决犯专区（拘置监）外，还规定附属于法院和警察署的拘留监室（留置监）也可作为短期未决羁押场所。这样，羁押未决犯的场所存在两类：一是内务省监狱局下设的派出机构即监狱未决犯专区；二是法院和警察署自有的执行短期行政拘留与司法拘留的拘留监室。

1881 年的日本代用监狱情形表

关押机构	机构性质	机构警察名称	归属机构	主管机构
法院监狱专区	监狱派出机构	监狱警察	监狱	内务省
警察署监狱专区	监狱派出机构	监狱警察	监狱	内务省
法院行政拘留监室	法院附属机构	法院司法警察	法院	司法部
警察署行政拘留室	警察署附属机构	警察署行政警察	警察署	内务省

为何会出现警察署或者法院拘留监室呢？这与 1875 年 4 月颁行的《行政警察规则》有关。《行政警察规则》将警察分为行政警察和司法警察，前者以维护社会治安为主，受内务省内务大臣指挥；后者主要是辅助检察官侦查，受司法部法务

① 司法省是法务省的前身，但是两者的权限有很大差别。1871 年 8 月，司法省管理法院审判、监狱以及部分治安监察工作，涵盖了侦、审、执。1875 年，法院的审判权由大审院（日本最高法院前身）负责，只保留了司法行政权。1947 年 5 月，日本宪法颁布，法院完全脱离于司法省，并将司法行政权移交给日本最高法院。1948 年司法省改为法务厅，1949 年改为法务府，1952 年改为法务省。现在，法务省作为司法行政机关，除大臣官房外，有民事局、刑事局、矫正局、保护局、人权保护局、讼务局及出入境管理厅等机构。
② ［日］尾左竹猛：《明治警察·裁判史》，邦光堂 1926 年版，第 75 页。

大臣指挥。但是，行政警察在特殊时候也可作为司法警察行使侦查权。

侦查机关附设羁押场所的实践有一个扩张的过程。1897 年 9 月，司法省第 14 号令决定，除静冈地方法院沼津分院外的 18 个分院开始执行法院对侦查案件的预审制度。① 预审制度的深入实施，也就产生预审法官在哪里讯问和调查犯罪嫌疑人的新问题。由于条件限制，当时只在大城市和人口相对集中的地区设立了未决人员监狱，大部分地区并没有设立对应的监狱分支机构，但警察局基本设立了派出机构。因此，在警察厅和司法省的协调下，再次确立由警察拘留所替代未决人员监狱羁押被告人。② 这一做法明显扩大了警察机构管理和控制未决羁押的范围。

1900 年 4 月以后，原来由内务省管理的监狱工作又回归到司法省，羁押工作不再依附于管理警察机构的内务省。但是，以警察拘留所替代执行未决羁押的做法并未停止。这一缺口也就为《监狱法》将警察拘留所作为未决人员监狱埋下了伏笔。

3. 法院未决犯专区和法院拘留室的取消

值得特别说明的是，上文提到的法院未决犯专区、拘留室的存在时间并不长，只存在了约 34 年（1874—1908）。随着警察和法院职权走向专门化，1900 年司法省的职责也回归到司法行政权，管理法院及司法警察的权限不再保留。法院管理的未决犯专门监区统一到司法省管理的未决人员监狱；法院拘留监室的功能逐步由警察拘留所代替。1908 年颁布的日本《监狱法》将未决羁押场所正式确定为只有两类——司法省管理的未决人员监狱和作为代用监狱的警察拘留所，已经不存在法院管理未决犯的场所。

（二）用于已决羁押的代用监狱

1880 年颁布、1882 年实施的《日本刑法》和《治罪法》均由明治政府聘请法国法学家保阿索那特（G. E. Boissonade）起草，具有浓厚的法国法特色。1882 年日本刑法也同 1810 年《法国刑法典》一样，将犯罪分为重罪、轻罪、违警罪。违警罪属于日本行政刑罚的一种，违反者将被处以拘留刑或者罚金刑，规定在 1882 年《日本刑法》第四编第四百二十五条至第四百三十条。根据《治罪法》的规定，违警罪由治安法院管辖，警察拘留所仅是临时羁押场所。1881 年、1889 年的《监狱规则》还规定，被判处拘留刑的执行场所是专门的"拘留监狱"。

虽然《治罪法》和《监狱规则》确立了一套有关拘留刑的处罚及执行程序，

---

① ［日］司法省编：《司法沿革志》，法曹会 1939 年版，第 175 页。
② ［日］刑事立法研究会：《代用监狱·拘置所改革的未来——围绕监狱法修改》，现代人文社 2005 年版，第 32 页。

但司法实践中大量违警罪的处罚并不经过治安法院，而是由警察署长或者其授权代理者直接作出是否"有罪"的决定。为了刑罚执行便利，1884 年内务省第 34 号文件进一步规定，以罚金换取轻禁锢刑、10 日以下的拘留刑可在警察拘留所执行。① 1885 年出台的《违警罪即决条例》更是强化了警察"自己侦查、自己羁押、自己决定、自己执行"的"全能型"做法。

据统计，二战结束前，每年约 10 万以上的人被警察直接处以罚金刑或者拘留刑，法院裁判的每年不到 400 人，② 且这些被处拘留刑的人均在警察拘留所"就地执行"，实际上肯定了拘留所代替拘留监狱执行违警处罚的正当性。故有学者认为："这就是代用监狱制度的开始。"③ 换言之，一个侦查机构的非监狱机构替代了监狱机构，侦押合一在拘留刑的执行中得到全面体现。更重要的是，作为刑罚执行机构的代用监狱，不会产生侦押合一、侵犯人权的问题，且有利于就近执行刑罚，具有一定的合理性。

综上，从 1868 年明治维新开始到 1908 年《监狱法》出台，日本已经存在代用监狱的实践形态，即未决羁押中警察拘留所替代未决人员监狱，已决羁押中警察拘留所替代拘留监狱。

（三）警察拘留所作为代用监狱得到立法认可

19 世纪末，日本的法治选择对象开始从法国法走向德国法，参照德国 1850 年《宪法》、1871 年《刑法》、1877 年《刑事诉讼法》制定了《明治宪法》、1907 年《刑法》《明治刑事诉讼法》。虽然刑事诉讼中建立了侦控审（"侦查、起诉、审判"的简称）相互区别的制度，但实践中依旧是纠问主义的司法。羁押与刑事拘留、逮捕无论在实体条件还是适用程序上都没有发生分离。由于日本宪法及刑事法整体转向学习德国法，在卡尔·克罗恩（Carl Krohne)④ 的指导下，日本参照德国监狱制度制定了《监狱法》（1908 年 3 月 28 日法律第 28 号）。该法第一条第三项前半段规定，附属于警察署的拘留所可作为代用监狱。

对于代用监狱的立法化，也有立法委员提出了尖锐的评判，认为其"原本就

---

① ［日］刑事立法研究会：《代用监狱·拘置所改革的未来——围绕监狱法修改》，现代人文社 2005 年版，第 31 页。
② 参见：日本 1989 年《犯罪白皮书》第四编第五章第三节。
③ ［日］村井敏邦：《刑事诉讼法》，日本评论社 1996 年版，第 124 页。
④ 卡尔·克罗恩（Carl Krohne）又名卡尔·乔治·朱利叶斯·克罗恩（Carl Georg Julius Krohne）（1836—1913 年），1873 年担任费希塔监狱（Vechta Prison）的负责人，1892 年成为普鲁士帝国内政部监狱长，是普鲁士帝国监狱系统的主要改革者之一。

是一大缺点""存在侵害人权的弊害"。① 但支持者认为，"在监狱设施不充分的前提下，放弃代用监狱并非易事，必须努力防止其产生的弊端……未来应尽量减少适用"②。这也表露出，立法者早就意识到只有侦查机构以外的监狱才可作为羁押场所，但基于财政费用的考虑，又不得不在打击犯罪和保障人权之间做出倾斜。同时，为了防止警察滥用权力，立法者对代用监狱的适用条件予以双重限定：一是只在没有未决人员监狱或者拘留监狱的地区才能适用；二是适用代用监狱必须得到司法部部长（法务大臣）的指定。

遗憾的是，立法上将代用监狱作为后置性替补措施的初衷被异化，企图以司法省监督制约警察署的规定也形同虚设。③ 具体而言，为了对外扩张和对内镇压社会运动，明治政府制定了《治安维持法》（1925 年）、《治安维持法中改正紧急敕令》（1928 年）、《思想犯保护观察法》（1936 年）等大量控制人民思想和自由的法律——被学者统称为"自由死刑法"。④ 这些特别法的出台使很多正在成长的现代刑事诉讼规则被废除，适用代用监狱不必得到司法部部长的同意，更不需要接受司法省的监督。在高压化、秘密化的军国主义时期，特别是在法西斯战争时期，代用监狱逐渐演变为侵犯人权的工具，产生了很多非法羁押、超期羁押、滥用刑讯的做法。⑤ 1941 年的《国防保安法》还进一步规定："拘留/逮捕的执行中，可以将警察官署或者宪兵队的拘留所作为代用监狱。"⑥ 代用监狱不仅在刑事司法过度运用到治安政策中丧失了"有限性"品质，还被扩大到宪兵队这样的国家秘密警察机构，羁押权已经完全沦为侦查权的附庸。

二、法治时代的日本代用监狱

二战结束后，美国对战败国日本单独占领和管制。为了铲除军国主义和法西斯势力，1945 年 9 月 22 日，美国在《占领初期美国对日政策》中明确占领日本的目标：（1）确保日本不再成为世界安全与和平的威胁。（2）最终建立一个和平与负责的政府，该政府应尊重其他国家的权利，并应支持《联合国宪章》的理想与

① 参见第二十四次帝国议会众议院监狱法案特别调查委员会议录（速记）第四次（1908 年 3 月 5 日）第 28 页。
② 参见第二十四次帝国议会众议院监狱法案特别调查委员会议录（速记）第四次（1908 年 3 月 5 日）第 28 页。
③ ［日］小野清一郎、朝仓京一：《监狱法讲义（改订）》，有斐阁 1972 年版，第 42 页。
④ ［日］奥平康弘：《治安维持法小史》，筑摩书房 1977 年版，第 3 页。
⑤ ［日］小野清一郎：《不当拘禁的问题》，《法律时报》1930 年第二卷十一号，第 3－5 页。
⑥ ［日］刑事立法研究会：《代用监狱·拘置所改革的未来——围绕监狱法修改》，现代人文社 2005 年版，第 38 页。

原则中所显示的美国目标。在此目标指引下，日本刑事诉讼从积极借鉴大陆法转向被迫接受美国法，从超职权主义走向当事人主义为主、职权主义为辅的混合模式。由于旧制度的废除以及三权分立政治制度、令状主义诉讼制度的建立，代用监狱出现了新的发展特征。其管理体制上的变迁，大致可划分为三个阶段。

（一）代用监狱的功能减少和时间限制（1945—1980 年）

1945 年 11 月 22 日，司法省刑事局制定《关于咨询事项的建议措施》，其中有两项重要建议：一是废除预审法官制度，将预审法官的权限分配给检察官和司法警察；二是犯罪侦查中禁止利用行政拘留代替刑事羁押，废除《违警罪即决条例》和《行政执行法》。上述改革精神被 1948 年颁布的日本《刑事诉讼法》所采纳。核心理由是：预审制度存在重复审查、未审先判的弊端；《违警罪即决条例》和《行政执行法》违反日本宪法尊重基本人权和强制措施法定的原则。由于上述制度和法规的废除，战前建立起来的代用监狱呈现出新的表现方式。

在已决羁押领域，代用监狱的功能处于可用而不用的状态。违反公共道德的违警犯罪被统一到 1949 年颁行的《轻犯罪法》之中。因此，违警案件的处理重新由"法律"加以规范。警察的权限只限于对案件进行侦查以及将案件移送检察官，决定是否（书面）起诉的权力专属检察官，裁判权归属于法院，① 形成了侦控审三种权力相对分离的体制。即使仍存在警察拘留所替代拘留监狱执行刑罚的情况，但是，如前所述，2018 年被判处拘留刑的仅有 1 人，这个问题其实已经得到基本解决，从而将矛盾集中到了未决羁押。

在未决羁押领域，审前羁押区分了临时逮捕（即刑事拘留）和正式逮捕。与以前所有审前羁押都可以在代用监狱不同的是，现在只允许临时逮捕的 72 小时在代用监狱执行。

根据日本《刑事诉讼法》及《监狱法》的规定，羁押场所可按照刑事诉讼程序分为四个阶段：在第一个阶段，司法警察认为有必要羁押的，应当在 48 小时内将案卷及物证移交检察官（日本法称之为"送检"），犯罪嫌疑人关押在作为临时到案场所的警察拘留所。

在第二个阶段，检察官认为有逮捕理由和逮捕必要的，于 24 小时内向法官提出逮捕犯罪嫌疑人的请求。法官审查后，认为犯罪嫌疑人有可能逃跑、隐匿或者毁灭证据的，以书面令状批准逮捕，该阶段犯罪嫌疑人仍关押在警察拘留所。

这样，正式逮捕前的 72 小时，犯罪嫌疑人一般关押在侦查机关拘留所。

---

① 于佳佳：《日本轻微犯罪处理机制的经验与启示》，《交大法学》2015 年第 4 期，第 142 页。

在第三个阶段，正式逮捕后的羁押期限一般为 10 日，特殊情况可延长 10 日，特定犯罪可延长 15 日。① 从犯罪嫌疑人被正式逮捕到提起公诉，原则上应当关押在未决人员监狱，但基于未决人员监狱的数量不足，法律上便允许以警察拘留所替代未决人员监狱的例外做法。

第四个阶段，检察官提起公诉后至法院判决生效前，被告人应当全部关押在未决人员监狱。如果起诉前关押在警察拘留所的，应当移送到未决人员监狱。有关未决羁押的具体流程及场所如下表：

日本有关未决羁押的具体流程及场所一览表

诉讼阶段	送检前的 48 小时	送检后的 24 小时	逮捕后至提起公诉前	起诉后至生效判决前
羁押场所	警察拘留所	警察拘留所	未决人员监狱/警察拘留所	未决人员监狱

尽管代用监狱在表现形式上发生了相应改变，但是由承担侦查职能的警察署管理的本质特征并未改变。警察署管理代用监狱最大的弊端就是侦查的合法性、透明性无法保证。警察基于职权管辖上的便利和侦破案件的压力，运用代用监狱的优势条件讯问犯罪嫌疑人成为收集证据的重要手段，代用监狱一定程度上沦为了单方配合侦查的场所。有学者指出，从此代用监狱成为警察破案的"账面资产"。② 由于犯罪人数的规模增加，法官通常命令将犯罪嫌疑人羁押于代用监狱，③代用监狱成为当然的诉前未决羁押场所，其体制上的问题从立法上的"有限缩小"变更为实践中的"无限扩大"。

（二）警察机构内部的侦押分离改革（1980—2006 年）

正是代用监狱适用上的扩大化、体制上的合一化，导致羁押权往往难以发挥保护人权、制约公权的作用，客观上助长了司法乱象的出现。日本新闻媒体报道的冤假错案④几乎无一例外地指向警察运用管理代用监狱的便利条件去获取犯罪嫌疑人的有罪供述，并让"带病证据"作为定案依据。基于上述原因，1963 年 5 月，日本律师联合会公开向法务省提出《有关废止代用监狱和修改监狱法的决议》。迫于现实和社会压力，日本法务省围绕监狱政策和监狱设施的"现代化""国际化""法律化"，展开了修改《监狱法》的准备工作，尽管修正案没有通过，但是将代用监狱是否废止的话题引入了公众视野。

---

① 日本刑法第二编第二章（内乱罪）、第四章（有关国交的犯罪）、第八章（骚乱罪）。

② ［日］松尾浩也：《刑事诉讼法讲演集》，有斐阁 2004 年版，第 374 页。

③ ［日］庭山英雄、冈部泰昌编：《刑事诉讼法》，青林书院 1999 年版，第 45 页。

④ 如发生在 20 世纪 50 年代至 70 年代的兔田事件、财田川事件、松山事件、岛田事件、足利事件、富山冰见事件、志布志事件、宇都宫事件、布川事件等。

1980 年 4 月，日本开始将犯罪嫌疑人的羁押管理工作从警察机构内部的刑事课分离，移交给总务课。同时，负责羁押管理工作的人员不能从事侦查工作，羁押部门负责人还可以对侦查部门负责人提出停止讯问的请求。这一改革对侦查和羁押进行了组织和行为上的分离，但这种分离仍是警察体制下的分工和细化，所以将其称为侦查与羁押权的"内分改革"。

对于上述改革，日本律师联合会并不认同，1980 年 5 月 24 日再次提出《关于要求废除代用监狱的决议》，并在之后持续、多次向法务省提出废除代用监狱的申请。然而，日本政府及其职能机构没有给予正面回应，仍认为应当保留代用监狱，以缓解羁押场所供给不足的困境。以至于内分改革后的二十多年，代用监狱的模式基本没有变化。直到名古屋监狱相继发生多起工作人员虐囚死亡事件，法务省于 2004 年 6 月 7 日召开了监狱改革推进委员会顾问会议，但是在废除代用监狱的问题上没有达成共识。2005 年 12 月 22 日至 2006 年 2 月 2 日，法务省前后 7 次召开有关未决羁押者处遇的会议。但是，只对未决犯和已决犯的诉讼权利和生活待遇达成了一致意见，代用监狱是否废除仍是一个悬而未决的问题。2007 年 6 月 1日，《刑事收容设施及收容者等处遇的相关法律》（以下简称《刑事处遇法》）开始实施，运行了近百年的《监狱法》被废止，但代用监狱仍以代用"刑事设施"①之名被保留，并持续影响着日本的司法实践。

（三）代用监狱问题的外部治理（2006 年至今）

从 2007 年《监狱法》废止前后，日本代用监狱管理体制上的缺陷也相应得到了渐进式的外部治理。

第一，侦查程序中引入录音录像制度。早在 2006 年，日本检察厅开始试行讯问录音录像制度。试行十年后，2016 年正式将该规定写入刑事诉讼法典。理论上，如果讯问的录音录像是真实无差别的记录，那么警察在代用监狱就不能也不敢进行非法讯问。代用监狱作为"密室""第二侦查现场"的作用极大降低或者基本不存在。

第二，侦查阶段辩护制度的完善。日本的辩护制度可分为值班律师制度、国选辩护人制度、委托辩护人制度。就国选辩护人制度而言，2016 年日本《刑事诉讼法》规定，所有刑事案件的犯罪嫌疑人都有权获得国选辩护人的帮助。这项制

---

① 根据《刑事处遇法》第三条、第十四条、第十五条规定，原《监狱法》中的"监狱"被称作"刑事设施"，监狱类型由之前的四种变为三种，即拘置所（未决羁押）、刑务所（已决羁押）、少年刑务所（羁押少年犯）。其实，未决羁押场所及其管理机构没有改变，只是已决羁押中的拘留监狱等被统称为监狱（刑务所）。

度改革使律师人数不断增加，在侦查阶段的辩护制度本身出现了重大转折。① 同时，日本《刑事诉讼法》第三十九条、第二百零七条第一款规定了辩护律师会见、通信的权利。毋庸置疑，辩护律师的及时介入以及会见、通信等权利的保障，可以使犯罪嫌疑人对警察讯问形成必要防御，为其在代用监狱的权利保障筑起了一道防火墙。

第三，审判程序中裁判员（陪审员）制度的实施。2009 年 5 月，号称战后日本"司法改革中心"的裁判员制度正式实施。建立该制度的目的有二：一是让民众参与、理解、支持司法；二是解决日本长期存在且悬而未决的程序性问题。② 该制度的最大特点就是裁判员与法官共同决定案件事实认定与定罪量刑，赋予了裁判员一定的实体性权利。通过贯彻直接主义、口头主义，将刑事审判的中心从侦查程序拉回到审判程序，被告人在警察拘留所所作书面供述的"决定性"意义下降，倒逼侦查更多使用实物证据。

以上制度以摆脱过度依赖口供为主线，从规范侦查程序、完善证据制度、优化审判方式、充实辩护制度入手，降低了侦查机构滥用代用监狱非法获取口供的风险，可视为 1980 年内分改革基础上的再深化。但是，上述制度仍然是治标不治本的外围措施，是非体制性的技术型调整，没有改变侦查机关管理羁押场所的传统格局。

三、学界及国际组织对代用监狱的质疑

（一）日本学界对代用监狱的存废之争

对于"内分改革"及代用监狱是否应当废止的问题，以警察厅、法务省、日本律师联合会为代表，形成了不同的观点阵营。

以警察厅为代表的存续论③认为：（1）警察拘留所数量较多，讯问设施完备，距离犯罪嫌疑人和其他诉讼参与人的居住地较近，运送犯罪嫌疑人以及家属、律师会见较为方便。（2）增设未决人员监狱面临财政费用和建设用地上的困难。（3）日本的冤假错案在国际上并不多发，产生冤案的原因应当纳入刑事诉讼的整体环境考量，不应单方面归责于代用监狱制度。（4）侦查部门与羁押部门已经实现内部分离。（5）从侦查角度而言，在拘留所执行未决羁押便于讯问及其他侦查活动，

① ［日］田口守一：《刑事诉讼法》（第七版），张凌、于秀峰译，法律出版社 2019 年，第 177 页。
② 高一飞：《"审判中心"的观念史》，《国家检察官学院学报》2018 年第 4 期，第 132 页。
③ 法务省 2005 年 12 月 22 日《有关未决拘禁者处遇的有识之士会议记录》，http：//www. moj. go. jp/KYOUSEI/SYOGU/gijiroku. html，访问日期：2020 年 9 月 6 日。

提高侦查效率。

以律师联合会为代表的废除论①认为：（1）代用监狱的本质是侦查当局羁押、管理犯罪嫌疑人的身体，支配其生活。侦查和羁押并未彻底分离，容易滋生刑讯逼供、超期羁押和冤假错案。（2）交通便利不是未决羁押场所的本质要求，未决人员监狱只要实现晚上和休息日会见即可。（3）代用监狱制度与令状主义的要求相抵触，违反了《公民权利和政治权利国际公约》第九条第三项②的规定。（4）应当有计划地增加财政预算，修建更多大规模的未决人员监狱。

以法务省为代表的折中论③认为：代用监狱制度应当尽量避免适用，未来的方向是逐渐废止。但是，截至 2020 年年底，日本全国的拘留所有 1286 个，未决人员监狱等其他刑事设施只有 154 个。在旭川地方法院，除本部外，名寄、稚内、纹别、留萌等地只有旭川监狱和名寄未决人员监狱。即使是将犯罪嫌疑人羁押在拘留所，东京、大阪、静冈、爱知等地的未决人员监狱也面临超员羁押，千叶、兵库、埼玉等地的收容率也达到 90% 以上，起诉后有近二成的被告人仍不能及时移送到未决人员监狱，④ 而是选择"移监待机"。因此，羁押场所不足成为废除代用监狱制度最大阻力。

各方考虑的因素以及论证的路径不一，也是多次争论无法达成改革共识的原因之一。可以看出，日本决策层还没有废除代用监狱的具体规划。因为彻底废除代用监狱制度，涉及人、财、物、权、利的重新分配和权衡，如果进展不畅，可能会造成更大的损伤。就目前形势而言，代用监狱制度很难有"另起炉灶"或者"推倒重来"的改革，未来很可能是针对社会现实的发展以及刑事诉讼制度的完善进行适应性调整，通过"小改"实现操作性、实务性的补充。当然，废除论者可能无法接受这样的结果，废除代用监狱的呼吁将会长期存在。

（二）国际组织对日本代用监狱的评价

1987 年至 1989 年，日本国会曾对《刑事设施法案》和《羁押设施法案》进行多次讨论，试图将警察拘留所作为正式的未决羁押场所，将代用监狱变成正式监

---

① ［日］小田中聪树：《现代司法与刑事诉讼法的改革课题》，日本评论社 1995 年版，第 211 页。

② 《公民权利和政治权利国际公约》第九条第三项："任何因刑事指控被逮捕或拘禁的人，应被迅速带见审判官或其他经法律授权行使司法权力的官员，并有权在合理的时间内受审判或被释放。等候审判的人受监禁不应作为一般规则，但可规定释放时应保证在司法程序的任何其他阶段出席审判，并在必要时报到听候执行判决。"

③ ［日］中根宪一：《代用刑事施设问题——犯罪嫌疑人应当羁押在何处》，《调查与信息》2006 年第 527 号，第 7 页。

④ 日本法务省 2005 年 12 月 22 日《有关未决拘禁者处遇的有识之士会议记录》，http：//www. moj. go. jp/KYOUSEI/SYOGU/gijiroku. html，访问日期：2020 年 9 月 6 日。

狱。① 但是，这遭到了日本律师联合会的强力反对，并向国际人权联盟（ILHR）等非政府组织请求援助，加速了代用监狱制度问题的国际关注。1981 年、1988 年、1993 年、1998 年、2008 年、2014 年，联合国人权事务委员会先后 6 次审议了日本政府关于代用监狱制度的报告，其基本内容是侦押合一及其引发的相应问题。

该委员会的总体意见为：（1）管理体制上，虽然代用监狱不是由负责侦查的警察部门管理，但是委员会仍担心其不能分离于警察当局的管理。这可能增加侵犯被羁押者权利的机会，有违《公民权利和政治权利国际公约》第九条、第十四条。（2）羁押时限上，犯罪嫌疑人在被羁押的 23 日没有保释可能，在最初的 72 小时也未能获得辩护律师的帮助，警察为获得自白从而导致滥用讯问权力的风险增加。（3）保障措施上，代用监狱制度必须符合公约的全部要件，缔约国要保证犯罪嫌疑人与辩护人秘密通信的权利、受到法律援助的权利、要求警察记录开示的权利、保障医疗措施的权利，应当规定起诉前保释制度。②

此外，2007 年 5 月 18 日，联合国禁止酷刑委员会也发布最终意见书《对缔约国根据〈公约〉第 19 条提交的报告的审议——禁止酷刑委员会的结论和建议》（简称 CAT/C/JPN/CO/1），对日本政府提出 11 项担忧和 7 个方面的优先事项。总的要求可概括为：（1）必须修改法律，确保侦查和羁押完全分离。（2）警察羁押犯罪嫌疑人需符合国际最低标准，受最长期限的限制，禁止超期羁押。（3）逮捕时必须给被羁押者提供法律援助，讯问时辩护人在场。（4）为诉讼防御的准备，起诉后警察记录的全部资料能够被检索。（5）设立羁押设施视察委员会，委员须有律师成员，确保外部审查的独立性。（6）建立独立的被羁押者不服申诉制度。（7）考虑审判前采用保释等非羁押措施。（8）加强医疗保障，停止使用防声设备。③

综上，无论是《公民权利和政治权利国际公约》还是《禁止酷刑和其他残忍、不人道或有辱人格的待遇或处罚公约》，都要求逮捕或羁押公民必须保证羁押程序和羁押地点的正当性。侦查机关的主动性、积极性决定了其不可能去行使应该由中立机关行使的权力。国际人权组织批评的核心是，代用监狱的内部相对分离并不能阻止侦查对羁押的影响，应当走向西方国家普遍实行的"外分模式"，以没有

---

① 孙长永：《探索正当程序：比较刑事诉讼法专论》，中国法制出版社 2005 年版，第 98 页。

② 参见联合国人权事务委员会对日本政府报告书的第 6 次总括意见《Concluding observations on the sixth periodic report of Japan》（简称 CCPR/C/JPN/CO/6），https：//www.mofa.go.jp/mofaj/gaiko/gomon/index.html，访问日期：2020 年 11 月 10 日。

③ ［日］葛野寻之：《代用刑事设施和联合国禁止酷刑条约》，《立命馆法学》2007 年 6 号，第 71 – 74 页。

利益关联的第三方机构来保证羁押的中立性、公正性、透明性，并辅之以多项改良措施。但是，由于羁押和侦查的双重需要，日本政府对上述建议并未给予充分回应，代用监狱将继续作为日本人权问题被国际社会所诟病。

四、日本代用监狱对我国看守所立法的教训

中日两国在诉讼制度、诉讼文化上具有近缘性，我国刑事诉讼存在的部分问题往往也能在日本找到相类似的情况。就代用监狱而言，其与我国看守所在管理体制上都隶属于侦查机关，侦押合一的配置在两国均遭到了学界的一致反对。日本学界、律师界要求废除代用监狱制度的根本原因是其由承担侦查职能且偏重口供的警察机构管理，履职的中立性无法保障。日本改革过程中尚存遗憾的地方，也正是我们学习和反思的镜鉴。

就我国而言，在看守所非正常死亡案件的推动下，公安机关开始打破历史传统和思维定式，认识到看守所中立于侦查部门的重要性。[①] 公安机关内部相继出台了一系列规范性文件，实行不同领导分管侦查和羁押工作。虽然这种类似于日本内分改革的措施具有中立化色彩，但是，在公安机关共同打击犯罪、统一行动的一体化体制之下，羁押部门与侦查部门都必须接受行政首长的指挥，导致羁押部门往往配合有余、监督不足。

基于此，学界普遍认为，应当变更现行看守所隶属关系，由中立的司法行政部门管辖、领导。[②] 但是，有学者认为看守所存在的诸多问题主要是管理上的问题，通过强有力的管理机制创新能够解决，无须进行体制变动……变革体制就成为成本过高且前景难以准确把握的一种改革建议。[③] 2017 年 6 月 15 日，公安部起草公布的《看守所法（公开征求意见稿）》仍然认为侦查与羁押分离可以在公安机关领导的前提下实现，引起了理论界的强烈质疑与反对。

那么，看守所改革究竟路在何方？日本改革经验显示，警察机关一体化体制之下的内分改革虽然实现了部门之间的侦押分离，但只是完成了治标的过程，没有从根本上革除代用监狱制度所带来的弊害。我国要实现看守所制度的整体性突破，必须标本兼治。2009 年以后，我国已经进行了类似于日本的"内分改革"和

---

① 程雷：《看守所立法问题探讨》，《江苏行政学院学报》2015 年第 5 期，第 134 页。
② 参见高一飞、赵珊：《看守所隶属关系的中立化改革》，《昆明理工大学学报》2020 年第 4 期，第 1 - 10 页；樊崇义：《看守所：处在十字路口的改革观察》，《中国法律评论》2017 年第 3 期，第 39 - 47 页；陈瑞华：《看守所制度的基本缺陷与改革思路》，《民主与法制》2017 年第 15 期，第 22 - 24 页。
③ 陈卫东：《侦押分离不是看守所立法的现实需要》，《法制日报》2014 年 5 月 17 日，第 7 版。

其他治标之举，亦取得了较为丰硕的成果。但是，看守所中立不只是体制内中立，其关键是利益无涉。就未决羁押而言，要在侦查机关和犯罪嫌疑人之间寻找中立，将看守所划归司法行政机关的根本点在于其应然属性是中立的，可以从源头上切断侦查机关和羁押机关的不正当关系，使看守所未决羁押的功能得以回归。因此，需要借助制定"看守所法"的东风来推进侦押走向彻底分离的"外分模式"。不过，看守所整体转隶司法行政机关并非简单的机构、人员的排列与组合，我们仅是拟定了初步的路径选择，必须在职能定位、配套制度两个核心领域及其他非核心领域做出科学调整和安排。

一是职能定位以未决羁押为核心。当前，看守所的职能包括执行未决羁押、协助诉讼和执行三个月以下余刑。看守所的定位存在多元化、模糊化的特征，必须进行减负。看守所平等服务于侦、控、审、辩，在地位上独立于侦查、起诉、审判、辩护任何一种职能。此外，从刑罚执行权统一角度来看，看守所的短期刑罚执行功能也应移交监狱，防止未决犯的"超犯罪待遇"。总之，看守所的核心职能是未决羁押，其他职能和制度安排必须以该职能为中心展开。

二是看守行为以保障人权为核心。在管理体制理顺、核心职能回归的前提下，看守所立法的重点应当转向犯罪嫌疑人、被告人人身权利和诉讼权利的保障，实行未决犯和已决犯人权标准的一元化。日本在 2006 年制定未决拘禁法时，虽没有从体制上废除代用监狱制度，但是将警察拘留所称为监狱，本身表明了代用监狱也是监狱的一种，当然适用同样的人权标准和管理标准，而我国的看守所与监狱适用两套人权标准和管理标准。这也违背了国际人权规则。从国际准则来看，国际准则将犯罪嫌疑人和被告人统称为"囚犯"，嫌疑人、被告人也适用《联合国囚犯待遇最低限度标准规则》中关于"囚犯"的人权标准。2006 年《欧洲监狱规则》中的前三个基本原则也明确指出，"在押人员保有法律未剥夺之权利，无论是已决犯还是未决犯"，强调了对未决犯与已决犯人权保障的同等要求。我国公安部的《看守所法（公开征求意见稿）》中也增加了保障未决犯基本权利的规定，但是仍没有做到未决犯与已决犯人权保障的一元化。当然，看守所要充分发挥保障人权的价值，不只限于制度本身，还需完善刑事诉讼法，实现侦查讯问的规范化、逮捕制度的司法化、辩护制度的有效化。